I0214148

ALTDEUTSCHE TEXTBIBLIOTHEK

Begründet von Hermann Paul · Fortgeführt von G. Baesecke und Hugo Kuhn
Herausgegeben von Burghart Wachinger

Nr. 93

Die Werke Notkers des Deutschen

Neue Ausgabe

Begonnen von Edward H. Sehrt und Taylor Starck
Fortgesetzt von James C. King und Petrus W. Tax

Band 10

Notker der Deutsche

Der Psalter

Psalm 101-150, die Cantica und die katechetischen Texte

Herausgegeben von Petrus W. Tax

Max Niemeyer Verlag
Tübingen 1983

CIP-Kurztitelaufnahme der Deutschen Bibliothek

Notker ⟨Labeo⟩:
[Die Werke]
Die Werke Notkers des Deutschen / begonnen von Edward H. Sehrt u. Taylor Starck.
Fortges. von James C. King u. Petrus W. Tax. – Tübingen : Niemeyer
(Altdeutsche Textbibliothek ; ...)

NE: Notker ⟨Labeo⟩: [Sammlung]; Sehrt, Edward H. [Hrsg.]

Bd. 10. → Der Psalter

Der **Psalter** / Notker der Deutsche. Hrsg. von Petrus W. Tax. – Tübingen : Niemeyer
Einheitssacht.: Psalmi ⟨dt., althochdt.⟩

NE: Notker ⟨Labeo⟩ [Bearb.]; Tax, Petrus W. [Hrsg.]; EST

Psalm 101–150, die Cantica und die katechetischen Texte. – Neue Ausg. – 1983.
(Die Werke Notkers des Deutschen ; Bd. 10)
(Altdeutsche Textbibliothek ; Nr. 93)

NE: 2. GT

Geb. Ausgabe ISBN 3-484-21193-8

Kart. Ausgabe ISBN 3-484-20193-2

ISSN 0342-6661

 Printed in Germany. Druck: Sulzberg-Druck GmbH, 8961 Sulzberg im Allgäu. Einband: Heinrich Koch, Tübingen.

INHALT

Kürzel und Zeichen, die in Text und Apparat benutzt werden.

anrad. = anradiert
geschr. = geschrieben
nachgetr. = nachgetragen
P = Pipers Ausgabe von Notkers Psalter (mit Seitenzahl)
Pgm. = Pergament
Ps = Psalm
(r) = Rasur auf dem Rand (auf einer *verso*-Seite vor der Zeile, auf einer *recto*-Seite nach der Zeile); vgl. die Einleitung in Bd 8, § 5
rad. = radiert
Ras. = Rasur
S = Sehrts Ausgabe von Notkers Psalter (mit Seitenzahl)
übergeschr. = übergeschrieben
verb. = verbessert
Zkfl. = Zirkumflex

Im Apparat werden gelegentlich einige Abkürzungen aus meinem *Notker latinus* benutzt; vgl. diese Ausgabe Bd 8 A gegenüber S. 1, Bd 9 A gegenüber S. 211, Bd 10 A gegenüber S. 471. Zu den Siglen Hss. vgl. die Einleitung in Bd 8, § 2.

- = Bindestrich; Zusatz des Herausgebers, um Worteinheit anzudeuten
‿ = Trennungsbogen; Zusatz; kein Spatium in der Hs.
[ ] = Zusatz; Eingeklammertes ist auszulassen
< > = Zusatz; Eingeklammertes ist zu ergänzen
/ = Zusatz; Zeilenende
// = Zusatz; Seitenschluß
Đ = Buchstabe D ist mit normaler Tinte geschrieben, aber mit roter Tinte betupft
] = Konjektur- oder Emendationszeichen; davor steht die in den Text aufgenommene Konjektur oder Emendation, danach die Form der Hs.
* = mit Sternchen bezeichnete Form: Verbesserungsvorschlag und/oder Verständnishilfe vom Herausgeber

Der Psalter

Texte

R368

ORATIO 1 S723

pauperis cum anxivs fuerit . et coram domino effuderit precem suam. **D**iz ist armis kebét . sô ér in ángesten ist . unde er danne dâr umbe Got flêhot. Fóne diû gefâllet îz án

der umbe

sumelichen stéten CHRISTO qui pro no-

unsich uuard arm briûte

bis pauper factvs est . unde sinero spon-

sę sanctę ęcclesię . diû sáment îmo ist

in einemo lichamin unde in eînero stimmo

in una carne . et in una uoce unde iêgelichemo sînero fi-

getriûuuon

delium der nôthaft ist.

DOMINE . EXAUDI 2

ORATIONEM MEAM . ET clamor meus ad te ueniat. P420

Truhten fater gehôre min gebét . unde mîn ruôft chôme ze

terrenos peccare · & operari inique · Sie uuerdent aber irslagen

in iro operibus sone dien · die in sar ze anagentero tempta

tione uuiderstant · unde sie laceriando fertribent · In matuti

nis mag ouh dies iudicii fernomen uuerden · also iz chit · Noli

TE ANTE TEMPUS IUDICARE · QUOAD USQ. VENIAT

DNS · QUI ET ILLUMINABIT ABSCONDITA TENEBRA

RU · & MANIFESTABIT CONSILIA CORDIUM · Nu ist na

nu ne uueiz nieman den anderen · danne skinet uuer iegeli

cher ist · so ist mane · so uuerdent fertriben de ciuitate dni om

operantes iniquitatem · ORA

pauperis cum anxius fuerit & co

dno effuderit precem suam · D

ist armes gebet · so er mange

ist · unde er danne dar umbe

flehot · sone dui gefallet iz a

sumelichen steten · xpo qui pa

bus pauper factus est · unde sinero

se scilicet ecclesie · diu samenet imo

in una carne · & in una u

unde iegelichemo sinero

debum der nothaft ist

NE EXAUDI

ORATIONEM MEA · ET

clamor meus ad te ueniat

Truhten farer gehore min ge

ber · unde min ruoft chome

So turriste uuerde min gebet · daz ih zedir chome · Ne auer
tas faciem tuam a me · fone mir ne uuendest du din anasiune · Die
pauperes sint · unde miniu membra sint · fone dien ne uuende iz ·
In quacumque die tribulor · inclina ad me aurem tuam · So uuanne
ih in not chome · so helde ze mir din ora · Ih habo not nidenan
du bist aber obenan · Dero halb is durft si · dero halb hilf mir · In
quacumque die inuocauero te · uelociter exaudi me · In dirro ge
mone · in anderro · unde andero drittun · unde ansouuelero
dih ana hare · gehore mih spuotigo · uuanda ih pito des · daz
gerno gibest · Uuaz ist daz · ane regnum celorum · Duo also
gehiezzist · do du chade · A D H U C T E L O Q U E N T E D I
CAM · ECCE A D S U M · Quia defecerunt sicut fumus dies mei · so
du gehore mih skiero · uuanda mine taga zegangen sint ·
rough · Solche taga gestrebrota adam · Diu egestas · diu pau
pertas liget mir ana · Et ossa mea sicut in frixorio confrixa s ·
miniu bein sint Kerostet · samo so inphannun · Siu sulizont
dien forhton des euuigen fiures · Diu uuort sint poeniten
Aber xpi mugen siu sin · daz er sine fortes ossa heizze · so
sint · uuanda an dien uuirt er gebrennet · nah dien uuort
QVIS SCANDALIZATVR ET EGO NON VROR · Dia
machot caritas · Percussum est sicut fenum et aruit
cor meum · Keslagen ist min herza · unde dannan dorreta iz
heuue · sone slage dorret heuue · fone slahentero sundon
heuue gelih uuorden · Ziu ist daz · Quia oblitus sum man
ducare panem meum · Uuanda ih ne irhugeta ze ezzene min
Preceptum dei ist panis anime · uuider demo az ih uetitum

R369

dir. So lûtreîste uuerde mîn gebét . daz iz ze‿dir chóme. *Ne auer-* *3*
tas faciem tuam a me. Fóne mir ne-uuendest dû dîn ánasiûne. Diê
arm lide
pauperes sint . unde mîniu membra sint . fóne diên ne-uuende iz.
In quacumque die tribulor . inclina ad me aurem tuam. So uuánne S724
ih in nôt chóme . so helde ze mir din ôra. Ih hábo nôt nídenan .
du bist aber óbenan. Déro halb is durft sí . dero halb hilf mir. *In*
quacumque die inuocauero te . uelociter exaudi me. In dírro ge-
chûnnezálo
neratione . in ánderro . unde án‿dero drittun . unde an‿souuélero
ih dih ána háre . gehore mih spuôtigo . uuanda ih píto des . daz
hímil-rîche
dû gerno gíbest. Vuaz ist daz? ane regnum cęlorum. Dûo also
er du fol-sprechest so chído
du gehiêzzîst . dô dû châde. ADHVC TE LOQVENTE DI-
ih sih-no uuar ih pin
CAM. ECCE ADSVM. *Quia defecerunt sicut fumus dies mei.* Fo- *4*
ne diû gehôre mih skiêro . uuanda mîne tága zegangen sint .
ármheît
also roûgh. Sólche tága gefrêhtota adam. Diû egestas . diu pau-
dûrfthêit
pertas lîget mir ána. *Et ossa mea sicut in frixorio confrixa sunt.*
Vnde mîniu beîn sint kerôstet . sámo so in‿phannun. Siû suílizont S725
des riûuuontin
fore diên forhton des êuuígen fiûres. Diu uuort sint poeniten-
starche peîn
tis. Aber CHRISTI mugen siu sîn . daz er sîne fortes ossa heîzze . so
apostoli sint . uuanda an diên uuirt er gebrénnet . nah diên uuór-
uuer uuirt ke-rotigot ih ne-brunne?
ten. QVIS SCANDALIZATVR ET EGO NON VROR?
brinnûn minna
frixuram máchot caritas. *Percussum est sicut fęnum . et aruit* *5*
cor meum. Keslágen ist mîn herza . unde dannan dórreta iz P421
also héuue. Fóne sláge dorret héuue . fone slâhenten súndon
bin ih héuue gelîh uuorden. Ziu ist daz? *Quia oblitus sum man-*
ducare panem meum. Vuanda ih ne-irhúgeta ze ézzen<n>e mîn
Gotes kebot dero selo brôt daz ferbótena ôbiz
brôt. Preceptum dei ist panis animę . uuíder démo âz ih uetitum .

1(r) iz] ih vor ze *Ras.* 11(r) ADHVC: vor D *Ras.* 18 XPI: *kein Kontraktionsstrich* *Punkt fehlt* 5^3 26^3

R370

pedîu ist mir rehto irscozzen. *A uoce gemitus mei . adheserunt* 6
ossa mea carni meę. Fone déro stimmo mines sûftodes . kehâfte-
ton miniu bêin ze mînemo fleîsche. Ih hábo daz irsiûftot umbe S726
festin ûnfesten chrêftigen unchreftigen
Got . daz uuir firmi ze infirmis . unde uuir fortes ze inualidis
unchraft
hâfteien. Sie ne-uuolton sûfton iro infirmitatem . do sûftota ih fû-
uuir mâhtigin sulin dero
re siê. Also iz chit. DEBEMVS ENIM NOS FIRMI . INFIRMI-
unmahtigon uueichi an uns trâgin
TATEM INFIRMORVM PORTARE. *Similis factus sum pel-* 7
licano solitudinis. Fone sûftode unde fóne cháro bin ih so má-
in dero uuuôsti dero
ger . sámoso pellicanus der in͜egypto fliûget . in desertis flumi-
âho natûrosâgin
nis nili . den phisiologi ziêhent . daz er niêht des ne-ferdéuue
des er ferslîndet . niêht mêr danne hiêr in dîsen sêuuen diû scár-
ba. *Factus sum sicut ni<c>ticorax in parietinis* . i . in domicilio.
Pin ih ouh uuorden also der náhtram in diên hûskeféllen . dâr S727
naht-ram
imo gesuâs ist . uuanda ménnisco dâr ne-ist. Fûre ni<c>ticora-
cem fernément sûmeliche bubonem uel noctuam uel óno-
crotalon . daz chit den hûuuen alde diê hiûuuelun alde
den hórotumbel. *Vigilaui et factus sum sicut passer singula-* 8
ris in tecto. Ih téta uuácha . unde bin uuorden also der spáro .
der eîn-lúzzer in hûs ist . uuanda ándere fógela rûment . spáro
ist heîme. Mit dîsen drîn fógelen sint pezeichenet drîe lîba P422
einsidelin
déro hêiligon. Mit pellicano heremitę . mit nicticorace . diê
under anderen liûten
in consortio hominum tougeno nahtes íro gebet . unde íro S728
elemosinas tuont . iro sêlon ze fuôro. Mit passere . diê in ęcclesia .
in chilchun
ih meîno in oratorio gerno sint . unde anderen ûz kânten
dar ze leibo uuerdent. Nu sehen ouh uuiêo iz CHRISTO gefalle.
keborin fone magede
Er ist pellicanus in einote . uuanda er eino ist natus de uirgi

13(r) hûskefêllen *auf Ras.* 16 *dia *Punkt fehlt* 1[2] 13 18[3] 23[4]

7 uueichi: i[1] *übergeschr.*

R371

gemartirot in iudon finstri
ne. Er ist nicticorax . uuanda er passus uuard in tenebris iudeorum
samo in dero naht uuant-storiden féllina uuanda
tamquam in nocte. Die uuâren parietinę . uuâren ruinę . quia
sie nimahton an zimbere bestân
stare non poterant in ędificio. Die mínnota er . bediû uuégeta
fater fer-gib înen iz uuanda sie ne-uuizzin lês
er in sus. PATER IGNOSCE ILLIS . NON ENIM SCIVNT
uuaz sie tuônt sparo uuachentir irstânde
QVID FACIVNT. Passer uigilans uuas er . daz chit resurgens
unde nah tôde uuachinte unde ze himele fliegente ein-lûzzir
et post mortem uigilans . et uolans in cęlum. Dâr ist er singularis
in‿hûs kenâda fur unsih eîsconte
in tecto . interpellans pro nobis. *Tota die exprobrabant mihi inimi-* 9

ci mei . et qui laudabant me . aduersum me iurabant. Állen dág

îteuuîzzoton mir mîne fîenda . unde diê mih lóboton . die suuô-
lobondo
ren unde eînoton sih uuider mir. Laudando châden sie. MA- S729
mêister uuir uuizzen uuola daz du uuâre hêrro bist unde Gotes uuek
GISTER SCIMVS QVIA VERAX ES . ET VIAM DEI IN
uuarhafto lêrest unde niêmannis ne-borgest
VERITATE DOCES . ET PERSONAM HOMINIS NON AC-
hindir-scranchis
CIPIS. Sámint démo lôbe uuaren sie geînot subplantationis .
muoz‿man demo cheîsere zins kéltin
sus . LICET DARE CENSVM CESARI? Aber ziu tâten siê

mir îteuuiz? *Quia cinerem tamquam panem manducabam . et po-* 10

culum meum cum fletu miscebam. Vuanda ih áscun âz also P423

brôt . unde min trînchen mit uueînode míscelôta. Vuiêo? com-
kemeinsamonto diên riûuuonten unde înnônto diê ubilis irmârto unde die sûndigin
municando pęnitentibus . et suscipiendo publicanos . et peccatores
also die ûnsundigin riûuuonto
quasi innocentes. Daz leîdizton siê. Alde der pęnitens chit. Ih

âz daz prôt kedûnchotez in diêa áscun . mit tranen. *A facie* 11

irę et indignationis tuę. Fóne dero ânasihte dînero âbolgi . un-

de dînero zúrnedo . diu mir fóne adam geskéhen ist. *Quia ele-*
mit redeafti unde mit
uans elisisti me. Vuanda du mih ûf héuendo per rationem et libe-
selb-uualte mit uber-têiledo des todis
rum arbitrium . sar irfáltost . unde ferchnístôst iudicio mortis. S730

Pediû irfáltost du mih . uuanda ih mînero hôhi ubermuôte uuas.

Dies mei sicut umbra declinauerunt. Dára nâh uuánchton mî- 12

11(r) 18 pęnitentiƀ *auf Ras.* 19(r) pęnitens: ni *aus* m *rad.* 20 *dia tranen: e *aus* u *rad. und verb.* 24(r) irfáltost: irf *aus* un *rad. und verb.*

23 *redehafti

R372

ne tâga . also scâto uuénchet. Scâto ne-gestât . noh mîne tâga
ne-tuônt. Vbe ih fóne dir ne-uuángti . so mahtin sie unuuan-
chonte sîn. *Et ego sicut fęnum arui.* Vnde dâr mîte dórreta
ih also héuue. Demo zegânten héuue bin ih kelîh. Vuiêo âber
dû? *Tu autem domine in ęternum permanes.* Aber du herro uuérest iê- 13
mer. Gehalt mih stâter . unstâten. *Et memoriale tuum in gene-*
ratione et generationem. Vnde uuéret daz din geuuâhtlicha
der geheiz dinero chunfte
in allen gebúrten. Iêmer sol in_gehúhte sin promissio aduentus tui.
Tu exurgens misereberis syon. Dû stâst iêo noh uf . unde gnâ- 14
daz chit christenheite
dest syon . idest ęcclesię. Nah lângero tuâlo chúmest dû . daz uuirt
keuuahtelich
memoriale. *Quia tempus miserendi eius . quia uenit tempus.*
Vuanda is zît ist . uuanda zit chómen ist . daz dû iro genâdeest. S731
Quoniam beneplacitos habuerunt serui tui lapides eius. Vuanda 15
dîne scalcha apostoli et prophetę . ze liêben hâbeton îro steîna . iro chiNT . P424
diu sie mit iro prędicationibus irzúgen . unde geféstenoton.
Et pulueris eius miserebuntur. Ioh îro stuppes hâbent sie genâ-
da.Selbero déro súndigon diê Christum sluôgen . bechêrent siê
ze gloubo driû dusent funf t[i]ûsent
ad fidem . ze êrist tria milia . dara nâh quinque milia . daz ouh siê
kehértit ze steînin
uuerdent solidati in lapides. *Et timebunt gentes nomen tuum* 16
domine . et omnes reges terrę gloriam tuam. Vnde dâra nâh fúrhtent ioh
alle diête dînen námen . unde alle chúninga dîna guôllichi .
unde breitet sih diû ęcclesia ûber al. Ziu ist daz? *Quoniam ędificabit* 17
dominus syon. Vuanda selber truhten zimberot sîa. *Et uidebitur*
in gloria sua. Vnde so ouh des zit uuirt . so uuirdet der gesêhen
mit kuôllichi in uuefchi
in gloria . der êr uuard kesêhen in infirmitate. *Respexit in orati-* 18
onem humilium . et non spreuit precem eorum. Ze déro diêmuôti-

---

7 geuuâhtlicha] geuuáltlicha   15(r) geféstenoton: o^2 *aus* a *rad. und verb.*
16 hâbent *!*   17 diê *auf Ras., danach Ras.*   *Punkt fehlt* 10^1 14^3

R373

gon béto sâh ér . unde iro dígi ne-ferchôs er. Sid daz sô sî . so uué- S732
diemuôte zîmbirrûn
sen âlle humiles . in dírro structura . unde bétoen alle. *Scribantur* 19

hęc in generatione altera. Dísiu uuort . dise prophetię . uuérdên ge-
chunne-zalo daz niûuua urchunde
scrîben in ânderro generatione . so nouum testamentum cho-

me . daz sie déro geburte núzzeren sîn . danne dero êrerun .
nâmilich fone chunne ze chunne
unde iz memoriale si . a generatione in generationem. *Et populus*

qui creabitur laudabit dominum. Vnde danne lobot Got der liût .
in toûfi niûuue gescepheda
der in baptismo noua creatura uuírdet. *Quia prospexit de cęlo* 20 P425

sancto suo . dominus de cęlo in terram prospexit. Daz uuirt er . uuanda
fône hôhi
truhten hára nider fersâh . fone himele fersah er in érda . ex‿al-
ze diêmuoten
to cham er ad humiles. Ziu? *Vt audiret gemitus compeditorum.* 21
Gotis forhta unde sin geduuanch
Daz er gehôrti siûftod déro gedrûoton. Timor et disciplina dei . S733

sint déro drûe . die er gehôret. *Et solueret filios interemptorum.*

Vnde cham er oûh . daz er inbunde dero irslâgenon súne. Diê
mit des tiêfeles scrânche
diabolica fraude irslâgen uuâren . dero súne bín uuir. Vnsih
ânt-lâz sundon
inbindet er uuanda er uns kíbet remissionem peccatorum. *Vt* 22

adnuntietur in syon nomen domini . et laus eius ! in ierusalem. Daz

fone apostolis chunt ketan uuerde Gótes nâmo ín‿dero ęcclesia . un-

de sîn lób in ierusalem . daz ist âber diu ęcclesia. *In conueniendo* 23

populos in unum . et regna ut seruiant domino. Daz liûte unde rî-
allich sâme-
che ze-sâmene chómente Góte diênoen . unde diê sîn catholica
nunga
ęcclesia. *Respondit ei in uia uirtutis suę.* Do antuuúrta ímo ieru- 24
lâdungo
salem . an démo uuége iro chréfte diû CHRISTVS ist. Sînero uocationi S734
diû êrra
in-chad sî . an guôten uuérchen . mit sinero hélfo. Aber prior

ierusalem . inchád imo in ubelen uuérchen. Fóne diû gehôrta
sih-nô iûuuer hus uuirt ze‿leîbe uuuôste
sî. ECCE RELINQVETVR VOBIS DOMVS VESTRA DE-

---

24 diû: u *aus* a *verb.* 26f. uuuôste // uuuôste

R374

SERTA. *Paucitatem dierum meorum nuntia mihi.* Chunde mir .

chit ęcclesia ! diê unmánigi mînero tágo. Lâ mih kehôren. EC-
séhent-nô . ih pin mit iû alle tága unzint
CE EGO VOBISCVM SVM OMNIBVS DIEBVS VSQVE AD
an ende dero uuerlte
CONSVM[M]ATIONEM SĘCVLI. Doh déro frîste lûzzel sî uuí- P426
euuicheîte
der déro ęternitate . mih fréuuet doh daz ih êr ne-zegân . un-
irrâre
de heretici liûgent . die mir anderes-uuiêo gehiêzzen. *Ne reuo-* 25

ces me in dimidio dierum meorum. Ne-uuende mih uuídere în

den halben teil mînero tágo . so siê uuânent. Ne-lâz îro mîn-

nero uuerden . dánne dû gesprochen eîgist. *In sęculum sęculi*

anni tui. Iêmer unde iêmer sint dîniu iâr. Vuíder diên dînen S735
un-mânigi
ist paucitas déro mînero. *Initio tu domine terram fundasti . et opera* 26

manuum tuarum sunt cęli. Ipsi peribunt . tu autem permanes. Fóne ê- 27

rist stóllotost du die erda . unde hímela sint diniu hántuuerg.

Doh sie so sin . sie ze-gânt . du stâst ze stéte . unde bist daz du bist.

Et omnes sicut uestimentum ueterescent . et sicut opertorium mu-

tabis eos et mutabuntur . ^{o}*tu autem idem ipse es . et anni tui non* 28

deficient. Vnde alle irfîrnent siê also uuât . unde dû uuéhse-

lôst siê . unde den uuehsel dólent sie . aber du bist iêo der selbo .
in sintfluôte diê nâistin
unde diniu iar ne-zegânt. In diluuio uuurden ferlóren cęli
himila dero erdo uogila óbirin himi-
proximi terris . an dien uolatilia sint. So sint ouh superiores cę- S736
la himila hímilo
li . die cęli cęlorum heizzent. Vbe diê fone fiûre súlîn ferlórin

uuerden . sáment énên . alde échert éne âne dîse . alde uuélih
uuórtherta under
uuehsel iro uuerden sule . des ist únsemftiû disceptatio inter
glerten himilin
doctos. Alde daz hiêr fone cęlis kescrîben ist daz mag fóne
hêiligon unde rehten tónronde
sanctis et iustis fernómen uuerden . an diên Got ist intonans prę-
mit kebotin plécchizinte mit uuúndrin die erda beregenonte mit uuîstuôme
ceptis coruscans miraculis . imbrificans terram sapientia ue-

---

2 *dîa 13 *dia 23 disceptatio: tat *aus* tio *rad. und verb.*
25 diên: n *auf Ras.* *Punkt fehlt* 1^3 13^2 18^3

3 tága: *davor* d *und Ansatz einer Oberlänge* (d') unzint: n^2 *aus* u *verb.* 20 niogila

R375

uuarheite himela zêlent dîna guollichi
ritatis . fone diên iz chit . CȨLI ENARRANT GLORIAM DEI. P427
unde alle irfirnent sie also
Fone în uuîrt uuola fernómen . ET OMNES SICVT VESTI-
uuât unde du uuândilost sie
MENTVM VETERESCENT . ET SICVT OPERTORIVM MVTA-
also tecchi unde den uuehsil lîdint siê lichamin
BIS EOS ET MVTABVNTVR. Vuaz sint iro corpora . âne uesti-
uuât unde decchi dero sêlo firuuêhselot
menta animȩ et opertoria? An diên uuerdent siê mutati . also der
unde tôte irstânt un-irferuuarte
apostolus chit. ET MORTVI RESVRGENT INCORRVPTI
unde uuerden uuir feruuandilot aber uuieo? dar uuirt kesâit
ET NOS IMMVTABIMVR. Quomodo immutabimur? Seminatur
fêhe gelich lîchamo unde irstât keîstlich lichamo uuirt ke-sâit tôdelich lîchamo
corpus animale . resurget corpus spiritale. Seminatur mortale . re- S737
unde irstat untôdiger uuirt kesâit iruuartlich lichamo stât uf un-iruuârtlicher
surget in-mortale. Seminatur corruptibile . resurget in-corrupti-
lîchamen himela
bile. Ioh iro corpora sint cȩli . uuanda siû Got tragent . nâh diên
kuôllichont Got unde trâgent in an
uuorten Pauli. GLORIFICATE ET PORTATE DEVM IN COR-
iûuuermo lîchamin
PORE VESTRO. Soliche hîmela irfirnent umbe daz . daz sie geniû-
uuot uuérden. *Filii seruorum tuorum habitabunt* . s . in annis tu- 29
poton chint
is. An dînen êuuigen iâren bûent apostolorum filii. *Et semen eorum in sȩ-*
culum dirigetur. Vnde îro geburt uuirt in êuua gerihtet . dâr
ordinhafto anagenne uuort
alliu ding ordinate fárent. Disses psalmi principia sint uerba
chlâgidis diu iûngistin uuort trôstis
gemituum . postrema sint consolationum.

B*ENEDIC ANIMA MEA DOMINO*. Sêla mîniu dán- 1
cho Góte. *Et omnia quȩ intra me sunt nomini sancto eius.* P428
Vnde sînemo heiligen námen danchoen alliu diu
in mîr sînt. Ratio diu in îro ist . unde alle iro gedancha S738
lôboen în. *Benedic anima mea domino . et noli obliuisci omnes retri-* 2
butiones eius. Dancho îmo . unde habe unergezzen alles sînes
lônes. Du gefrehtotost mala . er gab dir bona . unde gîbet noh.
Also hára nâh stat. *Qui propitius fit omnibus iniquitatibus tuis .* 3
qui sanat omnes languores tuos. Der allen dînen unrehten ge-

---

14 dînen] diên 19(r) me s̄ nomini *auf Ras.* 21 unde: e *auf Ras.* 24 gefrehtotost: h *aus* o *oder* b *rad. und verb.* 26 dînen: *Schaft des* d *unten anrad.* *Punkt fehlt* 19[2]

3 *nach* du *Punkt auf Zeilenhöhe (Ansatz eines Buchstabens)* 4 den *auf Ras. vor* uuehsil *Ras.* 7 dar: r *aus Ansatz von* z *verb.* 9 uuirt kesâit: uuirt k *auf Ras.*

R376

nâdet . der alle dîne siêchêite heîlet. *Qui redimit de interitu* 4
uitam tuam. Der dînen lîb lôset fóne ferlórnissido. *Qui coronat*
te in miseratione et misericordia. Der dih corônot in_irbár-
medo unde in ármherzi. Corona chit capitis ornatus . daz ist
diu hoûbet-ziêrda . also uuir an chúningen séhen. *Qui saciat* 5
in bonis desiderium tuum. Der dînen uuillen in guôte fóllot .
daz chit . der dih kuotes keniêtot. *Renouabitur ut aquilę iuuen-*
tus tua. Geniûuuot uuirt din iûgent . sámo so áren. Imo geschiêt
fore alti . chît_man . daz sin óbero snabel den nideren so uber S739
uuahset . daz er în ûf intuôn ne-mag sih ze_geâzzenne. Dára nâh
knîtet er în an démo steîne . unz er în so ferniûzzet daz er
aber ézzen mag. Vnde so geuuúnnet er samo sô fóne êrist iûn-
stêin
gliche chréfte. So geschiêhet oûh démo . der an CHRISTO der petra
ist. sîna sunda îlet ferslîzen . uuanda er bringet in uuídere ad
ze_únscadeli ze_urstende
innocentiam. Fone déro chûmet er ad resurrectionem . dar uuirt
er geiúnget. Dara zuô siêhet disiu réda. *Faciens misericordias dominus . et* 6
iudicium omnibus iniuriam patientibus. Truhten ist der genâ-
da schêinet . unde allen rihtet . die únreht tôlent . diê imo uin-
kerîch spare mir den gerîch ih
dictam spárent. Also er chit. MIHI VINDICTAM . EGO RE- P429
irrîcche dich
TRIBVAM. *Notas fecit uias suas moysi.* Chûnde téta er sîne 7
diê êa keistlicho
uuéga moysi . daz man legem spiritaliter fernémen sol . unde daz S740
fone gegebenero êo
er ex data lege uuolta diê liûte bechénnen sih selben . die sih
sûndîg noh kenadon bedurfin der úber-grif
ne-iâhin peccatores uuésen . noh indigere gratia . ube iz in_prçuarica-
der êo toûgen rât[e]
tio legis ne-geoûgti. Daz obscurum consilium getéta er chunt
moysi. *Filiis israhel uoluntates suas.* Nieht ein moysi . nube allen
Got âna-sehintin an diên achust ne-ist
uuaren israhelitis in quibus dolus non est ! geteta er chunt sî-

3 dih: h aus r *verb.* 8 geschiêt: t *nachgetr. (spitzere Feder, hellere Tinte)* 22 die[2]: ie *aus* a *rad. und verb.* *Punkt fehlt* 6[2] 9[1]

R377

funf puoch
nen uuillen. Daz er uuolta uuésen quinque libros moysi . sámoso
funf forzicha in dien die siehen lâgen daz sie dâr scínin nals
quinque porticus . in quibus ęgri iacerent . ut proderentur . non ut
kenérit uuurdin in diên fórzichin genérit in dero uuazzer
ibi sanarentur. In porticibus ne-uuurden sie sanati . in aqua mo-
uuégi in iúdon gestúrme martira
ta . daz chit in_tumultu iudaico . dannan CHRISTI passio gescah . uuard
einer generit daz chit einer der christano liût
unus sanatus . i . unitas Christiani populi. *Misericors et miserator dominus .* 8
longanimis et multum misericors. Truhten ist kenâdig . unde S741
schêinare genâdon . lángmuôtig unde fílo genâdig. *Non in fi-* 9
nem irascitur . neque in ęternum indignabitur. Er ne-bilget sih in én-
de . noh er ne-zurnet in êuua. *Non secundum peccata nostra fecit nobis .* 10
neque secundum iniquitates nostras retribuit nobis. Er ne-habet uns niêht
mite geuáren ! nâh únseren sundon . noh er ne-lônota uns nâh
unseren únrehten. *Quoniam secundum altitudinem cęli a terra . confir-* 11 P430
mauit misericordiam suam super timentes eum. Also dâr ána schînet .
uuanda nah dero hôhi hímeles fóne erdo . hábet er geféstenot
sína genâda úber diê . die in furhtent. Des hímeles hohi déc-
chet die únder ímo sint . unde er gibet liêht . régen . uuint . um-
erd-uuuôchera
be diê fructus terrę . also únerdrózzeno spéndot Got knâda
diên . die in sínero forhtun sint. *Quantum distat ortus ab occiden-* 12
te . elongauit a nobis iniquitates nostras. So ferro daz ôsten ist fone
demo uuéstene . so ferro hábet er fone uns ketân únseriu únreht.
sunne sedil úf-runs genada
Occasus fliêhet den ortum . so ouh uns sin gratia irrínnet . so uállent S742
unsere sunda. *Quomodo miseretur pater filiis . ita misertus est* 13
dominus timentibus se. Also fáter chinden . so genâdet Got dien ín
fúrhtenten. Vbe er siê fíllet . die filla suln sie minnon . uuanda
sie fóne íro fater genâdon chóment. Diê er fillet . diê ne-tuôt er
érbelôse. *Quoniam ipse cognouit figmentum nostrum.* Diê fáterlîchun ge- 14

---

17 Got ! 19 ôsten ist] ôstenast: *Ligatur* st[2] *aus* n *rad. und verb. (Bauch des* a *nicht rad.!)* *Punkt fehlt* 4^3 5^4 9^3 12^2 20^2

2 siebhen: b *durch Unterstreichung getilgt* 3 *vor* genérit *Ansatz einer Oberlänge*

R378

nada scheînet er . uuanda er bechénnet ûnsera gescáft. Er uuêiz
daz sie uzzer hóreuue uuorden ist. *Recordatus est quoniam puluis*
sumus. Er ne-hábet irgézzen daz uuir stuppe bin. So smâhe siNT
uuorden durh sunda . die edele mahtin uuésen. *Homo sicut foe-* 15
num dies eius. Mennischo ist also héuue. Also heuue sint sîne
tága. *Tamquam flos agri sic efflorebit.* Also der bluômo dâr in-
in félde . also ferbluot er . also mûrg-fâre ist er. *Quoniam spiritus pertransi-* 16
bit in illo et non subsistet . et non cognoscet amplius locum suum.
Vuanda sîn geîst der în îmo ist ferféret . unde hiêr nebestât er .
noh furder hára ne-iruuîndet er. Sól er hîna geuuarner sâlig sîn . P431
héuue daz er dâr ûz kolt ma-
so tuôt iz des kenada . der an sih nam foenum . ut ex eo faceret S743
choti
aurum. *Misericordia autem domini a sęculo . et usque in ęternum super* 17
timentes eum. Aber Gotes kenâda ist an dien in fûrhtenten . fó-
ne ánagântero dirro uuerlte . unde dannan unz ze énero uuerl-
fône âna gântero uuerlte
te. Hiêr dar iz chit . A SECVLO . uuandon genuôge . so cassiodo-
rus ságet . adam genada geheizzen uuésen . uuanda andere
in uuerlte fone âna gantiro uuerlte
uuurden in sęculo . er uuard a sęculo. *Et iustitia illius in filios*
filiorum . °his qui seruant testamentum eius . et memores sunt man- 18
datorum eius ut faciant ea. Vnde sin reht ist . daz chit schînet
uuerch unde lon dero uuercho
an ûnserro sûno sûnen . daz sint opera et mercedes operum . un-
scrift-kebot
de schînet an dien . die sin testamentum haltent . unde sînero ge-
scrift-kebot
boto ze diu gehuhtig sint . daz sie siû leîsten. Sîn testamentum .
flihte minno
daz sint siniu mandata . diu bestânt alliu in caritate . dero sól
man gehûgen. *Dominus in cęlo parauit sedem suam . et regnum eius om-* 19
ze
nium dominabitur. Truhten gareta in hîmele sînen stuôl . ad S744
zeseuuun sînis fater
dexteram patris . unde sin rîche uualtet iro állero. *Benedicite* 20

---

1 gescáft *auf Ras.* uuêiz: z *aus* h *verb.* 20 operum: oper *durch Tintenkleckse teilweise verdeckt* *Punkt fehlt* 12^{2} 15^{4} 19^{2} 22^{3}

17 uor uuerlte *Art Punkt (Ansatz eines Buchstabens) auf Zeilenhöhe*

R379

domino omnes angeli eius potentes in uirtute . qui facitis uerbum eius
ad audiendam uocem sermonum eius. Lóbont Got alle sine an-
geli mahtige in‿chrefte . ir sîn uuort tuont ze gehôrenne . daz
chit ze irfollon<n>e die stimma sinero uuorto. *Benedicite domino* 21
omnes uirtutes eius . ministri eius qui facitis uoluntatem eius. P432
zeîchin-uuúrchin
Lób tuont truhtene alle sîne uirtutes . sine ámbahtara . ir sînen
uuillen fóllont. *Benedicite domino omnia opera eius.* Lóbont în álliu 22
sîniu uuerch. *In omni loco dominationis eius . benedic anima*
mea domino. In állen diên stéten dâr sin geuualt sî . dar lôbo Gô-
niêht eîn
te mîn sêla. Vber al ist sîn geuualt . uber al lôbo în . non solum
in chilchun sunder ioh uzzan chilchun
intra septa ęcclesię . sed et extra septa eius.

B*ENEDIC ANIMA MEA DOMINVM.* Sêla mîniu lôbo 1
trúhtenen . dero scônon dîngo . diu dîser psalmus
oûget. *Domine deus meus magnificatus es uehementer.* Trú-
hten Got mîner . du bis harto gemíchellichot. Dû
hábest dih keoûget míchelin . diên . die dina micheli fóre ne- S745
uuisson. *Confessionem et decorem induisti.* Du légetost dih ána
geiîht unde ziêrda . uuanda din ęcclesia diu zuei ána légeta.
suarz iro sundon bigiêhin
Si uuas ze êrist fusca . er si begondi peccata sua confiteri . áber
pigiht tuônto keuuîzzit
confitendo uuard si dealbata. Íro ánalégi . ist dîn ánalegi.
Amictus lumine sicut uestimento. Behéleter mit liêhte . sámo 2
daz lieht dero geloubo
so mit uuâte. Iro uuât . ist dîn uuât . daz ist lumen fidei. *Exten-*
dens cęlum sicut pellem. Den himmel dénnende . also hût ke-
fiêho
denet uuirt. Nâh tode dero animalium . uuérdent íro hiûte
diê scrifte
gedénet. Scripturę prophetarum uuúrden ouh nah íro lîbe
ze allen diêtin
ferdenet . unde ferrécchet . ad omnes gentes. Sie uuâren ún- P433 S746

2(r) audiendam: a^2 *aus* u *rad. und verb.* alle sine: alle si *auf Ras., Zkfl. von* gehôrenne, *Z. 3, mitrad., aber noch sichtbar* 4 *dîa
5(r) uoluntatem: m *aus langem* s *rad. und verb.* 20 confitendo: endo *durch Tintenkleckse teilweise verdeckt (vgl. zu 378,20)* *Punkt fehlt* 3^2 5^1 8^2

R380

an déro altun êo
fernomen . unz sie selben IN VETERI testamento uuâ-
niûuua êa
ren. So nouum cham . unde sie ne-uuâren . do zô<h>‿man fûre
scrifte himel
îro scripta . do begonda‿man sie bechénnen. Vnde diû sint cęlum

uuanda Got an în funden uuirt. *Qui tegis aquis superiora eivs.* 3

Du mit uuazzeren decchest siniu ôberôren. Vuázzer sint óbe
eo gebôtin
himele . also diû dâr sint . so sézzest du obe állen pręceptis legis
diu gebot minno kegôzzin ist in unseren herzon
pręcepta caritatis. Vuanda ouh si ist diffusa in cordibus nostris .

pediu hábet sî uuázzeres námen. *Qui ponis nubem ascensum*

tuum. Dû daz uuolchan sezzest dir ze stégûn . unde ze anphan-
unde daz uuolchan inphieng in ab iro oûgon
ge. Also iz chît . ET NVBES SVSCEPIT EVM AB OCVLIS
bezeichinlicho uuolchin prediare mit prediarin
EORVM. Aber mysticę. Nubes sint prędicatores . per prędicatores prîn-
die uueîchen ze dero fernûmeste dero scrifto
gest du infirmos ad‿intellectum scripturarum. *Qui ambulas super* S747

pennas uentorum. Dû-der fûre îlest diê snélli déro uuindo .
uuort
uuanda du sendest dîn uerbum spuôtigor danne uuint fáre .
uuinda heîlige sêla
so uuiêo niêht snélleren ne-sî. Alde . uenti sint sanctę animę . unde
féttacha sint Gotis unde friûndis minna. diê minna
iro pennę . amor dei et proximi . den amorem ûber stéphest dû . uuan-

da dîner mêroro ist ze în . danne iro ze dir. Sô siê hôhost ke-
minna
fliêgent dînen amorem ze gechiêsenne . so sêhent sie în iêo ôbe-
daz ir mugint ir-râtin
rôren. Fone diû . so Paulus chad . VT POSSITIS COMPREHEN- S748
uuaz-dir si prêiti hôhi lengi chrucis
DERE QVĘ SIT LATITVDO ALTITVDO LONGITV-
unde tiefi under dar mîte mugint
DO ET PROFVNDVM . so chad er oûh . SCIRE ETIAM SV- P434
uuizzin diê hôho recchenten ôbe-scrift christis minnon.
PEREMINENTEM SCIENTIAM CARITATIS CHRISTI. Vuan-
diu breîti al guot uuerch
da álso‿man uuîzzen sol . daz latitudo ist omne opus bonum .
unde hôhi herza hina ûf unde lengi fol-leîsteda kuôtis uuerchis
altitudo sursum cor . longitudo perseuerantia boni operis . pro-
unde diû tiûffi heilic-tuôm toufi unde uuîzzodis
fundum sacramentum baptismi et eucharistię . an diên begrá-

ben ist uuaz iz meîne . uuanda man iz ne-siêhet . so ist fôre ál-

---

1 IN VETERI *auf Ras., Zkfl. von* uuâren, *Z. 2, mitrad., aber noch erkennbar*
2(r) *nach* fûre *Ras.* 12(r) ambulas: *langes* s *aus* n *rad. und verb.*
13 *dia 16 stéphest: *Ligatur* st[2] *unten anrad.* [st *aus* t(t) *rad. und verb.?*] 18(r) fliêgent: g *auf Ras.* gechiêsenne: c *aus langem* s *rad. und verb.* 18/19 ôberôren: *rechter Strich des Zkfl. über* o[1] *sehr kurz*
Punkt fehlt 14

20 longi 21 *unde ir *oder* *unde

R381

len dingen daz ze‿bedénchenne . uuiêo ferro unsih prâht hábet
diu Gotes minna . unde uuiêo hôho si reîchet. *Qui facis angelos* 4
tuos spiritus. Dû dîne geîsta máchost póten . so du sie ûz sendest ad
tobiam . ad zachariam . ad MARIAM. Aber mystice . dû in dîne-
ge-samenunga tuost keîstliche man pôtin dînis ârindis
ro ęcclesia spiritales uiros tuôst uuésen nuntios uerbi tui . unde
ze flêiscinen samo aba himele ze erdo
sie ad carnales séndest . quasi de cęlo ad terram. *Et ministros tuos*
ignem urentem. Vnde dîne ambáhtare getuôst uuésen prénnen-
die ernisthaftin îro sinnis uber-lôsarra prènninte
tez fiûr. Vuanda spiritu feruentes . sint îro auditores incendentes. S749
Qui fundasti terram super stabilitatem suam. Du diê erda gefestenotost . 5
an îro stâtigi. Dina ęcclesiam hábest du gestâtet an CHRISTO. Er ist îro
statigi
stabilitas. *Non inclinabitur in sęculum sęculi.* Furder ne-uuanchot sî.
nah pâriro scrifte stâtigi dero erdo
Vuîle iêman secundum literam uuizzen stabilitatem terrę . daz ist unsem-
himil unde erda fergânt
fte. Vuanda iz ouh chit . CĘLVM ET TERRA TRANSIBVNT .
si ne-uuanchot
pediu ne-geuallet îro . non inclinabitur. *Abyssus sicut pallium* 6
amictus eius. Vuazzer-mîcheli ist îro héli sámoso láchen. Daz
manigi
uuazzer úmbefâhet diê erda. Sô tuôt oûh sanctam ęcclesiam multi- P435
dero heîdenon
tudo paganorum. *Super montes stabunt aquę.* Vnde uuázzer
ôbestânt diê berga . also iz fuôr in diluuio. Ioh selben die búr-
heidinisci
lichosten . selben diê apostolos . pesuârot inmensitas superstitionis S750
unde âhtungo
et persecutionis. *Ab increpatione tua fugient.* Dara nâh uuirt 7
uuazzer-michelina
daz ! diê selben abyssi fliêhent fóne dînero irráfsungo. *Et a*
uoce tonitrui tui formidabunt. Vnde sie în furhtent fone dé-
ir ne-
ro stimmo dînes tóneris . dinero dróuuun . also diu ist. NISI
riûuueient sâmint
POENITENTIAM EGERITIS . OMNES SIMVL
uuerdent ir ferloren
PERIBITIS. *Ascendunt montes et descendunt campi . in lo-* 8
prediâre
cum quem fundasti eis. Vnde so burrent sih prędicatores . unde lâ-

---

2(r) unde: nd *auf Ras.* 9 *dia 11(r) in clinabitur: in[1] *auf Ras.*
16 *dia *Punkt fehlt* 25[2]

R382

liûte
zent sih nîder populi . unz an diê stat dinero ęcclesię . dîe du în fé- S751
uuanda si ne-geuuanchot niêmer
ste tâte . quia non inclinabitur in sęculum sęculi. *Terminum posu-* 9
isti eis quem non transgredientur . neque reuertentur operire terram.
in allicha gelôuba
Marcha saztost dû in fidem catholicam . diê siê ne-ûber stéphent . noh
furder ne-iruuindent ze decchenne die erda . daz chit îro
sunda ze niûuuonne . unde aber ungeloubig ze uuérdenne.
Qui emittis fontes in conuallibus. Dû diê brûnnen ûz lâzzist in 10
chunst kelirnis
getûbelen . dû diên diemuôten gîbest scientiam doctrinę. *In-*
ter medium montium pertransibunt aquę. In‿mîtti déro bergo
rînnent hîna diû uuázzer. Déro apostolorum lêra ist kemeîne. Daz S752
so uuaz in mîttimin ist daz ist kemeîne
medium ist . daz ist commune. *Potabunt omnes bestię siluę.* Fóne 11
diête
diû trinchent sîa alle gentes. *Expectabunt onagri in siti sua.* P436
Iudei bîtent in îro durste ! unz Helias chome unde enoch. *Super* 12
ea uolucres cęli habitabunt . de medio petrarum dabunt uocem.
die gêistlichen pîscofo sêla
Óbe diên sizzent spiritales . sanctę episcoporum animę inphlégent
îro . ûzzer steînen spréchent siê . daz siê hábent fóne prophetis
et apostolis nals fóne platone . daz lêrent siê. *Rigans montes de su-* 13
perioribus suis. Aber du bist nezzente apostolos fóne hîmele. Al- S753
so éne iz hábent fóne apostolis . so hábent iz áber apostoli fóne dir .
uuanda du siê fûllest spiritu sancto. *De fructu operum tuorum satiabitur*
terra. Fóne dînero uuercho dîehsemen . uuirt sat diû érda. Daz
ist diu erda diu sih satot déro lêro . die du régenost fóne hime-
le. *Producens foenum iumentis.* Héuue bérentiû dien rînderen. 14
niêht ne-fer-bint den munt demo in‿drásc cântin rînde
Also iz chit. NON OBDVRABIS OS BOVI TRITVRAN-
TI. *Et herbam seruituti hominum.* Vnde chrût dero ménniscon
diênestman kotes uuorto
diêneste. Phruônda gébende diên . die ministri sint uerbi dei .

---

1 *dîa (*zweimal*) 3 operire *!* 4 *dîa 5 iruuindent: n^2 *aus* t *rad. und verb.* *dia 22 *dîa (?)

8 chunst: *davor Schaft eines* k *(?) durch Strich darüber und darunter getilgt* 11 vor ist *Art Punkt (Ansatz eines Buchstabens) auf Zeilenhöhe*

R383

zúge-rinder
die er nû hiêz iumenta. *Vt educas panem de terra.* Daz dû Got fá-
fone tâinen fazzin
ter so Christum geoûgest fône erdo . de uasis fictilibus . in diên apostoli
triso dêro lêro
habeton thesaurum doctrinę. *Et uinum lętificat cor hominis.* Vn- 15 S754
keist-lic<h> truncheni
de uuin gefréuuet danne menniscen herza. Ebrietas spiritalis
kelust himilo uuizzodis
kîbet imo amorem cęlestium. Alde diu séti corporis et sangui-
nis domini getuôt în frô. *Vt exhilaret faciem in oleo* . i . in nitore.
Daz imo diû séti . sin ánasiûne gehûgelichôe in_glîzemen. Daz
Gotis kenada suht-néri
an îmo ôffeno skîne ételîh gratia dei . êinuuéder curationum . al- P437
manigero sprâchon uuizzigonnis kelâzzis
de linguarum . alde prophetię . alde ételiches carismatis. Vuanda
eînemo iêgelichen uuirt ke-lâzzen dis keîstis óffenunga ze
iz chit. VNICVIQVE DATVR MANIFESTATIO SPIRITVS AD
nûzzedo
VTILITATEM. *Et panis cor hominis confirmet.* Vnde brôt .
daz chît dero sêlo lába . sîn herza sterche. *Saturabuntur ligna* 16 S755
gêbo protis uuînis oleis folch
campi. Déro gratię . idest panis uini et olei . uuerdent sat plebes po-
liûto diê
pulorum . daz sint mézige. *Et cędri lybani.* So uuerdent ouh po-
geuuâltigin
tentes . die uuíder anderen sint . also die cedri diê ûfen lybano
uuahsent uuider ánderen boûmen sint. Sint diê iz alle? Neîn.
haltâre
Quas plantauit. Iz sint échert diê er flánzota. Also der salua-
so uuaz min fater ne-flanzot daz
tor chit. OMNIS PLANTATIO QVAM NON PLANTAVIT
uuirt uz iruuurzillot
PATER MEVS ERADICABITVR. *Illic passeres nidifica-* 17
bunt. Vnder diên nîstent smáliû gefûgele. Sie stiftent monaste-
ke-meîne lib
ria an îro eîgenen . daz dâr înne sî . sanctorum fratrum communio. S756
mére-fôgil sê-
Fulice domus dux est eorum. Fulica ist marina auis . alde stag[n]-
fogil in steîne
nensis . unde nistet in petra . iêo ferro fóne stáde. Dâr ána uuer-
uuella uuídir slâgin steîn uuídir slâgen
dent fluctus collisi . also ouh an CHRISTO der petra ist . iudei fracti
tégena
uuurden. Der ist îro hérezogo . sie sint sîne milites. Irbelgent
uuider-muôte leîd
sih cędri . unde tuont siê în molestias alde scandala unde stoû-

---

17 Is 21 sanctorum: *Ras. zwischen erstem und zweitem Strich des* m (m *aus* o *oder* u *rad. und verb.)* *Punkt fehlt* 11^3

4 keist lic: *oben vor Ligatur* st *Punkt (Ansatz einer Oberlänge ?)*
10 *des 18 ne: *davor* ne *durch Unterstreichung getilgt*

R384

crûnt-sôufi hôh-poûmo
bet sie daz dannan . daz ist naufragium cedrorum nals dêro
smâl-fôgelo hus mêre-fogil leîto ântfrista
passerum . uuanda domus fulicę ist iro dux. Anderiu editio
hêr-fôgil mêra allen
chit. *Herodii domus dux est eorum.* Herodius ist maior omnium P438
fôgilin
uolatilium . der ûberuuîndet den âren . unde îzet în . unde be-
mâchtigostin hêrren
zeîchenet potentes fortissimos . die ouh uuîlon duônt renun-
âuuerf uuerlte
tiationem sęculi . unde hûsont in himele. Daz pilde lucchet ouh
dare ândere die uuêicheren sint . uuanda in îro zîmberon lî-
chet. *Montes excelsi ceruis.* Hôhe berga . sîn stat diên hîrzen. 18
keîstliche an tiêferen lêron
Spiritales sîn behêftet in sublimioribus pręceptis. Vuiêo aber hu-
tiêmuôte riûuuige
miles unde pęnitentes? Vuaz sol iro trôst sin? *Petra refugium*
steîn mûrmunton ih meîno sûndigen
erinaciis. CHRISTVS ist petra . er sî fluht erinatiis . idest peccatoribus. S758
mûrmenti ein tiêr also michel so der îgil
Erinatius ist animal magnitudine ericii . daz chit des îgelis .
in gelichenisse pêrin unde muse mus pergis
similitudine ursi et muris . daz heîzen uuir murem montis .
in diên lochen dero alpon
uuanda iz in foraminibus alpium sîna festi hâbet. *Fecit lunam* 19
sîna brût in zîte dirro tôdigi
in tempore. Er têta ęcclesiam in tempore huius mortalitatis . in
dêro si suînet unde uuahset also luna . sî ûber uuîndet âber diê
zît
unstâtigi . so tempus zegât. *Sol cognouit occasum suum.* CHRISTVS
sunna rehtis
sol iustitię . irchânda sinen tôd. Vuaz ist daz? Er uuolta în . er
lîcheta imo . er lêid in gerno. *Posuisti tenebras.* Sâment demo 20
iûngêron
tode saztost du Got finstri . daz teta er sinen discipulis . uuanda sie dô îro S759
spem ferlûren . diê sie an îmo habeton. *Et facta est nox.* Vnde
hinaht kereta
diu naht uuard do . fone dêro CHRISTVS ze Petro chad. HAC NO- P439
din der uuider-uuarto daz er dih rîteroti
CTE EXPETIVIT TE SATANAS . VT CRIBRARET
also uueîzze
TE SICVT TRITICVM. Ne-skeîn daz . do er sîn ze drîn
mâlen ferlôugenda? *In ipsa pertransibunt omnes bestię silvę.*
In dero nâht fârent uz in îro uueîda âlliû uuâldtiêr . âlliû

12(r) daz: a *aus* e *rad. und verb.* 16 *dia 20 *ganze Zeile auf Ras., Akut von* ferlûren, *Z. 21, mitrad., aber noch sichtbar* 21 *dîa *Punkt fehlt* 8^4 26

23 rîteroti: r^2 *aus* c *verb.*

R385
tîufel-slahta christânen
dęmonia . daz siu petro unde ánderen fidelibus fâreen. *Catuli* 21
leonum rugientes ut rapiant. Vuélfer léuuon ziêhent sih ûz
mit ruôde. Ziu? Âne daz siu iêht irzucchen. *Et querant a deo*
escam sibi. Vnde siû fóne Gote geuuúnnen fuôra . âne des kelâz S760
in niêht uuerden ne-mág. *Ortus est sol et congregati sunt . et in cu-* 22
bilibus suis collocabuntur. Dára nah irrán diû sunna . irstuônt CHRISTVS .
dô sámenoton sih diu selben uuáldtiêr . unde zúgen sih in îro
in unchristanon herzin
lûcher . in corda in-fidelium. Vuanda do CHRISTVS irstuônt . dô uuúr-
christânen
den siê flûhtîg . unde do rûmdon sie fidelibus. *Exibit homo* 23
ad opus suum . et ad operationem suam usque ad uesperam. Dannan ána-
uuert fóne démo mórgene . gat mánnolih ze sînemo uuerche
christanheite ende uuerlte
des in ęcclesia durft ist . unz ze âbende . daz ist finis sęculi . dâr gât
uuerches énde. *Quam magnificata sunt opera tua domine.* Hêrro fáter 24 S761
uuiêo míchellîh dîniu uuerch sint . ánderiu ne-sint în gelîh.
Omnia in sapientia fecisti. An CHRISTO scuôfe dû álliû ding. *Impleta*
est terra possessione tua. Diû erda ist fól dînis pî-sézzis. Sî ist fól
bisez
christianorum . die sint dîn possessio. *HOC MARE MAGNVM* 25
et spaciosum manibus. Diz mére ist michel . unde uuîthende. *Illic*
reptilia quorum non est numerus. Also dâr ána skînet . dâr sint
înne chrîechentiû déro nehêin zála ne-íst. *Animalia pusilla*
cum magnis. Dâr sint înne lúzzeliû tiêr unde mícheliû. *Illic na-* P440 26
ues pertransibunt. Vnder dien mitten farent iêo-doh skéf. Vuaz
ist diû réda? Ane daz in dirro uuîtun uuerlte mánige freîsige
hêrorin ioh hinderorin heîdene ûbele
sint . altioris loci unde inferioris . ioh pagani ioh mali christiani .
uuidermuote âhtunga Gotis
fone dien scandala unde persecutiones irrínnent . unde doh ęcclesiis S762
holdon ze
dei gelâzzen uuirt . daz sie under în mitten genésent . unde ad

8(r) in fidelium *auf Ras.* 12(r; *Strich auf dem Rand)* ist[2]: i *auf Ras.*
22 Vnder: r *aus* n *rad. und verb.*

R386

stade geniste stiûro
portum salutis folle-choment . uuanda CHRISTVS îro gubernator

ist. *Draco iste quem formasti ad illudendum ei.* Dâr ist înne dî-
traccho der alto uuûrim
ser zâligo draco . serpens antiquus den du ze huôhe habest ke-
heiligen sêlon ioh kuôten engelin
machot. Vuemo ze huôhe? Animabus sanctis.et angelis sanctis. Vuiêo
heiligen selon
animabus sanctis? Vuanda sie tréttont sin hoûbet . daz chit . ána-
ursuôcho kuôten êngelen
genne sinero temptationum ferchiêsent. Vuiêo angelis sanctis?
kuôllichi
Âne mit démo îteuuizze daz er undurftes fóne gloria chómen S763
ze âmere engele nider-fal
ist ad miseriam . unde fóne angelo diabolus uuórden îst. Fóne
uuerlt
diu ist sęculum zâlig . uuanda der dâr înne ist. *Omnia a te* 27

expectant . ut des illis escam in tempore oportuno. Alliu bîtent
chriêchentiu tiêr
siu dîn . daz dû siû âzest . sô îs zît sî. Ioh reptilia . ioh animalia
lûzzeliu ioh mîcheliu traccho din bisez uuanda
pusilla et magna . ioh selber der draco . ioh possessio tua qui-
du diê erda irfûltost fuôra des tracchon erda mînnâre erdo
a replesti terram. Vuaz ist ęsca draconis? Terra. Amator terrę S764
fuôra denchint hîna ûf
ist sin esca. Fóne diu chît iz. QVĘ SVRSVM SVNT SAPI- P441
nals hara nider ûf
TE . NON QVĘ SVPER TERRAM. Der sursum denchet .
kolt
der ist aurum . den ne-gîbet îmo Gót . ze ézzenne . fûre erda.
maht
Dante te illis colligent. So dû în gîbest . so nément siê. Íro potestas 28
fuôra
ne-gibet în escam . nube dîn. *Aperiente te manum tuam . omni-*
hant
a implebuntur bonitate. So du Christum der dîn manus ist ke-
bisez
óffenost . so uuîrdet din possessio irfullet alles kuôtes. *Auer-* 29

tente autem te faciem turbabuntur. Áber dir fóne în séhentemo
ur-suôchin
uuerdent sîe getruôbet in îro temptationibus diê sie danne lî-

dent. Ziu? Daz siê gelîrneen . daz du în fóre uuâre . do siê unge- S765

truôbet uuâren. *Auferes spiritum eorum et deficient . et in pulue-*
âtim
rem suum reuertentur. Ze déro uuis nîmest du în îro spiritum .
hôhmuôt
daz ist îro superbia . unde geloûbent sie sih îro . unde iruuîn-

---

17(r) So *bis* so *auf Ras.* *Punkt fehlt* 15[3]

4 heiligen: i[1] *übergeschr.*

R387

stuppe
dent ze demo gedânche daz sie puluis sint. *Emitte spiritum tuum* 30
et creabuntur . et renouabis faciem terrę. Sende ûz dinen geîst
unde uuîso îro . sid siê sih des îro geûzot êigîn . unde dânnan
niûuuiû gâscaft
uuerdent sie gescâf<f>en . uuerdent noua creatura . daz sie uuîz-
zen uuer sie sint . unde so gemûzzost du mennisken bilde.
Sit gloria domini in sęculum. Trûhtenes kuôllichi si iêmer nals mén- 31
nisken. *Lętabitur dominus in operibus suis.* Truhten frêuuet sih an sî-
nen uuérchen . nals an des ménnisken . uuanda diû ûbel sint.
Qui respicit terram et facit eam tremere. Der den ménnisken ge- 32
siêhet . unde în‿tuôt pîben. Den er so gesiêhet . an démo râuuet
uber uuen râuuet min Geîst
er. Also er selbo chad. SVPER QVEM REQVIESCIT SPIRITVS P442 S766
uber diemuoten unde râuuogernin unde miniu
MEVS? SVPER HVMILEM ET QVIETVM ET TREMEN-
uuort fúrchtinten
TEM VERBA MEA. *Qui tangit montes et fumigabunt.* Der die
ze riûuuo
ûbermuôten mennisken trîffet . unde gestunget ad pęniten-
tiam . unde so getrôffeno riêchent sîe . uuanda sie danne uuûo-
fent îro sunda. *Cantabo domino in uita mea . psallam deo meo quam-* 33
dingi
diu sum. Trûhtene singo ih . unz ih lébo . uuanda ih hiêr spem
in iêmerheîte
hâbo . ih singo imo ouh sô lângo ih pin in‿ęternitate . dar ánder
Gotes lob
uuérch ne-ist . ane dei laudatio. *Iocundum sit ei eloquium meum .* 34
ego uero delectabor in domino. Vuûnnesam si imo mîn gechôse .
uuîzzintimo
min lûssami ist an îmo. Mih ketuôn ih imo chunt scienti . mir
ne-uuizzintimo suozze si îmo min bîgiht. suôzze
getuôe er sih chunt nescienti. Suauis sit ei confessio mea . sua-
ist mir sin genâda hêrtontiu uuûnna
uis est mihi gratia ipsius. Daz ist mutua iocundatio. *Deficiant pec-* 35
erd-luste
catores a terra. Sûndige geslîfen aba terrena cupiditate. *Et*
iniqui . ita ut non sint. Vnde unrehte zegangen . so daz siê ne- S767
uuiderscaffungo
sin . unrehte ne-sîn . so sendet er uz spiritum . ze iro recreatione. *Be-*

---

10 pîben: *über Rundung des* b *Art Punkt* *Punkt fehlt* 8[3] 19[3] 20[2]
Punkt steht nach 9 ménnisken

4 *gescâft

R388

nedic anima mea dominum. Lóbo truhtenen mîn sela. Daz uuas in-
ânafanc dissis salmin
itium psalmi . daz sî ûz-lâz. ALLELVIA ist hebreum . latine 1
lobont Got
chit iz . LAVDATE DOMINVM.

C*ONFITEMINI DOMINO.* Daz ist daz selba . lôbont P443
Got chît iz . uuanda hiêr confessio trîffet ad lau-
dem. *Et inuocate nomen eius.* Vnde so ist zît . so
chament unde hârênt in âna. *Annuntiate inter gentes opera*
eius. Chûndent under diêten sîniu uuerch. Daz ist ad apostolos ke-
spróchen et ad euangelistas. *Cantate ei.* Sîngent îmo . daz ist 2
in uuórden. *Et psallite ei.* Vnde seîten ruôrent îmo . daz ist in
uuérchen. An diên beîden lóbont in. *Narrate omnia mirabili-*
a eius. Zéllent álliû sîniu uuúnder. Doh ir ne-múgent des [u]uuil- S768
len ne-bréste iû. *Laudamini in nomine sancto eius.* In sînen námen 3
chraft
uuerdent kelóbot . sin uirtus ketuôt iûh lóbeuuirdige . nals
iûuueriû. *Lętetur cor querentium dominum.* Frô sî déro herza diê
êifirin anden
Got suôchent . sine amaro zelo sîn sie. *Querite dominum et confirma-* 4
mini. Suochent Got . unde uuerdent kestérchet. Nâhent iûh
intliûhte
imo sô . daz ir ze êrist uuerdent illuminati . ze gesêhenne uuaz
kestarchte
ze_tuonne sî . dara nâh roborati . daz ir dâr âna ne-irlîgênt.
gâgenuuerti
Querite faciem eius semper. Sîne prȩsentiam suochent iêo. Ir hâbeNT
in geloûbo anasihte fone gesihte ze gesîhte
in fûnden fîde . suôchent in specie. Sô ir în facie ad faciem gesê-
ane ende
hent . so suôchent er in doh sine fine . uuanda ir in mînnont S769
ane ende
sine fine. *Mementote mirabilium eius quę fecit.* Irhúgent sîne- 5
an demo spalte des rôten meres unde
ro uuúndero diû er téta . in diuisione maris rubri . unde in con-
iordanis uuidir-chêre
uersione iordanis retrorsum. *Prodigia eius.* Irhúgent sînero
in diên âna-slégin
niúskihto diê er ougta in plagis egypti. Vuanda niúskîhte

---

2 ALLELVIA: A[1] *nur vorgeritzt, der Rest schwarz (der ursprüngl.* titulus ALLELVIA, *der dann rot geschrieben wäre, ist vielleicht weggefallen)*
5/6 laudem: *oben nach* l *akutartiger Strich* 10 *uuórten
21 fide: *Akut in Schleife des* g *der Glosse* 22 *ir *Punkt fehlt* 9[3]

sint . diê êr negescâhen. *Et iudicia oris eius.* Vnde dero irteîldon P444
sines mundes . diê ér moysen lêrta. *Semen abraham serui eius .* 6
filii iacob electi eius. Ír abrahamis slahta sînes scâlches . ir iacô-
bis sûne . sînes iruuéleten . irhûgent îro . ze diên der apostolus chad.
ube aber ir christis pirint . so birint ir abrahamis slahto
SI AVTEM VOS CHRISTI . ERGO SEMEN ABRAHĘ ESTIS . SE-
éribin nah ke-hêizze
CVNDVM PROMISSIONEM HEREDES. *Ipse dominus deus noster .* 7
in uniuersa terra ! iudicia eius. Er ist truhten Got ûnser . in âl-
christanheite
lero erdo sint siniu gerihte. In allero uuerlte ist sin ęcclesia . dar
sint ouh sîniu gerîhte . unde sîne urteîlda. *Memor fuit in sęcu-* 8
lum hoc est in ęternum *testamenti sui.* Er irhûgeta sînero benêi-
dero altun êo niûuuero solta
medo in êuua. Niêht ueteris testamenti . daz mit nouo uuas ab- S770
fertîligot uuerden nube dero geloûbo diû ioh fore pizelit
olendum . nube fidei . diû ioh ante legem abrahę uuard reputa-
ze rehte
ta ad iustitiam. *Verbi quod mandauit in mille generationes.* Des
uuorti<s>
uerbi irhûgeta er . daz er hiêz uuéren in âllen gebûrten. Vuaz
uuort keloubo daz reht man fone geloubo lêbe
ist daz? Verbum fidei . ut iustus ex fide uiuat. *Quod disposuit ad* 9
fone geloûbo rehthaft
abraham. Daz er abrahę beneîmda . der ex fide uuard iustifica-
tus. *Et iuramenti sui ad isaac.* Vnde irhûgeta er sînes eîdes . dén
after-chunft
er têta isaac . umbe sina generationem. *Et statuit illud* . s . uerbum 10
iacob in prędeptum et israhel in testamentum ęternum. Vnde daz
uuort keloubo
uerbum fidei sazta er iacob ze festemo gebôte . unde israheli
hoh-fâtirin
ze êuuîgero benêimedo. An diên patriarchis suln uuir christia-
abrahamis chunne
nos fernémen . sie sint iacob . sie sint israhel . unde semen abrahę. P445
Dicens. Sus dar umbe geheîzzendo. *Tibi dabo terram chanaan.* Dir 11 S771
daz lant ke-heizzis geloubigemo liûte
gibo ih terram promissionis . dir populo fideli. *Funiculum hereditatis*
uestrę. Ze mâz-seîle iûuueres erbes. Daz îr iz teîlent mit seîle . umbe
urchunde geloûbo geloûba
daz pehaltena testamentum fidei. Vuanda fides mit déro ge-

8(r) sint siniu: (t s [*langes* s]) *aus* iu *rad. und verb.* 14 uuéren: *Akut sehr dünn* 25 îr: *Akut sehr dünn* *Punkt fehlt* 6^2

8 christanheite: e^2 *aus* i *verb.* 22 abrahamis: ha *aus* mi *verb.*

R390

uuieo suôzze Got ist hîmel-rîche
chórot uuirt quam suauis est dominus . diu gîbet regnum cęlorum .
lant kehêizzis
daz ist terra promissionis. *Cum essent numero breui . paucissimi* 12
et incolę in ea . °et pertransierunt de gente in gentem . et de regno ad 13
populum alterum . non reliquit hominem nocere eis. Do iro lúzzel 14
uuas . unde iro ioh unmánige uuâren . unde diê selben dára in
in lant
terram chanaan recchen uuâren . unde sie uuállotón fóne diête
ze diête . fone rîche ze rîche . ne-liêz er în doh niêmannen dá-
ron. *Et corripuit pro eis reges.* Vnde irrâfsta er chúninga umbe
siê. Also er teta abimeleg regem gerara . et faraonem regem egypti.
Vuieo chad er? *Nolite tangere christos meos.* Ne-ruôrent mîne ge- 15
uuiêhten. Vuer uuiêhta siê? Ane spiritus sanctus. Vuar ist danne . daz S772
mit chuni<ng>o salbe gesalbot
iudei chédent . daz der christus ne-si . der regali unguento unctvs
ne-sî . unde bediû dominus iesus den námen háben ne-solti? *Et in pro-*
phetis meis nolite malignari. Vnde an mînen uuîzegon ne-
skeînent arguuilligi. *Et uocauit famem super terram.* Do ládeta 16
er húnger in daz lánt. Er hiêz uuerden sîbeniârigen húnger.
Et omne firmamentum panis contriuit . idest consumpsit. Vnde
alla starchunga brôtis . tîlegota er. Vuanda brôt mánne stár- P446
unde brôt festit manne
chi tuôt . pediû chît iz dar fóre . ET PANIS COR HOMINIS
daz herza
CONFIRMAT. *Misit ante eos uirum.* Cómen santa er fóre 17
în. Vuen? *Ioseph.* Fóre sînen bruôderen frúmeta în Gót. Vuiêo
santa er în? *In seruum uenundatus est.* Ze scálche uuard er fer-
choûfet. Got uuolta în aber ze hêrren máchon . doh sie în fúre
scálch kâbin. *Humiliauerunt in compedibus pedes eius.* Sîne fuô- 18 S773
ze sluôgen sie în drúhe. Daz hiêz tuon phutifar . umbe déro
chénun lúgi. *Ferrum pertransiit animam eius.* Îsan durhkiêng

---

2(r) terra: *nach* a *Ras.* 8(r) irrâfsta: *Ligatur* st *oben anrad.* 11 *Vuaz *(?)* 12(r) xp̄c: *über* c *Ras.* 15(r) arguuilligi: g^{1} *aus* u, i^{2} *aus* l *rad. und verb.* 18 starchunga: *zwischen* n *und* g *unten Ras.* tîlegota: e *aus* i *verb.;* ta *auf Ras.* 21 Ioseph *auf Ras. (Punkt danach schwarz)* 25(r) umbe: *davor* u *rad.* *Punkt fehlt* 1^{2} 19^{1} *Punkt steht nach* 19 iz

19(r) mannes: e *aus* i *verb.;* *langes* s *durch Unterstreichung getilgt*

R391

unde
sîna sêla. Nôt leîd et michela. Sólih ist daz in euuangelio. ET
din selbun sêla durh kat uuâffin
TVAM IPSIVS ANIMAM PERTRANSIBIT GLADIVS. *Donec* 19
ueniret uerbum eius. In dero nôte uuas er . unz sîn uuort cham
fone demo troûm-sceîde
de interpretatione somniorum . an dero sîn uuarheit skeîn. *Elo-*
quium domini inflammauit eum. Gótes ke-chôse zunta în . spiritus dei
zunga uuizzigon
spráh îmo ûz. Vuanda er fiûr ist . unde linguas prophetantium
in fiûrinen zungon
zundet . pediû skeîn er in linguis igneis super apostolos. *Misit rex* 20
et soluit eum . princeps populorum . et dimisit eum. Pharao der în
troûm-sceîdere chûninch fursto
hábeta geêiscot uirum interpretem somniorum . rex unde prin-
diênist-man ze chárcâle
ceps ęgyptiorum . der santa ministros ad carcerem . unde lôsta S774
în. *Et constituit eum dominum domus suę . et principem omnis pos-* 21
sessionis suę. Vnde sazta in ze hêrren sînes hûses . unde ze áleuual-
ten sînero sáchon. *Vt erudiret principes eius sicut semetipsum.* 22
troûm-
Daz er sîne fúrsten lêrti sámoso sih sélben. Vuaz? Âne interpre-
sceîth
tationem somniorum. *Et seniores eius prudentiam doceret.* Vnde P447
peuuárunga chunfto
er sîne hêrosten fruôtheît lêrti . daz chit prouidentiam futurorum.
Er uuolta er uuâre geuuáltes nah îmo . meîsteronnes fóre îmo.
ET INTRAVIT ISRAHEL IN ĘGYPTVM . ET IACOB ACCO- 23
la fuit in terra cham. Do fuôr sin fater dára . unde uuard dâr
lántsîdeling. Diê alten lántsidelinga diê eîgenes landes sint . diê
heizent in-dîgene . die énderske sint . daz chît ânderesuuán-
nan chómene . die heîzzent alienigenę aduenę accolę incolę.
Et auxit populum suum uehementer . et firmauit eum super inimi- 24
cos eius. Do mêrota GOT sînen liût . uuanda er mánigfaltota în .
unde starchta în úber sîne fienda . getéta în ôberoren sînen
in demo rôten mêre
fîenden . also in mari rubro skeîn . dô dîse chamen ûz . unde S775

1(r) leîd: d *aus* t *rad. und verb.* Sôlih: h *auf Ras.* ist *auf Ras.* 12(r)/13 ze áleuual/ten *!*: ze áleuual *auf Ras.* 15 somniorum. Et seniores: über (um. Et sen) *Ras.* 18(r) INTRAVIT: I[1] *auf Ras., davor Ras.* 21 *indigenę (*hat der Schreiber an* in *und* dîhen, (ge)digen *gedacht?*)

10 *chârchâre

R392

ène lâgen înne. *Conuertit cor eorum ut odirent populum eivs . et do-* 25
lum facerent in seruos eius. Fóre des pechêrta er îro herzen dá-
ra zuô . daz sie hâzzeton sînen liût . unde sine scálcha îlton be-
suîchen. Vuiê bechêrta er sie dára zuo? Ane daz er gab daz sî-
ne scalcha diêhen begóndon . sô férro . daz în îs éne ne-óndon.
Gótes ûnste . irrâhton iro ûnunste . unde haz unde âhtunga. *Mi-* 26
sit moysen seruum suum . aaron quem elegit ipsum. Durh daz
santa er dára sînen scálch moysen unde aaron . den er dára
zuo iruuéleta. *Posuit in eis uerba signorum suorum et prodigiorum* 27
in terra cham. In‿zuêin beuálh er diû uuort . unde diû ârende
sînero zeîcheno unde sinero uuúndero diu er tuôn uuolta
in ęgypto sînemo liûte ze gefrîdonne. Zeîchen sint . diu ûns é-
irganginis chunftigis
teuuaz zeîgont . pręteritorum alde futurorum. Prodigia sint diû
uuir er ne-gesâhen . unde sie fóne diu irchómenlih sint. *Misit* P448 28
tenebras et obscurauit eos. Aber ęgyptios uuarf er ána finstri
unde betúnchelta siê. So túncheliû hérzen gáb er în . daz sie
uuara ne-tâtin sînes înbótes. *Quia exacerbauerunt sermones*
eius .i. acerbe acceperunt. Also dar ana skeîn . daz siê êiuero S776
inphiêngen siniu uuort . unde siu lêidezton. *Conuertit aquas* 29
eorum in sanguinem . et occidit pisces eorum. Íro âha beuuánta ér în
blûot . unde irstárbta îro fisca . uuanda sie lében ne-mahton á-
na uuázzer. *Edidit terra eorum ranas . in penetrabilibus regum ipso-* 30
rum. Íro erda uuarf uz die frósca . ioh în‿dero chúningo bétte-
châmeron. *Dixit et uenit cynomia . et scinifes in omnibus fini-* 31
bus eorum. Do gebot er oûh . unde châmen sâr . die húntfliêgun .
unde múcca châmen in âllero éndegelih. *Posuit pluuias eorum* 32

1(r) Conuerte eivs *auf Ras.* 14(r) diu *bis* sint *auf Ras.*
21/22 *âne *Punkt fehlt* 1^2 22^2 24^2 25^4 *Punkt steht nach* 26 eorum

R393

grandinem. Íro régena máchota er ze hágele. *Ignem conburen-*
tem in terra ipsorum. Prénnentez plíchfiûr máchota er ín íro
lánde. *Et percussit uineas eorum . et ficulneas eorum . et contriuit* 33
lignum finium eorum. Vnde daz uuéter sluôg uuínegarten
unde fíghpoûma . unde fermúleta boûmelich dâr in‿lánde. *Di-* S777 34
xit et uenit locusta . et bruchus . cuius non erat numerus. Sô ge-
bôt er áber . unde dô chám mátoscregh . chám sîn sún chéuer .
des ende ne-uuas. *Et comedit omne fęnum terrę eorum . et come-* 35
dit omnem fructum terrę eorum. Vnde frâz héuue . unde állen er-
hoistaffel chêuir
deuuuocher. Vuer frâz? Ioh locusta . ioh brucus. *Et percussit omne* 36
primogenitum in terra eorum . primicias omnis laboris eorum.
Do sluôgh er daz êristporna dâr in‿lande . sluôg diê frúmegifte .
daz chit die fruôsten gifte . allero iro arbeîto. Iro áltesten chînt . P449
unde diû êrestuuórdenen iúngiu des fêhes . mit árbeite gezó-
geniu lâgen sáment tôt. *Et eduxit eos in argento et auro.* 37
Er leîta sie ûz keládene mit colde unde mit silbere. Daz hiêz ér S778
siê intlîhen . nals daz er únreht kebiête . nube daz sîn gebót ún-
reht uuésen ne-mág. *Et non erat in tribubus eorum infirmus.*
Siêcher ne-uuas under ín. Got uuolta sie úngeirret uuârin . ze
íro ferte. *Lętata est egyptus in profectione eorum . quia incubuit* 38
timor eorum super eos. Egyptus fréuta sih íro férte . nâh diû siê
faraonis tôd keêiscoton . uuanda in íro forhta ána lágh. Sîe forh-
ton daz siê iruuúndîn . unde die reliquias tîlegotin. *Expandit* 39
nubem in protectionem eorum. So siê faren begóndon . sô déneta ér
daz uuólchen uber siê táges . fóre déro hízzo. *Et ignem ut luceret* S779
eis per noctem. Vnde nahtes fiûr . daz iz ín liêhti. *Petierunt et* 40

---

3 lân de: *dazwischen Loch im Pgm.* 7 *sún . chéuer *oder* *sún-chéuer *(?)* 25(r) ignem: n *aus Ansatz von* g *rad. und verb.* *Punkt fehlt* 6^1 12^2

10 hoistaffel: f^1 *aus* l *verb.*

R394

uenit coturnix. Sie bâten flêiskes . dô cham în cotûrnix . daz îst
fleîsk. *Et pane cęli* .i. manna *saturauit eos.* Vnde mit himel-brô-
te gesâtota er siê. Daz pezêichenda christum fône hîmele chómenen.
Disrupit petram et fluxerunt aquę. Den steîn spiêlt ér . dannan ûz 41
rûnnen uuâzzer. *Abierunt in sicco flumina.* Siê dûrhfuôren ior-
danem in trûccheni. *Quoniam memor fuit uerbi sancti sui . quod habuit ad* 42
abraham puerum suum. Daz téta er âllez . uuanda er irhugeta sî-
nes keheîzzes den er abrahę téta . sînemo trûte. *Et eduxit populum* 43
suum in exultatione . et electos suos in lętitia. Vnde leîta er ûz
sînen liût in sprûngezinne. So ist âber daz selba . unde sîne iruué- S780
leten in fréuui. *Et dedit illis regiones gentium . et labores populorum* 44
possiderunt. Do gab ér în lântskefte diêto. Sô ist âber daz sél- P450
ba. Ánderro liûto árbeîte besâzzen sîe. *Vt custodiant iustifi-* 45
cationes eius . et legem eius requirant. Daz sie rehtes huôten . unde
daz meista guôt
sîna êa begángen . uuanda mit diû summum bonum geuuûn-
pisêzze lantscefto
nen uuírt . nals mit possessione regionum. sol uuerden.
an sînen
ALLELVIA ist oûh hiêr . uuanda also Gótes kenâda skêin in e- 1 S781
iruuêliten
lectis suis . fône diên der êrero psalmus ságeta . so ne-gebrást
an dien eîuer tuônten
iro oûh in amaricantibus fône diên nu gesúngen

CONFITEMINI DOMINO QVONIAM BONVS. Iéhent truh-
tene iûuuerro sûndon . unde ne-ferchunnent in
genâdon . uuanda er guôt ist. *Quoniam in sęculum mi-*
sericordia eius. Vuanda in uuerlte ist sin genâda . in uuérlte
ist locus pęnitentię . nâh dero uuerlte ende chûmet iudicium.
Quis loquetur potentias domini? auditas faciat omnes laudes eius. Vuer 2 S782
ist der Gotes mahte geságe . die unságeliche sint. Vnde uuér

3 chómenen: *über* o *Loch im Pgm., Akut rechts daneben* 16 *der zweite Teil der Zeile ist an Z. 19 anzuschließen* uuerden: e[1] *aus* i *verb.* 17 ALLELVIA: A[1] *rot, der Rest schwarz; vgl. zu 388,2* 25 *faciet

ist sô heîlig daz er siu âlliû tuôe . so er siû gehôret? Vuéliu sint
uuerch
diu lob? Ane opera mandatorum eius . diu mit rehte heîzzent
sîniu lob ze lôbonne der diû an uns uuûr-
laudes eius . uuanda er Got an în laudandus ist . qui operatur ea
chit
in nobis. *Beati qui custodiunt iudicium . et faciunt iustitiam in* 3
omni tempore. **Sâlige die gerîhtes huôtent . unde reht tuônt** P451
in allen zîten. Daz sint diê ânderen rîhtent . unde selbe rehto
lêbent. *Memento nostri domine in beneplacito populi tui.* **Irhûge un-** 4
ser truhten an déro liêbsami dînes liûtes. Sáment diên lâz un-
uuanda dir nieht mannolich ne-
sih uuésen . ze diên dir liêbo sî . quia non in omnibvs beneplaci- S783
lîchet
tum tibi est. *Visita nos in salutari tuo.* **Vuîso unser an CHRISTO dîne-**
niûuuer liût
mo hâltâre. Sô er chôme . unde nouus populus uuerde . sô zéle ûn-
alten liût demo niûuuin
sih ueterem populum zuo nôuo. *Ad uidendum in bonitate electorum* 5
tuorum. **Ze sêhenne an dero guôti dînero iruuéleton. Daz uuir**
în ében-guôte‿uuórdene : îro mendi sáment în sêhen. *Ad lętan-*
dum in lętitia gentis tuę. **Vnsih ze‿fréuuenne in dero fréuui dî-**
nes tiêtes . des niûuuen. Daz dû uns áltên iro fréuui gemeîna
tuôest. *Peccauimus cum patribus nostris.* **Vuir eîgen gesúndot sá-** 6
ment ûnseren fórderon . uuanda uuir in îro lumbis uuâren.
Alde iz chît. So siê tâten . so tâten uuir. *Iniuste egimus . iniquita-* S784
tem fecimus. **Vnrehto fuôren uuir . daz ûnreht tâten uuir . so tâ-**
ten oûh siê. *Patres nostri in ęgypto non intellexerunt mirabilia* 7
tua. **Vnsere fâtera ne-fernâmen diû uuûnder . diu du tâte in‿ę-**
ze êuuigemo
gypto. Sie ne-uuisson daz du mit în uuoltost lêiten ad ęternam
lîbe zîtlichiû êuuigiû
uitam. Sie dâhton an temporalia . nals an ęterna. *Non fueruNT*
memores multitudinis misericordię tuę. **Siê ne-gehûgeton manigero**
genadon dînero . do siê dir after des missetrueton . unde siê

3(r) operat̄ ea *und Glossen darüber auf Ras.* 6 Dâz: a *aus* iê *rad. und verb., Zkfl. noch erhalten* 17(r) tuôest: e *auf Ras.* 24 ęterna.: *Punkt auf rad.* m, *ursprüngl. Punkt vor* Non *erhalten* 25 gehûgeton: o *aus* e *oder* u *rad. und verb.* *Punkt fehlt* 4[2]

R396

châden. NVNQVID POTERIT DEVS PARARE MENSAM IN
ane fernúmist kágenuuarti âne gehúht ferfârni
DESERTO? Sine intellectu prȩsentium . sine memoria prȩteritorum
uuâren siê. *Et irritauerunt ascendentes in mare . mare rubrum.* P452
Vnde grámdon siê în . do siê fuôren in dén rôten mére . uuanda
ferchunst
sie ȩgyptios so hárto forhton . daz sie in desperationem châmen.
Do iû ne-gehúgeton sie . uuaz er genôto fore téta. Áber ascenden-
tes chit iz hiêr . uuanda diû lánt ze diên sîe do fuôren . hóhe- S785
ren sint danne egyptus. *Et saluauit eos propter nomen suum . ut* 8
notam faceret potentiam suam. Er hiêlt siê iêdoh umbe sînen ná-
men . nals umbe îro frêhte . daz er an în chúnt ketâte sîna
maht. *Et increpauit mare rubrum.* Vnde irráfsta er den rôten 9
mére . fóne diû intéta er sih. *Et exsiccatum est.* Vnde getrúcche-
net uuard er . án dero stéte dar er sih intéta. Vuiêo uuas diu
irráfsunga getan? Âne daz sines uuíllen mâre toûgeno inphÁNT .
nah diû daz álliû ding Gote lébent . unde sines uuíllen fólgent.
Et deduxit eos in aquis multis sicut in deserto. Vnde lêita er siê ál-
so trúccheno únder zeuuísken dien héuigen uuázzeren . sá-
moso in eînote . dar uuázzer ne-ist. *Et saluauit eos de manu odi-* 10
entium. Vnde so genéreta er sie . fore îro fiendo hánden. *Et rede-*
mit eos de manu inimicorum. Daz ist daz sélba. So uuard ke-
pluôt
bildot unser toufi . uuanda rubrum mare daz ist sanguis CHRISTI.
Et operuit aqua tribulantes eos. Vnde uuázzer bedáhta îro âh- 11
tara. *Vnus ex illis non remansit.* Iro ne-uuard eîner ze leîbo. Al-
toûffi
le sunda uuerdent fertîligot in baptismate . nehêin uuírt ze
lêibo. Do gescáh daz dâr fore stât. *Lȩtata est ȩgyptus . in profectione* S786
EORVM. ET CREDIDERVNT VERBIS EIVS . ET 12

5(r) forhton *auf Ras.* 10(r) an *auf Ras.* 14(r) irráfsunga: a[2] *aus* e *oder* o *rad. und verb.* 17 héuigen: n *aus Ansatz von* g *rad. und verb.* 22 bedâhta 26 *ganze Zeile auf Ras.* *Punkt fehlt* 14 26[2]

2 vor fernúmist Punkt auf Zeilenhöhe *(zu früher Ansatz des* f *?)* *mit(?)rad.*

R397

cantauerunt laudes eius. Vnde do hitemon geloûbton sîe sînen uuór- P453
singen Gote er ist kuôllicho
ten . unde súngen sîniu lób. CANTEMVS DOMINO . GLORIOSE ENIM
michel
MAGNIFICATVS EST. *Cito fecerunt . obliti sunt operum eius.* Daz tâ- 13
ten sie únlango . siê irgâzzen sâr sînero uuércho. Also mánige in
ęcclesia irgézzent déro toûfi. *Non sustinuerunt consilium eius.* Siê
sâligcheit êuuiga
ne-bît[t]en uuaz er uuólti. Íro beatitudinem uuolta er ęternam . diû
kedultin ze uuérilt-
mit patientia geuuunnen uuirt . sie gâoton áber ad temporalem fe-
sâldon
licitatem. *Et concupierunt concupiscentiam in deserto . et temptauerunt* 14
deum in inaquoso. Vnde bediû gîrezton siê . dâr in éinote . unde
chóreton Gotes in‿uuázzerlôsi. *Et dedit eis petitionem ipsorum . et mi-* 15
sit saturitatem in animas eorum. Dô gáb er în daz . des siê bâten . un-
de sánta în séti. Fúre sie selben sint animę hiêr genémmet. *Et irri-* 16
tauerunt moysen in castris . aaron sanctum domini. Dára nâh crámdon siê S787
moysen in diên herebergon . unde den Gótes hêiligen aaron. Siê
leîto
lúzton diê . fóne dero ducatu siê gehálten uuâren. *Aperta est ter-* 17
ra . et degluttiuit dathan . et operuit super congregationem abiron.
Fone diû indéta sih diû érda . unde ferslánt dathân . unde beuuárf
daz kesémine abiron. Diê zuêne uuâren des strîtes hoûbet. *Et ex-* 18
arsit ignis in synagoga eorum . flamma combussit peccatores.
Fiûr giêng iro mánigi ána . loûg pranda die súndigen . die în zuêin
zuei hûnt funfzich
folgeton . ducentos quinquaginta. *Et fecerunt uitulum in oreb .* 19
chalp
et adorauerunt sculptile. Vnde tâten sie ouh uuirs . daz sie uitulum bildoton in
perichkîbilla
oreb . unde daz crâbeuuergh pétoton. Oreb chit caluaria. In déro P454
abkot
caluaria bétoton sie idolum . in ánderro sluôgen sie Christum. *Et mu-* 20
tauerunt gloriam suam . in similitudinem uituli comedentis fęnum.
Vnde îro guôllichi diu an Góte uuas . uuéhsaloton siê . án‿des fêhes

---

5(r) irgézzent: ir *auf Ras.* 6(r) bîtten: *danach* t *rad.; Akut sehr klein unter ursprüngl. Zkfl.* 7(r) sie: ie aus o *rad. und verb.* 9(r) *vor* gîrezton *Ras.* 16 deglutiuitt 22 Ī uuirs *bis* Ī *auf Ras., Zkfl. über* e *von* Oreb, *Z. 23, mit(?)rad.*

21 funfizch

R398

pilde . daz héuues lébet. *Obliti sunt deum qui saluauit eos. qui fecit* 21
magnalia in egypto . ^{o}*mirabilia in terra cham . terribilia in mari* 22 S788
rubro. Er-gâzen Gotes der sie hiêlt . der in egypto mágenhêite
téta . uuunder in châmis lande . prútelichiu in mari rubro. *Et* 23
dixit ut disperederet eos . si non moyses electus eius stetisset in
confractione in conspectu eius. Vnde dô gesprah er . daz er siê fer-
lúre . ube moyses sin iruuéleto ne-stuônde fóre imo . an démo brú-
demo geriche
che . an dero plaga. *Vt auerteret iram eius ne disperderet eos*. Al-
so fasto . daz er sin zorn uuánti . unde ne-hanchti . daz er siê nâh
iro sculden ferlûre. Ieronymus chît . iz chéde in confractione irę
eius . daz uuir chéden . an démo brúche sines zornes. Also diû in-
uuéllest du in blazzin. daz tuô. ne-sî
tercessio ist. SI DIMITTIS PECCATVM ILLIS . DIMITTE . SIN
daz tîligo mih aba dinemo lîb-puôche
AVTEM . DELE ME DE LIBRO TVO. Sîch[i]ûre uuésenter daz
în iustitia dei tîlegon ne-uuolti . stuônt er . unde bôt sih sélben fú-
re die scúldigen. So uuard ze leîbo îro ferlornissida. *Et pro nihilo* 24
ke-hêiz-lant
habuerunt terram desiderabilem. Vnde lústlih lant . terram promissio-
daz ist himel-rîche
nis .i. regnum cęlorum . áhtoton siê fúre niêht. *Non crediderunt* S789
uerbo eius. Noh sie ne-getrúeton sînemo geheîzze. *Et murmura-* 25
uerunt in tabernaculis suis. Vnde bediû rûnezton sie in îro hé- P455
rebergon . úberlaga tuônde Góte unde moysi. *Non exaudieruNT*
daz rûnezon
uocem domini. Vnde Gotes stimma der în ferbôt murmurationem . ne-
uuéreton siê. *Et eleuauit manum suam super eos . ut prosterneret eos* 26
in deserto . ^{o}*et ut deiceret semen eorum in nationibus . et disperge-* 27
ret eos in regionibus. Do huôb er sina hánt úber siê . daz er siê
dar in démo eînote iruálti . unde daz iro ze leîbo uuurde un-
der diêtin genîderti . unde sie zeuuúrfe after lántsceften. *Et in-* 28

---

10 sculden *!* 15(r) ferlornissida: lornissida *bis* nihilo *auf Ras.*
18(r) geheîzze: e^2 *aus* i *rad. und verb.,* i *auf Ras., Zkfl. durch Punkt über und unter dessen rechtem Strich zu Akut verb., danach wohl ursprüngl. Akzent rad.* 25(r) uuurde: *Rundung des* d *oben anrad.*
26(r) genîderti: der *auf Ras.* *Punkt fehlt* 10^2 11^2

R399

itiati sunt beelphegor. Inin des uuurden sie priapo gehêiligot.
in âuuerf sin
Also der apostolus chît. Daz siê in reprobum sensum chómene . so ferro ir-
uuuôtin . daz óffen Gótes reht an în geskîne. *Et comederunt sacri-*
ficia mortuorum. Vnde tôtero ménniscon ópher âzzen siê . also
.i.ueretratus
priapus uuas. Sámoso Got sie in dien uuorten spáreti . daz sie dês
doh uuirs tâtin. *Et irritauerunt eum in adinuentionibus suis.* *29* S790
Vnde in îro irdénchedon cramdon sie în. Sie irdâhton misselîche
Góta. *Et multiplicata est in eis ruina.* Vnde dannan uuard îro
fál mánigfalte . lâgen ál tôt in démo eînote. *Et stetit finees . et* *30*
placauit . et cessauit quassatio. Vnde finees stuônt uuíder démo
unrehte . mit diû gehulta er Got . dánnan gestîlleta ze démo mâ-
le diu muôhi. Hiêr ist quassatio . daz dâ fore ist confractio . daz
ferlornissa
chit iro perditio. *Et reputatum est ei in iustitiam . in generationem et* *31*
generationem usque in sempiternum. Vnde daz uuard îmo geáh-
tot ze rehte . in allen chúnnezálon . so uuirt iz iêmer. *ET IRRITA-* *32*
uerunt eum ad aquam contradictionis . et uexatus est moyses propter
eos . qui exacerbauerunt spiritum eius. Dô grámdon siê în áber ze dé- *33* P456
ro stéte . diu uuázzer déro uuídersprâcho heîzzet . uuanda siê dâr
uuíder Góte sprâchen . unde dâr uuard moyses ke-muôhet úm-
be diê die sîn muôt éiuer gemáchoton. *Et distinxit in labiis su-*
is. Vnde er bediû Gótes uuunder daz sie dô eiscoton . in sînen
uuorten skiêd fone diên êreren uuúnderen. Er trúuueta déro
êreron . dîsses ne-trúuueta ér. Bedîu chad er zeuuîuelondo . ê S791
Iâ be Gote . uuir bringen
ér uirgam sluôge an den steîn. NVNQVIT DE PETRA HAC
iû nû sâr ûzzir dîsimo steîne uuazzir?
POSSVMVS PRODVCERE AQVAM? Fone demo zeuuîue-
le uuard ouh er scúldig . unde die sculde ne-liêzzen în chómen

2 siê in *auf Ras.* 6(r) Et irritauerunt: Et irri *auf Ras.* 7(r) irdâhton: irdaht *auf Ras.* 9(r) tôt *auf Ras.* 11(r) gehulta: a *aus* e *rad. und verb.* 17(r) exacerbauerunt: e^{1} *aus* a *rad. und verb.* 20 gemâchoton: ch *auf Ras.* 21 bêdiu 22(r) uuorten: te *aus* d *rad. und verb.* *Punkt fehlt* 13^{2}

2 *in âuuerf-sin *oder* *in âuuerfigen sin *(vgl. die Glosse S. 30,9 und S. 290,10)*

R400

in geheîzzis lant
in terram promissionis. Diê aber dára châmen . uuaz tâten die? *Non* 34
disperdiderunt gentes quas dixit dominus illis. Ne-fertîligoton diê
diête . diê Got hiêz tîligon. Chananeos amorreos iebuseos un-
de andere. *Et conmixti sunt inter gentes . et didicerunt opera eorum . °et* 35 36
seruierunt sculptilibus eorum . et factum est illis in scandalum. Siê
mischton sih ze în . ge-hîton ze îro tóhteron . unde uuórhton
nah în . unde diênoton iro idolis . daz irgiêng în ze árge. Scan-
spúrnida uuîdir-muôt
dalum ist grecum . unde bezeichenet offensionem alde sinistrum .
gemîscida ze uuinstir-halb
also siê diû conmixtio leîta in leuam partem. *Et immolauerunt* 37
filios suos et filias suas demoniis . et effunderunt sanguinem inno- 38
centem.sanguinem filiorum suorum et filiarum suarum.quas sacrificaue-
runt sculptilibus chanaan. Vnde dannan fertâten sie sih so fer-
tiêfelin
ro . daz sie îro súne unde îro tóhtera demoniis ópheroton . daz
mêindât
uuas sacrilegium . unde sie uz liezzen únsundig pluôt . déro sel- P457 S792
man-
bon chindo diu sie idolis ópheroton . daz uuas sámint ioh homi-
slaht mag<s>laht diêtin
cidium ioh parricidium. Daz lîrneton sie be gentibus. *Et interfe-*
cta est terra in sanguinibus . °et contaminata est in operibus eorum . et 39
fornicati sunt in ad<in>uentionibus suis. An sô unsúndigen bluôten
uuard diu erda irslágen . nals sî . núbe an îro sîzzente . uuúrden
an îro irslágen . unde beuuémmet uuard sî an îro uuer-
chen . unde so huôroton siê . daz chit so gesuîchen siê Góte . in îro
diêto
irdenchidon. Vuaren siê danne îro? Neîn. Sie uuâren gentium .
ántfrîstin in îro flîzzin liêb-
fone diu châden ándere interpretes . in studiis suis . alde in affe-
sâminon zuôlich-machon lúst-saminon in iro selbero
ctionibus . alde in affectationibus . alde uoluptatibus . alde obser-
porgon fore diên diêtin
uationibus. *Et iratus est furore dominus populo suo . et abhominatus est* 40
hereditatem suam. Do balg sih Got des alles . uuider sînen liût . un-

4/5(r) opera *bis* seruierunt *auf Ras.* 21 *gesuîchen 23/24 affe/ctionibus: *nach* affe *Ras.,* ct *auf Ras.* *Punkt fehlt* 22[3]

R401

de leîdizta sîn erbe . daz sie uuésen solton. *Et tradidit eos in ma-* 41
nus gentium . et dominati sunt eorum qui oderunt eos. Vnde bediû
gab er siê in ánderro liûto hénde . unde îro fîenda uuiêlten îro.
Daz uuâren moabitę ammanite philistei syri. *Et tribulauerunt* S793 42
eos inimici eorum . et humiliati sunt sub manibus eorum. Vnde diê îro
fîenda arbeitton siê . unde únder îro handen uuúrden sie genî-
deret. V́be sie hóldemo Góte ne-uuólton lôsen . sie muôson âber
diênon unhólden hêrron. *Sepe liberauit eos.* So uuiêo daz állez 43
uuâre . er lôsta sie iêo-doh dîccho . also in libro iudicum gescrîben
ist. *Ipsi autem exacerbauerunt eum in consilio suo . et humiliati sunt*
in iniquitatibus suis. Siê fiêngen âber zuô . unde brásten în in îro P458
râte . unde dannan uuúrden sie iêo genîderet in iro unrehte.
Ín ne-irdrôz réhtes . uuanda sie ne-irdrôz únrehtes. *Et uidit cum* 44
tribularentur . et audiuit orationem eorum. Dóh sâh er siê in arbêi-
ten . unde gehôrta îro gebét . umbe îro nôte. *Et memor fuit testa-* 45
menti sui. Vnde irhúgeta er sînero niûuuun beneîmedo diê er
abrahę gehiêz. *Et pęnituit eum secundum multitudinem misericordię suę.* Vnde
rôu în sîn ándo . mit démo ér sih an în ráh . nah déro mánigi sî-
nero genâdon. *Et dedit eos in misericordias . in conspectu omnium qui* 46
cęperant eos. Vnde skeînda er în genâda fóre állen diên . fóne
diên sie uuîclicho geuuúnnen uuâren . uuanda er‿uuólta daz
CHRISTVS fóne în châme. *Saluos fac nos domine deus noster.et congrega nos de* 47
alten
nationibus. Duô unsih kehâltene truhten Got únser . ioh uete- S794
liût ioh niuuuin
rem ioh nouum populum . unde sámeno unsih fone allen diêten . ze
liûte
eînemo christiano populo. *Vt confiteamur nomini tuo sancto . et glo-*
riemur in laude tua. Daz uuir iêhen muôzzin dînemo heîli-

---

7 lôsen 9 dîccho: h *aus* o *verb.* 15/16(r) testamenti: i *aus* a *rad. und verb.* 16 *dîa 20 fóne] fóre[2] 21 uuîclicho: clicho *auf Ras. Punkt fehlt* 3[2]

24 niuuuin: *dünner Punkt über und unter jedem* u

R402

gen námen . unde an dînemo lôbe geguôllichot uuérden . nals
in únsermo. *Benedictus dominus deus israhel a sęculo et usque in sęculum .* 48
et dicet omnis populus fiat fiat. Kelôbot si truhten Got israhelis fone
uuérlte ze uuerlte . unde des lobes antuuurtet aller der liût . ke-
iudon unde diêtin
samenoter fone circumcisione et preputio . sús . daz sî . daz sî.
Gotis liûte sundontimo
ALLELVIA. Uuaz populo dei gescâhe . uuîlon delinquenti . 1 P459
riûuuôntimo feruuórfin diête gelá-
uuîlon pęnitenti . unde iudei uuúrden repulsi . unde gentes uo- S795
dot Gotes irbârmida
catę . unde uuiêo manigfalte sin miserationes dei .

C*ONFITEMINI DOMINO* daz ságet dîser psalmus.
quoniam bonus . quoniam in sęculum misericordia eius. Iêhent Gote
uuanda er guôt ist. Er ne-châde iû niêht zuô . iêheNT
ube er guot ne-uuâre. Iéhent îmo . uuanda in uuérlte ist sîn ge-
sîn úberteilida
nâda . dara nâh iudicium. Oûh mag iz chéden . sîn genâda ist iê-
chriêchisca
mer . uuanda daz grecum isêona bezeîchenet peîdiu . ioh in sę-
kenâda zîtlicho uber ménni-
culum ioh in ęternum. Nû ist misericordia temporaliter super homi-
scen daz sie dâra nâh iêmer lében mit éngilin
nes . ut uiuant cum angelis in ęternum. *Dicant*.s.alleluia . *qui* 2
redempti sunt a domino.quos redemit de manu inimici . et de regioni-
bus congregauit eos. Diê singen alleluia sîn lob . die er lôsta
fone des tiefeles keuualt
mit sînemo bluôte . de manu diaboli . unde sámenota fone allen
.s.sicut alemannia .s.sicut tiûregôuue
gebiûrdon. Prouincia ist diu lántscaft . regio ist diû gebiûrda . S796
mánige regiones mugen sîn in eînero prouincia. Mit auro cor-
ruptibili . alde mit argento ne-lôsta er siê . nube mit sînemo pre-
tiûrin bluôte
cioso sanguine. *A solis ortu et occasu . ab aquilone et mari.* Diê ér 3
sámenota fone allen halbon déro uuerlte. *Errauerunt in solitu-* 4
dine in inaquoso . uiam ciuitatis habitaculi non inuenerunt. Siê P460
irroton . êr er siê irlôsti in dirro uuerlte eînote . sie irroton in

---

6 Uuaz: U *nur vorgeritzt, nicht rot nachgezogen* 10(r) in scîm *auf Ras.* 18(r) congregauit: egauit *auf Ras.* *Punkt fehlt* 2²

5 iudon: *davor langes* s *durch Unterstreichung getilgt*

uuázzerlôsi . uueg dero burgseldo . déro himiliscun búrg . der
uueg CHRISTVS ist . ne-funden sîe. Plato gehiêz în . socrates kehiêz
în . aristoteles kehiêz în . daz sie în uuég zeîgotin . îro ne-heîn
ne-zeîgota den rehten. *Esurientes et sitientes . anima eorum in* 5
ipsis defecit. Siê îrroton húngerge unde dúrstige . iro sêla suánt
in în. In únmáhta fóre zâdele . uuanda sie ne-hábeton des sie lán-
geta. Viam ueritatis uuólton sie uuîzzen . des kelángeta siê .
des ne-máhton în philosophi gehélfen. Vuiêo do? *Exclamaue-* 6
runt ad dominum cum tribularentur . et de necessitatibus eorum . eripu- S797
it eos. Ze Góte háreton sie . dô în sô nôt uuas . unde er nám siê
gestûngeda
ûzzer déro nôte. Diu conpunctio cham în fone îmo. *Et deduxit* 7
eos in uiam rectam . ut irent in ciuitatem habitationis. Vnde lêi-
ta ér siê an den rehten uuég . an Christum . daz sie in îmo giêngin
ze déro burg dero êuuigun seldo. *Confiteantur domino misericordię eius .* 8
et mirabilia eius filiis hominum . °quia satiauit animam inanem . et 9
animam esurientem satiauit bonis. Fóne diû iehent trúhtene . ir
sîna genâda . unde ir sîniu uuúnder . iêhent menniscon chîn-
den . daz er lâra sêla unde húngerga . kuôtes kesáteta. Vuiêo
ist daz ke-spróchen? iéhent kenada unde uuúnder? Âne daz
er die heizet iéhen . die îro inphúnden hábent. *Sedentes in te-* 10
nebris et umbra mortis . et uinctos in mendicitate et ferro. Vuan-
da er sáteta gentes . iû sîzzente in fînstri . unde in dôdes scâtue .
unde mit sundon gebúndene . in bételôde . uuanda sie arm uua-
herti arbeîto besuôch
ren . in îsene . daz chit . in duritia malorum. Daz uuas ein tempta- P461 S798
tio. *Quia exacuerunt eloquia dei . et consilium altissimi irrita-* 11
uerunt . °et humiliatum est in laboribus cor eorum . infirmati sunt 12

6 in[1]: i *aus* a *rad.* 7 uuólton *!* 9(r) tribularentur: r[2] *aus* n *rad. und verb.* 12(r) rectam: *über* a m-*Strich rad.* 16 iehent: i *aus* e *rad. und verb.* 17(r) *nach* menniscon *Ras.*

R404

ze bechnâdo
nec fuit qui adiuuaret. Vuanda sie ouh chómene ad agniti-
uuarheîte
onem ueritatis . uuídersprâchen Gótes uuort unde sînen uuil-
Gotis rehtis uuâra ne-tuônte unde daz îro statin uuéllinte
len . non subiecti iustitię dei . et suam uolentes statuere . unde
uuídir îro
îro herza bediu genîderet uuárd in ríngon . diê siê aduersvs
lústin
concupiscentias in gemeîtun hâbeton . do geuuíchen sie nô-
te . uuanda der ne-uuás . der în hulfe . sîd în Got ne-half. Vuieo
aber do? *Exclamauerunt ad dominum cum tribularentur . et de neces-* 13
sitatibus eorum liberauit eos. Et eduxit eos de tenebris et umbra 14
mortis et uincula eorum disrupit. Do nâm er sie ánderest úzer
fînstri . unde úzer tôde . unde úzer háften. *Confiteantur domino* 15
miserationes eius . et mirabilia eius filiis hominum. Quia contri- 16
lob
uit portas ęreas . et uectes ferreos confregit. Nu si âber des con-
Gote
fessio daz er êrina porta bráh . unde îsenina gerîndela. *Susce-* 17
pit eos de uia iniquitatis eorum . propter iniustitias enim suas hu-
miliati sunt. Vnde er sie nam ába des únrehtes uuége . daz siê
âne în uuolton guôt sîn . sie uuúrden âber êr genîderet úm- S799
chorunga
be diu sélben únreht. Daz uuas ánderiu temptatio . éniu uuas
únuuîzzo frâfali
ignorantię . disiu uuas pręsumptionis. *Omnem escam abominata est* 18
anima eorum . et adpropinquauerunt usque ad portas mortis. Alla fuôra
maz-leîdi keîstlichis
lêidizton sîe . uuanda sie fastidium ána chám spiritalium bo-
kuôtis
norum . daz prâhta siê oûh zuo diên hélleborton. Vuiêo âber P462
do? *Exclamauerunt ad dominum cum tribularentur . et de necessita-* 19
tibus eorum liberauit eos. Misit uerbum suum et sanauit eos. 20
ubel uuúnda
Vuanda ouh daz uuas malum uulnus . unde siê déro sûhte siêh
uuâren . bediû santa er sîn selbes sún Christum . unde hêilta siê
unde lôsta sie fone îro firlórenissido. *Confiteantur domino mi-* 21

6(r) hulfe: h *aus* n *verb.*, u *aus* e *rad. und verb.* 14 suas: a *auf Ras.* 20(r) uuanda: d *auf Ras.*, *Zkfl. von* siê, *Z. 21*, *teilweise mitrad.* chám *!* 23 *nach* sanauit eos. *haben Vulg. und C:* et eripuit eos de interitionibus eorum. 24 *malum uulnus uuas 26 irflóren-nissido *Punkt fehlt* 22

R405

sericordię eius . et mirabilia eius filiis hominum. Et sacrificent sa- 22
crificium laudis . et adnuntient opera eius in exultatione. Dero ge-
lob
nâdon sîn oûh îmo confessiones . also déro êrreron . unde dan-
nan gehêiligeien sie îmo dia hêiligúnga lóbes . unde mâren siê S800
siniu uuérgh in freuui . nals in drâgheîte. Daz ist diu drîtta tem-
pesuôch
ptatio. *Qui descendunt mare in nauibus . facientes operationem* 23
in aquis multis . ipsi uiderunt opera domini et mirabilia eius in profun- 24
êuuarten
do. Diê den mére férrent in skéffen . daz chît sacerdotes diê dî-
chilichon
sa uuerlt in mîsselîchen ęcclesiis rîhtent . sih pehéftente in má-
nigen uuázzeren . daz-dir sint mánige liûte . die gesâhen Gótes
uuergh . unde sîniu uuúnder în dero tiêfi. Vuaz ist tiêfera
diû
danne ménniscon herzen? fóne diên dîccho irrînnent tempe-
ungeuuitere strîto ungezunfto
states seditionum unde dissensionum . die Gót uuúnderlicho
stillet. *DIXIT ET STETIT SPIRITVS PROCELLĘ.* Ze êrist kebôt 25
Gót . pediû gestuônt unde uuéreta der dúnstigo uuînt . der
daz scéf muôhet. *Et exaltati sunt fluctus eius.* Vnde des uuindes
uuella búreton sih. *Ascendunt usque ad cęlos . et descendunt usque* 26
ad abyssos. Siê héuent sih hoho néndendo . unde fállent sámo
tiêfo rîuuondo. *Anima eorum in malis tabescebat.* Íro sêla slê- P463 S801
stiuron?
uuet în demo leîde. Vuaz kescáh dánnan diên gubernatori-
bus? *Turbati sunt . et moti sunt*.s.ad iram euomendam *! sicut ebrius .* 27
et omnis sapientia eorum deuorata est. Vuurden leîdege . uuúrden
muôtsúhtige . sámo so trúnchen man . unde ingiêng în îro uuî-
stuom. Vuieo do? *Exclamauerunt ad dominum cum tribularentur .* 28
et de necessitatibus eorum eduxit eos. Et statuit procellam eius 29
in auram . et siluerunt fluctus eius. Ze Góte háreton siê . er gemá-

---

10 Die 18(r) hoho: h^2 *aus* n *rad. und verb.* *Punkt fehlt* 6^2 21^4 24^2

chota daz úngeuuitere ze uuétere . unde an dîu stîlleton sîne
uuélla. *Et lętati sunt quia siluerunt.* Vnde fréuton sie sih dé- 30
ro stilli. *Et deduxit eos in portum uoluntatis eorum.* Vnde ér
brâhta siê in dia stîlli . déro siê lusta. Sid dîa genâda alla Gót
skeîndi. *Confiteantur domino misericordię eius . et mirabilia eius filiis* 31
hominum. Et exaltent eum in ęcclesia plebis . et in cathedra seni- 32
orum laudent eum. Siê iéhen îmo . unde hóhen în in mánigi liû-
tes . unde die sîzzenten an demo hêrstuôle lóboen în. Er gestil-
bechôrunga der
ta die fiêrdun temptationem samoso die êrerun drî. Er îst qui
hôh-muôten uuidir stât unde diêmuoten genâdet
resistit superbis . et humilibus dat gratiam . also uuir nu gehôren
súln. *Posuit flumina in desertum . et exitus aquarum in sitim . ^oter-* 33 34
ram fructiferam in salsuginem . i . in salsum humorem . *a malitia inhabitan-* S802
aha
tium in ea. Iudeorum flumina uuanta er in uuuôsti . daz chît
in drúccheni . iro uuazzer-férte uuanta er ze dúrste . îro uuûo-
cherhaftun erda . hiêz er uuerden salzmuôrra. Ziu? âne dúrh
uuizzegin
dero úbeli . die dâr ána sâzzen. Vuâr sint iro prophetę unde
biscofa lera hus
iro sacerdotes . fóne diên sie doctrinam inphiêngen? Vuar tem- P464
ophir ubil
plum . uuâr sacrificia? Vuâr ist doh-eîn îro guot? Mala sint în
guôt
chomen fúre bona. *Posuit desertum in stagna aquarum . et terram* 35
sine aqua in exitus aquarum. Dára uuîdere máchota er eîno-
te ze sêuuenten uuázzeren . unde uuazzerlosa erda ze rîn-
nenten uuázzeren. *Et collocauit illic esurientes.* Vnde dâr 36
bi diên uuázzeren stalta er húngerge. *Et constituerunt ciui-*
tatem habitationis. Vnde die burgoton dar. *Et seminauerunt* 37
agros et plantauerunt uineas . et fecerunt fructum natiuita-
tis. Vnde arbeiton chorn unde uuîn . unde chîndoton. *Et be-* 38

---

6 Et *ursprüngl. schwarz, dann rot nachgezogen* 9 die[1]: *dia 15(r) salzmuôrra: uo *auf Ras.* 16(r) âna *auf Ras., Zkfl. von* diên, *Z. 17, teilweise mitrad.* 18 ist: *über erstem Schaft der Ligatur* st *Ras.* 20 sine aquā 21(r) uuazzerlosa: l *aus* e *rad. und verb.* *Punkt fehlt* 25

R407

nedixit eis . et multiplicati sunt nimis. Vnde hiêz er siê urám
diêhen . unde bediu uuard iro filo fone unmánigen. *Et iumen-* S803
ta eorum non sunt deminuta. Vnde iro fého uuéreton. Vuer ne-
uuêiz daz al uuésen gespróchen fone gentibus? Sie uuaren
unberehaft kuôtero uuércho
ferhéiêt . pedîu uuâren sie steriles et infęcundi bonorum operum .
heîligero geloubo
unde húngerqe . ioh túrstege sanctę fidei. Daz kebuôzta er în
lêra genuôgiû
uuanda in copiosa doctrina fóne îmo chám. Déro lébeton
fêo mit eîn-falti lèbinte in christanheîte
ioh iro iumenta . daz sint simpliciter uiuentes in ęcclesia . uuan-
sînhafte ioh lázze
da er sie alle hiêz lêren capaces et tardos. *Et pauci facti sunt* 39
et uexati sunt . a tribulatione malorum et dolore. Diê selben uuúrden
unmanige . an diên . die sih fone in sciêden . sie uuâren die selben
mit kelîchenisse mit uuârheite
specie nals ueritate . unde die uuurden gemûohet fone dero
irrârin
bino uuêuuon . unde leîdes. Daz ke-scáh mit rehte hereticis un- P465 S804
scêid-mâcharin die-dir scêit
de scismaticis . die discissio paucos machota . uuanda sie sáment
ne-uuâren. *Effusa est contemptio super principes.* An die prin- 40
fûrsten iro êhalti
cipes religionis so in duôhta . uuárd ke-uuórfen fersmâheda . daz
îro sancta ęcclesia ne-ruôhta. *Et errare fecit eos in‿inuio . et non in uia.*
Vnde Got téta sie îrron in âuuekke . nals in‿uuége. Er getéta siê
in iro muôt-uuîllin
gan in concupiscentiis cordis sui . uuanda sie sih sélbe ferleîtton .
uuâninte uuaz sin denne siê niêht sint
ESTIMANTES SE ALIQVIT ESSE . DVM NIHIL SVNT.
Et adiuuauit pauperem de inopia. Dára ingâgene half er démo 41
tiêmuôte
ármen . ûzzer dero ármheite. Vuanda der humilis ist unde
armin
sih irchénnet pauperem . demo hilfet er. *Et posuit sicut oues fami-*
lias. Vnde dero solichon chunne sázta er álso scâf . uuanda er
sie âne hirte ne-liêz. *Videbunt recti et lętabuntur.* Rehte ge- 42
sêhent daz . unde fréuuent sîh îs . fréuuent sih iro mîteuuîste.

6(r) hûngerge . *auf Ras.* 11 scêiden 21(r) adiuuauit: *über* u[3] *Ras.* (u < b?) 22(r) der *bis* ist *auf Ras.* 23 hilfet: i *aus* e *rad. und verb.* *Punkt fehlt* 10[1] 19[2]

R408

Et omnis iniquitas oppilauit os suum. Vnde állez únreht peuuarf S805
uuidir-stôz
sînen munt . uuanda iz ne-heina obiectionem ne-fant. *Quis sapi-* *43*
ens? et custodiet hęc . et intellegit misericordias domini. Vuer ist nû sô uuîz-
zigh sô hára zuô durft ist? so uuér uuîzzigh ist . der behuôte dî-
siu in sînemo sînne . unde der bechennet Gotes kenâda.

CANTICVM PSALMI IPSI DAVID. *1* P466

PARATVM COR MEVM DEVS . PARATVM COR ME- *2*
sun ze fatere
um. Filius chît ad patrem . mîn herza ist káro . káro ist
uuîzze ze lîdenne
mîn hérza. Vuara zuo? Ad passionem sustinendam. *Can-*
tabo et psallam in gloria mea. Dir sîngo ih . dir húge-
sángon ih in mînero guôllichi. *Exurge gloria mea exurge psalte-* *3*
irstândo
rium et cythara. Stant ûf mîn guôllichi . oûge dih resurgen-
uf fârendo
do . unde ascendendo. Stant ûf psalterium unde cythara . daz
uuúnder uuîzze an deus repulisti.
sint miracula unde passiones . also dâr fóre stât in quinquage- S806
simo VI psalmo. *Exurgam diluculo.* In uôhtun irstân ih. [o]*Confi-* *4*
tebor tibi in populis domine . et psallam tibi in nationibus. Nâh dero
urstende
resurrectione lóbon ih dih in allen liûten . unde sîngo dir psal-
mos in állen diêten. *Quoniam magnificata est usque ad cęlos misericordia tu-* *5*
a . et usque ad nubes ueritas tua. Vuanda din genâda ist uuorden
in himele
míchel unz an angelos in cęlo . unde dîn uuârhêit unz an e-
uangelistas in terra. *Exaltare super cęlos deus . et super omnem ter-* *6*
der mennisco
ram gloria tua. Homo sprichet nû. Fár ûf Got uber hîmela . unde
din guôllichi brêite sih úber alla érda. *Vt liberentur dilecti* *7*
tui. Daz dîne trûta dîne fideles irlôset uuerden. *Saluum me*
fac dextera tua et exaudi me. Duo mih an diên mînen gehál-
zéseuua
tenen mit dînero zeseuuun. Ih pin din dextra . mit mir gehált

15(r) Exurgā *auf Ras.* 25(r; *1 Ras. vor* 25/26) & *auf Ras.* 26 din dextra: (n dextra) *auf Ras.*

R409

siê. *Deus locutus est in sancto suo.lętabor et partibor siciman.et con-* 8
uallem tabernaculorum dimetiar. Nu sprichet sancta ęcclesia. Got ke- P467 S807
hiêz daz an sinemo sûne . des ih frô bîn . unde bedîu têilo ih mî-
ahsela gebon ze trágenne sîne burdi
ne humeros in misselichen donis spiritus sancti ad portanda onera eivs.
Et conuallem tabernaculorum metibor. Ih mîzzo mir in teîl
tal dero herebirgon . dâr iacob stîga sînen scâfen máchota.
tiête
Meus est galaad . et meus est manasses. Mîn sint gentes . mîn sint 9
iudei. *Et effraim susceptio capitis mei.* Vnde ántfang mines hôu-
urstendi uuuôchir
betes . daz chit resurrectio CHRISTI . ist min fructificatio. *Iuda rex*
chûmberrun
meus. CHRISTVS de tribu iuda ist min chûning. *Moab lebes spei meę.* 10
der Got ze fatere ne-hebet sunder ir-
Der fáterlôso . daz chit diabolus qui non habet deum patrem sed iudi-
teîlare
cem . der ist chézzel mînero gedîngi. Ih fersîho mih ze diên . diê S808
chézzile fleîsc ze guotimo smácche
er irsiûdet. In lebete uuerdent carnes kesóten ad bonum saporem .
tiêmuôte ioh Góte-dahte diên âhtungon
so uuerdent kenuôge humiles et deuoti . fóne persecutionibus
zuo-fersiht
diaboli . bediu ist dannan spes ęcclesię. *In idumeam* . i . terrenam *exten-*
dam calciamentum meum. Ioh ze îrdisken ménniscon ferréccho
prediga
ih mîn euangelium. *Mihi allophili subditi sunt.* Alienigenę uuer-
dent mir úndertân. *Quis deducet me in ciuitatem munitam? Quis* 11
deducet me in idumeam? Vuer leîtet mih hîna ze festero burg?
ih uuâno hella dero borta er brach
Vueliu ist daz? Forte infernus . cuius portas ipse confregit. Vuer
in erd-purch
in terrenam? *Nonne tu deus?* Ne-tuôst du daz Got fâter? *Qui repulisti* 12
nos . hoc est distulisti nos. Du unsih kefrîstet hábest únserro sâldon
urstende ze guolligcheî-
unz ze resurrectione . also du ioh selben Christum frîstost ad glori- P468 S809
te
ficationem. *Et non exibis deus in uirtutibus nostris.* Vnde ne-oûgest
dih in unseren chreften . so man unsih ze martyrio fuôret also
in dînero martiro Goteheit
ouh du in passione dîna deitatem ne-oûgtost. *Da nobis auxilium* 13

---

10 meę: ę aus i *verb.* 16(r) meū: e *aus* i *verb.*, ū *auf Ras.* 17(r) Alienigenę: n[1] *auf Ras.* 19 idumeam. 21 terrenā: ā *auf Ras.* 23(r) selben: e[2] *aus* o *rad. und verb.* *Punkt fehlt* 11

20 brach: *über* c *Ansatz einer Oberlänge* 21 pruch

R410

de tribulatione. Gib uns aber înuuert toûgena hélfa déro ar-
bêite. *Quia uana salus hominis.* Vnde bediu tûo daz . uuanda
diû ûzzera mennisken heîli úppig ist. *In deo faciemus uirtutem.* 14
die túgint kedûlte
In Góte skeînen uirtutem patientię. *Et ipse ad nihilum deducet*
deus
inimicos nostros. Vnde er brînget ze niêhte únsere fienda. Quin-
repulisti
quagesimus nonus psalmus ságet iz folleghlîchor. *IN FINEM* 1 S810
stal
PSALMVS DAVID. **A**lso Petrus tréget personam ęcclesię . un-
dir gibo ih
de diû ze imo gesprochen sint also daz ist . TIBI DABO CLA-
himilo slûzzela offena fernûmest
VES REGNI CĘLORVM. Danne habent illustrem intelle-
keuuéndit an
ctum . danne siu uuerdent relata ad ęcclesiam . so tréget iudas
den stal iudono
personam iudaici populi . unde fone îmo gespróchenìu . uuerdent an
den liût fólleglicho fernómen.

D*EVS LAVDEM MEAM NE TACVERIS . QVIA OS PEC-* 2
catoris et dolosi super me apertum est. CHRYSTVS
SPRICHET . AD PATREM. Got ne-fersuîge
min lób . daz chit ne-lâz iz fersuîget uuerden fó-
ne guôten . uuanda súndigis munt unde únchústigis indân
ist úber mih. Kesueîge sîna lúgi mit dînero uuarheîte. *Locuti* P469 3
sunt aduersum me lingua dolosa. Sie chôsoton uuider mir in
meîster guôtin
úntr<i>uuuon . hiêzen mih magistrum bonum . des în niêht ze S811
muote ne-uuas. *Et sermonibus odii circumdederunt me.* Vn-
de úmbegâben mih ze ándermo mâle . mit fientlîchen uuor-
chriûzege in henche in
ten . so diû sint CRVCIFIGE CRVCIFIGE skêinendo uuaz
in ze muôte uuas. *Et expugnauerunt me gratis.* Vnde iro dán-
ches irfúhten sie mih. Vngesculdet sluôgen siê mih. *Pro eo* 4
ut me diligerent detrahebant mihi. Fúre diê mînna diê siê mir

---

6(r) folleghlîchor: li *auf Ras.* 7 Also: A *nur vorgeritzt, nicht rot nachgezogen; langes* s *aus* l *rad. und verb.* 14/15 XPYCTVC *bis* PATREM. *auf Ras., Akzente über* lób, lâz, fersuîget, *Z. 16, teilweise mitrad.* 18(r) Kesueîge: ueig *auf Ras.* 26 *dîa *(zweimal)*

R411

bieten sólton . argchosoton sie mir. Sie lônoton mir guotes mit
fâter fergib
ûbele. *Ego autem orabam.* Aber ih péteta umbe siê. PATER IGNO-
iz in uuanda sie ne-uuizzin uuaz sie tuont
SCE ILLIS QVIA NESCIVNT QVID FACIVNT. *Et po-* 5
suerunt aduersum me mala pro bonis . et odium pro dilectione mea.
Sie bûten mir ubel umbe guôt . unde haz umbe mîna mînna.
saminon also henna iro huônichliû undir féttacha
Ih uuolta sie colligere sicut gallina pullos suos sub alas suas .
irtôdin
dára ingágene îlton sie mih morti tradere. Vuieo sie des sú-
fôre-sâga uuunsc
lin ingelten . des chumet nu prophetia . nals optatio. *Constitue su-* S812 6
per eum peccatorem. Sezze úber în den sundigen . uber iudam
der mih sólichen sélita. *Et diabolus stet a dextris eius.* Vnde der
der sundâre
tîeuel stande ze sinero zéseuuun. Der ist peccator . der lêrta
under-tân
în îz. Der ist mit rehte obe îmo . so daz er imo subditus si. Der
ze zéseuue sîniu uuerch Gotes uuérchin fore sazta
ist imo a‿dextris . uuanda er opera eius preposuit operibus dei.
Daz ist iêgelichemo daz zeseuua . daz er gechiûset . unde iruué-
frecchi uuistuôm scaz
let. Iudas iruuéleta auaritiam nals sapientiam . pecuniam nals P470
sîna genist ze suôno
salutem suam. *Cum iudicatur exeat condemnatus.* So er in‿iu- 7
tage in die tiêferun finstri
dicium chome . dannan fáre er beuuîffenêr in tenebras exte-
riores. *Et oratio eius fiat in peccatum.* Ze sundon uuerde îmo
sîn gebét . sîd er per christum béton ne-uuolta . unde er in neuuolta S813
folgen sundir âhtin hals-
sequi . sed persequi. *Fiant dies eius pauci.* Vnlango lébe ér . ze la- 8
stricche
queo gâoe er. *Et episcopatum eius accipiat alter.* Mathias in-
potin-hêra
phâe sîn apostolatum. *Fiant filii eius orfani . et uxor eius ui-* 9
dua. Sîniu chint uuerden uuêisen . sîn chena uuîteuua. *Nu-* 10
tantes . i . incerti quo eant *transferantur filii eius et mendicent.*
Sîniu chint uuerden in ungeuuishêite ferfuoret . unde uuer-
den bételâra. *Eiciantur de habitationibus suis.* Vzer îro sél-

---

5(r) *vor* guôt *Ras. (Ansatz eines c?)* daz 17(r) dannan: a^2 *aus* e *rad. und verb.* 22(r) orfani: fa *aus* p *rad. und verb.*

16 suôno: o^1 *verb.* 22 *potin-êra

R412
don uuerden sie ferst[u]ôzen. Transferantur unde eiciantur ist
al eîn. Vuiêo sol daz uuerden? *Scrutetur fenerator omnem sub-* 11
stantiam eius . et diripiant alieni labores eius. Der îmo ieht fer-
liúuuen hábe . daz chit demo er scúldîg sî . der irsuôche alle
ûz-
sina uuíst . unde alle sine arbêite ze-zuccheen frémede. Extra-
trîppen fone Gôtes rîche sint die tiêfela an-len
nei a regno dei sint spiritus inmundi . fóne dien habeta er mutuum .
diê beteîlen in álles kuôtes. *Non sit illi adiutor . nec sit qui mi-* 12 S814
sereatur pupillis eius. Ímo unde sinen uueîson . ne-tuôe niêman
hélfa noh kenâda. *Fiant nati eius in interitum . in generatione* 13
una deleatur nomen eius. Sîniu chint uuerden ferlóren . sin
die ánderun geburt
selbes námo ze-gánge in einero gebúrte . secundam generationem ne- P471
geuuúnne er. *In memoriam redeat iniquitas patrum eius in con-* 14
spectu domini . et peccatum matris eius non deleatur. Sînero fórde-
ron únreht si in‿gehúhte fore Gote . unde sinero muoter sunda
ne-uuérde fertîligot. Úbel chómener fone ubelen . uuerde fer-
ih kilto déro fatero sún-
lóren sament în. Also gescrîben ist. REDDAM PECCATA PA-
da dien chinden dero mih házzenton
TRVM IN FILIOS QVI ODERVNT ME. Vuolti er guôt sîn .
danne ne-táretin îmo îro sunda. *Fiant contra dominum semper . ut* 15
dispereat de terra memoria eorum. Vuîder Gote sin diê forde-
ren . fore imo sin iro sunda . uuanda andere interpretes châden
fore fone paradyse
coram deo . daz îro gehuht ze-gánge de terra uiuentium. *Pro* 16
eo quod non est recordatus facere misericordiam . et persecutus est hominem 17
inopem et mendicum . et conpunctum corde mortificauit. Vuan-
da er genada ne-sceînda CHRISTO . unde er în sluôg . armen . béte- S815
ze
lonten . riúuuegen. Daz ander unde daz trîtta séhent mêr ad
sînen liden
membra eius. Sol îz nâh ánderen chéden mortificare . sô îst daz

---

7(r)/8 qui mi/sereatur: qui mi *auf Ras., Zkfl. von* niêman *mitrad., aber noch erkennbar* 15(r; *kleines* R *auf dem Rand noch sichtbar*) uuerde^{2}: *danach* t *rad.* *Punkt fehlt* 6^{2} 11 17^{2} 23^{1}

6 *âna-lêhen

R413

daz er in irtôti
ut mortificaret. *Et dilexit maledictionem et ueniet ei . noluit be-* 18

nedictionem et elongabitur ab eo. Fluôh mînnota er . ioh er ioh
stêlinto choûffonto sellinto
der liût . der chumet îmo. Iudas furando uendendo tradendo
liût sin bluôt sî úber únsich . ioh
der populus chedendo . SANGVIS EIVS SVPER NOS ET
uber ûnseriû chint
SVPER FILIOS NOSTROS. Ségen ne-uuolta er . der ferrêt îmo.
sêgin der liût
Iudas ne-uuolta Christum der benedictio ist. Populus ne-uuolta
sêgin der dâr gesehende uuart
benedictionem . do der in zuo chad qui erat illuminatus a domino. S816 P472
îno uuellint ouh ir sîne iungerin uuerden?
NVNQVID ET VOS VVLTIS DISCIPVLI EIVS FIE-
fluohhonto sist sin iungero
RI? unde sie pro maledicto châden . TV DISCIPVLVS ILLIVS
der sêgin ze diêtin
sîs . unde bediû benedictio fone în fuôr ad gentes. *Et induit*

maledictionem sicut uestimentum . et intrauit sicut aqua in interi-
alde alde
ora eius. Vnde also uuât légeta er ána fluôh . siue iudas siue
der liût lîchamo ioh sela
populus . unde also uuazzer chám er în în. Corpus et anima ge-
hella lichamo uzzan sela innan
frêhtoton gehennam . foris corpus . intus anima. *Et sicut oleum*

in ossibus eius. Vnde also oleum cham er in sîniu bêin . uuanda

imo lussam uuas ubelo ze tuonne . also manne ist oleum ze slîn-

denne. *Fiat ei sicut uestimentum quo operietur . et sicut zona* 19

qua semper pręcingitur. Sîd în is lúste . so uuerde er îmo also diû

uuât . diû in décchet. Diû skînet an îmo . sô skîne imo ana der

fluôh. Vnde also în der gúrtel mit demo er sih iêo gúrtet má- S817
kâriuuin ze uuerche ubilo ze tuônne
chot paratum ad opus . so gáreuue în der fluôh ad malefaci-
ze ubele
endum. Nah dîsen uuorten . séhen uuir iêo iudeos ad malum
halden
pronos. *Hoc opus eorum qui detrahunt mihi apud dominum . et qui locun-* 20
irrâro
tur mala aduersus animam meam. Diz uuerch ist hereticorum sa-
ébe<n>maht
moso iudeorum . die mih lúzzent uuider Got . unde mir ęquali-
minis fater
tatem patris fersâgent . unde die ubel chôsont uuíder mir. *Et tu* 21

8(r; r *auf dem Rand noch erkennbar)* NVNQVID *auf Ras.* 13 în[1]: *Akut sehr dünn*

3 fellinto 7 *der-dir *(?)* 21 kâriuuin: a *aus* e *verb.* 22 ubele: *danach* halden *durch Unterstreichung getilgt*

R414

domine domine fac mecum propter nomen tuum. Vnde du hêrro fáter
mîn uuúrche sáment mir . hilf mines uuérches . umbe dînen ná-
men . nals umbe ménniscen frêhte. *Quia suauis est misericordia tua.*
Vuanda din genâda suôzze ist . diê du fergébeno skêinest. *Libe-* P473
ra me °*quia egenus et pauper ego sum.* Lôse mih . uuanda ih túr- 22
lîchamin
ftig unde arm bin . carnis hálb pin ih arm . unde helfo dúrftîg. S818
Et cor meum conturbatum est intra me. Vnde min hérza ist truô-
unfro ist min sêla unz an den tod
be in mir . TRISTIS EST ANIMA MEA VSQVE AD MORTEM.
Sicut umbra cum declinat ablatus sum. Ih pin ába genómen . ál- 23
so scáto sô ér sîget. Hórsco uuénchet der scáto . hórsco genîmet
mih der tôd. *Excussus sum sicut locusta.* Bîn irscrécchet in má-
toscrecches uuîs. Fóne nazareth in capharneum . dánnan in beth-
unde fone burch ze burch
saidam . dannan in ierusalem . et de ciuitate in ciuitatem. Ziu? ane
mîne
frîstendo iro meîn. *Genua mea infirmata sunt a ieiunio.* Mem- 24
lide starche
bra mea fortia uuúrden siêh fóne dárbûn. Sô mîn diê fermís-
an tôde prôt iro fuoro
son in morte . dien ih uuas panis sustentationis . so uuíchen siê .
ze ferloûgenne
dannan gescáh Petro christum negare. *Et caro mea inmutata est*
propter oleum. Áber sar uuard keuuéhsalot min fleîsg . fóne un- S819
kenada des keistis
baldi . ze baldi . umbe gratiam spiritus sancti.diû în ne-châme.ube ih ábuuer-
tig ne-uuurde. *Et ego factus sum opprobrium illis.* Áber iudeis 25
uuard ih ze iteuuîzze hángêndo in cruce. *Viderunt me et mo-*
uerunt capita sua. Siê sâhen mih ána . unde uuégeton iro hoû-
hangenten nals irstântin mîniu
bet. Pendentem sâhen sie mih . non resurgentem. Siê gesâhen ge-
lîde uueîchiu nals fleisc keuuéchselot
nua infirmata . nals carnem inmutatam. *Adiuua me domine deus meus .* 26
saluum me fac propter misericordiam tuam. Nû hilf áber dû mir truh- P474
ten Got mîn . umbe dîna genâda . diê dû danches skeînest. Hilf

---

4,26 *dîa *Punkt fehlt* 16[3] 24[3]

23/24 *mîne lîde uueîche

mir . hilf diên mînen. *Et sciant quia manus tua hęc . et tu domine feci-* 27

sti eam. Vnde siê geeîscoen . daz din hant nals iro hant mih súslih
gestungit ze riûuuo
tuôt lîden . daz sie conpuncti uuerden ad pęnitentiam. Vnde dû
arm geuualt
tate die hant. Ih pîn dîn hant din brachium din potentia . mih S820
fone dauidis slahto lîchamin halp
tate du ex semine dauid secundum carnem. Ih uuas âber sáment dir
noh iêo Gote-heite halb
in principio secundum diuinitatem. *Maledicent illi et tu benedices.* 28

Siê chédent mir ubelo . du chîst mir uuola. Ist úppig . daz siê ché-

dent . aber dû tuôst daz du chîst. *Qui insurgunt in me confun-*
irhôit
dantur. Diê min âhtent . die scámeen sih dánne . so ih exaltatus
ubir himila guollichi ubir erda
uuerde super cęlos . unde mîn gloria skîne super terram. *Seruus*

autem tuus lętabitur. Aber dîn scálch fréuuet sih ze dinero
under
zéseuuun . fréuuet sih oûh an sînen fróuuên lîden . hiêr inter
chorungon in gedingi dara nah iêmer
temptationes in spe . post temptationes in ęternum. *Induantur* 29

pudore qui detrahunt mihi . et operiantur sicut diploide confusio-

ne sua. Scáma úmbefâhe . diê mir argchôsoien . bedéchet uuer-
zeuuiualtin lâchene înuuert ioh ûz-uuert
den sie mîte . sámoso mit duplici pallio . daz sie intus et foris sîn
scâmig fore Gote ioh fore liûtin
confusi . daz chit coram deo et coram hominibus. *Confitebor domino* 30

nimis in ore meo . et in medio multorum laudabo eum. Góte iîho S821
in munde dero christanheite.in dero
ih . Got lóbon ih filo in minemo munde . in ore ęcclesię męę . in cor-
herzon manigi
dibus multorum lóbon ih în. *Qui astitit a dextris pauperis . ut* 31 P475

saluam faceret a persequentibus animam meam. Der ze zéseuuun

mîn armes stuônt . daz er mîna sêla genériti fóre âhtaren. Dia-
iude ze zeseuuun rihtuôm
bolus stuont a dextris iudę . der diuitiis uuolta geuuúnnen mit
ferchouftemo Got ze zeseuun des armin Got
uendito CHRISTO . hiêr ist aber dominus ad dexteram pauperis . daz selber dominus
richtuoma fone âhtinten
sîne diuitię sîn . unde sin sêla gehalten si a persequentibus. Daz ke-
âhtinten gefolgen
liêz er ouh martyribus . die persequentibus ne-uuolton consentire

---

4 *dia 19 ih[2] *!* meę: *ę aus o rad. und verb.* 24(r) istaber: *zwischen* t *und* a *akutartiger Trennungsstrich* aber *bis* dexteram *auf Ras.* *Punkt fehlt* 20[2] *Punkt steht nach* 25 sêla

R416
ze úbele zeseuuunhalb
ad malum . uuanda in Gót uuás a dextris.

PSALMVS DAVID. 1 S882

D*IXIT DOMINVS DOMINO MEO . SEDE A DE-*
xtris meis. DAVID propheta sprîchet hiêr.
Mînemo hêrren CHRISTO . chad mîn hêrro sîn
fâter zûo . sîzze ze mînero zéseuuun. Vuar
gehôrta daz dauid? In spiritu. Vues spiritu? Dei. In sinero înuuertigun
lêro geeîscota er iz. Spiritus ueeîz alliu archana dei . sîn sint uoces S823
omnium prophetarum. CHRISTVS ist dominus dauid secundum diuinitatem . er ist
ouh filius dauid secundum carnem. Noh zuêne domini ne-sint in patre
et filio . so uuieo iz chéde DOMINVS DOMINO . núbe ein deus. In humanis
rebus mag oûh priuatus filium regem habere dominum . unde filius fa-
ctus episcopus mag heîzen pater patris. Sîd aber pater unde fili-
us eîn sint . uuiêo gebôt danne pater filio sus . SEDE A DEXTRIS P476
MEIS? âne umbe die assumptam humanitatem . an dêro filius mî-
nor ist patre. Vuaz chad er? Sede a dextris meis . *donec ponam in-*
imicos tuos scabellum pedum tuorum . i . sub pedibus tuis. Sîzze
nében mir . unz ih dîne fienda under tuôie dinen fuôzen. Ne-sINT
imo alle gentes nu úndertân . die êr uuâren inimici? Also iz án-
deresuuar chît. DABO TIBI GENTES HEREDITATEM TVAM
ET POSSESSIONEM TVAM TERMINOS TERRĘ. So gerno
so úngerno . alle sînt sie under sinen fuôzen. Sâlige die gérno . uuê-
nege die ungerno. *Virgam uirtutis tuę emittet dominus ex syon.* 2
Vzer syon lâzet Got diê gerta dînero chrefte. Also iz chît. DE SY-
ON EXIBIT LEX ET VERBVM DOMINI DE IERVSALEM.
Ze ierusalem fâhet ána regnum potentię tuę . dannan gât iz ad fi-

---

2 ISALMVS: I *aus* P *rad.* *(!)*   15 *dia   24 *dîa

1 zeseuuunhalb: b *aus* p *verb.*

R417

nes terrę. *Dominare in medio inimicorum tuorum.* Vuis keuuáltîg S824
under mîtten dînen fîenden . in medio paganorum . iudeorum . he-
reticorum . fratrum falsorum. *Tecum principium in die uirtutis* 3
tuę. Vuer sprichet nû? Pater ad filium. Vuaz chît? Ih pin sáment
dir. Bîn daz dû bîst. Principium bin ih . daz pist ouh dû . ungescêi-
den bin uuir . bediu ne-sint duo principia . nube êin principium.
IN PRINCIPIO ERAT VERBVM. Iêo uuas daz noh ist. Vuaz?
In patre principio . uerbum principium. *In die uirtutis tuę*. Daz
skînet an démo tâge dînero chréfte. Vuemo? Omnibus sanctis . quia
iam similes tibi facti uidebunt te sicuti es. Diê uirtutem gîbest
dû . dâr hábest du sîa. Dîu inphallet impiis . uuanda siê gloriam dei
ne-gesêhent. *In splendoribus sanctorum.* Sô splendor sanctorum chúmet . der
an‿dîu ist . daz sie conformes uuerden imagini dei . danne skînit
tecum principium. *Ex utero ante luciferum genui te.* Ante sy-
dera . ante tempora . ex secreto substantię meę . genui te. Vuiêo P477 S825
áber in tempore? Ne-uuas ouh daz ante luciferum? Noctu enim
natus est dominus ex utero uirginis MARIĘ. Vuer uueiz daz? PASTO-
RES OBSERVANTES VIGILIAS NOCTIS SVPER GREGE
SVO . MISSI AB ANGELO VIDERE HOC VERBVM. *Iurauit* 4
dominus et non pęnitebit eum. Dir gesuuôr Got . unde daz ne-geriúuuet
în. Vuaz uuas der eîd? *Tu es sacerdos in ęternum.* Dara zuo bist
du gebórn in tempore . daz dû sacerdos sist in êuua . unde dih
uictimam patri bringest umbe genus humanum. *Secundum*
ordinem melchisedec. Nals nâh aaron sacerdote des uictime ze- S826
gangen sint . nube nâh démo sacerdote . der panem et uinum ophe-
rota . dar corporis et sanguinis tui sacramenta bezeichenet sint.

10(r) est: t (*aus Ligatur* st) *rad., auf Ras. Punkt geschr.* *Dîa
11(r) Dîu: u *aus* a *rad. und verb.* 21 Dâra: *Zkfl. durch kleinen Strich darüber und darunter getilgt* 23(r) bringest: ringest *auf Ras.* 26 *dar ... mite *(?)*

R418
Sólih sacerdotium ist dir gesuóren . unde bediû ist dir iz éuuîg.
Vuiêo suéret Got? âne testando se ipsum. Vuieo aber mennisco? â-
ne testando deum . idest deum testem adhibendo. Got ne-mag suéren
daz în sûle riûuuen . uuanda iz iêo uuâr ist . aber mennisco mag
suéren daz în sól riûuuen . uuanda iz uuîlon falsum ist . bedîu ne-
uuile Got den ménniscon suéren . den er uueîz sih múgen fersué-
ren. Nû sprichet aber dauid ad patrem. *Dominus a dextris tuis confrin-* 5
get in die irę suę reges. Truhten ze dînero zéseuuun . ze démo
du châde . TV ES SACERDOS IN ĘTERNVM . der gebróchot S827
chúninga in demo zîte sînes zornes. Diê sih êinoton delere Christi-
anum nomen de terra . die superbe châden . QVIS EST CHRISTVS?
nescio quis iudeus . nescio quis galileus . sic occisus . sic mortuus .
diên uuirt er lapis offensionis . uuanda sie sih an imo so mortu-
o so humiliter iacente . ferspurnent unde ferstôzzent . unde
an îmo genûen uuérdent . unde sînes zórnes so inphîndent. Daz
keskiêhet în hiêr in occulto álso nonus psalmus ist inscriptus P478
pro occultis filii. Vuaz in futuro? Daz héuigora ist. Vuaz? SVPER
QVEM VERO CECIDERIT CONTERET EVM. Den er óbenan
âna fállet . den ferchenistet er . den fermúlet ér. Éner mag kené-
sen . dîser ist ferlóren . éner ferchôs in humilem in terra . dîser su-
blimem in cęlis. *Iudicabit in nationibus.* Er irteîlet in diêten . nû 6
occulte . in fine sęculi manifeste. *Implebit ruinas.* Kefelle rîhtet
er ûf. Vuóla fallent diê . diê sih so fóre îmo diêmuôtent . daz S828
er sie ûf rîhtet . unde îro gruôba irfûllet . also gescriben ist .
OMNIS VALLIS IMPLEBITVR . unde ubelo fállent
die . fone diên iz chît . DESTRVE ILLOS ET NON ĘDIFI-

---

3 idēst: *Suspensionsstrich rad.* 9 gebróchot: *über* c *kurzer akutartiger Strich* 10 demo zîte sînes] demo dû châde (*vgl. Z. 9,* du châde, *nach* démo, *Z. 8*) 14(r) ferstôz zent: oz *auf Ras., danach über Zwischenraum der ursprüngl. Zkfl. noch erhalten* 20 dîser[1]: r *aus* n *rad. und verb.*

R419

CABIS EOS. *Conquassabit capita in terra multorum.* Hiêr in prȩsen-
ti uita . geûnotôt er mánigero houbet . uuanda er sie tuôt de su-
perbis humiles. *De torrente in uia bibit.* Dero chlîngun getranch 7
er an démo uuége. Dîrro ferlôufentun mortalitatis gechóreta
er . uuanda er uuolta uns kelîcho nasci et mori. *Propterea exal-
tauit caput.* Fóne diu uuard er exaltatus a morte. Daz kescáh
îmo an démo uuége . an démo er stân ne-tuálta . also iz chît . IN
VIA PECCATORVM NON STETIT. Nube uuieo? EXVLTAVIT
VT GYGAS AD CVRRENDAM VIAM. *ALLELVIA* 1

*D*iser psalmus ouget lȩtitiam populi dei . umbe die gaudia . die er îmo
uueîz futura in alio sȩculo. Fone diû stât hiêr alleluia . die uuir S829
ze ôstron sîngên per quinquaginta dies . uuanda sie bezêiche-
nent futura gaudia . also ouh quadragesima bezeichenet e- P479
rumnosos dies huius sȩculi.

CONFITEBOR TIBI DOMINE IN TOTO CORDE
meo. Dir trúhten danchon ih in allemo mîne-
mo hérzen. *In consilio iustorum et congregatione.*
An démo râte déro réhton . unde in îro gesémine.
Consilium iustorum ist iudicare cum deo. Vuanne uuirt daz? So
alle rehte sih kesáminont ad dexteram CHRISTI. Dâr tuôen uuir dîr
laudem in toto corde. *Magna opera domini . exquisita in omnes uolun-* 2
tates eius. Máhtîg sint Gotes uuerch . iruuélitiû sint sîniû uuérch
in allen sînen uuillon . uuanda nehêiniû diên gelîh ne-sînt .
diû er uuîle. *Confessio et magnificentia opus eius.* Keiîht unde 3
tuômheit ist sîn uuérch. Er tuôt peccatorem in pȩnitentia con-
fiteri et iustificari . also publicano gescah . den phariseus fersáh.

1(r)   7(r) an *bis* uuége *auf Ras.*   8(r) EXVLTAVIT: T^1 *auf Ras.*
9 VIĀ.M.   10 Diser: *rotes* D *nicht eingetr., kleiner Kreis auf dem rechten Rand* *diû *(zweimal)*   11 *dîa   19 iustorum: über u^2 m-*Strich rad.*
20 sih: h *aus langem* s *rad. und verb.*

R420
Iustitia eius manet in sęculum sęculi. Sîn reht uuéret iêmer . ioh án‿ge- S830
háltenên . ioh an ungehaltenên. *Memoriam fecit mirabilium su-* 4
orum . miserator et misericors dominus. Kehúht sînero uuúndero té-
ta der genâdigo unde der ármherzo trúhtin. An uuiu? *Escam* 5
dedit timentibus se. Kab fuôra diên sih furhtenten. Er gab escam
quę non corrumpitur . panem qui de cęlo descendit. *Memor*
erit in sęculum testamenti sui. Fúrder gehúget er sînes erbes .
uuanda er îmo pignus kegében habet . panem de cęlo . uerbum
caro factum. *Virtutem operum suorum adnuntiabit populo suo.* 6
Er skêinet sinemo liûte uuaz er getuon mag . uuieo diû sint deo
facilia . diu hominibus sint difficilia. An uuiû skêinet er iz? *Vt* 7
det illis hereditatem gentium. Daz er în gebe erbe déro diêto. Vué-
lichen? Diên . die ze imo châden. ECCE NOS RELIQVIMVS OMNIA
ET SECVTI SVMVS TE . QVID ERGO ERIT NOBIS? Siê sén- P480
det er ûz . unde tuot sie lucrari omnes gentes. *Opera manuum*
eius ueritas et iudicium. Vuârheît unde irtêileda sint sîn hánt- S831
uuerch. Veritas kibet lôn fidelibus . iudicium pęnas impiis.
Martyres unde alle fideles standen in ueritate . er brînget sie ad
iudicandum . niêht eîn dîe . a quibus iudicati sunt . núbe ioh an-
gelos. *Fidelia omnia mandata eius . confirmata in sęculum sęculi . facta* 8
in ueritate et ęquitate. Sîniu gebót ne-triêgent . siu sint iêmer
feste . siu sint in‿uuarhêite getân . unde in‿rehte . ze déro uuîs
úbe man hiêr ne-fliêhet laborem . daz man dóret findet requi-
em. *Redemptionem misit populo suo.* An CHRISTO santa er lôsunga sî- 9
nemo liûte . a captiuitate peregrinationis huius. *Mandauit in*
ęternum testamentum suum. Niúuua beneîmeda befál er uns

---

3 uuúndero: u^3 *aus* o *rad. und verb.* 11 difficilia: li *aus* a *rad. und verb.* 16(r; r *auf dem Rand noch erkennbar)* irtêileda: a *aus* e *rad. und verb.* 26 *befâl(c)h

R421

daz uuir carnaliter ne-denchen terram lacte et melle manan-
tem . nube regnum cęlorum unde uuir hiêr séti ne-suochen . nube
dára spáreen. *Sanctum et terribile nomen eius.* Sîn námo ist hêilig S832
in humanitate . prútelîh in deitate. *Initium sapientię timor domini.* 10
Ze Gótes forhtun fáhet uuîsheît ána . uuanda er ist timere gehen-
nam . danne sperare cęlum . êr sint donanda delicta . danne pręmia
sin flagitanda. *Intellectus bonus omnibus facientibus eum.* Kuot
ist intellectus diên . diê în skêinent . intellegere et non facere ist
periculosum. *Laudatio eius manet in sęculum sęculi.* Iêmer uuéret sîn
lob . uues? ane des skînhaften intellectus. *ALLELVIA CONVER-* 1
SIONIS AGGEI ET ZACHARIAE. **D**îse zuêne prophetę chêr- P481
ton iro muôt ad spiritalem intellectum . do sie iruuúndene fó- S833
ne babylonia renouationem templi gesahen . uuanda sie bezêi-
chenet reparationem noui populi . diû an CHRISTO ist. Fone dîu ist diser
psalmus alleluia dero sanctę conuersionis . dîa dauid in sînen zîten
sang . ante quatuordecim generationes.

B*EATVS VIR QVI TIMET DOMINVM.* Sâlig mán
ist . der Got fúrhtet. *In mandatis eius uolet nimis.*
Vnde in sinen gebóten hárto uuîllig ist . so . daz
er sie gerno uuéret. *Potens in terra erit semen eius.* 2
Sîn sâmo idest bonum opus . kemág fîlo in terra
beatorum. Diû erda uuard ke-lâzzen zacheo . um-
be dimidium substantię . unde uiduę . umbe duo minuta . unde
pauperi . umbe calicem aquę frigidę. So mahtig ist semen bonorum
operum. *Generatio rectorum benedicetur.* Déro rehton gebúrt uuirt
ze guôte genámot. Daz îro semen ist . daz ist îro generatio . dero

---

1 daz: ż *aus* h *verb.*   3(r) dára *auf Ras*   11 Dîse: D *nur vorgeritzt, nicht rot nachgezogen*   16(r) sang . *auf Ras.*   17 DN̄M: *unter* D *kleines Loch im Pgm.*   20(r) sie: ie *aus* o *rad. und verb.;* *siu   21 bonum *!*

R422

folget sâlda . daz ist benedictio. Sâlda gâben alte liûte iro chîn-
den . daz hiêz benedicere. *Gloria et diuitię in domo eius.* Kuôlli- 3
chi unde rihtuom . sint in des herzen qui timet dominum. Dâr ist spes S834
uitę ęternę . dâr hábet er genuôge . uuanda sîn spes uuirt beuuén-
det in rem. *Et iustitia eius manet in sęculum sęculi.* Fóne diû ist
er rîche . uuanda sin reht uuéret iêmer. Temporaliter téta er iz .
ęternaliter hábet er îz. Vuannan ist daz chomen? *Exortum est* 4
in tenebris lumen rectis corde . misericors et miserator et iustvs
dominus. Vuanda liêht irrúnnen ist in͜ fînstri . réhthérzên. Vuélez
ist daz? Truhten der reht ist úbelen . genâdig kuôten. Zîu écchert
Er cham an daz sin diê
réhtherzen? Vuanda gescriben ist. IN PROPRIA VENIT . ET
sîne ne-înnoton in die in aber
SVI EVM NON RECEPERVNT . QVOTQVOT AVTEM RECE- P482
inphiêngen dien gab er geuualt siniu chint
PERVNT EVM . DEDIT EIS POTESTATEM FILIOS DEI
uuésin
FIERI. *Iocundus homo qui miseretur et commodat.* Vuúnne- 5
sam mennisco der andermo genâdet . unde intliêhet. Alde iz
chît . der andermo ignoscendo fergibet . unde gibet. Nah diû
fergebent so uuirt iû fergébin
so gescriben ist. DIMITTITE ET DIMITTETVR VOBIS .
kebent so gibit͜ man ouch iû
DATE ET DABITVR VOBIS. Vuanda genadig ist dero S835
iêgelih . der andermo gibet . alde fergîbet . alde intliêhet. Der
lob
sih réchen uuîle . der fórderot gloriam. Vuanda aber gescrîben
pézzer ist der sin zorn fertrêit danne der eîna
ist . MELIOR EST QVI VINCIT IRAM . QVAM QVI EXPV-
burgh irfihtit unlobesam pelazzendo
GNAT CIVITATEM . bediu ne-ist der inglorius . der ignoscen-
sigenunftare rihtuôm der
do bezzero triumphator uuirt. So fórderot ouh diuitias . qui
dien armen knôte ist
non uult dare pauperibus. Aber ne-ist er arm gébendo . uuan-
da himilisker trîso ist quîssisto. *Disponet sermones suos in iudi-*
an demo suôno tage
cio. Sîniu uuort ordinot er in die iudicii . dâr áller der eîdstab

1(r) benedictio: b *auf Ras.* 5(r) iustitia: t[2] *auf Ras.* 8(r) iustvs: v *aus* o *rad. und verb.* 17 DIMITTITE: *unter* D *kleines Loch im Pgm.*
22 ist *!* 25(r) himilisker: lis *auf Ras.* *k(e)uuîssisto
26 eîdstab: e *aus* i *verb.*

18 man: *danach* uuirt iu *durch Unterstreichung getilgt (vgl. Z. 17)*
21 der[2]] der er *(*der-der?)* 24 knôte ist] kuôte ist [*kuôte n(e)ist?]

R423

elimuosina hêrro funf
ist umbe opera misericordię. Er findet iro sus kuôten ordinem. DOMINE QVIN-
phunt gabe du mir funfiû
QVE TALENTA TRADIDISTI MIHI . ECCE ALIA QVINQVE
geuuan ih in gesuoch ge-anseîdot
SVPERLVCRATVS SVM. Mit diên uuirt er defensus . also dâr

âna skînet. *Quia in ęternum non commouebitur.* Vuanda er fúr- 6

der fone Gotes zêseuuun keskeîden ne-uuirt. *In memoria ęter-* 7

na erit iustus. In êuuîgero gehúhte uuîset der rêhto . diû uuirt
ih ne-uueiz uuer ir birint
impiis ferságet an dien uuorten . NON NOVI VOS. *Ab auditi-* S836

one mala non timebit. Er ne-fúrhtet daz diê úbelen gehôren
farint in êuuig fiûr daz demo tiefe-
súln . ITE IN IGNEM AETERNVM QVI PARATVS EST DIA-
le caro ist unde sînin bôton
BOLO ET ANGELIS EIVS. *Paratum cor eius sperare in domino.* Daz P483

ist fône diû . daz sin herza gáro ist ze gedingenne an Gót . unde

an îmo alle temptationes ze uberuuîndenne. *Confirmatum est* 8

cor eius. Sîn herza ist keféstenot uuîder diên . diê îmo dâr um-

be sint insultantes . quia sperat quod non uidet. *Non commoue-*

bitur . donec uideat super inimicos eius. So ist er geféstenot daz

er âba déro spe ne-chumet . êr er daz kesêhe sursum . daz sîne

fîenda uuéllen gesêhen deorsum. Siê in terra . unde er in cęlo.

Dispersit dedit pauperibus. Fone diû spéndota er sin guôt . kab iz ar- 9

men. *Iustitia eius manet in sęculum sęculi.* Daz sîn reht uuéret iêmer .

uuanda imo iz der hábet kehalten in cęlo . der in pauperibus

uuolta esurire et sitire in terra. *Cornu eius exaltabitur in gloria.* Sîn

horn uuirt kuollicho irhôhet . uuanda er máhtîg uuirt fóre

Góte. *Peccator uidebit et irascetur.* Daz kesiêhet der súndigo . 10 S837

unde bilget sih ze îmo selbemo sera pęnitentia. *Dentibus suis*

fremet et tabescet. Mit zánen griscramot er unde suîndet . uuán-

da er dára geuuórfen ist . dar fletus ist et stridor dentium. Îmo

---

18 *nach* Fone *und* diû *akutartiger Trennungsstrich auf Zeilenhöhe*
Punkt fehlt 15[1]

3 *geântsêidot

R424

ne-gesciêhet niêht frondere et reuirescere . sô iz fuôre . ube er o-
portuno tempore pęnitentiam tâte. Zîu so? *Desiderium peccato-*
rum peribit. Er hábet iz dára gespáret . dar dero sundigon gîre-
da ze-gât. *ALLELVIA.* 1
L*AVDATE PVERI DOMINVM . LAVDATE NO-*
men domini. Lóbont chint trúhtenen . lóbont trúhte-
nes námen. Mánnolih sî puer . sî diêmuôte . unde P484
lôboe Got . nals sih selben. Vuîle er puer sîn . sô mag
er fárin durh diê éngi . sô mag er chomen ze himele . uuanda S838
enge ist diû porta . diû dara leîtet. *Sit nomen domini benedictum .* 2
ex hoc nunc et usque in sęculum. Kelóbot sî trúhtenes námo . fóne nû
unz in êuua . daz chit . ioh nu . ioh iêmer. *A solis ortu usque ad oc-* 3
casum . laudabile nomen domini. Állên sizzenten fone ortu ze oc-
casu . dára sancta ęcclesia férrost kereîchet . sî lóbelih sîn námo. *Excel-* 4
sus super omnes gentes dominus. Trúhten ist hóher uber álle diête.
Diête sint mennisken . uuer ne-uueîz daz er hôhera ist dánne
sie? *Super cęlos gloria eius.* Sîn guôllichi ist ouh uber hîmela. Hu-
miles sint sîne himela . an diên er ist . die uuîzzen în óbe în. *Quis* 5
sicut dominus deus noster.qui in altis habitat.°et humilia respicit? Vuer ist 6
so unser Got? der hoho sîzzet . unde nîderiu siêhet. Der ûffen hô-
hen hîmelen sizzet . ziu ne-sol der nideriu sêhen in erdo? Iz chit S839
aber . et humilia respicit . *in cęlo et in terra.* An sînen sanctis die in
carne constituti in cęlo conuersantur . hábet er cęlum et ter-
ram. Sid sie beîdiu sint . ioh himil ioh erda . unde humiles sint . pe
diu siêhet er humilia in cęlo et in terra. Siê sint cęlum . quoniam quę
sursum sunt sapiunt . sie sint terra . quoniam nondum sunt soluti car-

---

1 frendere 7(r) Mánnolih: h *aus langem s rad. und verb.* 9 *dia
13 sizzentem 26 *nach* soluti *akutartiger Trennungsstrich auf Zeilenhöhe*
Punkt fehlt 10[3] 22[2]

R425

nis uinculo. Vuanda ouh sanctorum súmeliche hîna sint . sumeliche
hiêr sint . bedîu siêhet er humilia in cęlo et in terra. *Qui erigit* 7
a terra inopem . et de stercore exaltat pauperem. Der fóne érdo
ûf rîhtet den hélfelôsen . unde fone mîste héu[u]et dén armen.
Der in terrenis cogitationibus . unde in carnis uoluptatibus lêbe-
ta . den chîcchet er . unde zúcchet in ûf ad uirtutes . ioh sô hôho. P485
Vt collocet eum cum principibus. Daz ér în gesézze sáment diên 8
fúrsten. Vuelen fursten? *Cum principibus populi sui.* Sament diên
fursten sines liûtes . apostolis et prophetis. So er Paulum tet. den
er ex persecutore apostolum uuerden hiêz. *Qui habitare facit ste-* 9
rilem in domo . matrem filiorum lętantem. Der diê úmbirigun . al-
so diu ęcclesia uuás êr iro sponsus châme . nu tuôt sizzen in sîne-
mo hûs . fróuua muoter mánigero chîndo. *ALLELVIA.* 1 S840
IN EXITV ISRAHEL DE EGYPTO . DOMVS IACOB
de populo barbaro . °facta est iudea sanctificatio eius . israhel 2
potestas eius. Dô israhel fuôr ûzer egypto . unde iácobis slá-
hta fone frémedemo liûte . dô uuard ketân heîlig iudea .
unde israhel uuard sîn geuualt. Vués? âne Gótes . der is alles uuál-
tet? Tenebras fliêndo . diabolum fliehendo . chómen oûh uuir
in sîna geuuált . uuanda iz uns ze exemplo ge-scriben ist . unde
danne gibet er uns keuualt filios dei fieri. *Mare uidit et fugit.* 3
Iordanis conuersus est retrorsum. Daz mére flôh . dô iz dîe fart
kesáh. Sęculares unde alle inimici CHRISTI hábent nu gerûmet christi-
anis . daz sie uuîten uueg ze imo eîgin. Iordanis uuîderchêrta
sih. Alle sundige unde in dîrro mortalitate ferrînnente gesêheNT
unsera exitum ex egypto . unde irchóment sih is . unde gelîr-

---

9 Paulum: *davor P rad. wegen Falz im Pgm. nach Ras.* 11 *dia 17(r) frêmedemo: e^3 *aus* o *rad. und verb.* 22 *dia 25(r) gesêhent: ehe *auf Ras.*, ê *aus* i *rad. und verb.* 26 exitum: itum *auf Ras. von* ęgypto, *danach* to *noch sichtbar, unter* i *Schwänzchen noch erkennbar* ex ęgypto: *dazwischen Punkt auf Zeilenhöhe* *Punkt fehlt* 3^1 11^1 11^3 13^1 17^2

R426
nent sih uuidere chêren ze CHRISTO . fóne démo sie geuuéndet P486
uuaren. *Montes exultauerunt ut arietes . et colles sicut agni* 4
ouium. Apostoli fréuton sih unserro férte . uuanda sîe ductores S841
uuâren also arietes . unde îro posteriores fone diên gescrîben
ist . AFFERTE DOMINO FILIOS ARIETVM . die fréuton sih
also lémber. *Quid est tibi mare quod fugisti? et tu iordanis quia* 5
conuersus es retrorsum? Vuaz ist dir sęculum . daz du fluôhe .
unde dir auersę . daz du dih pechêret habest? âne daz ir nô-
te uuîchent . unde iûh îmo nôte irgébent. *Montes exultastis* 6
sicut arietes . et colles sicut agni ouium? Vuaz fréuuent ir iûh
montes also arietes? unde ir colles also agni? Ane daz er gehô-
ren súlnt. EVGE BONE SERVE . QVIA SVPER PAV-
CA FVISTI FIDELIS . SVPER MVLTA TE CONSTI-
TVAM. Alde fréuuent ir iûh daz iz sus keuáren ist . sô há-
ra nâh stât. *A facie domini mota est terra . a facie dei iacob.* Fóne 7
trúhtenis kágenuuerti . der daz chad . ECCE EGO VOBIS-
CVM SVM VSQVE AD CONSVMMATIONEM SĘCVLI . ist diû
erda iruuéget. Si uuas male pigra . nu ist si excitata . a facie
domini . daz si baz uuerde in ipso fundata. *Qui conuertit petram* 8
in stagna aquarum . et rupem in fontes aquarum. Der den steîn
bechêrta ze sêuuázzerin . unde diê fluôh ze sprîngenten
uuázzeren. Er ist petra . er duohta diên durus . diên er uuas S842
ignotus . Also sie châden . DVRVS EST HIC SERMO . QVIS
POTEST EVM AVDIRE? Aber nah sînero resurrectio-
ne do er uuas interpres scripturarum . incipiens a moyse per
omnes prophetas . unde în spiritum sanctum gab . dô intliêz ér sîh unde

---

7 fluôhe; *flûhe? 11 *ir 21 *dia 24 AVDIRE. *Punkt fehlt* 7^2

uuard în fons aquę salientis in uitam ęternam. Alde iudei uua-
ren petrę . unde er uueîhta sie . nah diên uuorten . POTENS
EST DEVS DE LAPIDIBVS ISTIS SVSCITARE FILIOS
ABRAHAE. *Non nobis domine non nobis . sed nomini tuo da gloriam.* 9(1) P487
Nals uns truhten . nals uns . nube dinemo namen gib dîa guôlli-
chi . daz uns aqua de petra cham . uuanda uuir ne-giêngen
dára nâh mit kuôten uuerchen . daz uuir iz doh-êinen dang
háben súlin. *Super misericordia tua et ueritate tua.* An dînero ge- 10(2)
nado stât iz . an dero dû iz ke-hiêzze . unde an dînero uuâr-
hêite an déro du iz uuéretost. *Nequando dicant gentes ubi* S843
est deus eorum? Gib dir selbemo die guôllichi daz gentes hû-
hondo ne-chédên . uuar ist îro Got? Lâz siê geêiscon daz dû
unser Got pist. *Deus autem noster in cęlo sursum.* Vbe sie bétont solem 11(3)
et lunam die siê geséhen mugen . aber unser Got ist hina ûfen
hîmele . dâr în oculi carnis keséhen ne-múgen. Er ist hôhor
danne doh-éiniu corpora cęlestia alde terrestria gerêichen.
Aber so ne-ist er dâr . daz în sîniu uuerch hîmil alde erda int-
habeen . nube sîn ęternitas inthábet în. *In cęlo et in terra om-*
nia quęcumque uoluit fecit. Al daz er uuolta . teta er in hîme-
le unde in érdo. In superioribus et inferioribus populi sui skeîn-
da er sîna genâda . ne quis de operum meritis glorietur. Dannan
uuizzen uuir în . dannan bechennen uuir în . nals fone ge-
sihte. *Simulacra gentium argentum et aurum . opera manuum ho-* 12(4)
minum . °os habent et non loquentur . oculos habent et non ui- 13(5)
debunt . °aures habent et non audient . nares habent et non 14(6) S844
odorabunt . °manus habent et non palpabunt . pedes habent 15(7)

---

11 *dia guôllichi daz: *dazwischen schadhafte Stelle im Pgm.* 13 sursum *schwarz* 14 *nach* lunam *ganz kleiner Strich (Ansatz zum Punkt ?)* 17(r)/18 in/thabeen: n[1] *aus* r *rad. und verb.* 18 In *bis* terra *schwarz* 20 *oben vor* superioribus *kleines Loch im Pgm.*

R428

et non ambulabunt. Aber gentium gelîhnisse . sîlberiniu . gúldi-
niu . menniscon hántuuerch . habent munt . unde ne-sprêchent .
hábent ougen . unde ne-gesêhent . ôren unde ne-gehôrent . násа
unde ne-stinchent . hende unde ne-grêiffont . fuôze unde ne-
gânt. *Non clamabunt in gutture suo.* In îro chélun ne-liûtent P488
siû . daz ioh tiêr mügen. Túmb mennisco . der siû bétot . umbe diê
gelîchi déro menniscon lîdo . so lang diê mûse unde diê spáren
dâr umbe ne-lâzent . sie ne-nîsten in în. Stoubent sie menniscen
uz . so stoubent sie diê forderoren . ûzer démo hînderoren . un-
de sîd siê diê forderoren ne-bétont . uuiêo die hînderôren? *Simi-* 16(8)
les illis fiant qui faciunt ea . et omnes qui confidunt in eis. Kelîh
uuerden in diê siû tuônt . unde alle die sih ze în fersêhent.
Iro muôt unde iro sînna sin also betân . unde also tôt . so dero
simulacrorum. *Domus israhel sperauit in domino . adiutor eorum et pro-* 17(9) S845
tector eorum est. Aber israhelis hîiske multitudo fidelium kedîn-
get an Got . unde dar umbe daz sie des ne-ir-driêzze . ist Got
îro helfâre . unde iro scérmâre. *Domus aaron sperauit in domino .* 18(10)
adiutor eorum et protector eorum est. Ioh der teîl dero spiritali-
um . diê andere lêrent . ist ouh des in spe daz er noh ne-hábet
in re . bedîu ist er ouh iro adiutor et protector. *Qui timent dominum* 19(11)
sperauerunt in domino . adiutor eorum et protector eorum est. Dîe Gót
furhtent . die dingent an în . bediu ist er iro adiutor et protector.
Dominus memor fuit nostri et benedixit nobis. Sînes tanches âne únse- 20(12)
re frêhte irhúgeta unser Got . unde gab uns ségen. *Benedixit*
domui israhel . benedixit domui aaron . °benedixit omnibus 21(13)
qui timent dominum pusillis cum maioribus. Ioh kedîngenten ioh

6 mennisco: *(langes)* sc *aus* o *rad. und verb.* *dîa 9 démo: *den *(so Y)* 10 forderoren *!* 16(r) des ne ir driêzze: (es´ne ir) *auf Ras., danach Ras.* 20 protector: *über* to *kleines Loch im Pgm.* 23/4 únsere: ún *teilweise verwischt* 24(r) unde: nde *auf Ras.* Punkt *fehlt* 2^4 14^2 17^3 25^1

R429

fúrhtenten . mêren unde minneren . gáb‿er sînen ségen. *Adiciat dominus* 22(14)
super uos . super uos et super filios uestros. Trûhten lége noh ze iû . ze iû . un-
de ze iúuueren chînden. Trúhten tuoe iûh uuáhsen . iûh docto-
res domus aaron . unde iûh auditores domus israhel . unz sancta ęc- P489
clesia per totum orbem uuerde diffusa. *Benedicti uos domino qui fe-* 23(15)
cit cęlum et terram .i. qui fecit nos. Ze‿guôte genámde sînt ir trú-
htene . der iúuuer súmeliche téta cęlum fone demo pluuia chú-
beregenot
met . unde ándere terram diû conpluta uuirdet. *Cęlum cęli domino .* S846 24(16)
terram autem dedit filiis hominum. Doctores doctorum liêz er îmo
lêrig
selbemo ze lêrenne . uuanda sie andermo docibiles ne-uuâren .
carnales diê terra hêizent gab er ze lêrenne filiis hominum .
îu cęlum uuordenen . daz diê nîderen fone diên óberen uuur-
genezzit
din irrigati. *Non mortui laudabunt te domine . neque omnes qui descen-* 25(17)
dunt in infernum. Cęlum unde terra lóboen dih . tôte ne-lóbont
dih . noh die ze héllo fárent. Vueliche sint daz? Âne dîe fone în
selben lében uuellen? *Sed nos qui uiuimus benedicimus domino .* 26(18)
ex hoc nunc et usque in sęculum. Aber uuír Gótes tanches lébente .
danchoen imo iêmer. *ALLELVIA.* 1

D*ILEXI QVONIAM EXAVDIET DOMINVS VOCEM*
orationis meę. Got minnota ih . uuanda er gehôr-
ta dîe stimma mines kebétes. *Quia inclinauit au-* 2
rem suam mihi. Vuanda er mir gehalta sin ôra. Vuan- S847
nan ueîz daz mennisco âne fóne spe? *Et in diebus meis inuo-*
cabo eum. Vnde in mînen tágen ána háro ih în. Daz sint dies
miserię męę . dies mortalitatis męę . die mir fone unge[r]horsami P490
geskehen sint. *Circumdederunt me dolores mortis . pericula in-* 3

5(r) 12(r) diên: d *aus* o *verb.*, i *aus* l *oder Ansatz von* b *rad. und verb.* 19(r) *nach* EXAVDIET *Ras.* 21 *dîa *Punkt fehlt* 2[1] 8[3]

R430

ferni inuenerunt me. An diên tâgen umbe fiêngen mih diû sêr
des tôdes . héllo‿ureîsun irfuôren mih. Vuâr irfuôren siê mih .
uuâr fúnden sie mih? Aberrantem a te. Sie fúnden mih . ih ne-
chonda sie finden . ih ne-chónda sie irchénnen. In prosperis sęculi .
an dien meîst sint pericula inferni . an diên hafteta ih . diu ne-liê-
zen mih sie uuîzen . bediu chlâgeta ih sîe dir. *Tribulationem et do-*
lorem inueni . et nomen domini inuocabo. Ih cham âber ze mir . un- 4
de behúgeta mih . unde fant an mir arbêite unde sêr . diû mir
únuuizzentemo ana uuâren . unde anahareta Gotes námen
uuanda ih do uuissa uuer ih uuas. *O domine libera animam meam.*
Vuola truhten chad ih . lôse mîna sêla. Des ist mánnolîchemo
durft . daz er île finden dia miseriam diû imo únuuîzzentemo
âna ist . unde er chéde . TRIBVLATIONEM ET DOLOREM IN- S848
VENI . DOMINE LIBERA ANIMAM MEAM . unde er chlâgoe daz
er nu dúrftig ist . írdîskero lábo . écchert ze dísses lîbes lézzi .
démo er irbóten uuard hímelskîu séti . ze éuuîges lîbes stâtigi.
Der daz uuile uuêinon . den getuôt sâligen . der unsih iêo uuolta
ne-uuesen uuênege. *Misericors dominus et iustus . et deus noster miseretur.* 5
Kenâdig hêrro . unde réhter . unde Got unser genâdet. Kenâdig
quia inclinauit aurem suam mihi . rehter . quia flagellat . âber ge-
nâdig . quia recipit. *Custodiens paruulos dominus.* Lúzzele behuo- 6
tenter hêrro . uuanda er sie tuôn uuîle grandes heredes. *Hu-*
miliatus sum . et saluauit me. Diemuôte uuard ih . pedîu hêil-
ta er mih. Sectionem uulneris leîd ih . daz diemuota mih . daz
ne-ist poenale . nube salubre. *Conuertere ergo anima mea in* 7
requiem tuam . quia dominus bene-fecit mihi . °quoniam exemit animam meam . P491 8

---

5 hafteta: f *aus* l *verb.* 10 ih[2]: h *aus* r *verb.* 13(r)/14 INVENIO: *zwischen* I *und* N *Ras.* 16 *ēr *Punkt fehlt* 2[3] 4[3] 6[1]

R431

de morte. Sêla mîniu uuirt pechêret in dîna râuua . habe gedîn-
gi *!* ze êuuigen râuuon . uuanda Got habet mir uuola getân . dâr S849
âna . daz er mîna sêla nam ûzer tôde . daz chît ûzer increduli-
tate. *Oculos meos a lacrimis . pedes meos a lapsu.* Nam mîniu oû-
gen fóne tránen . mîne fuôzze fóne slîpfe. Dâr daz êina ist . dar
ist daz ánder. Hiêr ist iz in spe . dóret ist iz in re. *Placebo domino in* 9
regione uiuorum. Hîna fûre ist iz . dar lîchen ih Góte . in dero
lébendon lánde. Dâr ne-sint lacrimę . dar ne-ist lapsus.

ALLELVIA. *sum.* 10

CREDIDI PROPTER QVOD LOCVTVS
Kenuôge sprechent ueritatem in lingua . falsitatem in
pectore . dien ist uuíderuuartig . der hier chît. Ih
keloûbta ueritatem in corde . fóne diû sprah ih sîa
in lingua. *Ego autem humiliatus sum nimis.* Aber ih uuard dannan
harto gediemuôtet . uuard harto gearbêitet . quia multi contra-
dicunt ueritati. Daz chédent martyres mit rehte . dero dîsiu
uox ist. *Ego dixi in excessu meo . omnis homo mendax.* Ih chad in 11
mînes muotes irchómeni . alle ménnisken sint lukke. Sint doh- S850
eîne non mendaces . daz sint sie quantum non sunt homines .
nube dii . et filii altissimi. Der ist homo . qui in se confidit . non
in deo. Der gesceînet daz er mendax ist . also Petrus teta in se
confidendo . et Christum negando. *Quid retribuam domino pro omnibus* 12 P491
quę retribuit mihi. Vuaz mag ih Góte tuôn . umbe al daz er
mir getan habet? Er lônota mir ubeles mit kuôte uuanda ih
meo peccato mendax . suo dono bin uerax . uuaz kibo ih imo dára
uuidere? *Calicem salutaris accipiam . et nomen domini inuocabo.* Trîn- 13

---

5 dar] daz *Punkt fehlt* 13 20[4]

R432

cho den calicem . den er tranch. Lîdo gerno umbe în . daz er um-
be mih lêid . unde ánaharo sînen námen . daz er mir dîa baldi gé-
be . uuanda iz ánderes sîn ne-mág. *Preciosa in conspectu domini mors* 15 S851
sanctorum eius. Fone diu ist tiûre in Gotes kesîhte . sînero heiligon tôd.
Mit sînemo tode choufta er sie . den lêid er umbe siê . daz ouh sîe
sih sin ne-irchamen umbe în. *O domine quia ego seruus tuus . ego ser-* 16
uus tuus et filius ancillę tuę. Iáh hêrro . hêrro fóne diû . uuanda
ih din scálh pin . dîn scalh pin ih . den du choûftost . umbe dînero
diûuue sún sanctę ęcclesię. Diê áber ûzzerunhalb iro martyres heîzen
uuellen . alde serui tui . so manige heretici tuônt . diê ne-sint fi-
lii ancillę tuę. *Disrupisti uincula mea . °tibi sacrificabo hostiam* 17
laudis. Mîniu bant ze-brâche dû . ane mîne frêhte . des ópheron
ih dir lóbofriscing. Ih uuas in hafte . dannan ûz nâme du mih
daz ih uuúrde seruus . et filius ancillę tuę. *Vota mea domino* 18
reddam in atriis domus domini . °in conspectu omnis populi eius . in medi- 19
o tui ierusalem. Mîna anthêizza aNTuuurto ih . in des Gótes hû-
ses hóuen . in sancta ęcclesia . fóre állemo sînemo liûte . der sîn hûs ist .
in mîttero ierusalem . diu pacem uuile non bellum. An dien exem- S852
plaribus augustini et cassiodori uuirt échert êinest fúnden .
uota mea domino reddam . unde êinest . et nomen domini inuoca-
LAVDATE DOMINVM bo. *°ALLELVIA* 1 P493
omnes gentes . laudate eum omnes populi. Lóbont trú-
htenen alle diête . lóbont în alle liûte. *Quoniam con-* 2
firmata est super nos misericordia eius . et ueritas domini ma-
net in ęternum. Vuanda an uns ist keféstenot sin genâda . er
ist hára chómen also er gehiez . unde sin uuârheit uuéret iêmer .

3, 12 *zu den fehlenden Versikeln 14:* uota mea domino reddam coram omni populo eius *und 17b:* et in nomine Domini inuocabo *(Vulg.) vgl. oben Z. 18-21 sowie die Einl. zum* Notker latinus *in Bd 8 A, § 7 a) 7* 5 sie] sia 16(r) *Mîne aNTuuurto: *Ligatur* NT *aus* n *verb.*

R433

ioh an diû . daz er piis kibet premia . ioh impiis pęnam. *ALLELVIA.* 1
C*ONFITEMINI DOMINO QVONIAM BONVS . QVONIAM IN*
sęculum misericordia eius. Iéhent des truhtene daz er guôt
ist . daz sin genâda iêmer ist. Solih confessio ist lau-
dis . nals pęnitentię. Ímo ist proprium daz er bonus S853
si . dannan chúmet daz er niêht ein mala pro malis
nube ouh bona pro malis retribuendo . iêmer genâdig ist. *Dicat* 2
nunc israhel quoniam bonus . quoniam in sęculum misericordia eius . Dicat nunc domvs 3
aaron . quoniam in sęculum misericordia eius. Dicant nunc qui timent dominum . quoniam 4
in sęculum misericordia eius. Nû chéden israhelitę daz sint minores . chéde
domus aaron daz sint maiores . chéden alle timentes deum . mino-
res cum maioribus . sin genada ist iêmer. *In tribulatione inuoca-* 5
ui dominum . et exaudiuit me in latitudine. In nôte unde in éngi há-
reta ih în ána . in uuîti dar sîn riche ist . dar terminus ne-îst . dâr
gehôrta er mih. In déro engi bin uuîr . in déro suln uuir umbe P494
daz háren . daz uuir gehôrte . dâr uz múgin fáren. *Dominus mihi* 6
adiutor . non timebo quid faciat mihi homo. Dominus mihi adiutor . 7
et ego despiciam inimicos meos. Truhten ist mîn helfâre . bediû S854
ne-ruôcho ih uuaz mir úbel ménnisco tuôe. Er ist mîn helfâre .
bediû fersiêho ih mîne fienda spiritales nequitias. *Bonum est con-* 8
fidere in domino . quam confidere in homine. Pézzera ist an Got ze
trûenne . danne an ménnisken. *Bonum est sperare in domino . quam spe-* 9
rare in principibus. Pézzera ist an Got ze gedîngenne danne an
diê fursten. Der namo mag ioh angelorum sîn . uuanda man lîset
an danihele . MICHAHEL PRINCEPS VESTER. So uuederer
mir hilfet homo alde angelus in caritate . mit des hénde hîlfet

---

1 AEVIA. *(wohl wegen Zeilenende Konsonanten ausgespart)* 16 *nach* dâr *Loch im Pgm.* 17(r) faciat: *über* at ur-*Strich rad.* 25 uuederer: d *aus* r *verb.,* er *am Schluß nachgetr.* *Punkt fehlt* 17^{3} 19^{2}

R434

mir Gót. Sîn ist diû helfa . an în gedîngo îh. *Omnes gentes circuie-* 10
runt me . et in nomine domini ultus sum in eos .i. in populos gentium.
Mih dînen liût . chit ęcclesia . umbehalboton alle diête . unde in dînen
námen ûberuuant ih siê. *Circumdantes circumdederunt me .* 11
et in nomine domini ultus sum eos. Mih selben . chit christus . umbehal-
boton iudei . unde ih ke-óberota sie in dînen námen. *Circumde-* 12
derunt me sicut apes fauum. Also bîne die uuábun umbehabe-
ton sie mih . uuanda mit déro passione getâten sie mih suôzze-
ren . allen daz mysterium minnonten. *Et exarserunt sicut ignis* S855
in spinis. Vnde in meo corpore inbrúnnen sie also fiûr in dór-
nen . uuanda carnis conpunctiones prándon sie incendio perse-
cutionis. Daz tâten gentes. *Et in nomini domini uindicaui in eis.* Vn-
de in Gótes námen rah ih iz an in . eînuueder so mit conuersi-
one poenitentię . alde mit futura ultione. *Inpulsus uersatus sum* 13
ut caderem. Ána gestôzzener uuard ih keuuérbet . daz ih fiêle. P495
Daz man dána uuile . ube iz fasto stât . daz uueget man . daz
uuerbet man . so tâten mir persecutores . so uuolton siê mih irfél-
len. Alde ana gestôzener . uuard ih keuuendet also man brôt
uuendet in hérde . daz chît . uuard ih áber ána gechêret . daz
ih ofto gestôzener fiêle. *Sed dominus suscepit me.* Aber Got under
fiêng mih . daz ih ne-fiêle. Ánderîu editio chît. TANQVAM CV-
MVLVS HARENĘ INPVLSVS SVM VT CADEREM. Also
der sánthûffo uuard ih kestôzen daz ih fiêle. Vuaz fállet liê-
htor? Aber Got ne-liêz mih fállen. *Fortitudo mea et laudatio* 14
mea dominus . et factus est mihi in salutem. Mîn stárchi unde mîn lôb ist
trûhten . unde ist mir ze heîli uuorden. Der fállet fóne stôzze S856

3(r) Mih: h *aus* r *rad. und verb.* indînen: nd *aus* m *rad. und verb.* 7 *dia 10(r; r *auf dem Rand noch erkennbar)* also fiûr *auf Ras., langes* s *aus* l *verb.* 11 cōnpunctiones 16 *nach* ube *Loch im Pgm.* 20(r) suscepit: *langes* s² *aus* c *rad. und verb.* *Punkt fehlt* 3¹ 3² 4² 5² *Punkt steht nach* 13 eînuueder

R435

der sin selbes starchi . unde sîn selbes lob uuile sîn. Vuanda áber
Got ne-fallet . pediû ne-fâllet der . der sih ze îmo hábet. *Vox lę-* 15
titię et salutis . in tabernaculis iustorum. Dâr ist stimma fréuui
unde hêili . dar dero rehton selda sint . nals meroris . so îro fien-
da uuândon. *Dextera domini fecit uirtutem . dextra domini exaltauit* 16
me. Gótes zeseuua máchota chraft an mir . Gótes zeseuua irhô-
hta mih. Sîn uirtus ist exaltare humilem . deificare mortalem . de sub-
iectione prestare gloriam . de passione uictoriam. *Non moriar sed ui-* 17
uam . et narrabo opera domini. Fone diu ne-irstirbo ih sin ęcclesia . nube ih
lêbo . unde zélo sîniu uuerch. Ziu uuolta er mih sólich lîden? *Emen-* 18
dans emendauit me dominus . et morti non tradidit me. Pézzeronde
pezzerota er mih . irsterben ne-lièz er mih. Vuára zûo bezzero-
ta er mih? Ane daz erbe ze besîzzenne . also der fáter den sun
fillet . den er ze demo erbe uuile. Vuar ist daz erbe? *Aperite mi-* 19
hi portas iustitię . ingressus in eas confitebor domino. Induônt mir. P496 S857
Vueliche? Vos apostoli qui claues regni cęlorum accepistis. Induont mir
die portas regni dei . ze diên iustitia lêitet . dar findo ih iz. Dâra
în gegángener . iiho ih Góte in laudibus . also iz chît. BEATI QVI
HABITANT IN DOMO TVA IN SĘCVLA SĘCVLORVM LAVDA-
BVNT TE. *Hę portę domini.* Truhtenes sint diê portę. Vuémo in- 20
dane? uueliche gânt dara în? *Iusti intrabunt in eam.* Rehte gânt
dára în. *Confitebor tibi domine . quoniam exaudisti me . et factus es mi-* 21
hi in salutem. Dâr iîho ih dir truhten . dar danchon ih dir daz
du mih kehôrtost . unde mir uuorden bist in hêili. *Lapidem quem* 22
reprobauerunt ędificantes . hic factus est in caput anguli. Der steîn
den iudei zimberonde ferchûren . der uuard ze hoûbete des

9(r) irstirbo: *Ligatur* st *aus (langen)* ss *rad. und verb.* 10 lîden. 13 mih. 15 eas: a *auf Ras. Punkt fehlt* 3[1]

R436
uuîncheles . daz chit ze houbetstêine. Der hoûbetstein . daz ist der
uuînchelestêin . der beîde uuende ze-sámene fuôget. Christus fuôgta
ze-sámene prȩputium et circumcisionem daz sie an imo eîn liut uuâ-
rin . eîn ȩcclesia. *A domino factum est istud.* Fóne Góte uuard daz. Fóne 23
iudeis uuard er ȩdificatus secundum carnem . fone Gote uuard er lapis
angularis . nals fone ȩdificantibus iudeis . uuanda sie ferchúren S858
în propter carnem. *Et est mirabile in oculis nostris.* Vnde in unseren
ougon ist iz uuunderlih. In oculis interioris hominis . in oculis
credentium . sperantium . diligentium. *Hic est dies quem fecit dominus.* 24
Der tag ist den Got téta . tag unserro hêili . an démo în Gót téta
in caput anguli. *Exultemus et iocundemur in ea.* An démo fré-
uuen unsih . an démo tâge sîn frô . unde uuúnnesam. *O domine saluum* 25
me fac . o domine bene prosperare. Ia du truhten tuô mih kehaltenen .
truhten uuola gespuôte mîna fart ze dir uuanda ih fone férremo P497
êllende iruuîndendo . fone dien scêido . qui oderunt pacem . mit dien ih chôsota
pacifice . unde aber sie mih gratis debellabant. *Benedictvs qui uenit in nomine* 26
domini. Ze guoto genamdo der in truhtenes namen chumet . ze ubele ge-
namdo der in sin selbes namen chumet. Also iz chit IN
euangelio. EGO VENI IN NOMINE PATRIS MEI . ET NON
ACCEPISTI ME . SI ALIVS VENERIT IN NOMINE SVO .
ILLVM ACCIPIETIS. *Benediximus uos de domo domini.* Vuir sé- S859
genoton iûh uzer demo Gótes hûs. Vuéliche chédent daz? Sa-
cerdotes ad populum . magni ad pusillos . sô magni . daz siê in îro muô-
te gerêichent ad uerbum . deum apud deum . so iz in hac uita uuésen
mag . unde sie doh sint temperantes sermonem suum propter par-
uulos . daz sie chédin múgin cum apostolo. SIVE ENIM MENTE EX-

---

13(r)-18 Ia *bis* chit *auf Ras. (Text sehr eng und mit vielen Abkürzungen und übergeschr. Buchstaben geschr.)* 16 Benedictvs: *zuerst schwarz, dann rot überzogen* 24 uerbum: *über* u^2 m-*Strich rad.* 26f. EXCESSIMVS*!* *Punkt fehlt* 8^2 9^2 13^3 15^3 17^2

R437

CESSIMVS DEO . SIVE TEMPERANTES SVMVS VOBIS.
Vuâr némeṇt sie daz? uuannan chúmet in îz? âne fone hîmele . dâr
interior domus dei ist. Vuaz chundent sie? *Deus dominus . et illuxit nobis.* 27
Der dominus . der in nomine domini chomen ist . den iudei ędificantes fer-
chûren . der ist deus . ęqualis patri. Et illuxit nobis. Daz irskeînda
er uns . daz ouh uuir iz iû skînhafte tuôen . unde er daz sáment
uns fernémênt . daz ir sament uns keloûbênt. *Constituite diem fe-*
stum in frequentationibus . usque ad cornu altaris. Sézzent iû uôb-
haften dag . unde dultent ten in‿gedránge . sámenont dára zûo má-
nigi . sezzent in iû hiêr in‿gedránge . dâr agnus occisus uuard . unz S860
ir hîna uf chómênt ad interiore<m> domum dei . dannan uuir iû gâ-
ben benedictionem . dar cornua altaris sint excelsa. Dâr ist uox
exultationis . soni festiuitatem celebrantis . ambulantium in loco
tabernaculi . usque ad domum dei. Dar ist sacerdos in ęternum . dâr P498
ist sacrificium . et altare sempiternum . et pacata mens iustorum. Vn-
de uuaz anderes tuôen uuir dâr . âne în lóboen? Vuaz anderes
cheden uuir . ane daz hára nah stât. *Deus meus es tu . et confitebor* 28
tibi . deus meus es tu et exaltabo te. Confitebor tibi quoniam exaudisti
me . et factus es mihi in salutem. Daz cheden uuir dâr . non strepi-
tu uocis . nube dilectione. Selbiu dilectio ist unser uox dâr. *Con-* 29
fitemini domino quoniam bonus . quoniam in sęculum misericordia eius. Dar fiêng
der psalmus ána . dâr gât er ûz. VERBA SANCTI AVGVSTINI. *Einleitung* S861

ALLE diê ándere salmen . die án demo sáltere stânt . irráhta ih
êinuuéder dictando . alde fore diên liûten sermonicando.
Dîsen salmen centesimum octauum decimum frista ih niê so fér-
ro umbe sîna léngi diê mánnolih uueiz . so umbe sina tiêfi . diê S862

---

6 er^{2}: *ir 9 dultent ten] dultôten (*von* tulden 'Feste feiern')
13 celebrantis] celebrantes 22 VERBA *bis* AVGVSTINI. *rot* 24 êin-
uuéder / 26(r) *dîa *(zweimal)* sina: a *aus* e *rad. und verb.* *Punkt fehlt*
8^{1} 24^{2}

R438

unmanige uuizzen. So dô mîne bruôdera mih pâten unde mir
gebúten . daz ih mîn uuerch fôlletâte . unde ih in fôlleréhtoti an
disemo salmen . dô tuálta ih tar lángo ána . uuanda so ofto ih dâr
ana stuônt ténchen . so úber uuag er mînen sîn. Ih ne-mag sâr
geságen sina tiêfi . uuanda er sô filo unsemftero ist . so fîlo er sém-
ftero mánne dúnchet. An diên ánderen die unsemfte sint . skînet
toh daz . aber dîser bîrget iz . sô ferro . daz sin lector unde sîn aû-
ditor . ne-uuânet an îmo durft sin expositionis. Vnde nu ne-mag P499
ih uuîzzen zuo gândo . unde sin begînnendo . uuaz ih dar ána
getuôe. Ih trûen aber Gótes helfo hiêr also ánderesuuâr . dâr
mih ouh éteuuaz tuôhta inpossibile ze gerecchenne . unde ih
iz doh keráhta. Ih habo áber uuíllen sermones fore liûten dâr
uz ze máchonne . diê greci homelias heîzent. Dâr sie sih kesámi-
nont . dâr dunchet mir reht . sîna intellegentiam ze óffenónne.
Dara zuô faho ih nû.

BEATI INMACVLATI IN VIA QVI AMBVLANT 1
in lege domini. Dîe úngefléchote gânt án demo uuége.
Vuelemo? in lege domini . die sint sâlig. Sie uuellen álle
beatitudinem . sus suln sie dára nâh chómen . ánderes-
uuiêo ne-múgen siê. Vuunder neist daz boni dâr umbe sint bo- S863
ni . daz sie sîn beati . daz ist uuunder . daz ouh mali dâr umbe
sint mali . daz siê sîn beati. Sie suochent sia in libidine . in luxu-
ria . in stupro . in diuitiis . in dominationibus . in ultione inimicorum.
Fone diên sie uuerdent miseri . an diên uuellen siê sîn beati. Diê
solichen ládota uuídere dîsiu réda . daz sie mit malis bona ne-suô-
chen. *Beati qui scrutantur testimonia eius . in toto corde exquiruNT* 2

19/20 ánderesuuiêo: *über Bauch des* a *Art Punkt auf Zeilenhöhe* 22(r)
siê sîn: (e sîn) *auf Ras.* 26(r)

R439

eum. Ánderest fernémen daz selba. Sâlige diê sîniû urchunde scró-
dont . unde în suôchent in allemo hérzen. Sumeliche scródont sîniû S864
testimonia . daz chit sine scripturas . die gernor sint docti . danne
iusti. Diê ne-sint durh daz beati . noh diê ne-suôchent Got . nube glo-
riam alde diuitias . pediû ne-sint sie inmaculati. Vbe în oûh iniusti P500
et impii suôchent in toto corde . múgen diê sin beati? Daz múgen
sie sîn spe . nals re. *Non enim qui operantur iniquitatem . in uiis eius ambu-* 3
lauerunt. Diê unreht uuúrchent . die ne-giêngen an sînen uuégen.
Ne-giêng danne Paulus an sînen uuégen . der peccati iîhet . daz ini- S865
quitas ist? Vuiêo chit er? NON ENIM QVOD VOLO FACIO BONVM .
SED QVOD NOLO MALVM HOC AGO. Vuieo gehellent diû?
Kehôren furder sîniu uuort. SI QVOD NOLO HOC FACIO . IAM
NON EGO OPEROR ILLVD . SED QVOD HABITAT IN ME
PECCATVM. Opera peccati ne-uuârin sîniu opera . uuanda sînen ún-
uuillen uuorhta daz imo ánauuesenda peccatum. Mannoliche-
mo ist âna desiderium . folget er démo so ne-mag er chéden cum
Paulo . IAM NON EGO OPEROR. Ne-fólget er imo áber . so tuôt
er unde ne-tuot nah sînen uuórten . uuanda er chád . AGO ET
NON AGO. Sin languor tuot unde rînget . sin uuillo ne-tuôt
uuanda er uuîderrînget. Fone diû uuîzzîn diê consentientes
sint malo . die ne-gânt in uiis domini. Den consensum stilta der selbo
apostolus sús chédendo. NON ERGO REGNET PECCATVM IN
VESTRO MORTALI CORPORE . AD OBȨDIENDVM DESIDE-
RIIS EIVS. *Tu prȩcepisti mandata tua custodire nimis*. Dû hiezze 4
dîniu gebót kenôto behuôten . kenôto uuérên. Nimis stât hier
pro ualde . iz pezeichenet zuêne sinna . einer ist apud grecos agân .

---

12 NOLO: N *aus* H *verb.* 22(r) ERGO: E *auf Ras.* *Punkt fehlt* 3^1 10^1

R440

daz chît ze filo . ánderer ist spôdra . daz chît filo unde harto
unde genôto. *Vtinam dirigantur uię meę . ad custodiendas iusti-* 5 S866
ficationes tuas. Sid du siû hiêzzist kenôto uuérên . so uuúnsco
ih daz mîna uuéga rehto gechêret uuerden iro ze huôtenne.
Vuaz sint iustificationes . âne aber mandata quę iustos faciunt?
V<u>az sint siê . chit sanctus Augustinus . âne facta iustitię . opera iustorum quę
imperat deus? Ziu heîzent sie aber sîne . ane daz er sie récchet? Pe P501
diû mugen uuir sie diûten frúmereht . alde uuérchreht. *Tunc* 6
non confundar cum inspicio in omnibus mandatis tuis. Sô ne-uuîr-
do ih scámeg . so ih în alliu dîniu gebót siêho . unde ih siû alliu
fore oûgon hábo . dâr umbe daz ih siu geuuéree. Siêho ih diû
ih ne-uuéreta . diu tuont mir scanda. *Confitebor tibi in directi-* 7
one cordis . in eo quod didicerim iudicia iusticię tuę. So lôbo ih
dih des in mînero herzerihti . daz ih kelîrneta dîne rehten urteîl-
da . ûbe fóne dir mîne uuega gerîhtet uuerdent. Daz lob ist dan-
ne dîn . nals mîn . si corde directo . uiis directis lętabor in eis . non S867
accusabor in eis. *Iustificationes tuas custodiam* . subauditur iterum . 8
si dirigantur uię meę. So behuôto ih diniu frúmereht . anderes-
uuieo ne-mag ih. *Non me derelinquas usquequaque.* Niêner ferlâzest
du mih. Alde iz chit usque ualde . mit disemo sînne. So uuiêo du mih
ferliêzîst . do du min ne-huôttost . so hárto ne-ferlâz mih . daz ih
ferlóren uuerde. Si dereliquisti me ne gloriarer in me . noli
usque ualde . et iustificatus abs te . gloriabor in te.

IN QVO CORRIGIT IVVENIO<R> VIAM SVAM? Vuar âna 9
gerihtet der iungo sînen uueg? Dero frâgun uuirt sus ke-
antuuúrtet. *In custodiendo sermones tuos.* Dîniu uuort pe-

---

4 *mîne 13 *lôbon *oder* *lôboe *(Konj. Praes.)* 22 ne] ne cum
Punkt fehlt 1^2 6^1 6^2

R441

huottendo . daz chit uuérendo. Ziu mêr der iungo . danne der al- S868
to? ane daz er is‿iúnger sol beginnen . unde alter fóllezîêhen. Sêhen
ouh uuer ueterem hominem bildoe . uuer nouum . éner ne-uuéret P502
sermones dei . dîser uuéret siê. Fóne diu ist diser der iungo . fone dé-
mo iz kesprochen ist. *In toto corde meo exquisiui te.* In állemo 10
mînemo herzen . suohta ih dih. Daz cham mir fóne dir . uuanda
du mih perditum uuoltost requirere . et reuocare. *Ne repellas me*
a mandatis tuis. Ne-st[u]oz mih dána fóne dinen gebóten. Vuer
ist dana gestôzzen . âne démo Got ne-hilfet? Sîniu pręcepta ardu-
a . ne-mag anderer geuuérên . ane démo er is hîlfet. *In corde meo* 11
abscondi eloquia tua . ut non peccem tibi. In mînemo hérzen barg
ih diniu gechôse . umbe daz . daz ih dir ne-súndoe . ne-lâz siû âne
fructum dar gebórgen sîn. *Benedictus es domine . doce me iustifi-* 12
cationes tuas. Kelóbot pist du truhten . lêre mih dîniu uuérch-
reht. Lêre mih so tuôn in‿uuérchen . so ih kelîrnet habo in‿uuór- S869
ten. *In labiis meis pronuntiaui . omnia iudicia oris tui.* Mit lefsen 13
ságeta ih ! alle die urtéilda dînes mundes. Die ih kelîrneta fó-
ne dinemo munde . die lerta ih. Alle ne-mahta ih . uuanda ge-
scriben ist . IVDICIA TVA ABYSSVS MVLTA. *In uia testi-* 14
moniorum tuorum ! iocundatus sum . sicut in omnibus diuitiis. Christus
ist uia testimoniorum dei . uuanda er úrchúndot mit sînero
natiuitate et passione uuiêlih Gotes dilectio si erga nos . an‿de-
mo bin ih keuuúnnesámot sámo so in allen rihtuômen. Er
irfollot noh an ándermo lîbe . des hiêr brîstet . dar ist er uns
êuuig uuúnnesami. *In mandatis tuis garriam . uel secundum alios exer-* 15
cebor. V́ngesuîget pin ih an dînen gebóten . alde nâh ánderên exerce-

---

4(r) iungo: un *auf Ras.* 6 dih] diz uuanda: uu *teilweise von Tintenfleck verdeckt* 7 perditum: itu *teilweise verwischt* 10 hilfet? In corde *auf Ras.* corde meo: *dazwischen akutartiger Trennungsstrich* 11 herzên 14 lêre: *oben zwischen* l *und* e *Ras.* 26 ánderên *fehlt*

R442

bor . bin dar âna geuuénet sprechennes . uuider allen fienden
catholicę fidei. *Et considerabo uias tuas.* Vnde so gechiûso ih S870
dîne uuéga. Frequentes et copiose disputantiones leîtent mih P503
ad intellectum uiarum tuarum . die sint misericordia et ueritas . dero
plenitudo an christo ist. *In iustificationibus tuis meditabor . non* *16*
obliuiscar sermones tuos. An dinen uuerchrehten hô-gezo ih .
fône diu ne-irgîzo ih dînero uuórto . ih neskêine siû
R*ETRIBVE SERVO TVO .* an dien uuérchen. *17*
uiuam et custodiam sermones tuos. Kilt dînemo scál-
che. Du gîbest dar du uuîle per indebitam gratiam bo-
na pro malis . ube du daz ne-tâtist . so ne-fúndist dû
die . diên du gâbist bona pro bonis. Kilt ouh mir nah diên genâ-
don . so lêbo ih . unde behuôto dîniu uuort . unde dannan chú- S871
mo ih ad aliam retributionem . an déro du giltest bona pro bonis . dâr
aber gratia fôlliu ist . uuanda disiu fóne énero chúmet. *Reuela o-* *18*
culos meos . et considerabo mirabilia de lege tua. In-dûo mîniu
oûgen . gib mir geistlicha fernumest . so gelîrnen ih fóne dînero
gescrîbenun êo uuúnderlîchiû mysteria . unde gelîrnen mîne
fienda mînnôn . nieht ne-ist uuúnderlichera. *Incola ego sum in* *19*
terra . ne abscondas a me mandata tua. Ih pin ellende hiêr în
erdo . ne-bîrg fore mir dîniu gebot . mit diên ih dar ûz irlôset
uuerde. Du birgest siu mit rehte fóre dien . dîe hiêr incolę ne-sint .
noh peregrini . noh alienigenę . nube terrigenę . uuanda sie hiêr siNT S872
dar sie geborn uuurden . unde ánderesuuâr burg ne-habent dá-
ra sie langee. Andere codices chédent. Inquilinus ego sum in terra. Daz
ist der eigen hus ne-habet . unde er anders mannes seldâre ist. Sancti ne- P504

1(r) sprechennes: n^{2} *auf Ras.* 3(r) copiose: o^{1} *auf Ras.* 4(r) die: d *aus* si *(mit langem* s*) rad. und verb.* 12 *nah dînen *(so Y)* 21 mir: *über Schaft des* r *Ansatz einer Oberlänge* 26 *sehr eng geschr., vermutlich auf Ras.* *Punkt fehlt* 6^{2}

R443
habeNT hiêr eîgen hus . iro patria ist in cęlis. In greco stat paraecos . daz antfristo-
ton sumeliche inquilinum . sumeliche incolam alde aduenam . alde peregrinum. Vuer
siNT dîe ane aduenticii? Aber aduenticius ne-mag uuerden gesprochen de
corpore . daz hinnan fone erdo burtig ist . nube de anima . diu niêht
de terra burtig ne-ist . alde de toto homine . der fóne paradyso S873
hára feruuórfen ist . alde fóne iegelichemo déro . diên patria
in cęlis keheîzzen ist. Sid der solicho fidelis ist . unde alle fide-
les uuizzen mandata dei . unde siû offen sint . also daz ist . DILI-
GES DOMINVM DEVM TVVM EX TOTO CORDE TVO . ET PROXI-
MVM TVVM SICVT TE IPSVM . uuiêo bîtet er danne . daz er siû ne-
berge fóre îmo? Ne-skînet dar uuanda ze êrist unsémfte ist .
daz man Got erchenne . daz fone diû unsemfte ist daz man
în minnoe? Ne-cham iz dannan dara zuo . daz mennisco ander
mînnôta fûre în? Daz ne-tâte er . ube er în irchándi. Selbiu sîn
erchénneda . zûge in ze îmo. Proximi cognitio mag semftera
dunchen . uuanda iz eîn natura ist. Aber genuoge ne-irchenneNT
sih selben. Vuieo mugen sie danne andere irchennen? Vnde
diê mînnôn . diê sie ne-irchennent? Nu ist óffen daz er siû ueeîz
unde er iro ne-bâte . ube er siu ne-uuissi . nu bitet er îro . daz er
siû baz uuîzzen muôze. *Concupiuit anima mea desiderare* 20
iustificationes tuas in omni tempore. Min sela géreta în ge-
luste haben diniu uuérchreht in allen zîten. Siê lusta gelúste.
Si gesâhe gerno . daz si lusti rehtero uuercho. Rehtes kîredo uuas S874
sî gîrîg . unde gelustig . ube gelust unde gîreda eîn sint. Démo maz-
leid ist . uuanda der ungelustig ist . unde er leîdezet sîne únge- S875
luste . bediu gelustet in geluste. Des lîchamen geluste . lústet diê P505

1-4 *größtenteils sehr eng, mit vielen Abkürzungen und übergeschr. Buchstaben geschr., anscheinend auf Ras.* 7(r) Sid: id *aus* o *(?) rad. und verb.* 12(r) unsemfte: ns *(mit langem* s*) aus* m *rad. und verb.* 14 ube: *danach* r *rad.* 17(r) sih: *davor* S *(?) rad.,* si *(mit langem* s*) aus* u *rad. und verb.* 19 bîtet: *Zkfl. durch Punkt darüber und darunter getilgt* 22 *Sîa 23 *sia 26 *dia *Punkt fehlt* 4[3]

R444
sêla. Aber rehtes kelust . unde ouh iro gelust . sint peîde in dero
sêlo . unde bediu gerot daz muot rehtes . danne iz rehtes kelu-
ste gérot. Kuôt sint diê geluste beîde . souuiêo concupiscentia
durh sih fernomeniu guôt ne-sî . sô an déro stéte skînet . dâr
paulus chit. CONCVPISCENTIAM NESCIEBAM . NISI LEX
DICERET . NON CONCVPISCES. Sô aber daz uuirt additum
uues concupiscentia si sî . so mag si in bono fernomen uuerden
also dâr. CONCVPISCENTIA SAPIENTIĘ . DEDVCIT
AD REGNVM. Vuunder ist . chit augustinus . daz man gelúste ge-
rot . sô si ne-ist. Vuieo mahti în Goldes lusten . ube Gold ne-uuâre?
Sîd kelust déro er gerot uuesen ne-mag âne în îmo . unde si dâr
ne-ist . uuieo mag er danne sîn gér des . dázter ne-ist? Nû sêhe man-
nelih uuiêo guot daz sî des er gérôt . unde lâze sih lángên déro
gîredo. *Increpasti superbos.* Vbermuote zuêne unsere fórde- 21
ren irráfstost dû. Vuâr ána skeîn îro ubermuôti? Âne daz siê
gérno gehôrton . ERITIS SICVT DII. Mahta Got ze-uuîue-
lon uuâr adam uuâre . do er frâgeta. ADAM VBI ES? Vuâr bist
du . chad er . sîd dû an démo statu ne-bist . an demo ih dih kescuôf?
Dar ne-uuoltost dû sîn . uuâr bist du danne nû . âne in miseria? S876
Ne-ist daz increpando gesprochen? unde ne-ist uns diû increpatio
hereditaria uuórdeniû in_ûnseren manigfalten erumnis? Diê fó-
ne diû so stárch sint . unde sô mánigfalte . uuanda sie ubelo ne-
tâten per infirmitatem aut ignorantiam . nube per superbiam. *Maledicti*
qui declinant a mandatis tuis. Ze ubele genámde diê daz ne-brú-
tet . unde iêo noh dára ubere . sih tána cherent fone dînen ge-
bóten. *Aufer a me obprobrium et contemptum . quia testimonia* 22

---

12 ist^{2}. 18 kescuôf *Punkt fehlt* 9^{2} 18^{1}

R445
tua idest martyria tua . *exquisiui*. Nim mir aba . chît sancta ęcclesia . P506
îteuuiz unde ûnuuîrdeda . uuanda ih dîniu urchunde fórdero-
ta. Nu ist daz uuorden. Nu ne-ist niêmanne obprobrium noh con-
temptus . daz er an christum iihet . unde an sînemo urchunde stât .
uuanda persecutio ze-gángen ist. Sô uuóla ist ferfángen . daz sî
îro fienda mînnota . unde umbe siê béteta . nals obprobrium unde S877
contemptum furhtendo . nube saluti eorum consulendo. *Etenim se-* 23
derunt principes et aduersum me loquebantur. Selben diê hêro-
sten sâzen . unde chôsoton uuîder mir . dîngoton ûber mih. Fo-
ne diû uuas diû persecutio starch . uuanda reges funden daz . ut
nusquam essent christiani. *Seruus autem tuus exercebatur in iusti-*
ficationibus tuis. Aber ih dîn scalch uuard keûoberot an dî-
nen uuérchréhten. Vuieo uuas diu ûoberunga getân? *Nam et* 24
testimonia tua meditatio mea est. So uuas si getân . daz diniu
martyria sint mîne hógezunga. Ih húgo so ferro ze în . daz ih
an în uuîle stâte sîn . unde mir siu persecutio genémen ne-mag.
Et consilium meum iustificationes tuę. Vnde diniu uuerchreht
sint ze diên ih hábo gerâten . ze dien ih mih hábo geînot . uuan-
da ih mîne fienda uuile minnon . unde umbe sie bétôn. Dâr ána
ûoberon ih mih . an dien zuêin îlo ih un-irlégen sîn . daz ih dâr
ana uuerde gebeîzet . unde gehertet umbe dînen NAMEN.
ADHESIT PAVIMENTO ANIMA MEA. Démo áste- 25 S878
rîche háfteta zuo mîn sêla . carni gefolgeta sî . terrenis
chlebeta sî zuô. Vuanda daz tôd ist. *Viuifica me*. Fo- P507
ne diû chîcche mih . unde tûo mih adherere tibi nals
carni. Der mittunt chad. SERVVS AVTEM TVVS

---

20 ûoberon: o[1] *aus* b *rad., Zkfl. rechts anrad.* *Punkt fehlt* 1[3] 1[4]

R446

EXERCEBATVR IN IVSTIFICATIONIBVS TVIS . der chît
nû . ADHĘSIT PAVIMENTO ANIMA MEA. Ziu? âne daz
îmo genuôge ne-dunchet sinero exercitationis . unde er fúrder
chomen uuíle . dannan er chómen sî. *Secundum uerbum tuum.* Chîc-
che mih nah dînemo geheîzze . der-dir chît. IN ISAAC VOCA-
BITVR TIBI SEMEN. Duô mih filium promissionis . quia non
qui filii carnis hi filii dei . sed filii promissionis. *Vias meas* . s . malas . 26
enuntiaui. Mîne uuéga . daz chit mîne sunda ságeta ih dir . dé-
ro iah ih dir. *Et exaudisti me.* Vnde du gehôrtost mih . sô daz S879
du mir sie fergâbe. *Doce me iustificationes tuas.* Lêre mih dîniu
uuérghreht . lêre mih kân dîne uuéga. Lêre mih niêht eîn uuiz-
zen . nube tuôn daz ih sule . uuanda der uuêiz kuôt . der iz skêi-
net. *Viam iustificationum tuarum instrue me . et exercebor in mi-* 27
rabilibus tuis . hoc est in tuis iustificationibus. Vueg dînero frú-
meuuercho lêre mih . unde so niêton ih mih dînero uuúndero
diû an în sint . unde ûoberon mih an în. Pring mih ze diên . ze
diên ih noh ne-si chómen . diu so uuúnderlih sint . daz is dîe ne-
trûent . diê îro ne-chóreton. *Dormitauit anima mea prę tedio.* 28
Mih slâphota fore úrdrúzedo . uuanda ze diên so hôhên dîngin
dîngendo irlág ih . noh mir ne-gespuota siê ze irreichenne . so
férro ih is kedîngta. *Confirma me in uerbis tuis.* Stâte mih dóh
an diên dînen uuorten . ze diên ih folle-chómen bîn . daz ih fó-
ne în múge chomen ze ánderen. *Viam iniquitatis amoue a me.* 29
Penîm mir den uueg des únrehtes . uuanda is sô bezzest spuôn S880
mag. *Et lege tua miserere mei.* Vnde genade mir mit dînero P508
lege . mit lege fidei . diu úns per gratiam gelâzet diû ze tuônne . diû

Punkt fehlt 8^2

R447
uuir fóne uns selben getuôn ne-máhtin . noh fone lege factorum .
diu umbe daz cham . ut abundaret delictum. *Viam ueritatis ele-* 30
gi . iudicia tua non sum oblitus. Adhęsi testimoniis tuis domine . no- 31
li me confundere. Vueg uuârheîte iruuéleta ih dâr âna ze gân-
ne. Dînero urteîldon ne-irgâz ih . ze gehábenne den gáng. Dî-
nen martyriis hafteta ih zuô . unz ih în giêng. Hêrro mîn ne-
skende mih an diû ih ne-muoze fólle-chómen dára ih râmen .
uuanda iz uolentis ne-ist . noh currentis . nube dei miserentis. *Viam* 32
mandatorum tuorum cucurri . cum dilatasti cor meum. Vueg dî-
nero geboto liûf ih . do dû gebreîtost mîn herza. Kelústig her-
za ist prêit. Daz ketuôt unsih chéden. CARITAS DEI DIFFVSA S881
EST IN CORDIBVS NOSTRIS . PER SPIRITVM SANCTVM QVI DATVS EST
NOBIS. Fone diu mahta ih currere . uuanda dû geuuérdotost
COR DILATARE.

L*EGEM PONE MIHI DOMINE.* Sezze mir êa truhten. 33
Du saztost mir sia lîttera . sezze mir sîa spiritu . QVIA LIT-
TERA OCCIDIT . SPIRITVS AVTEM VIVIFICAT. Dû scrî-
be sia in tabulis lapideis . scrîb sia in tabulis cordis.
Viam iustificationum tuarum. Vueg dînero frumerehto sezze
mir ze êo. Frûme reht an minemo herzen per legem fidei . diû den
man uuîlligen tuôt . uuanda der unuuilligo ne-ist amicus le-
gis . doh er tuôe opus legis. Daz er ioh kerno uuîssi ûnge-bóten .
an demo ne-uuirt er mundatus opere . uuanda er inmundus P509
ist uoluntate. *Et exquiram illam semper.* Vnde den uueg suôcho ih
iêo. Vuieo ist daz? Ne-chad er VIAM MANDATORVM TVORVM CV- S882
CVRRI? Ist daz ánder . danne uia iustificationum dei? Neîn. Vuiêo

---

16(r) sia[2] *auf Ras.* 20 Frûme: *nach* e *Punkt auf Zeilenhöhe, aber durch Haarstrich damit verbunden* 25/26 CVCVRRI. *Punkt fehlt* 1[2] 7 22[3]

R448
suôchet er danne den uueg . an démo er ist? Ane daz er dâr ána
uuíle proficere . unde sin so gereh uuerden . daz er an imo fólle-cho-
me ad palmam supernę uocationis dei. *Da mihi intellectum et scru-* 34
tabor legem tuam. Gib mir fernúmist . unde danne scrodon ih dîna
êa . unde gelîrnen dar ana dilectionem dei et proximi. *Et custodiam*
illam in toto corde meo. Vnde behuôto sia an dien zuêin . in alle-
mo mînemo herzen. So uuiêo oûh daz dâr ána si ze‿lirnenne .
ziu dû sîa uuoltist dien sezzen . dîe sî<a> ne-uuâren seruaturi . un-
de uuiêo fîlo utilitatis an diû si . QVIA LEX SVBINTRAVIT
VT ABVNDARET DELICTVM. *Deduc me in semita man-* 35
datorum tuorum . quia ipsam uolui. Leite mih an déro stîgo dîne-
ro gebóto uuanda ih sia uuolta. Mînes uuillen ne-genuôget
dára zûo . daz ih kange per angustam uiam quę ducit ad uitam . dû S883
ne-leitest mih. *Inclina cor meum in testimonia tua . et non in a-* 36
uaritiam. Helde min herza ze dînen urchunden . nals ze fréchi.
Ze diên haldet daz herza . diû iz uuile. Vuaz sol iz uuéllen . âne
Gotes urchunde? Gotes urchunde . sint Gotes keiîhte . an diên ue-
ritas ist. Fone sînen geiîhten uuizzen uuir sîniu mandata. Dîu
uuolta . der fore chad. DEDVC ME IN SEMITAM MANDA-
TORVM TVORVM . QVIA IPSAM VOLVI. Diû uuile er nu iêo‿ána
chédendo. INCLINA COR MEVM IN TESTIMONIA TVA ET S884
NON IN AVARITIAM. Er uuolta unde uuíle . unde bîtet des uuíllen
daz er imo noh uuáhse . unz er în sô hôhen geuuînne . daz în
auaritia nîder geziêhen ne-múge . unde er muôze deum diligere P510
propter deum . nals umbe emolumentum . so diabolus sanctum iob zêh .
do er chad. NVMQVID GRATIS IOB COLIT DEVM? *Auerte* 37

4(r) scrodon: r *auf Ras.* 8(r) dû: u *aus* ie *rad. und verb.* 22 bi-tet] bîtet *Punkt fehlt* 7^2

R449

oculos meos ne uideant uanitatem. Chêre dana mîniu oûgen . daz
siû ûppeghêit ne-sêhen. Vuer mag des ûbere uuerden . er ne-sêhe
uanitatem . sid diû álliû sint uanitas . diû hiêr sub sole sint . diû sol S885
ûberskînet . nah salomonis uuorten? Veritas unde uanitas sint
eînanderen uuíderuuartig. In ueritate ne-stuônden uuir . in
uanitatem fiêlen uuir . uanitas pîn uuir. Ziu? Vuanda uuir corru-
ptioni unde mortalitati bin undertân . diû uanitas sint. Vués
kérot danne der nû chit. AVERTE OCVLOS MEOS NE VI-
DEANT VANITATEM? Âne daz er is ûberuuint ke-tuôe . un-
de er aber chôme in libertatem filiorum dei . dar er uanitatem ne-gesêhe.
Noh danne ist daz dar ána ze‿férnémenne . daz er bîtet niê er an
sinen guôten uuerchen humanam laudem ne-fórderoe . noh pe-
cuniam . noh ne-heînen îrdisken dang . daz al uanitas ist . uuan-
da die daz tuônt . fone dien chad der saluator. AMEN DICO
VOBIS . RECEPERVNT MERCEDEM SVAM. *In uia tua uiuifi-
ca me.* An dînemo uuége chicche mih . huius mundi cupiditas
ist uanitas . aber christus ist ueritas unde uia . an îmo tûo mih lében.
Statue seruo tuo eloquium tuum in timore tuo. Stâte dînemo 38
scalche dîn gechôse . an dînero fórhtun. Daz chit . hilf mir daz
ze tuônne . daz du gesprîchest. Diên du gibest spiritum timoris tui . S886
die sint dâr ána stâte . ándere ne-sint. Aber uuelichen spiritum? Nals
seruitutis . nube adoptionis. *Amputa obprobrium meum quod suspi-* 39
catus sum. Nim mir ába mînen îteuuiz . des ih ándere ánauuâ-
nota . daz ih sie mines lóteres ne-ziêhe. Vuanda tuôn ih uuóla
umbe fauorem . daz ist min obprobrium unde mîn peccatum . ziêhe P511
ih oûh des ándere . daz ist aber peccatum. Dannan chit sanctum euan-

---

11 férnémenne: *Akut*[1] *ganz klein (nur Ansatz ?)* 21 âna 24(r)
Vuanda: n *aus* u *oder* o *rad. und verb.* *Punkt steht nach* 24 ih[2]

R450

gelium. NOLITE IVDICARE NE IVDICEMINI. Mánnoli[h]-
chen leîdot alde intsâget sin conscientia. Vuíle iêman dar ûbe-
re tuôn iudicia . diu sint temeraria. Fone diu chit hâra nah. *Iu-
dicia tua suauia.* Dîniu iudicia sint suauia . uuanda siu uera sint .
aber suauia ne-sint diû temeraria sint . daz chit . diû framscrec-
che sint. *Ecce concupiui mandata tua . in tua iusticia uiuifica* 40
me. Sih nû . dîniu gebot uuolta ih . iro géreta ih . an dinemo nals S887
an minemo rehte chicche mih. An mir ist daz mih tôden mag .
dannan ih lébe . daz ne-findo ih . âne an dîr. Christus ist dîn iusticia .
an îmo L Ô S E . M Í H . *domine.*

E*T VENIAT SVPER ME MISERICORDIA TVA* 41
Vnde dîn ge-nâda hêrro chome úber mih . daz ih
dîniu mandata geuuéren múge. Vuélichiu ist dîu
genâda? *Salutare tuum.* Christus dîn háltare . der dîn
misericordia . unde iustitia . unde ueritas ist . der uuerde incarnatus.
So ist dîn misericordia chómen uber mih. *Secundum eloquium tuum* . daz
chit secundum promissionem tuam also du abrahę gehiêzze. *Et responde-* 42
bo exprobrantibus mihi uerbum. Vnde so antuuurto ih. Vué-
mo? Verbum mir feruuîzzenten . christum mir feruuîzzenten . diên S888
daz scandalum ist alde stulticia . daz er uuard crucifixus. Al-
de iz chit. Ih antuuúrto uerbum fidei mir îteuuîzzonten. Vué-
lichez ist daz? Âne daz mih lêrta spiritus sanctus . nah démo gehêizze.
NON ENIM VOS ESTIS QVI LOQVIMINI . SED SPIRITVS P512
PATRIS VESTRI QVI LOQVITVR IN VOBIS. Also iz hêra nâh
chît. *Quia speraui in sermonibus tuis* . hoc est in promissis tuis. Fó-
ne diû antuuúrta ih . fone diû gemahta ih iz . uuanda dû iz

2(r) intsâget: sag *auf Ras.* 10 MÍH: *vor* H *Ras.* 18(r) antuuurto: u^{3} *auf Ras.* 19 $feruuîzzenten^{1}$ *auf Ras.* 24 *hâra *oder* *hâre
Punkt fehlt 8^{2}

R451
kehiêzze. Dîsiû uox ist corporis christi. *Et ne auferas* hoc est ne au- 43
ferri sinas *de ore meo uerbum ueritatis usquequaque* . id est omnimo- S889
uuarheit ne-fir-firrest
do. Vnde uuórt uuârheîte ne-irferrest du fúrnomes fóne mîne-
mo munde. Vuanda ouh die treffent ad corpus christi . die persecu-
tionem irlîden ne-máhton . unde siê christi ferlougendon . unde after
des tóh durh îro pęnitentiam fóne dero ęcclesia inphángen uuúr-
den . alde sie ioh anderest ad martyrium brâhte palmam ge-
uuúnnen . bediû uuirt hiêr fernómen daz iro uox si . diû sus
pétot. Ne-lâ mih ze getâte . noh fûrenomes din geloûgenen.
Vuanda souuiêo Petrus sin ad horam lougendi . er uuard doh fle-
tu reparatus . unde after des kuollicho coronatus. Dannan chad
îmo zuo der saluator. ROGAVI PRO TE . VT NON DEFICI-
AT FIDES TVA. Hoc est ne auferatur ex ore tuo uerbum ueri-
tatis ! usquequaque. *Quia in iudiciis tuis supersperaui*. Vuanda ih
an dînen urtêildon so fîlo mêrun gedîngi geuuán . so fîlo mê-
run increpationem ih an în leîd. Dîne iudicia fálton mih de me
pręsumentem . unde rihton mih aber uf pęnitentem . flentem . et de te S890
pręsumentem. An diu geuuán ih fastôr tuam gratiam . daz ih ferlôs mî-
na superbiam. *Et custodiam legem tuam semper ! in sęculum et in sęculum sęculi*. Vn- 44
de ube du minemo munde ne-nîmest uerbum ueritatis . sô be- P513
huôtih dîna êa iêo. Vuélicha? Dilectionem diu plenitudo legis ist
behuôto ih din corpus . dîn ęcclesia . in uuerlt uuerlte . uuanda in
ánderro uuerlte dar uuir dih kesehen . ist fóllera minna . dei et
proximi. *Et ambulabam in latitudine*. Der dâr fóre béteta . der 45
ságet nu uuaz sîn bétôn gemáhta. Sámo so er chéde. Ih péteta .
du gehôrtost mih . unde bediû giêng ih in uuîti . giêng in cari-

4 ouf *Punkt fehlt* 25[3]

3 uuarh heit: *dazwischen Zkfl.*[1] *von* uuârheîte *des Textes* firrest: *über* r[1] *Ras.* *nach* 5-13 *mit Verweiszeichen auf* martyrium, *Z.* 7, *auf dem Rand:* S/i/cut fe/lix nola/nvs episcopus . cuius fe/lix presbyter de pincis / pertesum illum *(Hs.* illū*)* apprehen/dens in fuga . acreque cor/reptum dorso ipso ro/gante inpositum cruci/atibus retulit et / sibimet coro/nam ouis in / pastore / du/pli/ca/u/i/t. *Die direkte Quelle zu dieser nicht ganz eindeutigen Glosse ist nicht bekannt. Der Glossator hat das Martyrologium Ados von Vienne (vgl. PL 123, 214f.), vielleicht auch das des Notker Balbulus (vgl. PL 131, 1035) gekannt. Diese und zahlreiche weitere Zeugnisse zu diesem Felix presbyter (Fest: 14. Januar) sind bequem zusammengestellt in den* Acta Sanctorum, *editio nouissima, Januar., Tomus II, S.* 219-232. *Vgl. jetzt auch Kurt Ostberg, in* Cahiers de civilization médié-vale 22, fasc. 88 (1979), *S.* 417f.

R452

tate. Vuannan ist daz? *Quia mandata tua exquisiui.* Vuanda
ih dîniu gebót suôhta . also dû lêrest in euangelio . QVĘRITE
ET INVENIETIS. Vnde áber. PATER VESTER DE CĘLO DA- S891
BIT SPIRITVM BONVM PETENTIBVS SE. *Et loquebar in testimoni-* 46
is tuis in conspectu regum . et non confundebar. Vnde mit dero bal-
di sprah ih an dinen martyribus fóre chúningen . unde ne-scámeta mih. Also du gehiêze in evangelio. ANTE REGES NOS TE
ESSE CONFESSVROS. *Et meditabar in mandatis tuis quę* 47
dilexi. Vnde ih tâhta an dîniu gebót. Vuélichiu? Dilectionem dei
et proximi. *Et leuaui manus meas ad mandata tua quę dilexi.* Vn- 48
de mîne hende huob ih ûf . ze dînen gebóten . diû ih mînnota.
Án dero operatione skeînda ih . daz ih siu mînnota . unde huôb ûf
manus . uuanda iz supernum ist . dára ih sie huôb. Nah diû iz chit.
SVPEREMINENTEM VOBIS VIAM DEMONSTRO. Vnde áber. COGNOSCERE ETIAM SVPEREMINENTEM SCIEN-
TIĘ CARITATEM CHRISTI. Suôchet iêman mercedem terrenę felici- S892
tatis umbe opus dei . der lâzet die hende nîder. *Et exercebar in*
iustificationibus tuis. Vnde dannan uuard ih keûoberot in
dînen uuérch-rêhten. Ándere interpretes chédent. Lętabar P514
alde garriui . fûre exercebar . uuanda der ûobet mit lęticia
Gótes reht . der iz minnot.

M*EMOR ESTO VERBI TVI SERVO* 49
tuo . in quo mihi spem dedisti. Irhúge dînes
uuortes dînemo scalche . daz chit dînes keheîzes . an démo du mir gâbe gedîngi. Du hábest keheizen humilibus gratiam . déro ist turft so temptatio al-

---

7(r) gehiêze *auf Ras.* 12 ûf !

R453

de tribulatio chumet . fone diû irhûge îro. *Hęc me consolata est* 50
in humilitate mea. Diu gedingi trôsta mih an mînemo nideri . diû
mir chomen ist fone adam . alde an dêro diu mir fone persecutoribus S893
chómen ist. *Quia eloquium tuum uiuificauit me.* Vuanda daz
du gesprâche . daz têta mih lében . daz trôsta mih ze‿lîbe. Vuaz
ist daz? Ane der dîn gehêiz . daz ih proiectus in mortem . doh súle ad uitam
resurgere. *Superbi inique agebant usque ualde.* Úbermuôte tâten 51
férro únrehto . an diû . daz sie uuâren impii . unde unsih pios nôton
sáment în uuésen impios. Tâten ferro unrehto . quando-quidem su-
perbiam eorum . nec humilitas mortalitatis edomuit. *A lege autem tua*
non declinaui. Aber ne-uuáncta ih . fone dînero êo . so siê uuolton.
Memor fui iudiciorum tuorum a sęculo domine . et consolatus sum. Ih irhuge- 52
ta dînero urtêildon . die du tâte fóne ánagenne super uasa irę . diu
ad perditionem treffent . unde daz trôsta mih . uuanda ioh mit diên
skêindost du diuitias glorię tuę in uasa misericordię. Vuiêo? Daz du siû
bezzerotost mit în. *Tedium detinuit me a peccatoribus relinquen-* P515 S894 53
tibus legem tuam. Vrdrúzeda cham mih ana fone súndigen dîna
êa ferlâzenten. Mih irdrôz dero mîteuuiste . mit diên hiêr ze
lebenne ist in dîsemo lîbe . donec area uentiletur. *Cantabiles* 54
mihi erant iustificationes tuę . in loco peregrinationis meę. Aber dî-
ne rehtunga uuaren mir ze sólichero suôzi . daz ih sie singen
mahta . so trôstlih uuaren siê mir hiêr in éllende. *Memor fui in* 55
nocte nominis tui domine . et custodiui legem tuam. Ih irhúgeta in náht
dînes namen truhten . unde behuôta dîna êa. Naht sint mor-
talitatis erumnę . naht sint superbi inique agentes usque ualde .
naht ist tedium a peccatoribus relinquentibus legem dei . naht ist

---

1(r) irhûge: e *aus* o *rad. und verb.* 3 ist *!*

R454

locus peregrinationis huius . donec ueniat dominus . et illuminet ab-
scondita tenebrarum. Hiêr in dirro naht sol mánnolîh irhú-
gen nominis dei . uuanda er sîna legem behuôten ne-mag . âne in
sînen námen . also iz chit. ADIVTORIVM NOSTRVM IN NOMINE
DOMINI. *Hęc facta est mihi . quia iustificationes tuas exquisiui.* Dîsiû 56 S895
naht ist mir uuorden bézzerunga. Vuelichiu? Humilitas mor-
talitatis huius. Vuieo? Daz ih an îro lîrnee non superbire . uuanda
fone superbia cham sî. Aber fóne diû bézzerot sî mih . uuanda
ih dîne rehtunga genôto suôhta. Demo gelîh ist daz. BONVM
MIHI QVIA HVMILIASTI ME . VT DISCAM IVSTI-
FICATIONES TVAS.
PORTIO MEA DOMINE . DI- 57
xi custodire legem tuam. Min têil truhten . ih kesprah dî-
na êa ze behuôtenne . uuanda anderer an dir têil ne-ha- P516
bet . âne der îro huôtet. *Deprecatus sum faciem tuam in toto corde* 58
meo. Dâr umbe dîgeta ih din ánasiûne in allemo mînemo her-
zen . daz mir is hélfe spiritus uiuificans . ne litera occidat. Vnde uuiêo S896
chad ih? *Miserere mei secundum eloquium tuum.* Gnâde mir nah dî-
nemo geheîzze . daz ih si filius promissionis in semine abrahę. *Cogi-* 59
taui uias meas et conuerti pedes meos in testimonia tua. Ih tâhta
an mîne uuéga . die mir mîsselîcheton . unde chêrta sie an dîniu
urchunde . daz siê dar réhteren sîn. AVERTE OCVLOS ME-
OS NE VIDEANT VANITATEM. Chêre dana miniu oûgen
daz siû uppeghêit ne-sêhen . also die fuôze . daz siê ne-îrroen.
Demo ist kelîh. OCVLI MEI SEMPER AD DOMINVM . QVONIAM IPSE
EVELLET DE LAQVEO PEDES MEOS. *Paratus sum et non* 60
sum turbatus . ut custodiam mandata tua. Ih pin garo ze huôten-

---

2 tenebrarum: *über Schaft von* r^2 *Art Punkt (Ansatz einer Oberlänge)*
9(r) rehtunga: g *aus* d *rad. und verb.*

R455

ne dînes kebotes . unde bin ungetruôbet . uuanda mir iz ne-hêin
forhta ne-nîmet. *Funes peccatorum circumplexi sunt me . et legem* 61
tuam non sum oblitus. Also dâr âna skînet . déro sundigon sêil um-
be fiêng mih . unde umbe daz ne-irgaz ih dînero êo. Peccatores
sint ioh carnales . ioh spiritales inimici. Diê léngent iro unreht âl- S897
so sêil . uuanda sie iêo eîn ze andermo héftent . unde umbe fâhent
mite iustos . minando mala . et promittendo temporalia bona. Demo
seîle indrân . der hiêr sprichet. *Media nocte surgebam ad confitendum* 62
tibi . super iudicia iusticię tuę. Án déro hándegostun persecutione
stuônt ih ûf dir ze iéhenne . daz chit dih ze lóbonne . an diên ur-
teildon dînes rehtes . uuanda iz rehte urteilda sint . daz du uuíle
iustos circumplecti fune peccatorum. Ziu? Âne daz sie dannan
suln gebézzerot uuerden. *Particeps ego sum omnium timentium te . et* 63 P517
custodientium mandata tua. Nu sprichet christus ad patrem sáment si-
nemo corpore. Ke-têilo bin ih allero die dih fúrhtent . unde be-
huôtent dîniu gebot. Daz chit christus . uuanda ne-uuurde er par-
ticeps nostrę mortalitatis . so ne-uuurdin uuir participes sinero di-
uinitatis. *Misericordia domini plena est terra.* Fone diu ist diu erda fol tru- 64
htenes kenâdon. Granum sinapis irstarb . dannan cham multus S898
fructus in tota terra. *Iustificationes tuas doce me.* Dîne rehtun-
ga lêre mih . uuanda fóne diên genadon uuirdo ih iustifica-
tus. *o domine . secundum uerbum tuum.*

BONITATEM FECISTI CVM SERVO TV- 65
Du tâte uuésen guoti herro mit dinemo scalche. Du
tâte mih kelústigen spiritalium bonorum . nah dinemo
geheîzze. Daz ist magnum dei donum . uuanda der únge-

---

4 unde: nd *aus* m *rad. und verb.* 5 spiritalis

R456

lustiger uuola tuôt . der tuot iz seruiliter nals liberaliter . daz
chit kelicho démo scalche . nals demo frîen. *Bonitatem et disci-* 66
plinam . idest emendatoriam tribulationem . *et scientiam doce me.* Lêre S899
mih kuoti . souuiêo ih sia habe fone dînero gébo . mero mir sia .
unde gib sáment îro lirnunga . unde lêre mih dero gedúltig sin .
uuanda sî nieo âne uuídermuôte ne-ist. Also der apostolus chit. OMNIS
DISCIPLINA AD PRESENS . NON GAVDII VIDETVR ES-
SE SED TRISTICIĘ. Sumeliche interpretes châden fure di-
sciplinam eruditionem. Daz ist iêo diu selba . sament déro ieo flagel-
la sint. Fone diû bitet er patientię . diu flagella eben-mûoto ze P518 S900
trágenne. Vnde lêre scientiam mih quę ędificet . uuanda scientia
sine caritate non ędificat sed inflat. *Quia mandatis tuis credidi.*
Ziú ne-chad er oboediui? Mandatis sol‿man obędire . promissis cre-
dere. Vuaz chit er . uuanda ih keloubta dînen gebóten? ane ih ke-
loubta daz siu fone homine ne-uuurdin ministrata. Chamin siû
ouh fone homine . der mih siû lêrti extrinsecus . mahti der siû dan-
ne lêren intrinsecus so du tuôst? *Priusquam humiliarer ego deli-* 67
qui. Ih mísseteta in adam . êr ih kenideret uuurde. An imo uuard
diu creatura subiecta uanitati . uuanda si ne-uuolta sin subiecta
ueritati. *Propterea eloquium tuum custodiui.* Fone diu behuota ih
sid dîn gechôse . sid ih dero uanitatis an mir inphant . nieo ih an-
derest ke-nideret ne-uuerde. Ih huôta des uuanda ih mortem car-
nis habo geuuunnen . daz ih ouh ne-geuuunne mortem animę .
nube so du geboten habest. Vuieo? Vt deiecta superbia . diligatur
obędientia . unde so fertiligot uuerde non reditura miseria. *Bonvs* 68
es tu . in bonitate tua doce me iustificationes tuas. Guôt pist dû

6(r) siê: e *rad., Zkfl. darüber blieb stehen* 10(r) mûoto: ot *auf Ras.* 11 *mih scientiam *(vgl. Y)* 25(r) unde so fertiligot *auf Ras.* *Punkt fehlt* 23[2] 25[1]

R457
an dînero guoti lêre mih dine rehtunga. Imo ist ernest ze tuôn-
ne sine iustificationes . sîd er siê uuîle lirnen in sua bonitate. Fer- S901
nim ouh noh mêr . uuiêo ernest îmo is sî. *Multiplicata est super* *69*
me iniquitas superborum. Vber mih ist kemanigfaltot déro uber-
muôton unreht . die daz niêht ne-bézzerota . daz humana natu-
ra genideret uuard . sîd si míssetéta. *Ego autem in toto corde scruta-*
bor mandata tua. Aber ih suocho genoto diniu gebot. So uuiêo
michil unreht in‿uuerlte rîchesoe . in mir ne-irlîsket caritas. *Coagu-* *70*
latum est sicut lac cor eorum. Iro herza ist kerunnen also milch . ist fer-
hertet . unde ne-intlâzet sih ze guôte. *Ego uero legem tuam medi-* P519
tatus sum. Vuaz têta ih dára gágene? Ih ahtota dîna êa . an déro
humiles effugiunt pęnales humilitates. *Bonum mihi quia humilia-* *71*
sti me . ut discam iustificationes tuas. Fone diu ist mir guôt . daz du
mih kenîdertost . daz ih so fîlo genôtor lirnee dine rehtunga .
unde daz fructus si mînero humiliationis . uuanda der daz kuôt
ne-ahtot . daz du în nîdertost . noh dâr bî sih ne-bézzerot . démo
geschiêhet uuirs. *Bonum mihi lex oris tui . super milia auri et argen-* *72*
ti. Kuot ist mir fone dinemo munde chómeniû êa . unde mit dî-
nemo munde gebóteniû . bezera . danne unzalahafti goldes un- S902
de silberis . uuanda min caritas sol ferror minnon legem dei . danne
cupiditas milia auri et argenti.

MANVS TVĘ DOMINE FECERVNT ME ET *73*
plasmauerunt me . da mihi intellectum ut discam
mandata tua. Dîne hende taten mih . unde bil-
doton mih . fone diu gib mir fernúmest . daz ih ke-
lirnee diniu gebot. Formam gabe du mir . reformationem gib mir.

9(r) eorum: eor *auf Ras.* 19(r) gebóteniû . bezera . *auf Ras., vor* danne *ursprüngl. Punkt noch sichtbar*

R458
Sid min natura peccando uuard deformata . sid ne-mahta si intel- S903
lectu sin integra . bediu ne-bin ih ad capienda dei mandata idone-
us . ih ne-uuerde spiritu mentis renouatus. Manus sint hiêr genem-
met fure potentiam . also ouh an dero stête dar iz chit . ET ARI-
DAM FVNDAVERVNT MANVS EIVS. Vnde aber. OPERA MA-
NVVM TVARVM SVNT CĘLI. Vnde selber CHRISTVS pitet hier sinen fá-
ter des . des er sin corpus turftig uueîz. Die durfte . unde dîa indi- P520
gentiam lîdet er an îmo . unde inphîndet sin . quia uita eius cum i-
pso abscondita est in deo. *Qui timent te uidebunt me et lętabuntur* 74
quia in uerbo tuo supersperaui. Die dih nu fúrhtent . die gese-
hent mih noh uuanne hina fúre . quando iusti fulgebunt sicut
sol . unde danne sint sie frô. Vuéliche sint daz? Ane selber der
liut sanctę ęcclesię der îmo nu furhtet . der fréuuet sih danne sînero
forhtun. Daz ist fone diû uuanda ih an dînen geheiz ferror ge-
dingta . danne ih piten geturre. Nah diu iz chit. POTENS EST
DEVS FACERE SVPRA QVAM PETIMVS . AVT INTELLEGIMVS.
Cognoui domine quia ęquitas iudicia tua . et in ueritate tua humi- 75
liasti me. Ih irchenno truhten daz dîne urteilda rehte sint S904
dannan uuir in mortem geuuorfen bin . unde du in dinero uuâr-
heite unsih kenideret habest. *Fiat misericordia tua ut consoletur me.* 76
Dára nah chome din genada . daz si mih trôste . unde ih âber uuér-
de instauratus ad uitam. Regeneratio chome mir . fides . spes . cari-
tas chomen mir . diu hiêr sint consolatio miserorum . nals gaudi-
a beatorum. *Secundum eloquium tuum seruo tuo.* Nah dînemo gehêize
chóme siu mir dînemo scalche. *Veniant mihi miserationes tu-* 77
ę et uiuam. Mir chomen dîne genada . unde so lébo ih . unde

7 turftig *!: Tinte von ig etwas ausgelaufen* 13(r) furhtet: h *auf Ras.* 23(r) c̄solatio *auf Ras., danach Ras.*

lebo uuarhafto . so ih ne-furhto . daz ih furder irsterbe. *Quia lex*
tua meditatio mea est. Vuanda dîn êa ist daz . des ih tencho. Mîn
gedang ist in fide quę per dilectionem operatur . an dero ne-bristet mir .
an dero lebo ih. *Confundantur superbi quia iniuste iniquitatem* 78
fecerunt in me . ego autem exercebor in mandatis tuis. Vbermuô-
te uuerden des scâmeg . daz sie unrehto fuôren uuîder mih . aber
ih uuirdo ge-émezot an dînen gebóten . sie tûen souuiêo sîe tûen. P521
Conuertantur mihi timentes te . hoc est ad me . *et qui nouerunt testi-* 79 S905
monia tua. Disiu uuort ne-múgen sîn anderes âne CHRISTI. Ze mir .
chit christus . uuerden bechêret . die dih fater furhtent . unde diê dîne
prophetias uuîzzen . fone mir gescribene. Des persona uuas ouh fóre .
PARTICEPS EGO SVM OMNIVM TIMENTIVM TE. *Fiat cor meum* 80
inmaculatum in iustificationibus tuis ut non confundar. Mîn her-
za . chit aber corpus CHRISTI . uuerde ungeflécchot in dînen rêhtun-
gon . daz ih kescendet ne-uuerde. Solih ist dâr fore. Vtinam diri-
gantur uię meę . ad custodiendas iustificationes tuas . tunc non
confundar . cum inspicio in omnia mandata tua.
D*EFECIT IN SALVTARI TVO ANIMA MEA.* Mîn 81 S906
sela ist ferchólen an dînen haltâre. *Et in uerbum tuum*
supersperaui. Vnde an dînen gehêiz hâbo ih ûberdîn-
get . uuanda mer guôtes chômen sol danne man uuiz-
zen múge sâment CHRISTO . den du uns keheîzzen hâbest. *Defecerunt ocu-* 82
li mei in eloquium tuum . dicentes quando consolaberis me? Miniu
oûgen sint ferchôlen an dînen gehêiz . ze‿dir chédentiû . uuanne
trôstest dû mih? Diu înuuértigen oûgen langet sin . bediû cháffENT
siu gagen îmo . unde fore gîredo sûftont siû . unde eîscont dînen

---

23(r) *Punkt fehlt* 9^3 14^1 14^2

R460

trôst. *Quia factus sum sicut uter in pruina . iustificationes tuas non* 83
sum oblitus. Vuanda carnis desideria an mir irfróren sint . also
in rîfen uter gefriûset . fone diû ne-uuas ih ungehuhtig dinero P522
réhtungon. Vueliche sint die? Ane caritas . diu cham . so feruor cu-
piditatis kerûmda. *Quot sunt dies serui tui? quando facies de perse-* 84 S907
quentibus me iudicium? Vuieo manige tâga sint dînes scalches?
Vuaz chit daz? Âne unz uuára uuéret din corpus sancta ęcclesia? V́ber
uuieo lang rihtest du mir fone minen âhtâren? Vuanda si uué-
ren sol . unz ze iudicio . uuanne chumet daz? Diu frâga ist marty-
rum in apocalipsi . unde dâr uuirt keantuuurtet . donec fratrum eorum
numerus impleatur. Dîa frâgun fore saget disiu prophetia. *Narrauerunt* 85
mihi iniqui fabulationes . sed non ut lex tua. Vnrehte sageton
mir adoléschias . idest exercitationes delectabilis uerbi . nieht sô
dîn êa . an dero mir ueritas lîchet nals uerba. Soliche hábent mís- S908
seliche professiones. Iudeorum literę so gescribene heîzzent deuterosis .
an diên milia fabularum sint . ane den canonem diuinarum scriptu-
rarum. Sameliche habent heretici . an iro uana loquacitate. HabeNT
ouh soliche sęculares literę. Vuaz ist ioh anderes daz man mar-
cholfum saget sih éllenon uuider prouerbiis salomonis? An diên
allen sint uuort scôniû . âne uuârheit. *Omnia mandata tua ue-* 86
ritas . iniqui persecuti sunt me adiuua me. Aber alliu diniu gebót
sint uuâriu. Vuanda ih diû bot contra uanos sermones iniquorum .
fone diu âhton sie min . hilf aber du mir. *Paulo minus consumma-* 87
uerunt me in terra. Sie habeton mih nah fertiligot in erdo . mul-
ta strage martyrum facta. *Ego autem non dereliqui mandata tua.*
Dar umbe ne-geloubta ih mih dinero geboto uuanda iz chit.

---

9 iudicio: o *aus* i *verb.*   13 delectabilis] delectabiles: e^3 *aus* i *verb. (1)*   23(r) hilf: l *aus* f *rad. und verb.*   *Punkt fehlt* 15^2 22^2

QVI PERSEVERAVERIT VSQVE IN FINEM . HIC SALVVS ERIT.

Secundum misericordiam tuam uiuifica me . et custodiam testimonia oris tui. Chic- 88 P523 S909
che mih nah dinero genâdo . unde so behuoto ih dînes mundes
martyria . idest mandata . diu ih anderes pehuoten ne-mag. Ne-lâz
mih amando uitam . negare uitam . noh negando uitam . amitte-
re uitam.
IN *ĘTERNVM DOMINE VERBVM TVVM* 89
permanet in cęlo. In hîmele uueret iêmer truhten dîn uuort.
Angeli sancti sint dâr stâte an iro diêniste . mih mag hiêr irdriêz-
zen dirro mutabilitatis unde dero irdiscun conuersatio-
nis . diu folliu temptationum ist. *In generatione et generationem* 90
ueritas eius. Aber in erdo uuéret din uuarheit an generationibus
diê in cęlo ne-sint . pediu ist hiêr uuehsel . nals dâr. *Fundasti ter-* S910
ram et permanet. Du bist fundamentum . du habest kestâtet dîna ęc-
clesiam . unde dannan uueret sî ane zegéngeda. *Ordinatione tu-* 91
a perseuerat dies. Fone dînero ordenungo uuéret der tag. Fidelibvs
ist an dir euuig tag . an démo suln sie honeste ambulare et lęta-
ri in ea. *Quoniam omnia seruiunt tibi.* Vuanda dir dienont âlliu
diu ze demo tâge treffent . nals diu ze dero naht. *Nisi quod lex tu-* 92
a meditatio mea est . tunc forte perissem in humilitate mea. Vbe ih
dîna êa ne-ahtoti . diu mih sterchet in tribulatione temporali .
so mahti ih ferloren uuerden in humilitate mortali. Dîn êa ist
caritas . diu nîmet mir interitum. *In ęternum non obliuiscar iusti-* 93
ficationes tuas . quia in ipsis uiuificasti me. Dinero rehtungon
ne-irgizzo ih niêmer . uuanda an în chîctost du mih . fone diu P524
ne-uuirdo ih ferloren in humilitate mea. Vuaz ist mennisco ú-
be du in ne-chicchest. Vuaz ke-mag er? Occidere potest se . non ui-

---

5 uitam[1]: *über a m-Strich rad.*   18 tâge *!*   *Punkt fehlt* 7[2] 12[2] 12[3] 20[2] 26[2]

R462
uificare. *Tuus sum ego saluum me fac . quoniam iustificationes tuas exqui-* 94
siui. Dîn bin ih. Ze leîde ist mir uuorden daz ih min uuolta sin . S911
daz ist inobędientię primum et maximum malum. Nu bin ih aber
dîn . tûo mih keháltenen . uuanda ih dine rehtunga . nals mî-
nen uuillen dar umbe forderota . daz ih dîn sî. *Me expectauerunt* 95
peccatores ut perderent me . testimonia tua intellexi. Min bîten
sundige daz sie mih ferlúrîn . sie uuolton daz ih în uuare con-
sentiens . unde ih dîn ferloûgendi . danne uuâre ih ferlóren . ih
uuissa dîne geiihte sóliche . daz der gehálten uuirt . der an în
fólle-stât. *Omni consummationi uidi finem . latum mandatum tuum* 96
nimis. Állero perfectioni gesah ih christum finem . an imo uuerdent ál-
le uirtutes consummatę . under dien ist caritas filo‿brêit kebôt . uuan- S912
da an iro irfullet uuerdent lex et prophetę.

Q*VOMODO DILEXI LEGEM TVAM?* Vuiêo minnota 97
ih dîna êa? Vuiêolicha minna habeta ih ze iro? *Tota*
die meditatio mea est. Daz si alle zîte min gedanch
ist. Si ne-chumet uzer minemo muote . uuan-
da caro ist concupiscens aduersus spiritum . fone diû
gágen sezzo ih imo meditationem legis tota die. Vuaz ist lex dei
ane iussa dei? Iussa eius leitent mih ad bona opera . fone diû sint siû P525
mir liêb. *Super inimicos meos prudentem me fecisti mandato tuo .* 98
quia in ęternum mihi est. Dû tâte mih fruôteren mit dinemo gebó-
te danne mîne fienda sîn . uuanda iz mir euuig ist. Du habest
mih kelêret daz ih sol gratis uuerden iustificatus per gratiam dei . S913
daz ne-uueiz israhel secundum carnem . der min inimicus ist . uuanda
er ist inimicus legis fidei . unde er sih kuôllichot in lege facto-

---

5(r) daz: a *auf Ras.* 12 *kebôt 16(r) mea est: a *aus* e *oder* u, e^{2} *aus* a *rad. und verb.* 17(r) muote: e *aus* o *rad. und verb.* *Punkt fehlt* 2^{3} 4^{3} *Punkt steht nach* 3 maximū

rum . unde er suam iustitiam quęrendo statuere . subiectus ne-ist iusti-
tię dei . unde er sih uuânet suis uiribus legem facere. Fone diu uuirt
er uz ferstôzzen . also gescriben. SERVVS NON MANET
IN DOMO IN ĘTERNVM . FILIVS MANET. Dâr hábo aber ih
iêmer mandatum dei . idest caritatem dei. *Super omnes docentes me intel-* 99
lexi . quia testimonia tua meditatio mea est. Ih fernám mêr dan-
ne mîne mêistra . uuanda diniu urchunde sint min hogezunga. S914
Vuer chit daz? Vuer mag iz chéden ane christus? Er saz in templo
inter doctores . audiens eos et interrogans . et ipsi stupebant super
prudentia et responsis eius. So ferro uuissa er iz paz danne sie .
daz iz în stuporem machota. Des tinges ist hiêr prophetia . diû uuî-
lon sprichet a capite quod est saluator . uuîlon a corpore quod est ęc-
clesia . unde mit diû machot quasi unum loquentum . Also iz chît. E-
RVNT DVO IN CARNE VNA. Daz uuas fone diû . uuanda
sînes fáter testimonia uuâren sin meditatio . also er chad. Vos
MISISTIS AD IOHANNEM . ET ILLE TESTIMONIVM PER-
HIBVIT DE ME. EGO AVTEM NON AB HOMINE TESTIMONI-
VM ACCIPIO . SED HABEO TESTIMONIVM MAIVS IOHAN-
NE. Fóne diu chit hára nâh . daz âber daz selba ist. *Super senes* 100
intellexi . quia mandata tua quęsiui. Fúre diê alten fernam ih
uuanda ih dîniu gebót suôhta . nals dero senum. Die heîzzet er se- S915 P526
nes . die er hiêz docentes. Dien senibus uuolta er ioh turbas docti-
ores ketuôn. Bediû chad er în zûo. AVDITE ET INTELLEGI-
TE. NON QVOD INTRAT IN ÔS COINQVINAT HOMI-
NEM . SED QVOD PROCEDIT EX ORE . HOC COINQVINAT
HOMINEM. Daz ne-uuisson seniores . die lotas manus so genôto

22(r)/23 docti/ores: i *aus* o *rad.* 23/24 INTELLEGETE *Punkt fehlt* 7^2

R464

forderoton. *Ab omni uia mala prohibui pedes meos . ut custodiam* 101
uerba tua. Ih zôh tána mîne fuozze fone allemo ubelmo uué-
ge. Diu uuort ne-sint capitis nube corporis . demo praua deside- S916
ria sint frenanda . so harto . daz er so getûrre chéden. *A iudiciis* 102
tuis non declinaui . quia tu legem posuisti mihi. Ába dînen úrteîl-
don ne-uuancta ih . ih tâhta iêo dára âna . nah diû iz andersuuâr
chît. A IVDICIIS ENIM TVIS TIMVI. Ziu? Vuanda du mir êa
sâztost. Minemo herzen înuuert . habest dû sîa în getân . casto
timore . non seruili. *Quam dulcia faucibus meis eloquia tua super* 103
mel ori meo. Vuiêo suôzze minemo slûnde dîniu gechôse sint .
demo munde mînes herzen sint siu suôzzeren danne hónang .
formido carnalis mali ne-leîtet mih ze în . nube delectatio spi-
ritalis boni. *A mandatis tuis intellexi.* Fóne dînen gebóten uuard 104
ih fernûmestig. Din gebót uuérendo cham mir des ih ker uuas.
Also gescriben ist. CONCVPISTI SAPIENTIAM . SERVA MAN- S917
DATA . ET DEVS PREBET ILLAM TIBI. Humilitas obędientię leî-
tet ad intellectum . unde so intellectus chumet . sô ne-ist ûf ze sê-
henne obędientia. *Propterea odiui omnem uiam iniquitatis.* Fone
diu házzeta ih alle unrehte uuéga . uuanda ih intellectum
LVCERNA PEDIBVS MEIS VERBVM uuolta. 105 P527
tuum . et lumen semitis meis. Verbum ist CHRISTVS . uerbum ist
CHRISTI . daz apostolis unde prophetis zuo gespróchen uuard .
fone demo chit iz nû. Din uuort ist liêhtfaz mînen
fuôzzen. Vnde aber daz selba. Iz ist liêht mînen
phâden. Ih ne-uuissi uuára ih solti . ube mih daz ne-leîtet. *Iura-* 106
ui et statui custodire iudicia iustitię tuę. Ih suûor . unde ge-

---

4(r) so *(mit langem s) aus* fr *(?) rad. und verb.* 6(r) andersuuâr: r[1] *auf Ras.* 11 sint *!* 25 *neleîti *(vgl. Sehrt z.St.)*

êinota mih ze behuôtenne die urtêilda dines rehtes . diê an diû
sint . daz man ubelo ne-tuôt in geniûz . noh uuola in gemêitun.
Humiliatus sum usquequaque domine . idest usque ualde. Fóne diu bin ih harto 107 S918
gediemuôtet in mîchelero persecutione. *Viuifica me secundum uerbum*
tuum. Chicche mih nah dînemo geheîzze . uuanda ouh uerbum
promissionis tuę lucerna ist pedibus unde lumen semitis. *Volunta-* 108
ria oris mei beneplacita fac domine . hoc est placeant tibi. Vuîlligiû
opher mînes mundes sîn dir liêb . diû caritas récchet . nals timor.
Et iudicia tua doce me. Vnde dîne urteilda lêre mih. Der fóre chad .
A IVDICIIS TVIS NON DECLINAVI . uuiêo chit der nû . lêre
mih iudicia tua? Ane daz er siû baz kelîrnen uuile? *Anima mea* 109
in manibus meis semper. Min sela ist iêo in mînen hánden. In mî-
nen handen ist sî . uuanda ih ieo dir sie brîngo ze chîcchenne. Al-
so iz ándersuuâr chit. AD TE LEVAVI ANIMAM MEAM. *PosueruNT* 110
peccatores laqueos mihi . et de mandatis tuis non erraui. Sûndige
rihton mir striccha . unde durh daz ne-îrrota ih . daz ih uuancti
fone dînen gebóten . uuanda ih dir bráht hábeta mina sêla . sîa ze S919 P528
chîcchenne. *Hereditatem acquisiui testimonia tua in ęternum*. 111
Ze erbe suôhta ih dîne geiihte in êuua. Daz ih iêmer dîn iéhe . unde
dîn ne-ferloûgenne . daz uuîle ih háben ze érba. Daz kelâ mir. Fo-
ne dinemo gelâzze . múgen siû mir erbe sin in êuua. *Quoniam exulta-*
tio cordis mei sunt. Vuanda sie mines herzen fréuui sint . doh siê
mînes lichamen afflictio sîn. *Inclinaui cor meum ad faciendas* 112
iustificationes tuas in ęternum . propter retributionem. Ih kehalta mîn
herza dine rehtunga ze tuônne in êuua . umbe lôn. Iustificatio-
nes sint opera caritatis . uuer mag diu tuôn in êuua? Sô necessita-

---

6 promissionis *!*   10(r) chit *auf Ras.*   13 sie: *sia

R466
tes proximorum zegânt . so ze-gânt ouh opera . aber retributiones
ne-zegânt . pediu iîhet er sih iustificationes tuôn in êuua. Dâr
fore chad er bîttendo . INCLINA COR MEVM IN TESTIMO-
NIA TVA . ze geoûgenne daz iz diuinum munus ist . aber hiêr
chit er INCLINAVI . ouh sinen uuillen ze skeinenne.

INIQVOS ODIO HABVI . ET LEGEM TVAM DILEXI. Vn- *113* S920
rehte hâzzeta ih . unde dîna êa minnota ih. Also ih dîna
legem mînnota . also hazzeta ih îro unreht . dero halb sie ini-
qui sint hâzzeta ih siê . nals déro halb siê ménnisken sint.
Naturam hominis ne-hâzzeta ih . nube uitium. *Adiutor meus . et* *114*
susceptor meus es tu. Mîn helfâre bist dû uuola ze tuônne . min
inphângare ubeles ze în-fârenne. *In uerbum tuum supersperaui.* P529
An dinen gehêiz uber dingta ih . samo sô filius promissionis. *Declina-* *115*
te a me maligni . et scrutabor mandata dei mei. Rûment mir
arguuillige . unde so scrodon ih mines Gotes kebot. Lâzent mih
tenchen . uuaz Gote liêb sî . daz ih peheftet si an demo fórdero-
sten . nals so ir uuéllent . an demo âfterosten. Disiu réda ist uuî-
der dien . die inportune unsera helfa fôrderont ad sęcularia
negotia. *Suscipe me secundum eloquium tuum et uiuam . et non confun-* *116*
das me ab expectatione mea. Inphâh mih nah dînemo geheiz- S921
ze . unde sô lêbo ih. Vuâr? Ane in futuro . dar lîb âne tôd ist. Vn-
de ne-skende mih an mînero bîtûn. Ne-lâ mir ingân des ih pî-
to. *Adiuua me et saluus ero . et meditabor in iustificationibvs* *117*
tuis semper. Hilf mir . uuanda ih sieh pin . unde so uuîrdo ih
kehalten . unde fone dero helfo . dencho ih iêo an dîne rehtun-
ga. *Spreuisti omnes discedentes a iusticiis tuis . quia iniusta co-* *118*

---

10 Naturā: N *nicht ausgerückt, wahrscheinlich wegen Initiale* I 20 expectatione: c *aus* x *verb.*

R467

gitatio eorum. Alle sih skêidente fone dinen rehten ferchû-
re du . unde mit rehte . uuanda iro gedang unreht ist. Vues mag
der uuesen rehter . der in‿gedanche ist unrehter? *Preuariçan-* 119
tes . idest prȩceptum diuaricantes *reputaui omnes peccatores terrȩ.*
Alle sundige in‿uuerlte . áhtota ih ûberfángare. Vues? Ane Gótes
êo . eînuueder in‿paradyso datȩ . alde naturalis . alde literis promul-
gatȩ. Vuieo gehillet danne demo . daz der apostolus chit. VBI NON
EST LEX . NEC PREVARICATIO? Ane daz er iz ecchert
chit fone einero déro . diû iudeis uuard literis tradita. *Ideo di-*
lexi testimonia tua. Fone diu minnota ih dîne geiîhte . die mih
séndent ad gratiam tuam . daz ih keuuúnne per gratiam . daz ih keuuun- S922
nen ne-mag per legem. *Confige timore tuo carnes meas.* Durh stôz 120 P530
mîniu fleîsk mit dinero forhtun . tûo daz ih si CHRISTO confixus
cruci . unde carnis desideria an mir gedoûbot uuerden fone
gratia dei . uuanda mih lex nemag iustificare . nube prȩuaricatorem fa-
cere. Mit casto timore durh stôz miniu fleîsg . mit îmo uuerde
caro crucifixa . uuanda pȩnalis timor ne-getuôt carnem cruci-
fixam. Ziu? Quoniam per eum uetantur potius peccata quam uitantur. *A iu-*
diciis enim tuis timui. Fone énen dînen urteildon ! dîe in lege
sint . forhta ih . die uuâren mir quasi pedagogi . dannan leîte S923
mih hára ze démo timore . an demo delectatio iusticiȩ sî . nals
timor pȩnȩ.

FECI IVDICIVM ET IVSTICIAM . NE TRADAS ME 121
calumniantibus me. Ih téta gerîhte unde reht . ne-sé-
le mih mînen ánafrîstâren. Vuéliche sint daz? Ane
diê ioh kuôt in árg uuendent. Diên ne-henge daz sie

---

13 fleîsk: k *aus Ansatz von* g *verb.* 14 gedoûbot *!* 17/18 cruci-
fixam: a *aus* u *rad. und verb.* *Punkt fehlt* 20[1]

R468
mit îro âhtungo mih ze ubele bechêren . idest ne metuentem ma-
la perpeti . mala facere cogant. Iustitia recchet iudicium . uuanda iz
iudicium ne-ist . iz ne-si rectum. Iustitia ist uirtus animi . iudicium
ist operatio uirtutis. *Suscipe seruum tuum in bonum.* Inphâh mih 122
in guôt . uuanda sie uuellen mih scrêcchen in ûbel. *Non calum-
niantur me superbi* . idest ne me capiant calumniando. Vbermuô-
te ne-bescrênchen mih . hîntert trahtondo . daz ih christum béton . S924
uuanda sie chedent christianos mortuum colere. *Oculi mei defece-* 123
runt in salutare tuum. An dînen háltare sint ferbrûchet mi- P531
niu oûgen. Sîn langet mih . sin lustet mih. *Et in eloquium iusticię
tuę.* Vnde an daz kechôse dines rehtes . daz in euangelio gelir-
net uuirt . so er chumet. *Fac cum seruo tuo secundum misericordiam tuam.* 124
Dûo sament mir dînemo scálche . nah dinero genâdo . nals nâh
minemo rehte. *Et iustificationes tuas doce me.* Vnde lêre mih dî-
ne réhtunga . mit diên dû die mennisken getuost rehte . nals sîe
sih. *Seruus tuus sum ego.* Ih pin din scalch. Mir gelang ûbelo an 125
diû . daz ih min frîo uuolta sîn . nals dîn scalch. *Da mihi intelle-
ctum . ut sciam testimonia tua .* idest mandata. Kib mir fernûmest
daz ih uuizze dîniû gebót. Gib mir ieo ze trînchenne de fonte
lucis ętermę . daz ih siu uuizze . unde tuondo iêo baz unde baz
siu uuizze. *Tempus faciendi domine.* Zît ist des tuônnes daz du tuôn S925 126
solt . chum unde uuîso unser . unde ne-tuéle des. *Dissipauerunt le-
gem tuam.* Ze-fuôret hábent siê dîna êa . be diû ist is zît. Vuéliche tâ-
ten daz? Superbi . qui suam iustitiam uolentes statuere . iusticię dei
non sunt subiecti. Lex subintrauit ut abundaret delictum . delictum
dissipauit legem. *Ideo dilexi mandata tua . super aurum et topazion.* 127

3(r) rectum: *Schaft des* c *aus Oberlänge rad.* 5/6 *calumnientur
22 des *auf Ras., Zkfl. von* diû, *Z. 23, teilweise mitrad.*
Punkt fehlt 7^3

R469

Fone diû minnota ih diniu gebot . mêr danne golt . unde topazium .
uuanda dilectio diu irfóllon mag . diû timor ne-mahta. Gratia S926
dei gibet dilectionem . diê gratiam ne-chondon die irchiêsen . die faciem
moysi uelatam gesehen ne-mahton. Sie uuolton tuôn mandata
tua pro terrena mercede . diu sie doh ne-tâten . uuanda sie ánder
mînnoton. Noh timor seruilis . noh amor terrenę mercedis . ne-
mahta sie geleîten dara zûo. Áber ih minnota mandata tua .
super aurum et topazion . uuanda nehêiniû guôt diên gelih ne- P532
sint . diu den mennisken guôt tuônt. Topazius hâbet zuô fáre-
uua . eina goldes . andera lûfte . unde also scône ouga . so skînet
er în golde. *Propterea ad omnia mandata tua dirigebar.* Fóne 128
diu uuard ih rîhtig ze dînen gebóten . uuanda ih siu mînnota.
Omnem uiam iniquam odio habui. Alle únrehte uuéga házeta ih.
Ziu ne-solti . sîd ih rehte mînnota? Ih skiêhta die uuéga . an diên
man tiûrera ferliêsen mag . danne aurum sî et topa-
zion.

M*IRABILIA TESTIMONIA TVA* 129 S927
ideo scrutata est ea anima mea. Vuúnderlîh sint
dîniu prȩcepta . idest prȩcepta legis . fone diû scródeta
siû mîn sêla. Daz siû bona sint fone bono chómeniû . des ne-sint
siu uuúnderlîh. Daz siu âber diên sint ke-geben . die siû ne-mú-
gen uiuificare . daz ist mirandum . daz ist stupen-
dum. Vuannan uuîzzen uuir . daz sie lex ne-muge iustificare?
Vuanda paulus chit. SI ENIM DATA ESSET LEX QVȨ POS-
SET VIVIF[F]ICARE . VERE EX LEGE ESSET IVSTICIA.
Daz scródota min sela . ze uuiû si gegében uuúrde . sid si ne-mah-
ta uiuificare. Daz ne-teta si in úppun. Vuiêo? *Declaratio sermo-* 130

---

3 diê[1]: dîa 10 lûste 23/24 POSSET: T *nachgetr.*

R470
num tuorum illuminat . et intellectum dat paruulis. Vuanda óffenun-
ga dînero uuorto irliêhtet luzzele . unde gîbet in fernumest.
Vuaz ist declaratio sermonum tuorum âne lex? Ziu sî diên gegében
si diê si ne-mag iustificare . daz fernément paruuli . daz ferne-
ment humiles . déro bin ih eîner . fone diû uuolta ih sia scródon. P533
Si ist dara zuo gegében . daz si dih superbum iudeum humilem tuôe .
unde si dir geoûge . daz dinero chréfto ne-gerînnet sia ze irfol-
lonne . unde du solt confugere ad gratiam . unde chálelicho ché-
den. MISERERE MEI DOMINE QVONIAM INFIRMVS SVM. Daz uuirt
dir ze tuônne . quia per legem cognitio est peccati . non iustificatio.
Os meum aperui et attraxi spiritum . quia mandata tua desiderabam. *131*
Vuanda ih dîniu gebót uuolta . bediu indéta ih ûf mînen MUNT
unde iáh . daz ih infirmus ne-mahta tuôn fortia . paruulus S929
magna . unde durstiger soûf ih spiritum bonum . der mir half ze ge-
tuônne . daz ih ketuôn ne-mahta . per mandatum sanctum . et iustum . et bo-
num. Non enim qui spiritu suo aguntur . sed qui spiritu dei . hi filii dei sunt.
Non quia ipsi nihil agunt . sed ne nihil boni agant . a bono agun-
tur ut agant. *Respice in me et miserere mei . secundum iudicium dili-* *132*
gentium nomen tuum. Sih mih ána . unde genâde mir nah dé-
ro urteildo . dinen namen mînnontero. Daz chît . nah dero ur-
teildo . dia du an diên tâte . die dinen námen mînnont. Vuan-
nan minnont? Âne daz du sie er mînnotost. Also iohannes chit.
NOS DILIGAMVS DEVM . QVONIAM IPSE PRIOR DILEXIT
NOS. Disiu uuort sint des . der suoze getrûnchen hábet . unde
gechóretro suôzi . mêr trinchen uuîle. *Gressus meos dirige secundum* *133*
eloquium tuum . et non dominetur mei omnis in-iustitia. Kerîh-

---

14 durstiger] durftiger 25 *gechóretero *Punkt fehlt* 20[3]

R471

te mîne genge nâh dînemo gebóte . unde ne-heîn unreht ne-
uualte mîn. Du ge-búte mínna . gib mir minna . daz dû uuoltost
kebiêten . dara zûo geuuerdo mir helfen. *Redime me a calum-* 134
niis hominum . et custodiam mandata tua. Lôse mih fone menniscon
ûnliûmenden . unde so behuôto ih dîn gebót. Calumnię sint fal- S930 P534
sę criminationes . diê tûo daz ih ne-furhte . so uuirdo ih under
în mítten per patientiam gehálten. Der sie furhtet . der uuirdet
liêhto nâh în bechêret . daz ne-la mir geskêhen. *Faciem tuam illu-* 135
mina super seruum tuum. Dîn anasiûne irskeine ûber dinen scalch.
Ouge mir helfendo dina pręsentiam. *Et doce me iustificationes tu-*
as. Vnde lêre mih dîne rehtunga. Lêre mih siê sô . daz ih sie tuôe.
So chit iz ouh anderesuuâr. DOCE ME FACERE VOLVNTA-
TEM TVAM . uuanda der habet sie ungelirnet . der sie ne-tuôt.
So sprichet ueritas. OMNIS QVI AVDIT A PATRE ET DI-
DICIT . VENIT AD ME. Fone diu ist uuâr . qui non facit . ideo
non uenit . quia non didicit. *Exitus aquarum deduxerunt oculi me-* 136
i quia non custodierunt legem tuam. Ȗz-ferte uuázzero lêiton ze tá-
le mîniu ougen . uuanda siu ne-behuôton diniu gebót. Vn-
geuuaro sehendo missetaten mîniu ougen . daz rúzen siû. Nî-
der solta iro runsa sîn ! ad humilitatem pęnitentię . durh diê scul- S931
de daz siu chapheton an die illecebras curiositatis illicitę. Al-
so dauidi gescah umbe uxorem urię. An anderen buôchen ist
TRANSIERVNT OCVLI MEI . sámoso ougen mêr rînnen
mugin danne ursprînga uuazzero. Daz gechôse heîzet yper-
bole . daz chit úber-stépheda.

IVSTVS ES DOMINE . ET RECTVM IVDICIVM TVVM. 137

9(r) Dîn: n *aus* u *rad. und verb.* 12(r) DOCE: O *aus* C *verb., davor* O *rad.* 24(r) gechôse: e[2] *auf Ras.*

R472
Reht pist du truhten . unde reht ist din urteilda . fone diu uuêi-
nota ih fîlo . uuanda din reht ze fúrhtenne ist omni peccanti P535
mit demo du den damnas souuér damnatus uuirt . unde niêman
ne-ist der sînero damnationis sih mit rehte gechlagon muge.
Mandasti iustitiam testimonia tua. Dû gebûte reht. Vuélichez? Te- 138 S932
stimonia tua. Siu sint din reht . und du bist rehter . reht ke-
biêtendo. *Et ueritatem tuam nimis.* Vnde dîna uuarheit kebûte
du ge-nôto. Vuelicha? Aber diû selben testimonia . mit diên du
dih chunden tuôen uuîle . diû man so fîlo genôtor hálten
sol . so fîlo siû genôtor gebóten sint. *Tabescere me fecit zelus* 139
meus . quia obliti sunt uerba tua inimici mei. Séreuuen téta
mih mîn ando . uuanda mîne fienda dînero uuorto irgâzzen.
Vuanda ih sie mînnota . bediû lêidezta ih daz sie sáment mir ne-
uuâren feruentes in amore dei. Daz leid uuas mir so harto ána .
daz iz mih in súhte uuîs slêuuen téta. Dannan ist ánderesuuâr
gescrîben. ZELVS DOMVS TVĘ COMEDIT ME. *Ignitum* 140
eloquium tuum uehementer . et seruus tuus dilexit illud. Dîn uuort
cluôit unde zundit harto . unde din scalch mînnota iz. Fone
diû uuolta ih ouh daz mine fienda iz mînnotin . unde iz siê
zunti. Des inphant cleopas . do er chad. NONNE COR NOSTRVM
ARDENS ERAT IN NOBIS . CVM APERIRET NOBIS S933
SCRIPTVRAS IN VIA? *Adolescentior sum ego et contem-* 141
ptus . iustificationes tuas non sum oblitus. Ih pin iungero danne
sie . unde ferchóren . doh ne-irgaz ih dînero rehtungon . so sie tâ-
ten. Daz mag cheden populus noui testamenti . der in contemptu
uuas populo ueteris testamenti. Daz mag ouh súnderîgo chéden

---

4 gechlagon: l *aus Ansatz von* a *verb.* 5 Mandasti: M *auf Ras.*
11(r) obliti: ti *aus* tus *rad.* 18 cluôit: lu *aus* h *verb.* scalhc
26 ouh: h *auf Ras.* *Punkt fehlt* 12^2 14^2

R473

ioseph . unde dauid . diê îro bruoderen in contemptu uuâren . un-
de doh pehiêlten iustificationes dei. *Iustitia tua iustitia in ęter-* 142
num. Din reht ist êuuîg reht . nals iudeorum . uuanda iro iustitia eua- P536
cuata uuirt . dia sie uuolton pręferre iustitię dei. *Et lex tua ueritas.*
Vnde din lex ist uuarhêit . also dâr ána skînet . daz si testimonium
saget iustitię dei. Nah diu iz chit. IVSTICIA DEI MANIFE-
STATA EST . TESTIFICATA PER LEGEM ET PROPHETAS.
Tribulatio et angustia inuenerunt me . mandata tua meditatio mea 143
est. Vuaz ist mir danne geskehen? Árbeite unde ángeste be-gá-
gendon mir . iêo-doh uuâren dîniu gebót . mîn gedanc. Sie tuô- S934
en ána . helfen iro . âhten min . écchert ih pehalte dîniu gebot
unde ih ioh sie minnoe umbe din gebot. *Ęquitas testimonia* 144
tua in ęternum. Diniu testimonia umbe diû martyres irstur-
ben . diu sint euuig reht . uuanda sie des rehtes iêmer lébent.
Et intellectum da mihi et uiuam. Vnde gib mir fernumest . unde
so lêbo ih. Dûo mih fernemen uuiêo daz nieht ne-îst . daz per-
sequentes inimici mir genemen mugen . unde uuiêo ih danne
uuârhafto lêbo . ube ih temporalem uitam . umbe dîna
CLAMAVI IN TOTO CORDE geiiht ferliuso. 145
exaudi me domine . iustificationes tuas requiram. Ih
ruofta an allemo herzen. So tuot der . der anadâh- S935
te ist ze sinemo gebete . unde in sîn ernest ne-lâzet
anderes tenchen. Sólih kebét ist ételichen émezîg nals mani-
gen. Vbe iz doh-einen ieo so durnohte si . daz ist unchunt. Der
hier sprichet . der îlhet sóliches . kehore mih truhten . uuanda mî-
nes ruôftes mir ernest ist. Dîne rehtunga suocho ih . triûuua ze P537

2(r) pehiêlten: *ursprüngl.* pi zu pie *verb., dann zu* pe *rad. und verb.* 6(r)/7 MANIF ESTATA: *dazwischen Ras.* 9 geskehen: k *aus* h *rad. und verb.* 10(r) mîn gedanc *auf Ras.* 26 *triûuuo *(Adv.)*

R474

tuônne . nals ecchert ze uuîzzenne. *Clamaui ad te saluum me fac* 146
et custodiam mandata tua. Ih hareta ze dir gehalt mih . unde dan-
ne behuôto ih diniu gebót. Salutem animę gib mir . dannan tuôn
ih daz ih uueiz ze tuônne. *Preueni in-maturitate* id est aória gre- 147
ce . *et clamaui.* Ih kahota in unzîte . unde hareta ze dir. In mîtta S936
naht . er matutinum tempus châme . stuônt ih uf ze gebéte. Daz tem-
pus heîzet in-maturitas . unde ist ein uuort nals zuêi. Eîner éte-
licher déro interpretum chad in in-maturitate . id est en‿aoria gre-
ce . mit zuein prępositionibus . daz ist der selbo sîn . uuanda inma-
turitas ist significatio in-maturi idest non oportuni temporis
daz ouh uulgô heizet hora inportuna . so media nox ist et in-
tempesta . quando non est tempus operandi . sed quiescendi. Dîsiu
reda mag fernomen uuerden ad unumquemque fidelium . der daz
diccho tuôt . daz er ûf stat so frûo. Ouh mag keheîzen uuer-
den in-maturum tempus er CHRISTVS châme . do prophetę háreton . un-
de in bâten chómen . so er geheîzen habeta. Fone diû chit hára
nah. *In uerbo tuo supersperaui.* Ze dinemo geheîze fersah ih
mih . fone diû hareta ih . ube mih dînero chumfte ne-belángeti
noh ih so genôto ne-háreti. *Preuenerunt oculi mei ad te matutinum.* 148
Mîniu ougen fúre fuôren dia ûohtun . unde fure uuacheton sia S937
ze dir. Vuélichiu ist diû ûohta? Âne do diên begonda tágen .
die in umbra mortis sâzen . unde sie dih pegondon séhen in car-
ne. Ze uuîu teta ih daz? *Vt meditarer eloquia tua.* Daz ih dîne
gehêiza in muôte hábeti . sament allen diên . die sie chúnton in
lege et prophetis. *Vocem meam audi secundum misericordiam tuam domine . secundum iu-* 149
dicium tuum uiuifica me. Mîna stimma truhten gehôre nah dînen P538

15 *êr 20 unde: u *auf Ras.* *Punkt fehlt* 9^2 *(nach* prępositionib;*)*

genâdon . daz du mir ablâz kebêst in tempore misericordię. Nah dînero
urteildo . ih meino secundum iudicium diligentium nomen tuum . ir-
chiccho mih ad uitam. *Appropinquauerunt persequentes me iniquitati .* 150
a lege autem tua longe facti sunt. Demo unrehte nâhton sih mîne
persecutores. An uuîu? Âne carnem meam cruciando . uuanda animę
diu cruciatum tréget . nieht nâhor ne-ist. Aber fone dînero êo fér-
reton siê. Iniustitię uuâren sie bî . iusticię ferro. *Prope esto domine.* 151
Du truhten uuis uns pî. Interior si uns dîn propinquatio . diu ún-
sih niêmer ne-ferlâze. *Et omnes uię tuę ueritas.* Vnde alle dî-
ne uuéga sint uuarheit. In déro uuarheîte dînes rehtes . uuîle S938
du unsih lâzzen lîden diê nôte . uuanda uuir siê âne sculde
ne-lîden. *Initio cognoui de testimoniis tuis . quia in ęternum* 152
fundasti ea. Ze êrist dirro uuerlte geêiscota ih daz fone dinen
geiihten . daz du siu stâtost in êuua . unde in fundamentum
gabe in christo. Daz skêin an abel . ze demo ciuitas dei sancta ęcclesia
âna fiêng . daz skêin an patriarchis et prophetis . unde an‿ande-
ren an diên do sancta ęcclesia bestuônt . die testimonia dei habe-
ton in CHRISTO fundata. Initio ist aduerbium . also ouh catharchas
apud grecos. Andere chaden . ab initio . daz iz so uuâre fer-
VIDE HVMILITATEM numistigora. 153 S939
meam et eripe me quia legem tuam non sum oblitus.
Sih mina diemuôti unde lose mih . uuanda ih P539
dinero êo ne-irgaz . diu uns zuo chit. OMNIS
QVI SE EXALTAT HUMILIABITVR . ET QVI
SE HVMILIAT EXALTABITVR. *Iudica iudicium meum* 154
et redime me. Chiûs mina urteîlda . daz ist ánderest . sih mî-

---

10 uuarheit: *über Bauch des* a *Punkt auf Zeilenhöhe* 13(r) geêiscota: eis *auf Ras.* 16(r)/17 ananderen: a[2] *aus* d *oder* e *rad. und verb.* 22 mina: a *aus* e *rad. und verb.* 26 Chiûs *auf Ras.* *Punkt fehlt* 19[2] 19[3] *Punkt steht nach* 13 ih

R476

na diemuôti . sih daz . quomodo me ipsum diiudicaui. Et redi-
me me. Daz ist anderest et eripe me. *Propter eloquium tuum*
uiuifica me. Vmbe dînen gehêiz chîcche mih. Vuelichen? Âne
dén . QVI CREDIT IN ME NON MORIETVR IN ĘTERNVM .
SED HABEBIT VITAM ĘTERNAM. *Longe a peccatoribus salus . qui-* 155
a iustificationes tuas non exquisierunt. Ferro ist heili fone sún-
digên. Ziu ist daz? Vuanda sie dine rehtunga ne-forderoton
diên ne-si ih kelîh . uuanda ih sie fôrderota. *Misericordię tuę multę* 156
domine secundum iudicium tuum uiuifica me. Mánige sint dîne genâda
truhten . nah dînero urteildo an déro genâdon ne-gebreste .
irchîcche mih. *Multi qui persecuntur me et tribulant me . a testimo-* 157
niis tuis non declinaui. Manige âhtent min . unde arbeîtent
mih . chit sancta ęcclesia ex persona martyrum . umbe daz ne-uuancta S940
ih fóne dînen geiîhten. Fone diu ist purpurata terra sanguine marty-
rum . cęlum florescit coronis martyrum . ęcclesię ornatę memoriis mar-
tyrum . insignita tempora natalitiis martyrum . crebrescunt
sanitates meritis martyrum. *Vidi pręuaricantes et tabescebam* 158
quia eloquia tua non custodierunt. Ih kesah andere dannan uuén-
chente . dîe dîn ferlougendon in persecutione . unde fone démo
leîde suánt ih . daz sie ne-behuotton diniu eloquia. Iz uuag
mir sámoso abscisio menbrorum meorum. Andere interpretes ché-
dent. VIDI NON SERVANTES PACTVM. Pactum ist . qui
uicerit coronabitur. Der daz nehaltet . der ist pręuaricator. *Vide* 159 P540
quoniam mandata tua dilexi. Sih daz aber ih mînnota dîniu ge-
bot. Caritatem gebute du . die mînnota ih . diû stâtta mih an dîne-
ro confessione. *Domine in misericordia tua uiuifica me.* Hêrro tuô mih

---

10 genâdon *!* 14(r)/15 purpurata *bis* flo *von* florescit *auf Ras.*
22 SERVANTES: *vor* A *Ras.* 25 die: *dîa *Punkt fehlt* 10[1] 10[2] 13[1]

R477

leben an dînero genado. Persecutores tôdent mih . dû chîcche S941
mih. Dîn genada gébe . daz ih kefrêhton ne-múge. Sih mih a-
mantem . halt mih periclitantem. *Principium uerborum tuorum ueritas . in* 160
ęternum omnia iudicia iustitię tuę. Vuarheit ist ânagenne dine-
ro uuórto . siû chóment fone uuârhêite . unde sint uuâriu . ne-
triêgent niêmannen . noh iustum démo siu uitam . noh impium dé-
mo siû pęnam geheîzzent. Diû ze-uuêi sint iêmer urteilda
PRINCIPES PERSECVTI SVNT ME dines rehtes. 161
gratis. Corpus CHRISTI sancta ęcclesia sprîchet hiêr. Vuaz chit?
Die uuérlthêrren âhton mîn ungesculdet. An uuîu scá-
deton uuir christiani terrenis regnis? Ne-chad selber CHRISTVS S942
kefrágeter . úbe man cęsari zins keben solti . REDDITE
CĘSARI QVĘ CĘSARIS SVNT . ET DEO QVĘ DEI SVNT? Ne-gáb
ér îmo selbo zîns . ûzer fîskes munde genomenen? Vuiêo sîn
pręcursor? ze démo milites chômen . unde frageton . QVID FACI-
EMVS? Er ne-chad . cingulum soluite . arma proicite . regem uestrum dese-
rite . ut deo possitis militare. Nube uuiêo chad? NEMINEM CONCVS-
SERITIS . NVLLI CALVMNIAM FECERITIS . SVFFICIAT
VOBIS STIPENDIVM VESTRVM. Vnde comes CHRISTI Paulus . uuiêo
riêt er CHRISTI prouincialibus . sin selbes commilitonibus? Ne-chád er? OMNIS P541
ANIMA POTESTATIBVS SVBLIMIORIBVS SVBDITA SIT?
Vnde âber. REDDITE OMNIBVS DEBITA. CVI TRIBVTVM TRI-
BVTVM . CVI VECTIGAL VECTIGAL . CVI TIMOREM TIMO-
REM . CVI HONOREM HONOREM. Ne-gebôt er . daz sancta ęcclesia bé-
teti pro regibus? Vuaz mîssetâten christiani uuíder siê . daz siê îro
âhten soltîn? Fone diu chit mit rehte sancta ęcclesia . danches âhton

---

4 iudicia: c *aus Ansatz von* a *verb.*   7(r)   13 DEI S̄.   17 chad.   20 *nach* commilitonib; *nur Schleife des* ?   *Punkt fehlt* 20[1] *(nach* prouincialib;*)*

R478

sie mîn. *Et a uerbis tuis formidauit cor meum.* Vnde fone dinen . S943
iro
nals fone iro uuorten . irchám sih min herza. Sîe dreuton. Pro-
guot frôno ih chrazzon sie mit chrâphon uuirfo sie fûre tiêr
scribo . occido . ungulis torqueo . igni comburo . bestiis subrogo .
ze-sleîzzo iro lîde
membra dilanio. Daz allez ne-forhta ih . uuanda du châde. No-
LITE TIMERE EOS QVI CORPVS OCCIDVNT . ANIMAM AVTEM NON
POSSVNT OCCIDERE. SED TIMETE EVM QVI HABET POTESTA-
TEM CORPVS ET ANIMAM PERDERE IN GEHENNAM. *Lętabor ego* 162
super eloquia tua . sicut inuenit spolia multa. An dînen gechôsen
freuuo ih mih . also der mánigiu geroube fîndet . uuanda min
sîgo habet mir gegeben mánigiu geroûbe . an diên die sih dînero
militum patientię uuúnderondo ze dîr becheret hábent . unde
geloûbig sint. *Iniquitatem odio habui et abhominatus sum . legem autem* 163
tuam dilexi. Vnreht házeta ih . unde lêidezta iz . aber dîna êa mîn-
nota ih. So uuiêo ih mir furhte a uerbis tuis diu dîn êa sint . iêdoh
mînnon ih siû . noh diê minna ne-îrret castus timor. So suln chint S944
parentes furhten unde minnon . so sol chéna iro cháral fúrhten .
unde mînnon. *Septies in die laudem dixi tibi . super iudicia iustitię* 164
tuę. Sibenstunt in dáge lobeta ih dih . umbe diê urteilda dînes
rehtes. Septies uuirt fernomen semper . uuanda septenis diebus ál- P542
uel emizigo
liu tempora ge-zálot uuerdent. Also iz chit . SEPTIES CADET
IVSTVS ET RESVRGET . idest omni genere tribulationis humili-
atur et proficit. *Pax multa diligentibus legem tuam . et non est illis scanda-* 165
lum . i. mentis offensio. Feste frido ist diên . die dîna ea mînnont
unde ne-heîn ferspúrneda. Vbe sia oûh der ne-fernîmet der
sîa minnot . er áhtot sia iêdoh háben toûgena unde heîliga
bezeicheneda . unde so êret er sîa . unde uuîzet îmo selbemo dîa

2(r) dreuton: n *aus* u *oder* o *rad. und verb.* 11 becheret *!* 15 *dîa 18 Sibenstunt: n[1] *aus Ligatur* st *rad. und verb.* 20(r) liu tempora *auf Ras.* 21 nach idē *kleiner Strich (Ansatz zum Punkt?)* 24(r) sia: a *aus* e *rad. und verb.* *Punkt fehlt* 1[3]

3 sie] so *(zweimal)*

R479

únfernúmest. Aber iudeis uuas scandalum . daz man sie hiêz legem spi- S945
ritaliter intellegere . uuanda sie ne-minnoton spiritalia. Ouh ist iz
so ze‿fernemenne. Diê Gótes ea minnont . diên ne-táront prospera .
noh aduersa. *Expectabam salutare tuum domine . et mandata tua di-* 166
lexi. Dines haltares CHRISTI bêit ih trúhten . unde mînnota dîniu ge-
bot . dilectionem dei et proximi . uuanda der sîn in gemeîtun bîtet .
der diû ne-minnot. Nu bitent sîn . die siû minnont . ut cum CHRISTVS
apparuerit uita eorum . tunc et ipsi appareant cum illo in gloria. *Cu-* 167
stodiuit anima mea testimonia tua . et dilexit ea uehementer.
Dîne geiîhte behuôta min sêla . unde mînnota siu hírlicho. Daz che-
dent martyres . uuanda ube sie dei mandata ne-behuôtin . âne
caritatem ne-tohti in martyrium. *Seruaui mandata tua et testimo-* 168
nia tua . quia omnes uię meę in conspectu tuo. Dîniu gebót kehiêlt
ih . unde dîne geiîhte . uuanda alle mîne uuéga sint in dînero ge-
sihte. Vuanda du îro uuara tuôst . unde mit kenâdigen oûgon
sie siêhest . dannan behábo ih mina rihti an în.

APPROPINQVET DEPRECATIO MEA IN CONSPE- 169 P543 S946
ctu tuo domine . iuxta eloquium tuum da mihi intellectum.
Mîn gebet daz fore dir îst . nahe ze dir trúhten . nâh
diu iz chît. PROPE EST DOMINVS . HIS QVI TRI-
BVLATO SVNT CORDE. Nâh dînemo geheîzze gib mir fernúmest.
Vuelicher ist daz? INTELLECTVM TIBI DABO ET INSTRVAM TE.
Intret postulatio mea in conspectu tuo secundum eloquium tuum eripe 170
me. Min gebét chóme fure dih . nâh dînemo geheizze lôse mih. Daz
ist anderest daz selba. Vuola bîtet . der so bîtet. Intellectum inpha-
hendo uuirt sîn rât . uuanda durh sih fernémendo uuirt sin únrât.

---

15 kenâdi gen: *dazwischen Loch im Pgm.* *Punkt fehlt* 6[3] 21[2]

R480

Eructabunt labia mea ymnum . cum docueris me iustificationes tuas. 171
Mîne lefsa sprechent lóbesang . so du mih lêrest dine rehtunga. Got
lêret dîe . die-dir sint docibiles dei . daz sie niêht eîn gehúgendo nu-
be tuendo behuoten Gotes rehtunga. *Pronuntiabit lingua mea* 172
eloquium tuum . quia omnia mandata tua ęquitas. Mîn zunga ságet
dîn gechôse . lêret diniu gebót . uuanda siu alliû sint reht. Fone S947
diu uuile ih uuerden minister uerbi . uuanda dâr ána ęquitas
ist. Ih uueîz aber uuóla . daz mir freîsa begágenen suln a con-
tradicentibus et persequentibus. Vuaz uuirt min danne? *Fiat manus* 173
tua ut saluet me. So chome din helfa daz si mih halte . unde ih
in anima ferlorn ne-uuerde. *Quoniam mandata tua elegi.* Vuanda
ih diniu gebót iruuéleta . so daz ih mit îro amore úber uuúnde
timorem. *Concupiui salutare tuum domine . et lex tua meditatio mea* 174
est. Christum dinen haltâre uuolta ih . sîn géreta ih . unde dîn êa ist
mîn hógezunga . quia lex testimonium perhibet christo. *Viuet* P544 175
anima mea et laudabit te . et iudicia tua adiuuabunt me. An
imo lébet mîn sêla unde lóbet dih . unde dîne urtêilda helfent
mir sament dien diê gehôren suln. VENITE BENEDICTI
PATRIS MEI. *Erraui sicut ouis quę periit.* Ih kiêng îrre also 176
ferlórn scâf. *Quęre seruum tuum . quia mandata tua non sum obli-*
tus. Suôche mih . suôche dînen scalch . uuanda ih dinero ge-
boto ne-irgáz. Die du suôhtost . die funde dû . noh suôche diê
du findêst . unde gehâltest.

*E*înen iudeum in sîna uuîs uuîzzigen frâgeta‿man . uuan- *Einleitung* S948
nan cantica graduum so genámot uuârin. Der antuuúr-
ta alsus. Do dauid uuillen hábeta templum domino ędificare .

15 hó gezunga: *dazwischen Loch im Pgm.; zwischen* hó *und Loch* ge *rad.*
24 mân *Punkt fehlt* 9 *(nach* persequentib;*)*

dô ébenôtér montem templi . unde scûoff‿in al nâh diû so er daz templum pildon uuolta. Vnde begruôb‿in alsô. daz ûffen demo monte ein monticulus uuart . dar ûffe uuolta er daz templum zimberon. Vffen den monticulum uuorchta er ter quinque gradus . trîustunt umbe unde‿umbe undirtâne daz diê uuérch-liûte unde alle liûte clementer ûf unde nîder gân mahtin. Vn-de uuanda er sih peuuânda daz er daz uuerch folle-frúmmen selbo solti . so liêb-sángoter sâr demo selben uuerche . ih mêino diên quindecim gradibus mit also mánigemo psalmo. Vnde skeînet sâr an demo primo cantico . daz er inuidos et contradi-ctores umbe daz selba uuerch hábeta. Dannan chuád er. DOMINE LIBERA ANIMAM MEAM A LABIIS INIQVIS . ET A LINGVA DOLOSA . ET CĘTERA. Vsque huc iudeus . quantum ad corticem non credo SPERNENDVS.

Úbe aber uuir fóne diên fidelibus dîe diê medullam expresserant P545
iêuuiht suôzzeren dinges kesmécchet eîgen . unde so fîlo des S949
an uns uuesen mag . in medium bringen uuellen . den uuillen
ne-nemme niêman superbiam . uuanda er ne-skêinet inuidiam
superbię pedissequam.

CANTICA QVINDECIM GRADVVM. Ne-fîr-rônt noh an selbero zálo . ut patribus uidetur. Diû selba zála diû ist ûzzer ze-uuélfen unde drîn . al-de ûzzer zênen unde fúnfen . alde ûzzer niûnen unde séhsen . alde ûzzer áhtouuen unde sîbinen . alde ûzzer bis septem et uno . alde quatuor et undecim . alde septem et octo . multis noto mysterio compacta. Vnde ist si an dîsen septem mo-

---

15 Úbe: *mitten im* U *roter Punkt* diê[2]: *dia 17 Den 20 CANTI-CA *bis* GRADVVM. *rot* 23 fúnfen: n[1] *aus Ansatz von* f *verb.*

R482

dis des hêiligen geîstes ziêredon fól. Vuieo aber álliû ęcclesia diû
after déro leîtero uirtutum . daz chuît guôttâto . an îro lîden
ze himele stiget . in iêgelichemo cantico liûte . daz ist uuúnne-
sam ze gechiêsenne. Si chuît allero êrest . sih hiêr nîdanan bú-
.i.finstri
uuen mit habitantibus cędar . die sia uuendent daz si ne-stîge.
Dára nâh chuit sî . daz si iro oûgen ad apostolos ûf héue . unde siê
an iro ze-uuélfo gradum steffen uuelle . die déro burg funda-
mentum sint . in dia si ze iúngest fol<l>e-stîgen uuelle . unde dán-
ne dar în chómeniu exultans cantare. ECCE NVNC BENEDICITE.
Dára nah stéphet si an den dritten gradum. In uoce suspirantis
ad supernam ierusalem . dara nâh prophetę et apostoli trôston ze fólle-
chómenne. Vnde chuît iocunda exultatione . daz si gelêistet S950
êigin also si iro gehiêzzen . i . in his quę dicta sunt mihi. IN DOMVM
DOMINI IBIMVS. An démo fiêrden gradu . der numerus perfectorum
ist . so héuet ęcclesia iro oûgen ad deum ipsum . flebiliter tróuuen- P546
te . daz si diu oûgen ab îmo fîllintin êr ne-néme . êr er îro ge-
nâda sénde. Án démo fúnftin sprózzen so nîmet si martyres
in hánt . unde stephet also fasto . daz si ioh andero ordines fi-
delium . mit démo robore hôhor unde hohor sézzet . únzin an
den zênden . der iro selbero sunder-sprozzo uuirdit. Der séh-
sto gradus der ist confessorum. Der sîbendo dero . die in zît riú-
uuoton. Daz ne-téta iudas. IAM ENIM IVDICATVS ERAT. Der
áhtodo ist sanctę MARIĘ cum uirginibus et uiduis. Der niûndo
ist coniugatorum. Der zêndo ist ęcclesię ut diximus . i . simul omni-
um antecedentum. An disemo gradu sámenôt sî sih iro fîan-
do undanches in horreum . in manipulis suis . zizaniis tanquam

---

7(r) gradum: u *aus* a *rad. und verb.* *stepfen *oder* *stephen
8 stîgen *!* 12 gelêistet: e^{2} *aus* i *verb.* 13(r; r *auf dem Rand noch sichtbar*) êigin: i^{2} *aus* e *rad. und verb.* si: i *rechts in der Mitte anrad.*
16 neme: *davor Punkt auf Zeilenhöhe (zu früher Ansatz des m?)*
18 *andere 25 *antecedentium *Punkt fehlt* 5^{2}

R483

fęno tectorum abiectis. So daz die profundi peccatores danne ge-
sêhent . diê filo nâh tempus acceptabile ferloren hâbeton . so be-
ginnent si îro selbero furhten . niê si fasciculi ne-uuerden ad com-
burendum . unde stéphent danne spâto . i . in undecima hora . an
den eînluften sprózzen ! DE PROFVNDIS . unde uuerdent dan-
ne mit superabundanti gratia irlôset. Der ze-uuélfto gradus der
ist infantum et innocentum . diê ne-darf ęcclesia sámenôn. Mater gratia
souget sie an îro arme. An demo drîttezênden sprózzen . so ga-
riuuint sih die fóllechómenen hîrta unde hérta mit stola prima .
Vel vidi
mit dero siê cum sponso prûten súlen . also iz chuît. OMNES S951
ierusalem ornatam tanquam sponsam uiro suo.
QVI IN CHRISTO BAPTIZATI ESTIS . CHRISTVM INDVISTIS.
An demo fiêrzênden . sô héuent siê pruoderlicho sámint . ymnum
et canticum lętitię. ECCE QVAM BONVM . unde stephent in regnum
cęlorum . quoniam illic mandauit dominus benedictionem. Des funfzêndin gradus
canticum singent sie ûffen des prûtest<u>ôles hôhi gesézzene . alsus. P547
ECCE NVNC BENEDICITE. QVI STATIS IN DOMO DOMINI IN ATRIIS DOMVS et ut
in apocalypsi est. ALLELVIA. Amen. BENEDICTIO ET CLARITAS
ET SAPIENTIA. Mit demo trôste sprîchet nu zelézzest ęcclesia
. i . finstri
ze diên noh habitantibus cedar. Sîd iû an dien iûuuéren extre-
mis sus ke-nâdechlîcho bescêhen múge . confidenter in nocti-
bus omnes extollite manus uestras in sancta et benedicite domino. Daz noctibus
dissis iúngistin cantici gehîllet demo cedâr des êristin. ALLE-
LVIA. Laudate nomen domini. Qui statis . sicut et supra.

Sed et quid in quindecim musici monochordi distributionibus .
i . quatuor tetrachordis . hęc ipsa uis ualeat . si quis non ignarus
perspexerit spiritus sancti . qui continens omnia scientiam habet uocis .

---

7 *infantium et innocentium 16 DOMO.D.IN.A.D. 17 apocalypsi *!*: a[1] *aus* e *rad. und verb.* 20 ke nâdechlîcho: e[2] *aus* i *verb.* Confidenter 22 êristin.: *links über normalem Punkt zweiter Punkt* 26 *nach* uocis *Punkt und 2-3 Buchstaben* (mi *?) rad.* *Punkt fehlt* 24 *(nach* distributionib;*)* 26[2]

10/11 vidi *bis* suo.: *vgl. Apoc. 21,2* 19 finstri: *vgl. 485,3f.*

R484

mirabilia inueniet ORNAMENTA.

CANTICVM ANABATHMON . IDEST . *GRADVVM*. 1 S952

A*D TE CVM TRIBVLARER CLAMAVI* .
et exaudisti me. Ih háreta ze dír trúhten . dô íh
in arbêiten uuas . unde gehôrtost dû míh.
Domine erue animam meam a labiis iniustis et a lingua subdola. Truh- 2
ten lôse mih fone únrehtên . unde unchustigen uuórten. Also
dero uuort sint . die mih ílent pesuíchen samo so mîn bórgen-
do . unde mih ílent uuenden . daz ih ûf ne-stîge de uitiis ad uir-
tutem. Vuára uuíle du . chédent sie . du uuíle ze férro . ferrôr dan-
ne dû mugîst. *Quid dabitur tibi et quid apponetur tibi ad lin-* 3
guam dolosam? Do chad ih ze mir selbemo. Vuaz uuirt dir ge- P548
lâzen . unde uuaz uuirt dir gágen stéllet . daz chit . uuaz uuirt
dir ze stéllenne gagen so bísuíchlîchen uuórten? *Sagittę* 4
potentis acutę . *cum carbonibus desolatoriis* . i . uastantibus. Daz
tuônt uuásse strâla des máhtigen . daz sint uerba dei . diû séz- S953
ze dara gágene . mit stôrenten zánderon . daz chit mit dero
exemplis . die er chuôle uuâren . unde sie áber sih selben zun-
ton . íro írriden ze stôrenne. So tuôndo . stîgest du per gradus .
also ouh sie tâten. *Heu me . quid incolatus meus longinquus* 5
factus est? Ah mih . chîst dû danne . ziû ist min éllende so lán-
gez uuórden? Vuanda dih sâr beginnet hína lángên . so dû
ze túgede ge-stîge<s>t . unde dir dero ánderro unreht kestât uué-
gen . bediû dunchet dir sâr diser lîb éllende . unde chárlîh. *In-*
habitaui cum tabernaculis . i . cum habitatoribus *cędar*. Ih síz-
zo mit diên búuuentên in cędar . dâr ismahelis kesâzze ist .

---

2 ANABAHTMON . IDEST . *rot* 8(r) *nach* pesuíchen *Ras.* 10 chédent: t *aus* n *rad. und verb.* 14 gagen: n *aus* m *rad.* bísuíchlîchen: li *aus* u *oder* ii *verb.* 16 strâla: a[2] *aus* e *rad. und verb.* 17 zánderon: n[1] *auf Ras.* 18 *êr 21(r) dû: u *aus* a *rad. und verb., danach Ras.* *(von* nn *?)* 25 cum tabernaculis . i . *schwarz;* cum habitatoribus *rot*
Punkt fehlt 10[2] 19[4] 21[1]

R485
der ûzzer Gotes rîche sol ferstôzzen uuerden. Also iz chit. EICE S954
ANCILLAM ET FILIVM EIVS . NON ENIM ERIT HERES FILIVS
ANCILLĘ CVM FILIO LIBERE. Sîne hérebirga sint cedar . daz
chit tenebrę . in diên sizzent peccatores . sáment diên ih hiêr
bûo. *Multum peregrinata est anima mea.* Mîn sêla ist hiêr filo 6
éllende. Sia bedr<i>ûzet dero ismahelis hérebirgon. *Cum his qui* 7
oderunt pacem eram pacificus. Frído hiêlt ih mit diên . diê in ház-
zent. Daz sint diê . sáment diên ih in cędar sizzo . dien ih iro ú-
beli fertrágo . daz under uns doh frído sî. *Cum loquerer eis de-*
bellabant me gratis. Vndurftes rungen sie uuíder mir . so ih siê
gruôzta . uuanda ih mîna fróma ne-forderota ! do ih sie gruozta .
núbe íro sâlda ! die in CHRISTO sint. Vnde uuanda sie frido házzent . P549
pediû ne-mahton sie ne-heînen geuuaht kehôren CHRISTI . qui est
PAX NOSTRA. *CANTICVM GRADVVM.* 1
L*EVAVI OCVLOS MEOS AD MONTES . VN-*
de ueniet auxilium mihi. Ih sah ûf an diê berga . S955
daz sint apostoli . dannan chumet mir helfa. Sîe há-
bent uns euangelium prędicando ge-zeîgot . uuan-
nan diû helfa chomen sol. *Auxilium meum a domino qui fecit cęlum* 2
et terram. Fóne Gote chúmet mir helfa . der-dir himel unde erda
teta. Daz uuirt fone in gelírnêt. *Ne des ad mouendum pedem tu-* 3
um. Ne-lâ truhten mînen fuôz slíphen fone úbermuôti. *Neque*
dormitet qui custodit israhel. Noh der ne-náphze . der din huô-
tet israhel. *Ecce non dormita<bi>t neque dormiet . qui custodit israhel.* 4
Noh er ne-tuot. Er ne náphezit . noh ne-slâffet . der israhelem be-
huôtet. Israhel chit uir uidens deum. Der incarnationem domini ge-

---

2(r) ENIM: N *auf Ras.* 5(r) sêla: *langes* s *aus* a *rad. und verb.; nach* a *Punkt rad.* 14(r) NOSTRA: *vor* S *Ras.* 23 israhel: *te *oder* *te israhel *(wobei* israhel *aus v. 4 übernommen worden wäre)* *nápheze *Punkt fehlt* 11[2]

R486
loubet . der ist israhel . uuanda er folle-chúmet ad inspectionem
uultus dei. *Dominus custodiet te . dominus tegimentum tuum . super manum de-* 5
xterę tuę. Got pehuôtet dih . Got ist dîn décchi . unde dîn
skérm . an demo geuualte dînero zé-seuuun . daz chit an dé- S956
mo geuualte dinero saligheite . uuanda du geuuáltig pist fi-
lius dei fieri . et ad dexteram esse. So skirmet er dih . ne plus tem-
pteris quam potes ferre. *Per diem sol non uret te . neque luna per no-* 6
ctem. Tages ne-tárôt dir diu sunna . noh der mâno náhtes. Pro-
spera unde aduersa ne-táront dir. *Dominus custodit te ab omni ma-* P550 7
lo . custodiat animam tuam dominus. Got huôtet din fóre allemo ube-
le . Got pehuôte dina sêla. Vbe oûh der lîchamo irslágen uuér-
de . daz diu sêla gehalten sî. *Dominus custodiat introitum tuum et exi-* 8
tum tuum . ex hoc nunc et usque in sęculum. Got pehuote dîna înfart
so dih ána begînne gân temptatio . daz er din ne-lâzze hár-
to gechórot uuérden . unde dina uz-fart . daz du dâr ûz chó-
mest ke-bézzerôte also iob. EX HOC nunc et usque in sęculum. Nu
huote er dîn . unde iêmer

VOX SVSPIRANTIS AD SVPERNAM IERVSALEM.

I*OCVNDATVS SVM* 1 S957
in his quę dixerunt mihi . in domum domini ibimus. Ih pin
gefróuuit an diên . diu mir prophetę unde apostoli ge-hiêz-
zen. Vuir fáren . chaden siê . in daz Gotes hus. Daz
hus ist in‿hîmile. *Stantes erant pedes nostri . in atriis ie-* 2
rusalem. Sid diên geheîzzen stuônden unsere fuôzze in diên
hófen ierusalem . uuanda sîd tîngton uuir dára. *Ierusalem quę* 3
ędificatur ut ciuitas. Daz ist diu hîmilsca ierusalem . diu in‿búr-
ge uuîs ke-zîmberôt uuîrt . uzer chéchên . unde geîs<t>lichen

---

2/3(r) dexterę: ę aus ā *verb.*, m-*Strich stehengeblieben* dîn[2]: *danach* skirm *rad.* 14(r) gân *!* daz: a *auf Ras.* 15 uz fart: z *aus* h *verb.* 17/18 VOX *bis* IERVSALEM. *rot* 21(r) fâren: f *aus* fr *rad. und verb.* 24(r) tîngton: g *aus* c *(?) rad. und verb.* 26 geîslichen: *über Schaft des langen* s *Art Punkt* *Punkt fehlt* 2[3] 21[2]

R487

stêinen. *Cuius participatio eius in idipsum.* Dero teîlhábunga .
iro neîmo ih . iro teîlhábunga ist an demo idipsum. Sî hábet teîl S958
an Góte . daz chit . iro ciues habent teîl an îmo. Er ist iêo âne uuéh-
sel . unde ieo eîn. Pediû heîzet er idipsum . unde bediû heîzet er est.
Illuc enim ascenderunt tribus . tribus domini. Mînes trúhtenis chúm- 4 P551
berra . ih mêino diê an în geloûpton . nals die in chriûzegoton .
die stîgen dara ûf in diê burg. *Testimonium israhel.* Israhêlis erchén-
neda . daz chit an diên israhel irchénnet uuirt . die-dir sint sîne
dolo . diê stîgent dára ûf. *Ad confitendum nomini tuo domine.* Siê stî-
gent dára . dînemo námen ze iêhenne . unde ze lôbenne trúhten.
Quoniam ibi sederunt sedes in iudicium. Vuanda dâr sâzen ze urtêil- 5
do stuôla. Daz sint iusti . die sint Gotes stuôla . an diên râuuet ér.
Sedes super domum dauid. Sie sint stuola . daz chit irtêilâra . uber CHRISTI
familiam fone déro sie inphângen . unde gefuôrot uuúrden . do siê ze
iro châmen . mit déro boteskefte des euangelii. *Interrogate quę* 6 S959
ad pacem sunt ierusalem. Frâgent ir stuôla . ir bêidiu bint . ioh stuôla .
ioh stuôlsâzen . des daz-dir treffe ze démo frîde . dero burg ieru-
salem. Die iro guôt kâben . unde pauperibus christi misericordiam skeindon . diê
tréffent ad pacem ierusalem . diên uuirt irteîlet . daz siê dára fáren.
Et abundantia his qui diligunt eam. Vnde genúht ist dâr diên . diê
sie mînnont. In ne-brîstet dar niêhtes. *Fiat pax in uirtute tua.* Frî- 7
do keskêhe dir ierusalem in dinero tugede . die du skeîndost . daz
ist minna unde milti. *Et abundantia in turribus tuis.* Vnde ge-
nuht si in dînen turrin . daz sint . diê dâr irteîlent . diên an Góte
genuoge ist . alles des siê lûstet. *Propter fratres meos et propinquos me-* 8
os loquebar pacem de te. Vmbe mîne bruôdera unde umbe mîne

---

7 diê[2]: *dia 13(r) super: *langes* s *aus* t *rad. und verb.* 14 *in-phângen 21 *sia 22 *dîa 26(r) unde: nd *aus* m *rad. und verb.*
Punkt fehlt 6[1] 6[3] 16[4]

R488

chunnelinga . sageta ih frîdo fone dîr. Ih forderota iro núzzeda .
nals mîna. *Propter nomen domini dei nostri quesiui bona tibi.* Vmbe Go- 9 S960
tes namen fórderota ih dîn guôt . nals mînez. Ih sageta în dannan . P552
idest . fone dînen atriis frido . daz ih sie dara geuuîsti.

A*D TE LEVAVI OCVLOS* °*CANTICVM GRADVVM.* 1
meos . qui habitas in cęlis. Mîniu ougen huôb ih . ûf stigin-
do ze dir du in himile búest. Pûet er danne in himele?
Vuâr bûta ér aber . er hîmel uuurte? unde sîne heîli-
gen in diên er bûet? An îmo selbemo buta er . unde sáment îmo sél-
bemo . also er oûh noh an imo selbemo îst. *Ecce sicut oculi seruorum* 2
in manibus dominorum suorum . et sicut oculi ancillę in manibus do-
minę suę . sic oculi nostri ad dominum deum nostrum quoadusque misereatur nostri. Al-
so diû oûgen dero scálcho diê man fîllet . uuártênt ze iro hêrron
hánden . unde diu diû ze îro fróuuun handen . uuiêo halto siê hôrren
uuéllên . so uuártent únseriu oûgen ze Góte únsermo hêrren . unz
er uns kenáde. So genâdet er uns . so er uns âba genîmet diê fîlla .
unde diê miseriam . die uuir in adam gefrêhtoton . do uuir corru- S961
ptionem inphiêngen . unde mortalitatem. So uuéliche daz irchen-
nent . unde dar umbe betont . diên genâdet er. *Miserere nostri domine* 3
miserere nostri. Sus suln uuir chéden . uuanda uuir diê fillâ lîden.
Kenâde uns herro . genâde uns. *Quoniam multum repleti sumus despe-*
ctione. Vuanda uuir harto erfúllet pirn fersîhte . fone dien . diê
des húont . daz uuir déro sâldon gedîngen . dîa uuir noh ne-se-
hên. *In plurimum repleta est anima nostra.* Vnser sêla ist des keniê- 4
tot . sî ist ze únmezze fol . dero fersîhte. *Obprobrium eis qui abun-* P533
dant . et despectio superbis. Mit diên ist îteuuîz . die follun hábeNT .

---

1 chunnelinga: h *aus* n *rad. und verb.* 8 er[2]: *êr 13 ze tro
16(r) kenádet.: t *rad.* 16 *dîa *(?)* 17 diê[1]: *dîa 23 *diê
Punkt fehlt 1[3] 3[3] 6[3] 20[3] 26[4]

R489

unde mit ubermuoten ist fersîht. Diû genûht máchot sie übermuô-
te . dannan chúmet . daz sie dero guoton húont. VOX MARTY-
RVM. *nos.*
N*ISI QVIA DOMINVS ERAT IN NOBIS . DICAT NVNC* 1
*israhel . °nisi quia dominus erat in nobis . dum insurgere*NT 2
homines super nos . forsitan uiuos absorbuissent 3
Nu chéde israhel . ube Got in úns ne-uuâre . dô únsih
diê ménniscen ánanantôn . ódeuuâno ferslúndin siê unsih lében- S962
de. Die daz uuisson daz idolum niêht ne-îst . unde sie doh kenôtet
uuurden in persecutione daz siê îmo ópheroton . die uuurden leben-
te ferslunden. Vuândîn sie daz ydolum iêht uuâre . so uuúrden
sie tote ferslunden. Áber die martyres ne-máhta des niêman ge-
noten . uuanda Got uuas in în. Diên dîser lîb liêbera uuas danne
der euuigo . unde sie bediû uuizzendo zuô giêngen ópheron
niê sie dîsen lîb ne-ferlúrin . in dien ne-uuas Got niêht. *Dum ira-*
sceretur furor ipsorum super nos . forsitan aqua demersisset nos. Do 4
iro heizmuôti gagen uns in-zúndet uuard . ódeuuâno besoûfti
unsih daz uuazzer . daz chit torrens persecutionis . ube Got in úns
ne-uuâre . also iz diê besoûfta . in diên Got ne-uuas. *Torrentem pertran-* S963 5
siit anima nostra. Vnser sêla durh uuuôt diê chlîngun . dîa éne dúrh
uuáten ne-máhton. *Forsitan* . i . putas *pertransiit anima nostra aquam* P554
sine substantia? Trúuuest du daz unser sêla durh uuáten hábe
únêhtig uuazzer? Daz sint sunda . die substantiam ne-hábent . nube
inopiam fóne demo sie rîche uuolton uuerden . unde aber arm
uuorden sint. *Benedictus dominus qui non dedit nos in uenationem* 6
dentibus eorum. Got kelóbot . der unsih iro zánen ze‿uueîdo ne-

---

2/3 VOX MARTYRVM.⁏, *rot* 3 nos. *ist an Z. 6 anzuschließen* 8 ferslúndin: *über langem* s *Ras.* 9(r) uuisson: uui *aus* uiss *(mit langen* ss*) rad. und verb.* 14 ziû 20 *dîa 25 uuorden: d *aus* te *rad. und verb.,* e *aus* i *verb.* *Punkt fehlt* 23[2]

R490

gab. Der únserên persecutoribus ne-hángta . daz sie unsih uueîdon-
do gefiêngin . unde în dia sunda brâhtin. *Anima nostra sicut passer* 7
erepta est de muscipula uenantium. Vnser sêla ist irloset ûzzer
dero fo[l]gelâro chlôben . also der sparo der dar ûz indrînnet. *Mu-*
scipula contrita est et nos eruti sumus. Der chlôbo ist fermûlet
unde bin uuir inphâren. *Adiutorium nostrum in nomine domini . qui fe-* 8 S964
cit cęlum et terram. Daz ist fone diû . uuanda unser helfa uuas in
des namen . der himel unde erda teta. *CANTICVM GRADVVM.* 1

QVI CONFIDVNT IN DOMINO . SICVT MONS SYON .
non commouebuntur in ęternum. Die sih ze Góte
fersêhent . die sint iêmer únuuégîg . also mons syon.
Qui inhabitant °*ierusalem.* Daz sint diê . diê 2
în dero hîmeliscun ierusalem búent. Die ne-stûret fúr-
der niêman. Sie sîzzent iêo fasto dâr înne . also syon fásto sîzzet
in dero irdiscun ierusalem. *Montes in circuitu eius . et dominus in circui-*
tu plebis suę. Apostoli umbe hábent sia . unde trúhten ist umbe-
halbunga sînes liûtes . uuanda er gîbet în unitatem pacis . an dé- S965 P555
ro apostolorum bótescefte. *Ex hoc et usque in sęculum.* Hînnân ánauuer-
tes . unde unz in êuua . féstenot er dia burg. *Quoniam non derelinquet* 3
uirgam peccatorum super sortem iustorum. Vuanda er ne-lâzet den
geuualt dero sundigon . uber den teîl dero réhton. Doh er siê
iro lâze uualten ze eînero frîste . lango ne-dólet er iz niêht. *Vt*
non extendant iusti in iniquitatem manus suas. Vuanda er ne-
uuîle daz die rehten durh dîa nôt . récchên îro hende ze‿démo
únrehte . unde gelîh uuérden diên úbelen. *Benefac domine bo-* 4
nis et rectis corde. Vuola tuô dû truhten . guot unde reht her-

---

2 dîa: *Zkfl. durch Punkt darüber und darunter getilgt* 7 cęlum *!* 12 ierusalem: e^{1} *aus* n *rad. und verb.* 13 ierusalē *!* 16 *nach* trúhten *Punkt auf Zeilenhöhe* 21(r) dero^{1}: o *auf Ras.* 24 *nach* hende *Art Punkt auf Zeilenhöhe (Ansatz eines* n *?)* 25 unde gelîh] unge úngelîh: *unter* g^{1} *dünner Punkt* 25/26 bo/nis: n *aus* b *verb.*
Punkt fehlt 6^{2} 9^{2}

R491

za hábentên . die nâh diên úbelen ne-fâhent. *Declinantes autem* 5
in transuggellationes . adducet dominus cum operantibus iniustitiam.
Diê sih an dia gelîchi chêrent déro iruuurgton . unde fone ube-
len úbel lîrnênt . diê fuôret Got mit diên unrehto fárenten. Siê
fárent nah diên . diên sie gelîh sint. *Et pax super israhel.* Vnde ûf-
fen israhelen chûmet frîdo . daz chît râuua begágenent imo.

CANTICVM GRADVVM. *facti sumvs sicut consolati.* 1 S966

C*VM CONVERTIT DOMINVS CAPTIVITATEM SYON .*
Dô Got peuuánta daz éllende syon . do uuurden
uuir samo so getrôstet. Vuir uuurden ge-éllendot
fone unseren súndon . unde irlôset mit christes pluô-
te . unde birn uuir samo so getrôstet . uuanda uuir noh hiêr uuêi-
nonde dára gedingên ze stîginne . dâr uuir folle-trôstet uuérdên.
Daz ist in resurrectione iustorum. *Tunc repletum est gaudio os* 2 P556
nostrum . et lingua nostra exultatione. Do uuard fol mendi unde fréuui
únsêr munt . unde únsêr zúnga. Daz herza hábet sînen munt
unde sîna zungun . fóne diên ist iz kespróchen. *Tunc dicent in-*
ter gentes . [o]magnificauit dominus facere nobiscum . facti sumus iocun- 3
dati. Danne chedent sie under diêtin . trúhten gechréftigôta
sin tuôn mit uns . uuir bin geuuúnnesamot. Vuanda er nu chît
in futuro dicent . fone diu sint ouh prȩterita . conuertit . unde re- S967
pletum est . diu er fore spráh . in futuro ze firnémenne. In prophe-
tiis ist so getân gechôse émizîg. Nû ist daz zit . daz uuir cheden
suln . MAGNIFICAVIT DOMINVS FACERE NOBISCVM . uuanda
uuir hábeton getân ubelo uns selben . do cham aber Gotes sun
unde teta uns daz chréftigosta . daz er sih selben gab umbe unsih.

14(r) gaudio: d *aus Ansatz von* g *rad. und verb.* os *auf Ras., Akut von* fréuui, *Z 15, teilweise mitrad.* 16(r) zúnga: nga *auf Ras.* herza: r *aus* z *rad. und verb.* 17(r) dicent: dic *auf Ras.* 23(r) uuir cheden *auf Ras.* *Punkt fehlt* 26[2] *Punkt steht nach* 13 gedingên

R492

Conuerte domine captiuitatem nostram . sicut torrentes in austro. Dô diz 4
keuuîzegot uuard in uerbis pręteriti temporis . noh dô uuas iz
chúmftîg . pediu betôt er daz iz uuerde . alsus. Peuuénde truhten
únsera geéllendôti . also die chlînga beuuendet uuerdent in de-
mo súnt-uuînde. Diê chlînga sint uuînteres pefróren . so der uuár-
mo uuint chúmet . so smilzet daz îs . unde loûfent danne diê
chlînga. Also uuâren uuir erfróren in diên sundon . unz der
uuint chám spiritus sancti . unde únsere sunda ze-liêz . unde unsih téta
loûfen ad patriam. Vuanda daz mit lacrimis uuerden sol . déro
geheîzzet er uns ouh trost . sus chedendo. *Qui seminant in la-* 5
crimis . in gaudio metent. Die mit trânen sâhent . die ârnont mit
mendi. Diê hiêr sâhent elemosinam . unde bona opera . die arnont .
so sie uitam ętternam ze lône inphâhent. *Euntes ibant et flebant* S968 6
mittentes semina sua. Venientes autem uenient cum exultatione
portantes manipulos suos. Siê fárent uueinonde unz sîe sâheNT .
sie choment aber fróuue mit îro garbôn . so sîe arnont. Ýbe siê
hiêr uueînont . sie uuerdent is aber ergézzet . so sie inphâhent
coronam uitę. *CANTICVM GRADVVM.* 1

NISI DOMINVS ĘDIFICAVERIT DOMVM . IN VA-
num laborauerunt ędificantes eam. Vnser truhten
ne-zîmberôe daz hûs . ferlorne arbeite sint déro
diê îz îlton zîmberon. Alle prędicatores ne-gebézze-
ront den ménnisken . Got ne-tuôie iz. Er ist der uuîso salomon .
er zimberot daz hus . imo spuot ist. *Nisi dominus custodierit ciuitatem .*
frustra uigilat qui custodit eam. Christus ne-huôte diâ ęcclesiam. *In* 2
uanum est uobis ante lucem surgere. Iú ist ún-núzze fôre táge S969

6(r) *nach* diê *Ras.* 16 mit trô *Punkt fehlt* 10^1 12^3 12^4 15^2 23^3 24^3
Punkt steht nach 4 chlînga

R493

ûf ze stânne . daz chit fûre christum ze fâhenne. Also die tuônt . die
dâr uuellen sin excelsi . dar er uuas humilis. *Surgite postquam*
sedistis. Stânt ûf . so ir gesîzzênt. Vuésent hiêr diemûote . so mú-
gent ir in gloria resurgere. *Qui manducatis panem doloris*. Iú chído
ih . ir mit sêre brôt ézent . unde hiêr trurent in conualle lacrima-
rum. *Cum dederit somnum dilectis eius* . °*ecce hereditas domini*. Sô er 3
daz ende gibet sînen hóldôn . so chumet daz erbe. Nah disemo
lîbe chumet der lôn. Der sin êr gerôt . der uuile ûf stân . êr er sîz-
ze . unde er hâben guôllichi . er er sih kediemuote. *Filii merces*. So
chumet der lôn . des sunes. *Fructus uentris*. So chumet der lôn
des uuuôcheres dero heiligun uuúmbo. Des ist ér . er gîbet în . P558
filii MARIĘ ist er . er gîbet ze lône resurrectionem uitę. *Tamquam* 4
sagittę in manu potentis . sic filii excussorum. Also die strâla in
des mahtigen hende . so sint dero erscútton súne. Der mahti- S970
go sc<i>ûzet ferro . ferro sint ouh chómen uerba apostolorum. Also iz
chit. IN OMNEM TERRAM EXIIT SONVS EORVM . ET IN FINES OR-
BIS TERRĘ VERBA EORVM. Siê sint dero prophetarum chint . dero
toûgenen scrîfte nu erscútet sint. *Beatus homo qui repleuit* 5
desiderium suum ex ipsis. Ke-sah în GOT . der sih kérot iro ze
gesátonne. Saligo den îro lero lustet. *Non confundentur cum lo-*
quentur inimicis suis in porta. Sîe ne-uuérdent scámeg . so sie ûfen
búrgetóre sprechent ze iro fienden. Christus ist daz purgetor .
uuanda ér chad . EGO SVM OSTIVM. An imo stant siê
unz siê diê ûberuuindent . diê iro ârende loûgenent.
B*EATI OMNES QVI* °*CANTICVM GRADVVM*. 1 S971
timent dominum. Sâlig sint alle . die GOT fûrhtent. *Qui*

---

4 resurgere: g *aus* r *rad. und verb.* 8(r) sin érgerôt . *auf Ras.*

ambulant in uiis eius. Sâlig sint die in sinen uuegen gânt . die sî- R494
niu gebot uuérênt. *Labores fructuum tuorum manducabis . bea-* 2
tus es . et bene tibi erit. Vuanda alle sâlige êin sint in christo . pediû
sprichet der propheta nû singulariter . ze diên er genôto fore sprah
pluraliter. Arbeîte dinero uuuôchero îzzest du. Arbeite habest
du hiêr . diê lâbônt dih in gedingi . uuuôchera hábest dû in éne-
ro uuerlte . die fuoront dih dâr in seti.. fone diu bist dû nû sâ- P559
lig in spe . unde uuola uuirt dir dánne in re. *Vxor tua sicut uinea* 3
fertilis. Dîn ęcclesia CHRISTE ist also der bîrîgo uuînegarto. *In lateri-*
bus domus tuę. An uuemo ist si bîrîg? An diên sîton dines hû-
ses. Daz sind diê . die dir háftent. Die haftent mannelichemo .
die ze sînero sîtun sint. *Filii tui sicut nouella oliuarum . in circui-*
tu mensę tuę. Diniu chint umberîngent dîn diske . also niûflan- S972
zôt ólegarto. Sie sint kelîh demo ólegarten . uuanda sie paci-
fici sint. BEATI PACIFICI . QVONIAM FILII DEI VOCABVNTVR.
Die ûmberîngent dîn diske . uuanda sie besîzzent din riche.
Ecce sic benedicetur homo qui timet dominum. Solchen segen inphâ- 4
het der ménnisco . der GOt furhtet. *Benedicat te dominus ex syon.* Got 5
kébe dir ségen fone syon . daz chit fone specula. Diu specula
ist in himile . dar uuir GOt sêhen. Soliches segenes luste dih . du-
dir GOt furhtest . daz du in gesehen muôzist. *Et uideas quę bona*
sunt ierusalem. Vnde gesehest du diu guôt . diu dero ûfuuértigun
burg sint. Vueliu sint daz? Ane inspectio dei? Daz ist der ségen ex
syon. *Omnes dies uitę tuę.* Alle taga dînes lîbes. Daz ist der êuuî-
go tag. *Et uideas filios filiorum tuorum . i .* fructus operum tuorum. 6
Vnde gesehest du uuûocher dinero uuércho. *Pacem super israhel.*

1(r) die[2]: e *aus* u *rad. und verb.* 6 lâbônt ! dih ! 13,16 *dînen disg 21 uideas: e *aus Ansatz von* a *rad. und verb.* 24 uitę: tę *unten durch Tintenfleck bedeckt* *Punkt fehlt* 2[2] 11[4]

Vnde frido uber iêgelichen guôten man. *CANTICVM GRADVVM.* *1* S973
S*EPE EXPVGNAVERVNT ME A IVVENTVTE MEA.* *2*
Ęcclesia dei chlagot sih . uuaz si fone ubelen irlîten habe. P560
Ofto . chit sî . âhtôn siê mîn . fone des ih uuáhsen begonda.
Etenim non potuerunt mihi. Sie ne-mahton mir iêo nehêin ár-
gerunga sîn . uuanda sie ne-mahton mih kechêren nah în. *Supra* *3*
dorsum meum fabricauerunt peccatores. V̂fen mînemo rukke
zimberoton sie . daz chit . arbeîto gelûodon siê mih. Vuanda ih
în gelîh ne-uuolta sin . pediû âhton sie mîn . unde uuaren mir
búrdî. *Longe fecerunt iniustitiam suam.* Ferro fone mir . tâten siê
iro unreht . uuanda ih iro ge-helfo ne-uuas. *Dominus iustus concidet* *4*
ceruices peccatorum. Der rehto truhten . hóuuet den iro hals. *Con-* *5*
fundantur et auertantur retrorsum . omnes qui oderunt syon. Ze
scandon uuerden . unde hintert kangên . diê CHRISTI ęcclesiam ház-
zeen. *Fiant sicut fęnum tectorum . quod priusquam euellatur ex-* *6*
aruit. Siê mîssediên also daz cras . daz ûfen demo táche uuirt .
daz êr irdórret . êr man iz dáne néme. Êr diê sundigen erster-
ben êr sint sie Góte irdórrêt. *De quo non repleuit manum suam* S974 *7*
messor . et sinum suum qui manipulos collegit. Des der madâre sîna
hant ne-gefulta . noh sîn scôzza . der die garbâ sámenota. Ange-
li messores ne-samenont siê niêht in horreum domini . uuanda siê
zizania sint . unde sie fasciculis kebunden uuerdent ad combu-
rendum. *Et non dixerunt transeuntes uiam . benedictio domini super uos.* *8*
Vnde die fúre fárenten apostoli unde prophetę . ne-châden în niêht
zûo . sô iz in iudea sîto uuas . Gótes segen si úber iûh. *Benedici-*
mus uos in nomine domini. Noh sie ne-châten . in‿Gotes‿namen ségenoen

---

4 Fone   8 *gelûoden   14 hintert: te *aus* d *rad. und verb.*   20 scôzza: *langes* s *aus* a *von* sîna *rad. und verb.*   26(r) Noh: N *auf Ras.* in[2] *auf Ras.*   *Punkt fehlt* 4[1] 13[1] 16[3]

*R*496

uuir iûh. Cuôten unde rehtên liêzzen siê iro ségen . nals úbelen.

CANTICVM GRADVVM. ET VOX PECCATORIS. *1* P561

D*E PROFVNDIS CLAMAVI AD TE DOMINE* . °*DOMINE EX-* *2*

audi uocem meam. Ûzzer dero tiêfi déro sundon ruô- S975

fta ih ze dîr truhten . s . non sicut impius . qui cum ue-

nerit in profundum peccatorum contemnit . truhten ge-

hôre mina stimma. *Fiant aures tuę intendentes . in uocem deprecati-*

onis meę. Ze minero dígî . lóseen dîniu ôren. *Si iniquitates obser-* *3*

uaueris domine . domine quis sustinebit? Vuile du manlîchemo sîn únreht

kehalten truhten? truhten uuer mag iz danne liden? *Quoniam apud* *4*

te propitiatio est. Ze dîr ruôfta ih . uuanda an dîr suôna ist. Du

suôndost únsih mit dinemo bluôte. *Propter legem tuam sustinui te*

domine. Vmbe dina êa bêit ih dîn trúhten. Vuelicha? Ane diû-dir

chit. ALTER ALTERIVS ONERA PORTATE . ET SIC ADIM-

PLEBITIS LEGEM CHRISTI. Vuanda ih diê îlta uuérên . bediû beît *5*

ih kenâdon. Ze dînen geheîzzen fersah ih mih. *Sperauit anima* *6*

mea in domino. A uigilia matutina usque ad noctem. Fone dero ûoh-

tûn unz ze náht . ke-dingta ih an mînen trúhtenen. Fore tâge

irstuônt CHRISTVS . custoditus a militibus . fone dero frûoi unz an mîn S976

ende gedingo ih an în. Vuanda er irstuônt non moriturus am- *7*

plius . daz er oûh mih sô heîze irstân. *Quoniam apud dominum misericordia . et mul-*

ta apud illum redemptio. Fone diu gedingo ih an în uuanda *8*

mit îmo irbármehérzeda ist . unde fólleglîh irlôseda. *Et ipse re-* P562

.i.ad se respicientem turbato oculo ab ira.vt supra in sexto psalmo.

dimet israhel ex omnibus iniquitatibus eius. Vnde er irlôset *1*

israhelem . ûzer allen sînen unréhtin. *C A N T I C V M*

G R A D V V M.

---

1 uuir *auf Ras.* 2 ET VOX PECCATORIS. *rot* 13,16 *nach* domine. *fährt die Vulg. fort:* sustinuit anima mea in uerbum eius (uerbum tuum *bei A und C, auch in den CCSg)* 15 *dîa 24/25 (r; *1 Ras. vor beiden Zeilen)* 24 Vnde *auf Ras.* 25 unréhtin: n[1] *aus* r, ti *aus* e *rad. und verb.*

24 *die Glosse gehört zu israhel;* ad se respicientem *variiert die übliche Etymologie von* israhel: (uir) uidens Deum; *vgl. Ps 6,8 (oben in Bd. 8, S. 20,12)*

D*OMINE NON EST EXALTATVM COR MEVM.* Truhten
mîn herza ne-îst erhâuen. Daz ópher bringo ih dîr
uuanda iz chît. SACRIFICIVM DEO SPIRITVS CON-
TRIBVLATVS. *Neque in altum elati sunt oculi mei.*
Noh mîniu oûgen ne-sint hô irhâuen. Ih ne-beuuâno mih niêht
mêr danne ih ke-muge. *Neque ingressus sum in magnis . neque in mi-*
rabilibus super me. Noh ih negiêng in michelen dîngen . unde uuún- S977
derlichen . diu fóne mir uuârîn ze ságenne. Daz chit . ih ne-géreta
neheînes liûmendes. So symon magus téta . der spiritum sanctum inphâ-
hen uuolta . sih ze tuômmenne in signis et prodigiis. *Si non humili-* 2
ter sentiebam . sed exaltaui animam meam . quemadmodum qui ablacta-
tus est a lacte super matrem suam . sic retributio in animam meam. Úbe
ih mih kuôllichota . unde also diemuote ne-uuas . so daz intuuéni-
ta chint . daz noh ân‿dero muôter ármen ist . sô sî sólih mîn lôn.
Speret israhel in domino . ex hoc nunc et usque in sęculum. Der Got ke- 3
sêhen uuelle . der gedînge an în . hînnân unz hîna ze dero êuuig-
heîte. Sô er dára chumet . so hábet er daz er uuolta an sélbemo
dinge . nals in gedingi. Daz chit in re . nals in spe.

CANTICVM GRADVVM. 1 P563 S978

M*EMENTO DOMINE DAVID ET OMNIS*
mansuetudinis eius. Erhúge truhten da-
uidis . unde allero sînero mámmendi. Da-
uid skeînda sina mammendi . an saule
sînemo fîende . do er în slâhen mahta . unde in doh ne-sluôg.
CHRISTVS ist dauid . unde an CHRISTO populus dei. CHRISTVS skeînda sina mam-
mendi do er in cruce sus péteta. PATER IGNOSCE ILLIS .

---

2 bringo: o *aus* e *verb.* *Punkt fehlt* 26[2]

R498

NON ENIM SCIVNT QVID FACIVNT. Sô lêrta er ouh tuôn
populum dei . do er chad . ORATE PRO INIMICIS VESTRIS . BENEFA-
CITE HIS QVI ODERVNT. *Sicut iurauit domino . uotum uo-* 2
uit deo iacob. Erhûge sîn unde hilf îmo ze geuuérenne . also
er Gote gesuûor . unde geánthêizota. Vues kesuûor . unde uuaz
keántheizota populus dei? Daz er si templum dei. *Si introiero in* 3
tabernaculum domus meę . si ascendero super lectum strati mei .
°si dedero somnum oculis meis . et palpebris <meis> dormitationem . °et 4 5
requiem timptoribus meis . donec inueniam locum domino taber-
naculum deo iacob. In diê hérebirga mînes húses negân îh . in
mîn bétte ne-stîgo îh . slâf mînen oûgen ne-lâzo ih . noh râuua
mînen tóuuuingen êr ih stât irfáro . unde herebirga démo Go- S979
te iacobis. Daz chit . niêht des mînes ne-ruôcho ih âne în. Ih ne-
uuîle ne-heînero mînero sáchon ménden . ih ne-muôze în sél-
dôn in mînemo herzen. *Ecce audiuimus eam* . s . ęcclesiam *in eufrata .* 6
inuenimus eam in campis saltus. Domus dei daz ist ęcclesia . eufrata
chit speculum. Imago skînet in speculo. Vuaz ist prophetia . âne
imago futurorum? Vuir gehôrton sia in speculo îu . uuir êigen
sia funden in‿uuáldfelden. Gentes diê fone ungeloubon êr ir- P 564
uuáldêt uuâren . diê sint uuorden ęcclesia dei. *Intrauimus in ta-* 7
bernacula eius .s.domini dei iacob. Nu birn uuir in sîn gezélt ke-
gángen . uuanda uuir in sînero ęcclesia bîrin. *Adorauimus in loco*
ubi steterunt pedes eius. Péteton uuir . dar sîne fuôze stuônden.
An sînero ęcclesia ist er‿stâte uuorden. Dar gehôret er unsih. *Exur-* 8
ge domine in requiem tuam.tu et arca sanctificationis tuę. Nû irstánt tru-
hten fone tôde ze râuuon . unde sáment dir dîn ęcclesia . dîa dû S980

---

7 tabernaculum / 8(r) dormitationem: r *aus* n *rad. und verb.* 10 *dia
11 oûgon: o *aus* e *rad. und verb.* 19/20(r) iruuáldêt: d *auf Ras.* 22(r) ęcclesia bîrin. *auf Ras.* 25 irstânt: *Zkfl. durch Punkt darüber und darunter getilgt, Akut darunter gesetzt* *Punkt fehlt* 15^4 23^3

gehêiligotost. *Propter dauid seruum tuum . ne auertas faciem christi* 10
tui. Dûo iz umbe dauid dînen scâlch . ne-uuénde fone uns dînes
keuuiêhten ana-siûne. Diu uox kât ad patrem CHRISTI. *Iurauit dominus* 11
dauid ueritatem et non poenitebit eum . ex fructu uentris tui
ponam super sedem tuam. Vuanda dauidi suûor ér daz in ne-riû-
uuet . sus chédendo . fone dir gebórnen . sezze ih an dînen stuôl.
Si custodierint filii tui testamentum meum . et testimonia mea hęc 12
quę docebo eos . et filii eorum . s . custodierint . *sedebunt in ęternum*
super sedem tuam. Vbe dine súne unde dero súne behaltent . mîna
beneimeda unde mîne geiîhte die ih sie lêro . so sîzzent sie iêmer
an dinemo stuôle. Die daz ne-uuérent . die ne-sint per fidem dauidis
chînt. Noh umbe diê . ne-uuirt doh ze leibo der êid. *Quoniam elegit* 13
dominus syon . prę-elegit eam in habitationem sibi. Vuanda truhten eruué-
leta sîna ęcclesiam . er fôreuuéleta sia . ze ânasîdele im selbemo.
Hęc requies mea in sęculum sęculi.hic habitabo quoniam prę-elegi eam. Sús 14
kehiêz ér. Diz ist iêmer mîn râuua . hîer bûo ih . uuanda ih mir S981
sîa fore chôs. *Viduam eius* . s . ęcclesię *benedicens benedicam . et paupe-* 15
res eius saturabo panibus. Íro uuîteuuûn ségenon ih . iro dúr- P565
ftigen gesâtôn ih prôtes. Er ist selbo daz prôt . daz er uuîteuuon
unde uuâren dúrftigon gîbet. Vueliche sind die? HVMILES
CORDE. *Sacerdotes eius induam salutari . et sancti eius exultabunt.* 16
Nû sprichit pater. Sîne sacerdotes uuâto ih mit dêmo haltâre .
also iz chit. QVOTQVOT IN CHRISTO BAPTIZATI ESTIS .
CHRISTVM INDVISTIS. Vnde sîne heîligen die fréuuent sih dé-
ro uuâte. *Ibi suscitabo cornu dauid.* Dâr chîccho ih dîa hôi da- 17
uidis . dâr geskêino ih altitudinem CHRISTI. *Paraui lucernam christo*

---

9 behaltent: e[2] *aus Ansatz von a rad. und verb.* 20 *dûrftigen 25 suscitabo *hôhi 26(r) lucernam: r *aus* n *rad. und verb.*
Punkt fehlt 11[2]

R500
meo. Mînemo geuuiêhten habo ih álegáro liêhtfaz ingágene.
Daz liêhtfaz zeigota CHRISTVS an IOHANNE baptista . do er chad. IL-
LE ERAT LVCERNA ARDENS ET LVCENS. *Super ipsum autem* 18
florebit sanctificatio mea. An îmo skînet min heilegunga.
Die ih kehêiligon . diê geheilegon ih an îmo.

ECCE QVAM BONVM *CANTICVM GRADVVM.* 1 S982
et quam iocundum habitare fratres in unum. Sîh-dir
uuiêo guôt unde uuiêo uuunnesam ist . sáment pú-
ên die bruôdera. Daz ist déro ze chédenne . diê-dir
hábent unum cor . et unam animam. *Sicut unguentum in capite . quod* 2
descendit in barbam barbam aaron. Siê sint also daz salb an
demo aaronis hoûbete . daz aba démo houbete nîder rán an
sînen bárt. CHRISTVS ist sacerdos . also aaron uuas . unde houbet sîne-
ro ęcclesię. Ab imo ran spiritus sanctus in apostolos . die sîn bárt sint . uuanda
sie gómelîcho an imo uuâren . unde ne-hein leîd ne-forhton P566
umbe în ze lîdenne. *Quod descendit in oram uestimenti eius.*
Daz ouh ran an sîna uuât. Daz ist sin ęcclesia . diû ist sîn uuât . uuan-
da er in îro ist. *Sicut ros hermon . qui descendit in montem sy-* 3
on. Ermon chit lumen exaltatum. Daz ist CHRISTVS. Fone îmo chú- S983
met ros . i . gratia. Also gratia dei . diû an die filios ęcclesię chúmet . also sînt
die gemînnen bruôdera. *Quoniam ibi mandauit dominus benedictio-*
nem. Vuanda dar diê sint . dâr gebôt er uuésen benedictionem.
Et uitam usque in sęculum. Vnde êuuîgen lîb. *CANTICVM GRADVVM.* 1

ECCE NVNC BENEDICITE DOMINVM OMNES SERVI DOMINI.
Qui statis in domo domini . in atriis domus dei nostri. Nû ló-
bont trúhtenen alle sine scálcha. Ir in sînemo hûs

---

1 ih *!*   4 heilegunga: il *aus* le *rad. und verb.*   *Punkt fehlt* 1^2 10^3 13^3

R501

stânt . in diên hóuen sînes hûses. Ęcclesia ist daz hûs . latitudo ca-
ritatis ist der hóf. Nû lóbônt în in dirro arbêitsámûn uuerl-
te . daz ir în âne árbeîte lóbôn muôzint in énero uuerlte.
In noctibus extollite manus uestras in sancta . et benedicite domino. Ná- 2
htes . daz chit in aduersis . heuent iûuuere hénde ze‿hêiligi .
unde lôbont în . also iob tâte. *Benedicat te dominus ex syon . qui* 3 S984
fecit cęlum et terram. Got der hîmel unde erda téta . der sége-
noe dih sînen liût. EXPLICIT DE.XV.PSALMIS GRA-
DVVM. *ALLELVIA.* 1 P567
L*AVDATE NOMEN DOMINI.* Lóbont des hêrren
námen. *Laudate serui dominum.* Lóbônt ir scálcha
iûuueren hêrren. Ir bînt imo îs scûldig. *Qui sta-* 2
tis in domo domini . in atriis domus dei nostri. Ír stânten in sînemo hûs
unde in sînen frîthóuen . ir súlent în lôbôn . uuanda ir êr
uuârent ligende . unde nû bînt ûf ir-rîhte. *Laudate dominum* 3
quoniam bonus dominus. Lóbont in uuanda er guôt ist . unde îmo
ne-hein guôt kelîh ne-îst. *Psallite nomini eius quoniam suauis est.*
Sálmosángont imo . uuanda er suôze ist. Er ist panis angelorum .
sô ist er ouh hominum . also iz chit . PANEM ANGELORVM MAN- S985
DVCAVIT HOMO. Panis angelorum uuas uerbum in prin-
cipio . panis hominum uuard uerbum caro factum. Vuanda siê
beîde sîn lébent . pediû ist er bêidero brôt . unde beîden suôze.
Kesah sie Got . die rehto gechóront . uuiêo suôze ér ist. *Quoniam ia-* 4
cob elegit sibi dominus . israhel in possessionem sibi. Vuanda truhten
eruuéleta iacob . unde israhelem îmo selbemo ze‿besîzzenne.
Andere gentes pefálch er angelis . israhelem nam er in sîn selbes

2 in[2]: i *oben anrad.* 8/9 EXPLICIT *bis* GRADVVM. *rot* 11 dn̄m *aus* dm̄ *rad. und verb.* 18 angełorum 24(r) sibi: si *(mit langem* s*) aus* d *(?) rad. und verb.* 25 israhelem] ierłem *Punkt fehlt* 24[1] *Punkt steht nach* 21 uuard

nach 10-11 auf dem Rand: Hoc canticum / Commune est om/nibus sanctis in regno / cęlorum post . XV . gra/dus transcensos. - *Der ursprüngl. schwarze Text ist teilweise rot überzogen; ich habe solche schwarzroten Buchstaben durch ein - darunter gekennzeichnet. Vgl. C1213:* *A l l e l u i a .* Post gradalium pulcherrimam constructionem, quae usque ad illam peruenit summitatem quae in aeternum securos efficit et felices, congrue nimis *(CSg:* enim hîs*)* ponitur *A L L E L U I A :* ut laudibus Domini sancta perfruatur Ecclesia, cui tale *(CSg:* uitale *statt* cui tale*)* munus noscitur *(CSg. fügt* esse *hinzu)* praeparatum.

R502

inphlît. *Quoniam ego cognoui quia magnus est dominus.et deus noster prę* 5
omnibus diis. Vuanda ih hábo bechennet . daz er máhtîg hêr-
ro ist . unde Góten. Andere Gota ne-sint . âne diê
er sô námot per gratiam . die ne-múgen niêht in-ében îmo sîn.
Omnia quęcumque uoluit dominus fecit in cęlo et in terra . in mari et 6 P568
in omnibus abyssis. Vnser truhten téta alliu diû er uuolta
in himele unde in erdo . unde in allên uuázeren . âne nôt. *Su-* 7
scitans nubes ab extremis terrę. Diu uuolchen récchende fó- S986
ne ende dero érdo. So iz hêiter ist unde man îro mînnest
uuânet . so stîgent siû alles káhes ûf. *Fulgura in pluuiam fecit.*
Den blig pechêret er in régen. Also ofto gesciêhet . daz plîg fó-
re gât . unde régen nâh kât. *Qui educit uentos de thesauris*
suis. Der den uuînt ûz fuôret fone sînemo trîseuue . uuir ne- 8
uuîzen uuélichemo . noh uuánnân. *Qui percussit primogenita*
egypti . ab homine usque ad pecus. Der in egypto sluôg diû êrist-
pórnen . ánafáhendo ze démo ménniscen . unde so gândo únz
ze démo féhe. *Inmisit signa et prodigia in medio tui egypte . in* 9
pharaonem et in omnibus seruis eius. Er frúmeta dára in dîna
mîttî zeîchen unde uuúnder egypte . án den chúning unde
an álle sîne mán. *Qui percussit gentes multas . et occidit reges* 10
fortes. Seon regem amorreorum . et og regem basan . et omnia re- 11
gna chanaan. Der oûh after des tána fárentên sinên liûten
mánige diête sluôg. Vnde iro chuninga sluôg . also ér téta
ánderhalb iordanis . alliû diû rîche chanaan. *Et dedit terram* 12
eorum hereditatem israhel seruo suo. Vnde er gab iro lant so er
iz irrûmda . sinemo scalche israhel. *Domine nomen tuum in sęculo.* 13

---

7 vor unde[2] *fehlt wohl* in (demo) mêre; *vgl. einen ähnlichen Fall in 242,8*
17(r) fêhe: h *aus Ansatz von* g *verb.* prodigia: igi *auf Ras.*
22(r) chanaan: a[3] *aus* n *rad. und verb.*

Truhten . din námo uuérêt iêmer. *Domine memoriale tuum in ge-*
neratione et generatione. Din gehúgeda uuérêt in chúnne unde
in chúnne. Vuanda nû gehúgest du fideles ze geuuúnnenne S987
unde noh uuanne gehúgest dû coronam ze gebenne. *Quia iu-* 14
dicabit dominus plebem suam. Vuanda truhten ertêilet úber sînen
liût . uuéliche er súle illuminare . alde cęcare. Also er chad . IN P569
IVDICIVM VENI IN HVNC MVNDVM . UT QVI NON VI-
DENT VIDEANT . ET QVI VIDENT CECI FIANT. *Et in seruis suis*
aduocabitur. Vnde in sînen scalchin uuirt er geládôt. Vuan-
da genuôge compuncti îro danches chôment . unde bîtent dé-
ro toûfi . unde bétônt in. *Idola gentium . argentum et aurum . opera* 15
manuum hominum. Os habent et non loquentur . oculos habeNT 16
et non uidebunt. Aures habent et non audient . neque enim est spiritus 17
in ore ipsorum. Got ist der diz allez îu téta . unde noh tuôt.
Vuaz sint aber idola gentium? Vuaz sint iro Gota? Gold unde
silber menniscon hántuuerch. Siê hábent munt . unde ne-spré-
chent . hábent oûgen unde ne-gesêhent . habent ôren unde ne-
gehôrent . noh âtem ne-ist in iro múnde. *Similes illis fiant qui faci-* 18
uNT ea.et omnes qui confiduNT in eis. Kelîh uuerden in . die siû uuurchent . unde alle
diê sîh ze în fersêheNT. Daz siNT diê . diê nieht ne-hábeNT oculos fidei . noh aures audi
endi. *ºDomus israhel benedicite domino.* Ir uuâren israhelite lôboNT in. *Domvs aaron bened·*
domino. Ir prępositi lobont în. *Domvs leui benedicite domino.* Ir ministri lobôNT in. S988
Q V I T I M E T I S D O M I N V M B E N E D I C I -
te domino. Ir-dir Got furhtent . chédent álle sáment sus. *Benedictvs* 21
dominus ex syon . qui habitat in ierusalem. Kelóbôt sî fóne syon
der-dir buet in ierusalem. Diê sînero chúmfte bîtent . unde dára

---

8 CeCI: *nach* e *Ras.* 18 qui *bis* 22 *auf Ras.,* 23 *größtenteils auf Ras. (der Text zeigt viele Abkürzungen, Ligaturen und übergeschr. Buchstaben), Akute von* állesáment, *Z. 25, teilweise mitrad.* 23/24 BENEDICI/te: C *aus* I *verb.* *Punkt steht nach* 23 TIMETIS

R504

ingâgene uuártênt . diê lóbônt in ex syon . daz chit fone uuár-
to. *ALLELVIA* . POST CANTICA GRADVVM. 1 P570

C*ONFITEMINI DOMINO QVONIAM BONVS.* Idest confiten-
do laudate dominum quoniam bonus. Iéhendo lobônt Gót
des . daz er guôt ist. *Quoniam in ęternum misericordia eius.*
Vuanda sîn genâda ist âne énde. *Confitemini deo* 2
deorum. Iéhent is Gote déro Góto. Also die sint . fone dien gescriben
ist . EGO DIXI DII ESTIS. *Confitemini domino dominorum.* Iéhent is de- 3
mo hêrren déro hêrron . der alle hêrren habet ketân. *Qui fa-* 4
cit mirabilia magna solus. Der micheliû uuúnder eîno tuôt.
*Qui fecit cęlos in intellectu.*i.in sapientia. Der diê hîmela téta 5 S989
in sînero uuishêite. *Qui firmauit terram super aquas.* Der dîa 6
erda gefestenôta be uuázzere. Dâ sî bár ist . dâr ist si óberô-
ra demo uuázzere. *Qui fecit luminaria magna.* Der diû mîche- 7
len liêhtfaz téta. *Solem in potestatem diei.* Diê sunnun des ta- 8
ges ze uuáltenne. *Lunam et stellas in potestatem noctis.* Den mâ- 9
nen unde diê stérnen . dero naht ze uualtenne. Daz sint diû
er durh sih téta. Diu hára nâh chóment . diu téta er per angelos
et per homines. *Qui percussit egyptum cum primogenitis eorum.* Der 10
egyptum sluôg . mit sînen êristpornên. *Qui eduxit israhel de medio* 11
eorum. Der israhelem fuôrta ûzer în mittên. Also er tágeliches
lôset die guoten fone diên úbelen. *In manu potenti et bra-* 12
chio excelso. Mit uuáltentero hende . unde mit hô erhâuene-
mo arme. *Qui diuisit mare rubrum in diuisiones.* Der den 13
roten mére under skiêd. Also er ouh diê toufi skeidet . eînên
ze lîbe . anderên ze tôde. *Et eduxit israhel per medium eius.* Vnde 14 P571

---

2 . POST *bis* GRADVVM. rot 9 Der alle 13 *Dâr 13/14 óberôra !
15 *Dia 19 primogenitis ! 25 *dia

R505

israhêlen dâr dûre lêitta. Sô ér ouh nû lêitet sînen liût . per lauacrum
regenerationis. *Et percussit pharaonem et uirtutem eius in mare ru-* 15
brum. Vnde irstarbta dâ pharaonem unde sîna chraft . daz S990
chit sîn hére. Also nu diu toufi aba nímet die sunda. *Qui tra-* 16
duxit populum suum in deserto. Der sînen liut lêita durh daz
eînote. Also er unsih nu leîtet in dirro únbirigûn uuerlte .
unde uns hílfet ze‿geníste. *Qui percussit reges magnos . °et occi-* 17 18
dit reges fortes. Seon regem amorreorum . °et og regem basan. Der 19 20
die geuuáltigen unde die máhtigen chúninga sluôg . sô seôn
uuas unde og . mit diên unsere âchúste bezeîchenet sint . diê
Got slât. *Et dedit terram eorum °hereditatem israhel seruo suo.* Vnde 21 22
gab er îro lant abrahamis slahto. Vuanda die diabolus pesâz
die gab er christo . der ist semen abrahę. *Quia in humilitate nostra* 23
memor fuit deus . et redemit nos ab inimicis nostris. Daz têta er . 24
uuanda er erhúgeta únsêr in unserro diêmuoti . unde erlô-
sta únsih . mit sines sunes pluôte. *Qui dat escam omni carni .* 25
idest omni hominum generi. Der allen ménniscon ézen gîbit.
Vuélez ist daz? Fone démo CHRISTVS chad. CARO MEA VERA EST
ESCA. *Confitemini deo cęli.* Lobônt Got des himeles. *Confite-* S991 26
mini domino dominorum . quoniam in ęternum misericordia eius. Lóbônt her-
ren dero herron . uuanda sin genâda ist êuuîg.

SVPER FLVMI- *°PSALMVS DAVID ET IEREMIĘ.* 1 P572
na babylonis . illic sedimus et fleuimus . cum recor-
daremur syon. Obe babylonis áhôn sâzen uuir
unde ueeinoton . so uuir syon irhugeton. Vuir
uueinoton in ellende . so uuir des heimuodis irhúgeton. Sy-

1(r) dâr: *über Bauch des* a *Art Punkt (Ansatz eines* u *?)* lauacrū: crū *nachgetr.* 3 *dâr 4 hére: e^2 *aus* t *oder* i *verb.* *dia *(?)* 14 deus: *nostri *oder* *nostri Dominus 25(r) ueeinoton: o^2 *auf Ras.* 26 *heimodis *Punkt fehlt* 14^2 23^1

R506
on ist daz hêimote . gesah in Got den dára lángêt . unde er in
dirro babylonia bediû uuéinôt. Vuaz sint flumina baby-
lonis? Âne diê ferrînnenten mendi dirro uuerlte . in diê sih
diê ne-uuéllen soûfen . diê in syon gedingent stâta mendi
ze geuuunnenne. Siê uuéllen óbe în sîn . niêo sie dára în uuá[t]-
tendo . ze tâle gefuoret ne-uuérdên. *In salicibus in medio eius* 2
suspendimus organa nostra. V̂ffen diê féleuua die in iro mît-
tero stânt . hángtôn uuir únsere organa. Dâr hángênt siê . un- S992
de suîgent . uuanda iro unbirigi hâbet sie gesuêiget. Kîtege
menniscen unde fréche die únbirige boûma sint . unde in ú-
bel chêrent daz man in guôtes ságet . an diên súln uuir ûf
sezzen die organa dero scripturarum. *Quoniam ibi interroga-* 3
uerunt nos . qui captiuos duxerunt nos . uerba canticorum.
Et qui abduxerunt nos . ymnum cantate nobis de canticis syon.
Vuanda dâr frâgeton unsih . diê únsih ke-éllendot hábeton .
uuiêo diu uuort chéden dero cánticon. Singent uns . ché-
dent sîe . iûuueriû liêd . hêimenân singent uns in iûuuera
uuîs. Demones die unsih ferspuônen ze dien sundon . unde
unsih dâr ána ge-éllendoton . die sprechent uns daz zuo .
uzer úbelen ménniscon îro lîden. Diên antuuúrten uuir.
Quomodo cantabimus canticum domini in terra aliena? Vuiêo 4
múgen uuir singen in frémed<em>o lande ! unseres truhtenes sang?
diu fone imo châmen? Vns ist freîsa ze sîngenne . unde iûh S993 P573
ad blasphemiam ze gegruozzenne. Vuíder diên suln uuir ún-
sih eînôn . daz uuir în gelîh ne-sîn mit dîsen uuorten. *Si obli-* 5
tus fuero tui ierusalem . obliuiscatur me dextera mea. Vbe

3(r) ferrînnenten: nn *auf Ras.* 5/6 uuât/tendo: t[1] *etwas verwischt, darunter dunkle Stelle im Pgm. (keine Ras.)* 19(r) uns: *langes* s *auf Ras.* 20(r) Diên: ien *auf Ras.* *Punkt fehlt* 13[2] 14[1] 16[2] 17[2]

ih dîn ergéze ierusalem . so ergéze mîn . mîn zéseuua. Vbe ih
umbe solche ergézen uuelle ierusalem . so gesuîche mir mîn de-
xtera . daz ist ęterna uita . also ouh sinistra ist pręsens uita. V́be
ih sólchên uuelle lîchen so diê sint . so muôze ih háben sinistram
fúre dexteram. Vuanda sô geskiêhet în allên . die sih fertrôstent
ierusalem . unde die temporalia minnont fure ęterna. Pediu
sint diz fóre-ságâ . nals fluôcha. *Adhereat lingua mea fauci-* 6
bus meis nisi tui meminero. Stum uuerde ih . ube ih dîn ne-ge-
hûge ierusalem. *Si non proposuero ierusalem . in principio iocundi-*
tatis meę. Vnde ube ih ne-sézze ierusalem ze fórderost mîne- S994
ro uuúnno. Dâr ist diû fórderosta uuúnna . dar man Gótes
selbes kebrûchen muôz. Fone diû sprichet er ze Góte uuîder
allen fîenden dero burg. *Memento domine filiorum edom* . idest 7
esau *in die ierusalem.* Irhûge Got in iudicio des âhtâris chin-
do. Irrîh dih an diên in die iudicii . die christianis fîent sint . al-
so esau sinemo bruôder uuas. Daz ist ouh prophetia . nals ma-
ledictio. *Qui dicunt exinanite exinanite usque* . s . perueniamus *ad* S995
fundamentum in ea. Die fone déro ęcclesia chédent . daz man
fone dero cisterna chît . ersképhent sia . unz án den bódem.
Iro bodem . unde iro fundamentum ist CHRISTVS . den îro niêman
genémen ne-mag. Daz uuolton sie tuôn . do sie martyres îr-
sluôgen. *Filia babylonis misera* . idest caro . uel carnales . *bea-* 8
tus qui requiret tibi retributionem tuam quam retribuisti no- P574
bis. Vuênega tóhter babylonis . kesáh în Got . der dir lônot
nâh démo lône . so du uns lônotôst. Vbe únsih caro alde car-
nales scundent ze âchusten . diê uuir uuolton chêren ad uir-

5(r) dexterā *auf Ras.* 17 exinanite[2]: *über Bauch des a Art Punkt (Ansatz eines i?)*

R508

tutes . unde uuíder uns sint . uuíder diên suln uuir uuesen .
uuachendo unde fastendo . unz uuir sie über uuíndên . also
sie unsih über uuinden uuólton. *Beatus qui tenebit et allidet* 9
paruulos tuos ad petram. Sâligo der dîniu chint nîmet . unde S996
siû chenîstet an den stêin. Babylonis chint sint keluste . unz siê
níuuue sint . die suln uuir in CHRISTO ferchenîsten er sie álteren
uuerden. *IPSI DAVID.* *meo.* 1

C*ONFITEBOR TIBI DOMINE IN TOTO CORDE*
Ih iího dir trúhten . chît ecclesia . in allemo mîne-
mo herzen. Lob tuôn ih dir manu forti. *Quoniam au-*
disti uerba oris mei. Vuanda du gehôrtost diû uuort
mines mundes. Du gehôrtost mih in démo gebéte prophetarum .
unde iustorum . die dînero incarnationis pâten. *In conspectu*
angelorum psallam tibi. Fore angelis sîngo ih dîr . în lîchet
mîn sang. *Adorabo ad templum sanctum tuum.* Ih péton ze dînemo S997 2
heîligun hûs . in démo ih dih uueîz . in incarnatione tua uuêiz
ih dih. Alde in angelis tuis . fóre diên ih sîngo. *Super misericordia tu-*
a et ueritate tua. Fone dînero genado an déro du únsih lôstost .
unde dinero uuarhêite . an déro du geleîstost daz du gehiê-
ze. *Quoniam magnificasti super omne nomen sanctum tuum.* Vuan- P575
da du gemîchellîchot hábest dinen námen . über al daz-dir
geuuáhtlîches ist in angelis et hominibus. *In quacumque die in-* 3
uocauero te . uelociter exaudi me. So uuélês tâges ih dih á-
na háree . an démo gehôre mih spuôtigo . uuanda ih tempo-
ralia ne-bîto . nube eterna. *Multiplicabis in anima mea uir-* S998
tutem. Manega tugend kehûfost du in mînero sêlo. Sô ih

---

5 chenîstet: e[1] *aus* i *verb.* 6 ferchenîsten: e[2] *aus* i *verb.* *êr
7 IPSI: *nach* I[1] *roter Punkt auf Zeilenhöhe* 22 geuuáltlîches
26 Manega: a[2] *aus* e *verb.* *Punkt fehlt* 9[1] 9[2] 16[2] 24[1]

R509

nôteg uuirdo . so sterchest du mih. *Confiteantur tibi domine omnes* 4
reges terrę . quia audierunt omnia uerba oris tui. Alle uuérlt-
chúninga iêhen dir trúhten . unde dánchoen dir . uuanda
siê geêiscôt hábent alliu diû uuort dînes mundes . diu fóre échert
iudei geêiscotôn. *Et cantent in uiis domini . quoniam magna est gloria domini.* 5
Vnde daz sîngên sie in mînes trúhtenes uuégen . daz sîn guôlli-
chi míchel ist. Vbe sie diemuôte sint . sô sîngent sie an sînen uué-
gen. *Quoniam excelsus dominus et humilia respicit . et alta cognoscit . a* 6
longe. Vuanda Got ist selbo hôh . unde ze nîderên siêhet ér .
hohiû bechennet er férrenân. Dero diemuôti tuôt er uuára . S999
die úbermuôti fersiêhet ér. *Si ambulauero in medio tribula-* 7
tionis uiuificabis me . idest lętificabis me. Vbe ih cân in míttên
arbeîten . daz chit . ube ih pechénno . daz ih hiêr bin in con-
ualle lacrimarum . unde in peregrinatione . so gefréuuist dû
mih . nah dísemo lîbe. *Et super iram inimicorum meorum extendisti*
manum tuam . et saluum me fecit dextera tua. V́ber daz zorn mi-
nero fiendo ráhtost du dîna hánt . du sceîndôst in daz dîn ánt-
sâzigôra zórn . unde gehielt mih din zéseuua . daz ist ęterna
uita. *Domine retribues propter me . domine misericordia tua in sęculum . et opera ma-* 8 S1000 P576
nuum tuarum ne despicias. Du trúhten lônost fúre mih . mînen
fîenden . alde du giltest tributum fure mih . du gîbest den
státerem. Truhten din genâda ist éuuig . unde dîn uuérg ne-
ferséhêst dû. Sîh an dîn uuerg . nals an daz mîn.

D SECVNDVM AVGVSTINVM . CHRISTVS AD PATREM DE SE
OMINE PROBASTI ME IPSO LOQVITVR. 2
et cognousti me. Hêrro mîn . dû besuôhtost mih. S1001

3/4 diê / siê 11 *dia 21(r) fure: e *auf Ras.* 23(r) dîn: n *aus* h *rad. und verb.* 24/25 SECVNDVM *bis* LOQVITVR. *rot* *Punkt fehlt* 10[2] 13[2] 14[2] *Punkt steht nach* 17 sceîndôst

R510

in passione . unde bechandôst mih. Daz chît . tâte daz mih án-
dere bechénnent. *Tu cognouisti sessionem meam et resurrectio-
nem meam.* Du bechándôst min nîdersîzzen in tôde . unde mîn
ûf-stân nah tôde. AVT EX PERSONA SVI CORPORIS LO-
QVITVR. Dû bechándôst mîna nîderi in pęnitentia . dô ih
in éllende uuas . unde mîna ûf-irrîhteda do ih chám . unde á-
blaz keuuán. *Intellexisti cogitationes meas de longinquo.* Dû 3
bechándost mîne gedáncha férrenân . do ih idolorum cultu-
ram begonda lêidezin. *Semitam meam et limitem meum inuestiga-* S1002
sti. Mina lêidûn stîga an déro ih kiêng fóne dir . unde daz
ende daz mortalitas ist . ze déro ih folle-cham . daz irspêhotost
dû . iz ne-uuas ferborgen fóre dîr. *Et omnes uias meas pręuidi-* 4
sti. Vnde alle mîna uuéga in dien ih îrrôta fóre uuíssost dû.
Du hangtost mir siê ze gânne . ube ih hîna ne-mahti . daz ih îr-
uuûnde ze dir. *Quoniam non est dolvs . in lingua mea.* Vuanda nu ne-îst
trúgeheit in mînen uuórten. *Ecce domine tu cognouisti omnia* 5
nouissima et antiqua. Du uuêist mîniu iúngesten ding . dô
ih tôdig uuard . unde diu alten dîng . do ih sundon gestuônt. P577
Tu finxisti me et posuisti super me manum tuam. Dû scáffotost mih
do ih sundota ze arbêiten . in diên ih fore ne-uuas . unde lege- S1003
tost mih ána dîna hant . uuanda dô drúhtost du mih. *Miri-* 6
ficata est scientia tua ex me. Fone mînen sculden ist mir uuún-
derlîh unde únsémfte uuorden din bechénneda. *Inualuit . non*
potero ad illam. Si ist mir ze stárch . ih ne-mag iro zûo . aber
du maht mih iro genâhen. *Quo ibo a spiritu tuo?* Vuára mag ih 7
fore dînemo geîste . des diu uuerlt fol îst? Also iz chit. SPIRITVS DOMINI

4(r) AVT: *vor* V *Ras.* 4/5 AVT *bis* LOQVITVR. *rot* 5 DÛ: D *nur vorgeritzt* pęnitentiā 12/13 p̄ręuidisti 13 *mîne 15(r) ze *bis* dolvs . *auf Ras., Akzente von* mînen uuórten, *Z. 16, fast ganz mitrad.* 25 genâhen: *über erstem Strich von* n^1 *Ansatz einer Oberlänge (wohl eines* h) tuo. *Punkt fehlt* 13^2 *Punkt steht vor* 4 nah 15 ze

R511

REPLEBIT ORBEM TERRARVM. *Et quo a facie tua fugiam?*
Vnde uuára fliêho ih fóre dir? Vuara mag ih indrinnen dînero
abolgi? *Si ascendero in cęlum tu illic es.* Hêue ih mih hôho . dâr 8
drúcchest du mih uuídere. *Si in infernum descendero ades.*
Pirgo ih mih . daz ih mînero sundon iéhen ne-uuile . dû geiîhtest
mih îro. *Si recipiam pennas meas in directum . et habitabo in* 9
extrema maris . idest sęculi. Vbe ih mîne féttacha . daz chit a- S1004
morem dei et proximi . ze mir nímo in gerîhti . unde ih púuuo . daz
chit . râmen mit kedingi ze‿ende dírro uuérlte . so dies iudicii
ist . uuanda dar ist ende dísses uuérltméres . ze déro uuîs indrin-
no ih dînero abolgi. *Etenim illuc manus tua deducet me . et* 10
tenebit me dextera tua. Dára ze demo ende bringet mih dîn
hant . unde dîn zeseuua hábet mih . daz ih în den mére ne-stur-
ze . êr ih în uber fliêge. E*T DIXI . FORTASSE TENEBRĘ* 11
conculcabunt me. Vnde chad ih fórhtendo . ódeuuâno fînste-
rîna tréttônt mih . unde îrrent mih. Vuaz sint die finstri . ane S1005
díser lîb? *Et nox illuminatio in deliciis meis.* Vnde bediû ist
mîn naht . daz chit . min lîb liêht uuorden . an mînero lússami . P578
daz ist CHRISTVS. Er chám in disa naht . daz er sie irliêhti. *Quia tene-* 12
brę non tenebrabuntur a te. Vuanda fóne dir CHRISTE ne-finstreNT
die fínstri . nube fone démo . der sîna sunda bírget . unde iro ne-
iiehet. Der zuîfaltôt diê finstri. *Et nox tamquam dies illumina-*
bitur. Vnde rehtemo man uuirt diu naht sámo liêhte so der
tag . daz chit aduersitas ne-tárôt imo nieht mêr . danne prosperi-
tas. *Sicut tenebrę eius ita et lumen eius.* Imo gant prospera unde S1006
aduersa gelicho. *Quia tu possedisti renes meos domine.* Vuanda dû 13

---

4 ades? 9 so| si 13 mêre! 13(r)/14 sturze: tu *auf Ras.* 14 ET: E *nur vorgeritzt* 19(r) in *auf Ras.* *sia 22(r) iiehet: i^2 *aus* e *rad. und verb.* *Punkt fehlt* 7^3 9^1 11^2 18^4

R512
habest pesézzen mîne lâncha . du ne-hengest mir únchiûsce
gelûste. *Suscepisti me ex utero matris meę.* Dû habest mih ke-
nómen uzer mînero muoter uuombo. Daz ist diû zâliga ba-
bylonia . dero chint ierusalem cęlestem ne-minnont. *Confitebor* 14
tibi domine quoniam terribiliter mirificatus es. Ih iîeho dir tróhten
daz du egebâro uns uuunderlih uuorden bist. *Mira opera*
tua deus . et anima mea cognoscet nimis. Daz ist fone diû . uuan-
da diniu uuerch uuunderlih sîNT Gót . unde siu nu min sêla
harto uuóla bechénnet . so uuieo ih in fore nieht zuo ne-ma-
hti. *Non est absconditum os meum . s . a te . quod fecisti in abscon-* 15
dito. Dir ist únferbórgen min stárchi . die du mir tâte touge- S1007
no. Fóne dero chad PAVLVS. NON SOLVM AVTEM . SED ET GLO-
RIAMVR IN TRIBVLATIONIBVS. *Et substantia mea in in-*
ferioribus terrę . idest in carne. Vnde ist min sela in dero tie-
fi des lîchamen . doh iro diu starchi gegében si. ITEM EX
PERSONA CAPITIS. *Inperfectum meum uiderunt ocu-* 16
li tui. Mînen úndúrnohten PETRVM *!* gesáhen siniu oû-
gen. Er gehiez daz er‿gelêisten ne-mahta . doh kesáh in Gót .
also iz chit . ET RESPEXIT DOMINVS PETRVM. *Et in libro*
tuo omnes scribentur. Vnde an dinemo buôche uuerdent sie P579
alle gescriben . perfecti unde inperfecti. *Per diem errabunt.* An
CHRISTO míssenément siê . uuanda sie in écchert hominem uuâ- S1008
nent uuésen . unde ferlâzent în in passione. *Et nemo in eis.*
Vnde iro ne-heîn ne-folle-hábet sih ze imo. Noh der-dar chad.
TECVM VSQVE AD MORTEM. *Mihi autem ualde honorificati sunt* 17
amici tui deus. Aber dîne friûnt uuórdene nâh mînero pas-

---

8 sîNT: *Ligatur* NT *aus* n *rad. und verb., Zkfl. blieb stehen;* *sint
9 zuo] ziu 10 a te . *rot* 11 *dîa 14/15 tiefi] toufi
15/16 ITEM *bis* CAPITIS. *rot* 16 Inperfectum: I *nicht eingetr.*

R513

sione sint sie mir filo êrháfte. *Valde confortati sunt princi-*
patus eorum. Iro apostolatus ist harto gefestenôt. *Et numera-* 18
bo eos . et super harenam multiplicabuntur. Vnde zello ih siê .
unde ist îro mêr . danne méregriêzes. So mánig uuirdet déro
nah mînero passione . dero fore ne-hein ne-uuas. *Exurrexi*
et adhuc tecum sum. Ih pin irstanden nâh tôde . unde noh
pin ih fâter . sament dir. Noh ne-bin ih in chunt . nube écchert
.i.obcęcaueris. .i.qui odistis fratres
dir. *Si occideris deus peccatores . uiri sanguinum declinate a me.* 19
CONSTRVCTIO. Si occideris deus peccatores ! accipient S1009
in uanitate ciuitates suas. Quia dices in cogitatione. Viri
.s.iustorum .i.de-
sanguinum ! declinate a me . °*quia dices in cogitatione . acci-* 20
cipient .i.sequaces suos
pient in uanitate ciuitates suas. Vbe du Got slâhest . daz chit
plendest die súndigen . so besuîchent sie îro folgeârra in úp-
pigheite . uuanda du chist stillo in dero guôton gedánche .
skeident iûh mánslekken fone mir. Got lêret . daz sih kuô-
te sceîden fone úbelen in iro uuerchen . unde sie doh ke-
mînne sîn . fone diu ist dero irslágenon . ih meîno déro
irblanton lêra uanitas. Vueliu ist diu lera? Ane daz siê îro
gelîchen lêrent . die iro burge sint . házen die réhten. Zîu P580 S1010
tuônt siê daz? Vuanda in îro guôti . ubeli gedúnchet. Vuéle
sint uiri sanguinum? ane die . qui oderunt fratres suos. *Non-* 21
ne eos qui oderant te domine odio habui? et super inimicos tuos
tabescebam? Ziu sceîdent siê sih fone mir . samo so ih ubel si?
Ne-hazeta ih die dih hazent trohten? unde ne-séreuuêta ih
umbe dine fienda . uuanda mir iro unreht ando uuas fú-
re dih? *Perfecto odio oderam illos.* In durnohtemo háze

1(r) confortati: i *aus* u *rad.* 6 tecum ! 8 Si occideris: *über* (i o) *rotes Verweisungszeichen, das über* C^1 *von* CONSTRVCTIO, *Z. 9, schwarz wiederholt ist; hätten Z. 9 bis Z. 11* a me . *(schwarz geschr.!) als Randglosse erscheinen sollen?* 12 chit: t *durch roten Farbfleck, der von Initiale* E, *S. 514, durchscheint, teilweise bedeckt* 13 *folgâra 23 samo sih *Punkt fehlt* 3^3 12^2 14^2

nach 24-26 auf dem Rand: .Ñ. [= Nota] odi/enda pec/cata non ho/mines.; - *Vgl. 514,1f.*

R514

házeta ih siê. Daz chit . ih házeta siê rehto . uuanda ih iro ú-
beli házeta . nals siê selben. *Inimici facti sunt mihi.* Sie sint mir fient .
uuanda ih iro unreht hâzeta. *Proba me deus . et sci-* 23
to cor meum. Pesuoche du mih GOT . ube ih daz kesculdet
hábe . daz sie sih sceîdên fóne mir . unde uuizîst du min hér- S1011
za . uuanda sie iz uuîzen ne-uuéllen. *Scrutare me et cogno-*
sce semitas meas ^{o}*et uide si uia iniquitatis in me est.* Scródo 24
mih . unde bechénne mîne stîga . unde sih ube in mir un-
reht fád sî. *Et deduc me in uia ęterna.* Vnde rihte mih ze
démo euuîgen uuége CHRISTO . an démo ne-heîn únreht ne-
ist. *IN FINEM IPSI DAVID.*

ERIPE ME DOMINE AB HOMINE MALO . idest 2
diabolo. Lôse mih truhten . chît diû ęcclesia . fone
ubelmo ménniscen. Daz ist der . fone démo sanctum
euangelium chit . INIMICVS HOMO HOC
FECIT. *A uiro iniusto erue me.* Fone únrehtemo man lôse P581
mih . daz ih fone imo geargerôt ne-uuerde. *Qui cogitauerunt* S1012 3
iniustitias in corde . tota die constituebant bella. Also diê
unrehte sint . die únrehtes denchent in iro hérzôn . unde
allen den dag uuellen féhten . unde ételih scisma alde he-
resim bringen . alse seditionem machôn. *Acuerunt linguas* 4
suas sicut serpentes. Siê hábent iro zunga geuuézzet also
uuúrme. Íro uuort sint samo frêisig samo so uuúrme. *Ve-*
nenum aspidum sub labiis eorum. Vnder iro lefsen ist ferbor-
gen daz zâligosta eîtter. *Custodi me domine de manu peccato-* 5
ris . idest diaboli . *ab hominibus iniquis eripe me.* Huôte mîn

6 iz: *über* z *Art Punkt* 20(r) unde *auf Ras.* 25(r) *nach* Custodi *Ras.* 26 diaboli: o *aus* i *oder Ansatz von* u *verb.* *Punkt fehlt* 1^2 2^1 13^2

trúhten fore des tiefeles hánden . lôse mih fone unrehten mén-
niscon. *Qui cogitauerunt subplantare gressus meos.* Die mih
uuellen bescrénchen . die mih îrren uuellen rehtero férte.
Absconderunt superbi laqueos mihi. Úbermuôte rihton mir 6
strîccha. Mih îlton heretici gefâhen mit iro únchústen. *Et* S1013
funes extenderunt in laqueum pedibus meis. Vnde dénitôn sie
seîl mînen fuôzen ze strîcche . daz chit . sie strîcton iro sêil . daz
mîne fuôze dar ána geháftetin. Vuaz sint diu sêil ane geflô-
htene reda . ze îrreden getâne? *Iuxta iter scandalum* . idest of-
fendiculum *posuerunt mihi.* Pî‿demo uuége légeton siê daz
dâr ih mih ana stiêze. Vuanda ándere ne-gefâhent sie . âne
die aba rehtemo fáde uuenchent. *Dixi domino . deus meus es tu.* 7
In dien freîson chad ih ze minemo truhtene . min Got pist
du. Daz ne-múgen aber sie nieht pórebáldo chéden . uuan-
da iro ubermuôti scêidet sie fóne Gote. *Exaudi domine uocem de-*
precationis meę. Chad ih ouh . kehôre truhten mîne dîgi. *Domine* 8
domine uirtus salutis meę. Du truhten chad ih . pist chraft mine- P582
ro hêili . du gibest mir die chrefte déro heîli. *Obumbrasti super*
caput meum in die belli. In‿uuîge . daz chit in temptatione
bescátetôst du min houbet . daz ih fore hizzo ne-irlâge . al- S1014
so die irlîgent . dero hîzza du ne-chuôlest. *Ne tradas me domine* 9
a desiderio meo ! peccatori. Fore niête ne-gebêst du mih tru-
hten demo tiêfele. Der niet ist diû hizza . dia Gotes scato mé-
zôt . nîe si unsih úberuuúndene peccatori ne-geántuuúrte.
Cogitauerunt aduersum me ne derelinquas me . ne forte ex-
altentur . idest ne de me triumphent. Úbele riêten mih ána .

2(r) mih: m *unten anrad. (*mi *aus* uu *?)* 5 îlton: lt *aus* h *rad. und verb.* 6(r) laqueum: l *aus* p *rad. und verb.* 9 getâne
15/16(r) deprecationis: is *aus* e *rad. und verb.* 16 *mina 21 tradas: a[1] *von Tintenfleck fast ganz verdeckt* *Punkt fehlt* 19[2] 26[3]

R516
du ne-ferlâzêst mih niê sie des úbermuôte ne-uuerdên. *Ca-* 10
put circuitus eorum . idest caput eorum circuitus est. Diabolus
iro houbet . der ist úmbegáng . der neberîhtet sih niêmer
ze uuége. *Labor labiorum ipsorum* . idest mendacium *operiet*
eos. Iro mundes arbêit scîrmet siê. Du scîrmest mih . sie scîr- S1015
met iro lúg. Mit demo ántseîdont sie sih iro súndôn . der
ist únsémftero ze fîndenne danne diû uuârhêit. *Cadent* 11
super eos carbones ignis. Cluônte zánderen ánafallont siê .
uuanda siê gesêhent die zúndên . die fore chuôle uuâ<re>n.
Sie gesehent daz în ernest uuírt ! ze uuola-tâten. *Deicies*
eos. Dar uuirfest du sie nider. Daz sie diên irbúnnen . daz
fellit siê. *In miseriis non subsistent*. Vuenegheit kesciêhet în .
fore dero ne-gestânt sie. Áber rehte gestânt . uuanda eîner
déro rehton chad. SED ET GLORIAMVR IN TRIBV-
LATIONIBVS. *Vir linguosus non dirigetur super terram.* 12
Ze-filo-chôsig man ne-geuuunnet niêmer grehti obe érdo .
uuanda iz chit . IN MVLTILOQVIO NON EFFVGIES S1016
PECCATVM. Der gezúngelêr îst . der ist dîccho lúkkêr . daz
ist michel ungréhti. *Virum iniustum mala capient in interi-*
tum. Vnrehten man gefâhent uuéuuun ze ferlornissido . P583
dien guôten mugen sie ouh gefâhen . nals aber ze flóreni.
Cognoui quia faciet dominus iudicium inopum. Ih pechénno daz 13
Got diên unêhtigên rîhtet. *Et uindictam pauperum*. Vnde
er gerîh tuot dero armon. *Veruntamen iusti confitebun-* 14
tur nomini tuo. Aber doh die rehten iéhent dinemo námen .
nals în selbên . alles des . daz sie gemúgen. Dir uuízzen siê îs

---

4(r) operiet: ope *auf Ras.* 12(r) kesciêhet: scieh *auf Ras.* 14(r) GLORIOAMVR: A *auf Ras.*, O^2 *nicht rad.* 18 dîccho: h *aus* o *rad. und verb.* 21 guôten: o *teilweise*, t *ganz von Tintenfleck verdeckt (vgl. zu 515,21)* *ferlôrni *Punkt fehlt* 12^3 20^2 25^2

tang. *Habitabunt recti cum uultu tuo.* Crehte bûent sáment
dinemo ânaliûte . also iz chit. CVM APPARVERIT SIMILES
EI ERIMVS . QVONIAM VIDEBIMVS EVM SICVTI EST.

IN FINEM IPSI DAVID. 1 S1017

D*OMINE CLAMAVI AD TE . EXAVDI ME.* Truhten .
chit der propheta . ze dir háreta ih . ke-hore mih.
Intende uoci deprecationis meę dum clamauero ad
te. Duô ouh noh uuara mînero dígî . so ih háree
ze dír. So du tâte in pręterito . so dûo in futuro. Gehore mih iêo.
Dirigatur oratio mea sicut incensum in conspectu tuo. Mîn 2
gebet recche sih ûf . also rouh fore dir. Suozen stang tuôe dir
mîn gebét. *Eleuatio manuum mearum sacrificium uesperti-*
num. Ûf-héui mînero hando . si dír âbentópher. Mînero guô-
ton uuercho . ruocheîst du ze mînemo énde. *Pone domine custo-* 3
diam ori meo . et ostium circumstantię labiis meis. Sézze huô-
ta mînemo munde truhten . unde umbe mîne lefsa stélle S1018
tûre. Lêre mih keuuâr uuésen mînero uuórto. *Non decli-* 4
nes cor meum in uerba malitię . ad excusandas excusatio-
nes in peccatis. Ne-chêre mîn herza in arguuílligíu uuórt . P584
ze antseîdo dero sundon. Lêre mih puram confessionem quę
liberat a morte. *Cum hominibus operantibus iniquitatem . et cum*
electis eorum ! non communicabo. Sáment únrehten . unde
sáment iro iruueleten ne-hábo ih kemêinsami. Daz sint
die sih selben sundon ferságent. *Corripiet me iustus in* 5
misericordia . et increpabit me . oleum autem peccatoris non inpin-
guet caput meum. Der rehto inchán mih . unde irréfset

12(r) mîn: mi *auf Ras.* 12/13 uespertinum 18(r) uerba: a *auf Ras.*
Punkt fehlt 19[2] 21[2]

R518
mih ke-nadeglîcho . des sûndigen ólê . ne-sálbôe min hoûbet.
Sin ólê . daz ist sîn lób . unde sîn slîhten . daz ieo guôtemo man
ze fliêhenne ist. *Quoniam adhuc oratio mea in beneplacitis eorum .* S1019
s . peccatorum. Vuanda bît noh . in iro gelîcheten ist mîn ge-
bét. Noh uuirt . daz in gelichet ze chedenne . DIMITTE NO-
BIS DEBITA NOSTRA . SICVT ET NOS DIMITTIMVS DEBITO-
RIBVS NOSTRIS. *Absorti sunt iuncti petre iudices eorum.* Íro rihtâ- 6
ra sint fertîligot ze CHRISTO gebótene. Platonis unde aristóte-
lis lêra ne-tûgen . so man euangelium CHRISTI dara zuô biûtet.
Audient uerba mea quoniam potuerunt. Sie gehôrent mîniu uuort .
uuanda diu gemáhtôn . éniû uuâren chráftelôs. *Sicut cras-* 7
situdo terrę eructa est. Fone diû cham also feîzti déro ér-
do . daz pluôt dero martyrum. Dannan iruuûohs der heî-
ligo ézesg . daz uber ál christiani uuúrden. *Dissipata sunt ossa*
nostra . idest martyres *secus infernum.* V́nseriû beîn uuúrden
zebólot pî dero hello. Die unsih stárchton . die uuarf man sámo S1020
so in hélla . sie sint aber guôllih in hîmele. *Quia ad te domine* 8
domine oculi mei. Vuanda ze dir truhten sehent mîniu oûgen .
ze dînen geheîzen . nals ze iro dróuuûn. *In te speraui . non*
auferas . s . a bonis tuis *animam meam.* An dîh kedingo ih . fone de- P585
mo dînemo guôte ne-sceîd mîna sêla. *Custodi me a laqueo* 9
quem statuerunt mihi . et ab scandalis operantium iniquitatem.
Pehuote mih fore demo stricche . den sie mir gerihtet habent .
unde fore demo îrriden dero ûnrehton. *Cadent in retiacu-* 10
lo eius peccatores. Sundige gehaftent in sinemo nézze. Dia-
boli ist daz nezze . sin ist der strîg. *Singulariter sum ego do-*

---

1 sálbôe *!* 2 Daz[2] 4(r) bît noh *auf Ras.* 10(r) uerba: ue *auf Ras.* uuort: *Ligatur* or 12 eructa: *erupta *oder* *eruct(u)ata 19(r) geheîzen: ei *auf Ras.* 26 ist] sint *Punkt fehlt* 1[1] 4[3] 18[2] 20[4] 23[2]

R519

nec transeam . s . ad patrem. Ih pin eîno . chit CHRISTVS . unz ih irstîr-
bo . dára nâh manigfâlton ih mîne. *IPSI DAVID.* 1
U*OCE MEA AD DOMINVM CLAMAVI . VOCE* 2
mea ad dominum deprȩcatus sum. Mit mînero
stîmmo háreta ih ze trûhtene . mit mînero
stimmo dîgeta ih ze truhtene. Min stimma S1021
ist . diu fóne herzen chûmet . mánige ruôfent
mit lefsen . nals mit herzen. Daz herza gehôret GOT . die lef-
sa gehôret mennisco. *Effundam in conspectu eius orationem* 3
meam. Fore îmo lazo ih ûz mîn gebét . dar échert er iz kesiê-
het. Andere ne-mûgen daz herza gesêhen . ane sîn. *Tribula-*
tionem meam ante ipsum pronuntio. Mina arbêit ságo ih fóre
imo. Vuanne tuon ih daz? *In deficiendo ex me spiritum meum.* So 4
min gêist chûmîg uuîrdet. Ziu sol ih daz tuôn? Daz mîh sin
geîst sterche. *Et tu cognouisti semitas meas.* Vnde du bechán-
dost mîne stîga. Dû gesahe mih rehto phádôn. *In uia hac qua*
ambulabam absconderunt laqueos mihi. Siê rîhton mîr toû-
geno strîg . chit CHRISTVS . án démo uuege . an démo ih kiêng in P586
innocentia . sie rihton mir doh patibulum crucis. *Considera-* 5
bam ad dexteram et uidebam . et non erat qui cognosceret
me. Dar umbe sah ih mih uuer min halb uuâre . unde ne-hêi-
ner ne-uuas . der mina deitatem bechandi. *Periit fuga a me.* S1022
Dar ne-flôh ih . doh andere fluôhin. *Et non est qui requirat ani-*
mam meam. Vnde umbe helfa ne-suôhta mih niêman. *Clama-* 6
ui ad te domine. Do háreta <ih> ze dir truhten alsûs. PATER IN MA-
NVS TVAS COMMENDO SPIRITVM MEVM. *Dixi . tu es spes mea.*

---

14 mîh: h *aus* n *verb., Zkfl. blieb unverändert* 23 andere: *über Bauch des* a *Punkt auf Zeilenhöhe* *flûhin *Punkt fehlt* 1[4] 18[1]
Das untere Fünftel der Seite ist stark verschmutzt; durch Abreibung sind in Z. 24-26 mehrere Buchstaben verwischt.

R520
Chad ih oûh . du bist min gedingi. *Portio mea in terra uiuen-*
tium. Min têil des erbis in paradyso. Also latroni gehêizzen
uuard. HODIE MECVM ERIS IN PARADYSO. *Intende o-* 7
rationem meam quia humiliatus sum nimis. Fer-nim mîn gebét
uuanda ih harto gediemuotet pîn . mit demo tôde. *Libera*
me a persequentibus. Lôse mih fone mînen áhtâren . diê mîn
niêht ne-borgênt . uuanda sie mih Got ne-bechennent. Also
iz chit. SI ENIM COGNOVISSENT . NVMQVAM DOMINVM MA-
IESTATIS CRVCIFIXISSENT. *Quia confortati sunt*
super me. Vuanda sie mir óberôren uuórden sint . unde mih
in den tod kestôzen hábent. *Educ de custodia animam meam.* 8
Pring mih fone héllo. *Ad confitendum nomini tuo.* Daz dih
lóboen mîne fideles. *Me expectant iusti . donec retribuas*
mihi. Mîne apostoli bîtent . unz dû mir mîna gloriam in resurre-
ctione irgébêist. *ORATIO DAVID QVANDO PERSE-* 1 S1023
CVTVS EST EVM FILIVS EIVS.

DOMINE EXAVDI ORATIONEM MEAM . AVRIBVS
percipe obsecrationem meam. Truhten gehôre P587
mîn gebét . fernîm mîne digî. *In ueritate tua ex-*
audi me . in tua iustitia. Gehôre mih in dînero
uuarheîte . in dinemo rehte . nals in minemo gehore mih .
uuanda du mir gabe so uuélih reht ih habo. *Et non intres* 2
in iudicium cum seruo tuo . quia non iustificabitur in con-
spectu tuo omnis uiuens. Vnde dînclîcho ne-fârest du mit
dînemo scalche .' nube genadeglîcho . uuanda fore dir nehêin
niêman ist reîne
lébendêr únscúldîg ne-îst. Also iob chit. NEMO MVNDVS

5(r) Libera: be *auf Ras., Zkfl. von* diê, *Z. 6, fast ganz mitrad.*
19 *mîna 22(r) gabe: a *aus* e *rad. und verb.* *Punkt fehlt* 1[1] 21[2]

R521

fôre dir noh sar daz hiûtiga chindeli ob
ANTE TE . NEC INFANS CVIVS VNIVS DIEI VITA EST SVPER
erdo
TERRAM. *Quia persecutus est inimicus animam meam . humiliauit in* 3
terra uitam meam. Vuanda diabolus ahta mîn . unde ze súndon
brahta er in erdo mînen lîb. Daz sint uerba pęnitentis. Sûlen
iz aber Dauidis uuort sîn fóne Absalone . alde CHRISTI fone iuda .
so chit iz sus. Min fîent âhta mîn . unde genîderta mih . uuan-
da der eîno uuard regno depositus . der ander uuard in cru-
ce damnatus. Fóne diu sprichet sâr nâh CHRISTVS. *Collocauit me*
in obscuris . sicut mortuos sęculi. Er stiêz mih in diê fînstri des
crábes . also diê tôten dero uuerlte . die mit rehte irsterbent S1024
uuanda sie fone sculden irstérbent. *Et anxiatus est in me spiritus* 4
meus . in me turbatum est cor meum. Vnde ángesta min sêla
in mîr . unde geleîdigot uuard mîn hérza in mîr. Nah diên
uuórten . TRISTIS EST ANIMA MEA VSQVE AD MORTEM.
Memor fui dierum antiquorum. Nû sprichet imo zuô corpvs 5
eius. Déro alton tágo erhúgo ih . do dîsiu uuerlt uuard. *Et*
in factis manuum tuarum meditabor. Vnde an din hántuuerch
tâhta ih . daz in‿himele unde in erdo skînet. Dâr bî chôs ih P588
daz. *Expandi manus meas ad te . sicut terra sine aqua tibi.* Mî- 6
ne hende rahta ih ze‿dir . also uuazzerlôs erda gágen régene
uuas ih gagen dir. *Velociter exaudi me domine . defecit spiritus meus.* 7
Kehôre mih spuôtigo . uuanda ih chûmo geâtemon. Also diên
gesciehet die fîlo muôde uuerdent . unde sie labo bedurfen.
In mînemo ateme bin ih irlégen . in dinemo lábo mih. *Ne a-*
uertas faciem tuam a me . et similis ero descendentibus in lacum.
Ne-uuende fone mir dîn anasiúne . uuanda ih dánne gelîh

---

17 an] in 20 hende *!* 25 descendentibus: d^2 *aus* n *verb.* 26 anasiûne: *Akut sehr klein* *Punkt fehlt* 5^2 20

R522
uuírdo dien farenten nîder in dîa hellagruoba. *Auditam fac* 8
mihi mane misericordiam tuam. Laz mih in morgen gehôrren dî- S1025
na genâda. So dies iudicii chome . so tuo mih kehorren . VE-
NITE BENEDICTI PATRIS MEI . PERCIPITE REGNVM.
Quia in te speraui. Vuanda ih an dih kedîngo. *Notam fac mi-*
hi uiam in qua ambulem . quia ad te leuaui animam meam. Chun-
do mir den uueg . der menniscon unchunt ist . an demo ih
sule gân. Den chunde mir . uuanda ih uf huob ze dir mîna
sêla . nals nider ze dirro uuérlte. *Eripe me de inimicis meis* 9
domine ad te confugi. Lose mih fone minen fîenden . ih keflóh
ze dir. *Doce me facere uoluntatem tuam . quia deus meus es tu.* Lê- 10
re mih tuôn dinen uuillen . uuanda du mîn Got pist . unde
ih dir eînimo uuillon sol. *Spiritus tuus bonus deducet me in ter-*
ram rectam. Din guote geist leîte mih in rehta erda. Reht
erda ist der lîchamo . unz ér úndertân ist spiritui sancto. Sô ist
ouh regnum futuri sęculi. Fone diu uuirt hier beîdero gebéten.
Propter nomen tuum domine . uiuificabis me in ęquitate tua. V́m- 11
be dinen namen uuanda ih iz ne-habo gefrêhtot . chicche S1026
mih in dinemo rehte. *Educes de tribulatione animam meam.* P589
Leite mina sêla ûzer árbeîten. Laz mih éndon mit ablâze.
Et in misericordia tua disperdes inimicos meos. In dînen genâdon ze- 12
géngêst du mîna fienda. *Et perdes omnes qui tribulant animam*
meam . quoniam ego seruus tuus sum. Vnde ferliêsest du dia-
bolum . unde alle die mih pînont . uuanda ih din scalh
pin. *DAVID AD GOLIAM.* 1
BENEDICTVS DOMINVS DEVS MEVS . QVI DOCET

5 kedîngo: k *aus Ansatz von* g *verb.* 13(r) eînimo: i[2] *aus* o *oder* u *rad. und verb.* 17 inęquitate: ę *aus* i *verb.* 22 *mîne *Punkt fehlt* 4

manus meas ad prȩlium . et digitos meos ad bellum. Gelóbot
si trúhten Got mîner . der mine hende . unde mine fingera lê-
ret ze uuîge . uuíder golia der diabolum bezeîchenet . unde
uuider demo lîchamen . fone demo-dir gescrîben ist. CARO
CONCVPISCIT ADVERSVS ANIMAM. *Misericordia* 2
mea. Mîn erbarmeherzi bist dû . uuanda du gîbest mir sîa.
Et refugium meum. Vnde min zuôflûht. Ze îmo flièho îh . S1027
er ist mîn fésti. *Susceptor meus et liberator meus . protector*
meus. Min inphángâre . unde lôsâre . unde skermâre. *Et in*
ipso sperabo . subiciens populos sub me. Vnde an în gedîngo
ih . liute mir undertuônde . so ih nah saule mînes riches uual-
ten beginno. *Domine quid est homo . quia innotuisti ei?* s . diuini- 3
tatis archanum. Vuaz ist mennisco . daz du imo dina tou-
geni chuntost? *Aut filius hominis quia reputas eum?* id est
quia tanti estimas eum. Alde ménniscen sun . daz du sin uuá-
ra tuôst? *Homo uanitati similis factus est . dies eius sicut um-* 4
bra prȩtereunt. Mennisco ist kelîh úppighêite . uuanda sîne P590
taga also scáto fergânt. Er uuard kescáffen gelîcher ueri-
tati . dara nah uuard er fone sundon gelîh uanitati. *Domine* 5
inclina cȩlos tuos et descende. Helde truhten dîna hîmela
unde fáre hára nîder . ouge dih uns incarnatum. *Tange mon-*
tes et fumigabunt. Ruôre die berga . so riechent siê. Vbermuo-
ten herzon gib compunctionem . so tuônt siû pȩnitentiam. *Co-* 6
rusca coruscationes tuas . et dissipabis eos. Pléccheze siê ána .
so zeuuîrfest dû siê. Prúte sie mit dînen zêichenen . so ge-
loubent sie sih iro eînungo. *Emitte sagittas tuas et contur-* S1028

---

14 eum.   20 *dîne   25 Prûte: Pr *auf Ras.*   *Punkt fehlt* 7^3 22^2 24^3

R524
babis eos. Sciûz sie ana dîne strâla . so leidegost du siê. Sende
sie ána dîne apostolos . so sêregost du sie iro súndôn. *Emitte ma-* 7
num tuam de alto. Sende fater dînen sun fône hîmile. Er ist
din hant . mit dero du álliû scuôfe. *Eripe me et libera me de*
aquis multis. Lôse mih fône uuazzeren manigen . fone zuo
diêzzenten genuogen. *De manu filiorum alienorum.* Lose mih fone
frémedero chindo hánden . die dero ęcclesię chint ne-sint. *Quo-* 8
rum os locutum est uanitatem. Ih meîno die . dero munt iêo úp-
pegcheit sprîchet. Fone dien uuázzeren lôse mih. *Et dexte-*
ra eorum dextera iniquitatis. Vnde îro zéseuua ist . des únre-
htes zeseuua. Daz ist fone diû . uuanda sie habent ze zésuuuun
daz sie ze uuînsterûn haben soltôn . ih neîmo terrena bona.
Sie solton ętema bona ze zeseuuun háben. **D***EVS CANTI-* 9
cum nouum cantabo tibi. Danne so CHRISTVS chumet . singo ih
dir niuuuen cantiken . daz ist der daz ih ézzen muoz sînen
lichamen . unde trinchen sîn bluôt. *In psalterio decem chor-*
darum psallam tibi. An demo zênseîtigen psalterio singo S1029
ih dîr . uuanda decem pręcepta legis sint dîn . also ouh daz zên-
teiliga euangelium. Fone dir sint siu beidiu chómen. *Qui* P591 10
das salutem regibus. Du dien rehtên gîbest hêili. *Qui libera-*
sti dauid seruum tuum . de gladio maligno . °libera me. Du 11
dauid dînen scalch lôstôst fóne goliadis suerte demo arguuil-
ligen . lôse mih. Mines truhtenes suert ist kuôt-uuîllîg . uuan-
da iz sceidet fone úbelên . arguuillîg ist aber des tiêfeles
suért . uuanda iz sceîdet fone guôten. *Et erue me de manu*
filiorum alienorum . quorum os locutum est uanitatem . et dextera eorum

---

1(r) dîne: e *aus* a *rad. und verb.* 13 DEVS: D *nur vorgeritzt* 14(r) singo: o *auf Ras.* 15 cantiken: ke *auf Ras.* *daz ist daz ih *(so Y)* 17(r) singo: n *aus* h *rad. und verb.* *Punkt fehlt* 15

R525
dextera iniquitatis. Der férs chît . also er fore chad. *Quorum filii* 12
sicut nouellę plantationes constabilitę a iuuentutę sua. Déro
sune sint niûuue also flanzunga . gestate fóne iûgende. Sie
sint ében-scône niûsaztên rébôn . uuanda sie gefestenot hábeNT
niûuue îrreden . fure dia altun lêra prophetarum unde apostolorum.
Filię eorum compositę circumornatę ut similitudo templi. Iro
tohtera gânt kefrénchet . in chîlechun uuîs kânt sie geziêr-
te. Sie habent kelichi dero ziêrdo . nals die uuarheît. *Prom-* 13
ptuaria eorum plena eructantia ex hoc in illud. Iro chéllera S1030
sint folle . mûzonde daz lîd . fone einemo ze andermo. *Oues*
eorum fętosę abundantes in egressibus suis. Iro scâf sint féselîg .
manegiû in iro ûz-kéngen. Manegiu gant ûzer iro stîgôn.
Boues eorum crassę. Iro chuôe sint feîzte. *Non est ruina mace-* 14
rię. Noh iro steîn-zûn ne-fállet. *Neque transitus.* Noh iro hus ne-
ist túrhfertîg. Sie habent kesuâsheît. *Neque clamor in plateis*
eorum. Noh scréiôd ne-ist in iro strâzon. Sie ne-uuecchet niê-
man. *Beatum dixerunt populum cui hęc sunt.* Sie hiêzzen sâligen 15
den liût . der sólih hábet. Daz tâten siê . uuanda sie iz ze zése-
uuun hábeton. Ih uuile iz rehtor ságen. *Beatus populus suius*
dominus deus eius. Der liût ist sâlig . der GOT ze hêrren hábet. Vbe P592
E GOT sîn hêrro ist . sô ist ér sâlig. *IPSI DAVID.* 1
XALTABO TE DEVS MEVS REX . ET BENE-
dicam nomini tuo in sęculum . et in sęculum sęculi. Sélbe-
mo dauid . sélbemo CHRISTO chit ęcclesia. Ih irhóho
dih GOT min chúning . unde lôbon dinen námen S1031
in uuerlte . unde iêmer dara nâh. *Per singulos dies benedi-* 2

2(r) c̄stabilitę *bis* Dêro *auf Ras.*, *Akut von* iûgende, *Z. 3, fast ganz mitrad.* 4(r) gefestenot *auf Ras.* 8 *dia 10(r) mûzonde: mu *aus* diu *rad. und verb.* 15(r) kesuâsheît: heît *auf Ras.*, *Zkfl. von* strâzon, *Z. 16, teilweise mitrad.* 25(r) dinen *auf Ras.* *Punkt fehlt* 11[2]

R526

uuólon
eam tibi. Tágelîches lobo ih dih . niêht eîn in prosperis . nube
uuêuuon
ouh in aduersis. *Et laudabo nomen tuum in sęculum sęculi.* Vnde
bediû lóbo ih dih hiêr . unde in êuuon. Der dih hier uuírdigo
lóbôt . demo uuirt kelâzen . daz er dih lóbot êuuigo. *Magnvs* 3
dominus et laudabilis nimis . et magnitudinis eius non est finis. Mî-
chel ist min truhten . unde lóbosam harto . unde ist unende
sinero micheli . unende ist ouh mines lóbes . uuanda ih nâh
dîsemo lîbe dih iêmer lóbon. *Generatio et generatio lauda-* 4
bunt opera tua. Chunne unde chunne lóbont diniû uuerch.
Hiêr in‿uuerlte filii dei . unde in enero uuerlte filii resurrecti-
onis . lobônt dînen námen. *Et potentiam tuam pronuntiabunt.* Vn-
de dîna máhtigi sâgent siê. Sie uuîzent dir . daz sie selben ge-
mugen. *Magnificentiam glorię sanctitatis tuę loquentur . et mira-* 5
bilia tua narrabunt. Daz mágenuuerch dînero guôllichun
heîligi sprechent sie. Dîniu uuunder zellent siê. *Et uirtutem me-* 6
tuendorum tuorum dicent. Vnde dîa chraft dinero antsâzigon P593 S1032
dingo ságent siê. Nieht ein regnum cęlorum . nube ouh ignem ęter-
num. *Et magnitudinem tuam narrabunt.* Vnde dîna mîcheli zel-
lent siê . daz iro únmez ist. *Memoriam abundantię suauitatis* 7
tuę eructabunt. Kehugeda dero genuhte dinero suôzi ró-
phezent siê. Suôziû genúht ist . daz du únser gehúgest. Diê
ézent sie . so siê iro ferstânt . die róphezent siê . so sie sîa sâgeNT
unde lêrent. Also iohannes côumota uuírtscaft habendo super
pectus domini . unde róphzta . IN PRINCIPIO ERAT VERBVM.
Et in iustitia tua exultabunt. Vnde fréuuent sie sih in dîne-
mo rehte . nals in iro rehte. Also sie dir gébent . daz sie sint .

5(r)/6 Mîchel: i _aus_ a _rad. und verb._ 6 *lôbesam 12(r) selben: _danach_ t _rad._ 15 sprechent ! 21 *Dîa 22 *dîa 24(r) rôphzta _auf Ras._ _Punkt fehlt_ 22[2]

R527

so gébent sie ouh dir . daz sie rehte sint. Anderesuuîeo gâben
sie dir daz mînnera . unde in selbên daz mêra. *Misericors et mi-* 8
serator dominus. Kenâdig truhten . danches kuot kébendo . unde
genâdâre . sculde fergebendo. *Patiens et multum misericors.* Ke- S1033
dúltig fertragendo . unde fîlo genâdig ze riúuuon ládondo.
Suauis dominus uniuersis. Suôze hêrro allên . die geîs<t>licho sîne gé- 9
ba getrînchenT. *Et miserationes eius super omnia opera eius.* Vnde
sîne genâda sint uber álliû sîniu uuergh . diu er an uns touge-
no tuôt . unde ist aber sîn gerîh uber des tiêfeles uuergh.
CONFITEANTVR TIBI DOMINE OMNIA OPERA TVA. Iéhên 10
dir . daz chit lôboien dih alliu diniu uuergh trúhten. Siu lô-
bont dih . uuanda du an in gelóbot pist. An în skînet . uuer
du bist. *Et sancti tui benedicant tibi.* Vnde dine heiligen lóboien
dih. Angeli sancti . troni . dominationes . potestates . principatus .
et iusti homines. *Gloriam regni tui dicent . et potentiam tuam loquen-* 11
tur. Kuôllichi dînes rîches sagent sie . unde dina máhtigi spré-
chent sîe . uuanda du allen lebenden den lîb . unde unleben- P594
den den sâmen iro uuérennis habest ke-gêben. *Vt notam* 12
faciant filiis hominum potentiam tuam. Daz sie chunt tuôen men- S1034
niscon chinden dina máhtigi . also Petrus unde Iohannes do
tâten . do sie claudum ex utero matris kánghêile mácho-
ton. *Et gloriam magnificentię regni tui.* Vnde die guôllichi des
mágenuuerches dines rîches . daz uuir noh ne-sêhen. Vuan-
da in dirro uuerltscôni mit uns púent ! tiêr unde uuúrme .
unde mánig lêitsami . unde aber in ênero uuerlte . mit uns
nebuent ane angeli soli. *Regnum tuum . regnum omnium sę-* 13

2/3(r) misarator 4(r) genâdâre: a[2] aus e *rad. und verb.* 7(r) ge-trîncheNT: *Ligatur* NT *aus* t *oder* n *rad. und verb.* 8/9 tougeno *!* 10 CONFITEANTVR: *vorläufig eingetr.* C *verwischt* 21(r) matris: m *aus Ansatz von* fr *rad. und verb.* 22 *dîa 26(r) ane angeli: (e an) *auf Ras. Punkt fehlt* 4[1] 11[1]

R528
culorum. Vuiêolih ist daz riche? Vuar iruuindet iz? Dîn rîche
ist êuuig rîche . iz ist durhkang allero uuerlto. *Et dominatio*
tua . in omni generatione et generatione. Vnde din hêrscaft uué-
ret in állero chúnnezalo diû nû ist . unde noh chûmet. *Fidelis*
dominus in omnibus uerbis suis. Ketriûuue hêrro ist er in allen sî-
nen uuórten . uuanda er so geleîsta so er gehiêz. PROPRIO
FILIO SVO NON PEPERCIT. Daz kehiêz ér. Vitam ęternam
sol er noh kében. Dar umbe eigen uuir inphángen pignus
spiritus sancti. *Et sanctus in omnibus operibus suis*. Vnde heilig ist er in allen S1035
sinen uuérchen. *Alleuat dominus omnes qui corruunt . et erigit omnes* 14
elisos. Also dâr ána skînet . er héuet ûf alle die-dir fállent . un-
de alle ferchnîste rihtet er ûf. *Oculi omnium in te sperant .* 15
et tu das escam illorum in tempore oportuno. Sie uuartent tru-
hten alle an dîh . unde du gîbist in fuôra . ze geuélligemo mâ-
le. *Aperis tu manum tuam . et imples omne animal benedictione.* 16
Dû in-duost dina hant . unde irfúllest alliu lîbhaftiû ségenes. Fó-
ne dînero hant chûmet al daz siu hábent. *Iustus dominus in omni-* 17 P595
bus uiis suis . et sanctus in omnibus operibus suis. Vnser truhten ist rehter
in allen sinen uuégen . daz chit in allen sînen scáffungon . un-
de ist heîlig in allen sînen uuerchen. *Prope est dominus omnibus* 18
inuocantibus eum in ueritate. Er ist pi allen . die in ána há-
rent in uuarheite. Daz ne-tuont die niêht . die in unrehtes
pîtent . pediu ist er dien ferro. *Voluntatem timentium se faci-* 19
et . et deprecationem eorum exaudiet . et saluos faciet eos. Die in fûr-
htent . dero uuillen tuot er . diê gehôret er . unde geháltet
sie. *Custodit dominus omnes diligentes se . et omnes peccatores di-* 20

2(r) durhkang: *über* r *Ras.* 6/7(r; *1 Ras. vor beiden Zeilen*) 6 geleîsta: e[2] *aus* i *verb.*, ista *auf Ras.* 7 Daz: D *auf Ras.* 11(r) skînet: *zwischen langem* s *und* k *Ras. (eines c?)* 17 *hende 18(r) operibus suis. *auf Ras.*

R529

sperdet. Er behuôtet alle die in minnônt . alle sundige ferliû-
set ér. *Laudem domini loquetur os meum . et benedicat omnis ca-* 21
ro nomen sanctum eius . in ęternum . et in sęculum sęculi. Mînes truhte-
nes lob sprichet mîn munt . unde mánnolih lóbot sînen heîli-
gen námen . iêmer unde iêmer. *ALLELVIA.* 1 S1036
L*AVDA ANIMA MEA DOMINVM.* Mîn sêla lobo Got. 2
Mánnolîches sêla lóboe Got . sid der propheta daz râte
sinero sêlo. *Laudabo dominum in uita mea.* Ih lobo în hí-
na fûre . dar mîn lében ist. In euuigemo lîbe dar ló-
bo ih in. *Psallam deo meo . quamdiu ero.* Ih lóbo in ouh hiêr .
unz ih hiêr bîn. *Nolite confidere in principibus . °in filiis homi-* 3
num quibus non est salus. Niêht ne-fersêhent iûh ze geuuál-
tigen . ne-heîna baldi ne-eîgint in ménniscon chînden . an diên P596
iûuuera sâlda nieht ne-stânt. Sîe stant ecchert in einemo filio
hominis . der ouh filius dei ist. *Exibit spiritus eius . et reuertetur in* 4
terram suam . in illa die peribunt omnes cogitationes eorum. Des
mennisken sêla féret hina . unde danne iruuîndet der licha-
mo uuidere ze déro erdo . dannan er cham. So sint hína al-
le iro gedancha. Der tôd kenîmet in siê gáreuuo. *Beatus* 5
cuius deus iacob adiutor eius. Sâligo des helfâre truhten Got
iacobis ist . der selben iacob ze israhele machota. *Spes eius in*
domino deo ipsius °qui fecit cęlum et terram . mare et omnia quę in 6
eis sunt. Sâligo des kedingi an trûhtene Góte sinemo ist .
nals an saturno alde neptuno . nube an demo der hîmel S1037
unde erda unde mére téta . unde al daz dâr înne îst. *Qui* 7
custodit ueritatem in sęculum . iudicium iniuriam patientibus.

---

4 *lôboe *(? Y hat* lobit*)* 13(r) eîgint: i[1] *aus Ansatz von* g *verb.* chînden: e *aus* a *rad. und verb.* 15(r) ist: i *aus* e *rad. und verb.* 19 gâreuuo: *links über* g *Art Punkt* 20 Sâligo: i *aus Ansatz von* a *verb.* 26 *facit iudicium *(? Vulg., PsR und C)*, *faciens iudicium *(? Lesart des PsR)*, *facientem iudicium *(? Lesart des PsR und A)*

R530

Der iêmer der uuarheite huôtet . rihtendo diên unreht to-
lenten . nals sih rêchenten. *Dat escam esurientibus.* Kibet hún-
gergen fuôra. Die rehtes húngerge sint . die gesatot er. *Dominus eri-* 8
git elisos. Er rîhtet ûf die geuuîrsoten. Die so hárto fâllent
daz sie ûf irstan ne-múgen . die héuet er ûf. *Dominus soluit compe-* 7
ditos. Er lôset die beháften mit truôhen. Suâre truôhe sint
diê súnda unde disiu mortalitas . ûzer diên beîden Got lôset.
°*Dominus illuminat cęcos.* Er getuôt unuuîzzige uuîse. *Dominus diligit* 8
iustos. Er mînnot rehte. *Dominus custodit aduenam.* Er behuôtet den 9
zuochómeling. Daz ist sancta ęcclesia de gentibus. *Pupillum et ui-*
duam suscipiet. Vueisen unde uuîteuuun inphâhet er. *Et*
uiam peccatorum exterminabit. Vnde den breiten uuég
déro súndigon ûzôt er. Er chêret in fóne îmo . bediû leîtet S1038
er ze héllo. *Regnabit dominus in sęcula . deus tuus syon . in generatio-* 10 P597
ne et generatione. Din Got syon richesot iêmer. *ALLELVIA.* 1

L*AVDATE DOMINVM QVONIAM BONVS PSALMVS* . idest
laudate dominum . quoniam bonum est laudare dominum. Ló-
bont trúhtenen . uuanda sin lob kuôt ist. Kuôt
ist daz man în lóbot. Psalmo-sang ist kuôt. Vuaz
ist daz? ane daz man an psalterio singet? Psalterium scillit
also eîn lîra . alde eîn harpha . alde ein organum. Vnde uuan-
da daz lûto scîllet . daz man dar ána singet . pediû chît psal-
mus hôhsang. Der hôhsangot . der den hohesten lóbot. Ín
lóbot der lobosamo lêbet. *Deo nostro sit iocunda decoraque lau-*
datio. Vuúnnesam unde ziêre lób si unsermo Góte. Ziêre
lob tuôt imo . des sîte ziêre sint. Vn-ziêre sînget . der ún-

---

1 *dero 8(r) unuuîzzige: ui *aus* iz *rad. und verb.* 12(r) breiten: e[2] *aus* o *rad. und verb.* 20 scillit: c *aus Ansatz von* k *verb.* 24 *lobesamo 26(r) sint: sin *auf Ras.* Vn ziêre: *vor* z *Ras.;* *Vn-ziêro

R531

ziero uuérchot. Also iz chit. NON EST SPECIOSA LAVS IN S1039
ORE PECCATORIS. *Ędificans ierusalem dominus . dispersos israhel* 2
congregabit. Die himeliscun ierusalem zîmberondo gesáme-
not er die zeuuórfenen liûte . die uidentes dominum hêizent. An-
geli gesêhent în. Angelis uuerdent diê gelîh . die in gesêhen súln.
Diê gesáminot er in himile. So ist diû burg ke-zîmberot . so ér diê
burgâra gesámenot. *Qui sanat contritos corde.* Der die hérze- 3
nahe ist Got diên diê
chnîstigen heîlet. Also iz chît. PROPE EST DOMINVS HIS QVI
iro herza chniston
CONTRIVERVNT COR. Vuéle sint daz . ane humiles corde?
Vbe du genésen uuellest . chnîste daz hérza. *Et alligat contri-* P598
tiones eorum. Vnde der îro ferchnîsteda bîndet. Demo nû
uuîget . daz in mánige gelúste gruôzent . unde er chit . QVIS
ME LIBERABIT DE CORPORE MORTIS HVIVS? GRATIA S1040
DOMINI NOSTRI IESV CHRISTI . demo ferbindet er hiêr die únganzi .
mit sacramentis ęcclesię. Áber in anderro uuerlte . nîmet er îmo
aba den bendel . uuanda in dâr ne-heîne geluste ne-stungeNT
unde er an unrâuua dar ist. *Qui numerat multitudinem stel-* 4
larum . et omnes nomine suo uocat. Der dero heîligon zála ueeîz
unde sie alle be namen némmet. Also er chad septuaginta di-
scipulis. GAVDETE QVOD NOMINA VESTRA SCRIPTA SVNT
IN CĘLO. *Magnus dominus noster . et magna uirtus eius . et sapientię* 5
eius non est numerus. Michel ist er . michel ist sin chraft . daz
er die ferchnîsten so geheilen mag . unde unzalahafte ist
sin uuîstuom . daz er die zala dero rehton so begrîfet. *Susci-* 6
piens mansuetos dominus . humilians autem peccatores usque ad terram.
Mámmende inphâhet er . die-dir sint contriti corde . uuanda

1(r) 3 *Dia 8(r) PROPE: RO *auf Ras.* 9(r) Vuéle: uele *auf Ras.* 11 ferchnîsteda: *Ligatur* st *unten anrad.* 14 *dia 17(r) an unrâuua *auf Ras., danach Ras.;* *âne 17/18 stel/larum l^1 *auf Ras.* 23(r) ferchnîsten: rc *auf Ras.* unzalahafte: *über Bauch von* a^1 *kleiner akutartiger Strich auf Zeilenhöhe* 24 *dîa

R532

în óffenôt er cęlestia . aber sundige nideret er ze dero erdo .
uuanda er sia umbe iro superbiam ecchert terrena lâzet uuiz-
zen. *Incipite domino in confessione.* Fahent âna iéhendo trúhte- 7
ne. Ze êrist iêhent dero sundon. Vnde uuaz danne? *Psallite deo* S1041
nostro in cythara. Dara nâh singent imo ân dero cýthara . daz
chit . rértent iûh nah déro geiihte . ze guôten uuerchen. *Qui* 8
operit cęlum nubibus . et parat terrę pluuiam. Singent démo
der den himel decchet mit uuólchenen . unde dannan rege-
nôt dero erdo. Daz chit . der diê scrifte decchet mit figuris un-
de die lêret die dúrstegen . die siê lustet ze lîrnenne. *Qui produ-*
cit in montibus fęnum et erbam . seruituti hominum. Der ze
menniscon nuzzedo . hóuue unde grás . recchet an diên bérgen. P599
.i.herbam .i.fenum
Perga sint apostoli . diê gebent uuelchiu pręcepta unde hertiû den
der sih fer-bêren ne-mûge
ménniscon. Vuelichiu so daz ist. QVI SE NON CONTINET
der chome zerê ih uuile alle man uuesen
NVBAT. Hertiû so daz ist. VOLO OMNES HOMINES ES-
also mih selben
SE SICVT ME IPSVM. *Qui dat iumentis escam ipsorum.* Der 9
stárchemo féhe gîbet sîne fuôra. Er ueeîz die starchen die
daz héuue múgen. *Et pullis coruorum inuocantibus eum.*
Vnde die<n> iunginen dero rammo ze imo hárenten. Pagani
uuaren suarz fone sundon . dero chint sint nu geloûbig S1042
unde hârênt in âna. Phisiologi ságent daz pulli coruorum
des tóuues lébeen . die uuîla sie uuîz sînt . unde fone îro pa-
rentibus ne-heina fuora ne-hêigîn . êr siê suárz uuerdent.
Also ist iz nu gefáren filiis incredulorum . diê cęlesti refecti-
one gezógen uuerdent . unde ungelicho lêbent diên forde-
ron. *Non in uiribus equi uoluntatem habebit.* Imo ne-ist liêbo 10

1(r) aber: a *aus* e *rad. und verb.* 11 *herbam 17(r) *sîna
starchen: en *auf Ras.* 22 *dia 23 *êigîn *Punkt fehlt* 12[3]

15 der: *danach* c *(?) rad.* chome zerê *von einer Hand des 12. oder 13. Jahrhunderts auf Rand davor nachgetr. (mit Verweisungszeichen über* NVBAT *und* chome*)*

R533

ze dero starchi des rósses. Dien der hals starch ist . unde uber-
muote sint . dien ist er únhold. *Neque in tabernaculis uiri be-*
neplacitum est ei. Noh imo ne-lîchet uuola in diên séldon des
cómenes . der sih ze îmo selbemo fersiêhet . unde în niêht âna
ne-háret . also pullus corui. *Beneplacitum est domino super timen-* 11
tes eum . et in eis qui sperant super misericordia eius. Ímo ist
uuola gelîchet an diên . diê în fúrhtent . unde sih ze sînen ge-
nadon fersêhent. *PSALMVS AGGEI . ET ZACHARIĘ.* 12 S1043
L*AVDA IERVSALEM DOMINVM.* Dise zeuuêne pro-
phetę uuîzegoton in babylonia . do ierusalem ze- P600
stôret uuas . daz si aber solti geniûuuot uuerden.
Also ouh ieremias iro uuîzegota . unde iro táge-
dinge fant post septuaginta annos. An démo tágedinge
ist kezeichenet daz zît . dero ûf-uuértigun burg . diû dan-
ne chúmftig ist . so dise gesîbenzaloten zîte hîna uuerdent.
Diêa búrg suln uuir ana sêhen . uuanda sie sia âna sahen in
spiritu . dô siê fóne dirro chôsoton. Chédên mit méndi. D[i]û hi- S1044
melisca ierusalem . dû guollicha burg . ze déro alle guôte din-
gent . lobo Got. *Lauda deum tuum syon.* Lóbo dînen Got syon.
Du bist diû selba. Daz ierusalem ist . daz pist du syon. Eîn burg
in zueîn námon. *Quoniam confortauit uectes portarum tuarum.* 13
Vuanda er fasto fergrîndelot hábet dîne porta. V̂z alde in
ne-mag danne̜ niêman . sô sî ze iúngest peslózen uuirdet.
Niêman ne-beîtet dar ûz . uuanda mánnelih mendet daz er
dar înne uuésen muôz. Vuile iêman dar în . der chlócchôt
danne in geméitun . uuanda diû porta beslózen stât. *Bene-*

---

9 LVVDA 14(r) ist *auf Ras.* 16 *Dîa 19 *nach* lobo *Art Punkt auf Zeilenhöhe (zu früher Ansatz des G ?)* 22 *dîna

R534
dixit filiis tuis in te. Segen gîbet er dâr dînen chînden . der
siê fúrder uuérêt . unde an dêmo în niêhtes ne-brîstet. *Qui* 14
posuit fines tuos pacem. Daz tuôt . der den frîdo dir ze mar-
cho sezzet. Sid ierusalem ist uisio pacis . so ist iro marcha mit
rehte pax. Dar ne-heine sorgun ne-sint . dar ist uuârer frîdo.
Et adipe frumenti satiat te. Vnde er gesátot dih dero feîzti
chórin-uuuôcheris . daz chit . dero bézestun uuíste. Daz ist S1045
er selbo. Er ist panis qui de cęlo descendit. Er ist panis ange-
lorum. Sie fuôrot daz sie în ána sehen muôzen . daz fuôrot ál-
le diê ciues. Diû ánasîht ist adeps frumenti . si ist túgedheît
dero uuíste . uuanda si sátôt diê . diê sia niêzzent. *Qui emit-* 15
tit eloquium suum terrę. Der sîn uuort êr ûz sendet dero
uuerlte. Also nu skinet . uuanda patris uerbum iû nâh dî- P601
sên geheizzen chómen ist. *Velociter currit sermo eius.* Sîn
euangelium loufet spuôtigo. Fone diû ist iz chunt in álle-
ro uuerlte. Daz leitet unsih ad adipem frumenti. *Qui dat* 16
niuem sicut lanam. Der den snê tuôt also uuolla. Vuanda
snêuue ist kelîh . der an dien súndon irfróren ist . er uuirt
also uuolla aber . so er manige beginnet mit sinemo guôte
bruôten unde scirmen . also unsih diû uuolla bruôtet . unde
uuider froste skîrmet. *Nebulam sicut cinerem spargit.* Vnde
den nebul stoubet er also áscûn. So diê sunda . die sih pur-
gen samo so in nébule . irbárot uuerdent in confessione .
so ze-stiûbent siê. *Mittet cristallum suum . sicut frusta pa-* 17 S1046
nis. Er sendet sinen cristallum . also stúcchiû brôtes. Sólih
cristallum uuas saulus. Er uuas also man cristallum ziêhet .

---

11 fâtôt 14(r) geheizzen *bis* ist. *auf Ras.* *Punkt fehlt* 7^1 23^1 23^2

R535

ûzer îse ze steîne irhártêt . so er in aber bechêrta . so santa
er în ûz samo stúcchiû brôtes . uuanda er getéta in oûgen
manige geba spiritus sancti. *Ante faciem frigoris eius quis sustinebit?*
Vuer gestât fore sinemo fróste? Den er lâzet irfróstên also er
pharaonem téta . uuaz uuirt des? *Mittet uerbum suum . et lique-* 18
faciet ea. Pater sendet uz uerbum suum . unde ze-lâzet siê.
Also iz chit. NEC EST QVI SE ABSCONDAT A CALORE
EIVS. Verbum patris inphrôret siê. *Et flabit spiritus eius . et fluent*
aquę. Vnde uuâhet siê ana sîn Gêist . unde dára nâh rînnent
siê ze Góte . uuanda sie zelâzen sint fone sînero uuarmi. *Qui* 19
adnuntiat uerbum suum iacob . iustitias et iudicia sua israhel.
Der sîn uuort . daz chit sin gebot chundet iacob . unde sîniû
reht . unde sîne urteilda israheli. Diê sîne fideles sint . diê sint
iacob unde israhel . diên óffenot er . uuiêo reht er ist in sînen
iudiciis . uuieo niêman negenîset ane fone gratia . uuanda P602 S1047
sie alle den tôd kefrêhtoton. *Non fecit taliter omni natio-* 20
ni . et iudicia sua non manifestauit eis. So ne-gesuâsta er sih
niêht ze allerdiêtelichemo . noh so ne-geóffenota er în sî-
niû gerihte . so er israheli téta. *RIĘ . ALLELVIA.*
L*AVDATE DOMINVM* °*PSALMVS AGGEI ET ZACHA-* 1
de cęlis. Dîse zuêne prophetę mendent . daz Gote
lob chumet fone himele unde fone erdo. Pediû
chédên sáment în. Lobont Got angeli fone hi-
mele. *Laudate eum in excelsis.* Lobont în in hôhi. °*Laudate e-* 2
um omnes angeli eius . laudate eum omnes uirtutes eius. Lóbont
in sament álle . ioh angeli ioh uirtutes. *Laudate eum sol et* 3

---

14 sînen: *langes* s *aus* i *verb.* 17(r) manifestauit: fe *aus Ligatur* st *rad. und verb.* 21(r) zuêne: n *auf Ras.* *Punkt fehlt* 12[1]

R536

luna . laudate eum stellę et lumen. Lóbont în sunna unde mâ-
no . sternên unde tages liêht. *Laudate eum cęli cęlorum . et aquę* 4
quę super cęlo sunt °laudent nomen domini. Lobont în hîmela déro 5
hîmelo . daz chit himela obe hîmelen. Vnde uuazer diû óbe
himele sint . diû daz firmamentum inthábent . lóboen sînen S1048
namen. *Quia ipse dixit et facta sunt . ipse mandauit et creata sunt.*
Vuanda er hiêz siu uuerden . dannan uuurden siû . er gebôt
iro gescáft . dannan uuurden siu gescáffen. *Statuit ea in ęter-* 6
num et in sęculum sęculi. Er habet siû gestâtet iêmer unde in êuua.
Vuerde ouh hîmel unde erda geuuéhsalot also iz chît de fu-
turo sęculo . ERIT CĘLVM NOVVM ET TERRA NOVA .
siu gestânt iêo . unde uuérent iêo. *Pręceptum posuit et non*
preteribit. Er sazta în êa . diû ne-zegât . uuanda si fone în intuué- P603
ret ne-uuîrdet. *Laudate dominum de terra . dracones et omnes abys-* 7
si. Lob fone erdo tuônt imo . rînnentiû unde alliu ún-mez
tiêfiû uuazzer. Vuemo sint diû rînnenten gelîh . âne dra-
conibus? unde uuéliû sint so tiêf . so der mére . der diê erda
umbe fahet? *Ignis grando nix glaties . et spiritus procellarum qui faci-* 8
unt uerbum eius. Fiûr unde hagel unde snê unde îs . unde
dûnestîge uuînde . die sîn gebôt tuônt. *Montes et omnes colles .* 9
ligna fructifera et omnes cedri. Perga unde buôla . bérehafte
boûma . unde alle cedri. *Bestię et uniuersa pecora . serpentes* 10
et uolucres pennate. Vuald-tiêr . unde alliu fého . uuúrme
unde fógela. *Reges terrę . et omnes populi . principes et omnes iudi-* 11
ces terrę . °iuuenes et uirgines . senes cum iunioribus . laudate 12 S1049
nomen domini . quia exaltatum est nomen eius solius. Die lânt-chú- 13

---

2 *stérnen   tages: *langes* s *aus* 1 *rad. und verb.*   4 hîmelo: o *aus* e *oder Ansatz von* a *rad. und verb.*   17 *dia   *Punkt fehlt* 2^{2} 9^{2} 20^{3} 25^{2}

ninga . unde alle uuerlt-liûte . unde alle rîhtara . chîndesce mán
unde mágede . alte unde iúnge . lóbent sînen námen . uuanda
sin eînes namo irbúret ist. *Confessio eius super cęlum et terram .* 14
et exaltauit cornu populi sui. Sîn lob ist uber himel unde erda
uuanda imo ne-ge-ebenont sih . die in himile alde in erdo sint.
Vnde ér irhóhet daz horn sînes liutes . so er in ze zeseuuun sez-
zet . unde îmo sina ánasiht kelâzet. *Ymnus omnibus sanctis eivs.*
Allen sinen hêiligon uuirdet ymnus kelâzen ze sîngenne.
Den ymnum singent sie in cęlesti ierusalem . also iz chit. TE
DECET YMNVS DEVS IN SYON. Der ymnus ist în gemêi-
ne . der ist in êuuîg. *Populo appropinquanti sibi.* Er uuirt dê-
mo liute gelâzen . der sih îmo nâhet. *ALLELVIA.* 1
C*ANTATE DOMINO CANTICVM NOVVM.* Singent P604
trúhtene niúuuen cantiken. Der singet în . der
ueterem hominem îlet aba némen . unde nouum á- S1050
na légen. Der cęlestia minnot nals terrena . der in caritate
lebet nals in discordia . unde sih fréuuet redemptionis quę
est in CHRISTO IESV domino nostro. *Laus eius in ęcclesia sanctorum.* Sîn lob îst in
dero gesámenungo dero heîligon. In himele gesámenont
sie sih . dar lóbont siê în. Die sih ouh hiêr samenont in ęcclesiis .
diê lóbont in. *Lętetur israhel in eo qui fecit eum.* An démo fré- 2
uue sih israhel der în téta . nals an scázze . noh án êron . noh an
uuérltsâldon. *Et filii syon exultent in rege suo.* Vnde syonis
súne fréuuen sih in îro chúninge. Filii syon . daz ist israhel. *Lau-* 3
dent nomen eius in choro. Loboen sinen namen sament sîn-
gendo. Chorus ist confessio cantantium . daz chit sament sîn-

1 *vor* unde^{2} *fehlt wohl ein Wort wie* *fúrsten *oder* *(uuérlt)hêrren
5(r) ebenont: n^{2} *aus* t *rad. und verb.* 18 IĦu 26(r) confessio
cantantium *auf Ras.;**consensio cantantium *(vgl. A)* 26f. sîngentiû:
über n' *Punkt* *Punkt fehlt* 20^{3} 24^{2}

R538
gentiû mánegi. *In tympano et psalterio psallant ei.* Pellis strac-
chêt an tympano . chordȩ stracchent an psalterio. An diên bêi-
den lóbont în. Diê hende sin un-muôzig . sament démo mun-
de. Daz chit . kib elemosinam . unde tuô alliû uuerh kuôtiû. Daz S1051
ist tympanum unde psalterium. *Quia beneplacitum est domino in* 4
populo suo. Vuanda imo ist uuóla gelîchet an sinemo liûte. Daz
ist imo danne . so er in gelîh ketuôt angelis suis. *Et exaltauit*
mansuetos in salutem. Vnde mammende erhôhet er ze hêili. Ke-
nuoge sint ûbermuôte . die irhóhent sih selbe in mortem âber
Got er-hóhet sîne mansuetos in salutem. *Exultabunt sancti in gloria .* 5
lętabuntur in cubilibus suis. Die hêiligen fréuuent sih in guôl-
lichi. Vuâr ist diû guôllichi? In iro chameron . ih mêino in P605
herzon dar fréuuent sie sih. Also Paulus chit. NAM GLORI-
A NOSTRA HĘC EST . TESTIMONIVM CONSCIENTIĘ NOSTRĘ.
Exultationes dei in faucibus eorum. Gotes fréuueda sint in îro 6
giûmon. Siê iéhent Gote iro guôllichi . dero sie sih fréuuent .
nals in sélben. *Et gladii ancipites in manibus eorum.* Vnde zuî-
ékkiû suért sint in iro hánden. Daz chit uerba dei. Also iz
chit. VERBVM DEI PENETRABILIVS EST OMNI GLA-
DIO ANCIPITI. Vuara zuo brûchent sie diû suért? *Ad* 7
faciendam uindictam in nationibus . increpationes in populis. S1052
Kerih ze tuônne an dien diêtin . unde irráfsunga an diên liû-
ten. Pagani sint fone în irslágen . unde simulacra ferbrochen.
Vuieo sint pagani irslagen? Ane daz sie fertîligot sint . unde
Christiani uuordene sint. Dar skînent diê zuô ékka iro suér-
to. Ze dero uuîs habent sie persecutiones paganorum an în

3(r) lôbont: lo *auf Ras.*, b *aus* o *verb.* 11-14 *am Schluß der Zeilen hat Initiale* L *von S.* 539 *abgefärbt; keine Rasuren!* 21(r) faciendam *auf Ras.* 25(r) skînent: n^2 *aus* t *rad. und verb.* *Punkt fehlt* 10^2 16^3 21^1 23^3 *Punkt steht nach* 9 sint

irróchen. *Ad alligandos reges eorum in compedibus . et nobiles* 8
eorum in uinculis ferreis. Iro chuninga in dien druhen ze behéf-
ten<n>e . unde iro édelinga in îsenînen gebenden. Timor dei daz
sint die drúhe ioh diû gebénde. Die uuerdent ana geléget
christianis principibus . fone diên . die gladios ancipites hábent
so sie sagent . iudicium durum his qui pręsunt. *Vt faciant in* 9
eis iudicium conscriptum. Ouh sint dar umbe iro gladii an-
cipites daz sie an în dia iungestun urteilda tuôen . diu an
dien buochen gescrîben ist. Dar uuirt uuârhafto getân uin-
dicta unde increpatio. *Gloria hęc est omnibus sanctis eius.* Diz ist
állero sînero heîligon guôllichi . daz sie iudices mit
LAVDATE DOMINVM IN SANCTIS EIVS. îmo sin. *[O]ALLELVIA.* 1 P606 S1053
Lóbont Got . chit der propheta . an sînen heiligon . zé
lezest in sînero burg kesámenoten. *Laudate eum*
in firmamento uirtutis eius. Lóbont in an déro fésti sînero
chrefte. An diên heiligon skînet danne uuiêo feste sîn chraft
ist. *Laudate eum in potentatibus eius . laudate eum secundum mul-* 2
titudinem magnitudinis eius. Lobont in an sînero mahte . un-
de an déro mánigi sinero mîcheli. *Laudate eum in sono tu-* 3
bę . laudate eum in psalterio et cythara. Laudate eum in tym- 4
pano et choro . laudate eum in chordis et organo. Lóbont în
in álla uuîs . singendo . plâsendo . chlocchendo . seîten spréngen-
do. *Laudate eum in cymbalis bene sonantibus . laudate eum in* 5
cymbalis bene tinnientibus. Lobont in mit zymbon uuóla
skéllenten . unde guoten chlanch hábenten. Daz sint únsere
lefsa . so siê Got mit indâhtigi lôbont. *Omnis spiritus laudet dominum.* 6

8(r) daz sie *auf Ras.* 12(r) sin: *danach* t *(?) rad.* 16 chrefte: r *aus Ansatz von* c *oder* e *rad. und verb.* *Punkt fehlt* 13[1]

R540
Alliu geîstlichiû natura . lobe unseren trúhtenen. Diu for-
derosta creatura lóbe în.
CANTICVM ESAIĘ PROPHETAE. P609 S1057
CONFITEBOR TIBI DOMINE
QVONIAM IRATVS ES MIHI . CONVERSVS
est furor tuus et consolatus es me. Ih lôbon
dih truhten . uuanda du mir irbolgen uuâre
in persecutione . unde mir aber dára nah dîn hêizmuôti beuuén-
det uuard ze genâdon . unde du mih an dien trôstost. In ad-
uersis et prosperis lôbon ih dih . chit ęcclesia sancta. *Ecce deus saluator* 2
meus . fiducialiter agam et non timebo. Sih nu . Got ist min
haltare . bediu uuerchon ih páldo . unde ne-ruôcho . quid fa-
ciat mihi hómo. *Quia fortitudo mea et laus mea dominus . et factvs*
est mihi in salutem. Vuanda Got ist min stárchi . unde mîn lob
unde ist mir uuorden ze heili . pediu stân ih paldo in acie
contra inimicos. *Haurietis aquas in gaudio de fontibus sal-* 3
uatoris. Sô îs zit uuirt . so skephent ir uuázer mit mendi
uzer diên brúnnon des haltâres . so gelîrnent ir fóne îmo
euangelicam doctrinam. Sîne brúnnen sint septiformis gratia
spiritus sancti . dannan er misselîche spenda tuot diên sînen. *Et di-* S1058 4
cetis in illa die confitemini domino . et inuocate nomen eius.
Vnde danne in fine sęculorum chêdent ir . iêo eîne ze ánderen .
iêhent Gote . unde ánahárent sînen námen . uuanda sîn
genada ist omne quod possumus . quod uiuimus . quod sumus.
Notas facite in populis adinuentiones eius. Tuont chunt únder
liuten sine leges . diê er uns funden hábet. *Mementote quoniam*

1(r; *r auf dem Rand noch sichtbar)* loboe: o^{2} *zu* e *rad. und verb.,* e *rad.* unseren: u *aus* o *rad. und verb.* 3 CANTICVM *bis* PROPHETAE. *rot,* A *nach* H *rad.* 10(r) ꝓsperis: ꝓsp *(mit langem* s*)* *aus* ad *rad. und verb.* 20(r) spenda: a *aus* e *rad. und verb.* 24(r) ist *auf Ras.* sumus *auf Ras.* 24/25(r; *zweite Ras. vor beiden Zeilen)* 26(r) *vor* leges *Ras.* *Punkt fehlt* 22^{2}

R541
excelsum est nomen eius. Irhúgent daz sin namo hôh unde P610
geuuáhtlîh ist an allen sinen uuerchen. *Cantate domino quoniam* 5
magnificę fecit. Singent truhtene . uuanda er michellicho
téta . do er in carne irscêin ze‿trôste allero uuerlte. *Adnun-*
tiate hoc in uniuerso mundo. Chundent daz so uuît uuérlt
sî. *Exulta et lauda habitatio syon . quia magnus in medio* 6
tui sanctus israhel. Du sin gesaze specula . du sancta ęcclesia fréuue dih
unde lôbo daz sament dir ist máhtiger der israhelis hêiligo .
unde dû în gesiêhest hominem inter homines.
EGO DIXI IN DIMIDIO CANTICVM EZECHIĘ REGIS. 10 S1059
dierum meorum . uadam ad portas inferi. Ezechias
saget uues er dâc<h>ta . uues ér sórge-
ta . do er sih todes peuuânda. Ih chad in unfólle-
tani minero tágo . nu faro ih ze hello . uuanda iniqui dara
farent . die in dimidio dierum irsterbent . quia non implent
opera uirtutum . bediû forhta ih mir. Aber iusti irstérbent
in plenitudine dierum . also abraham irstarb plenus dierum.
Quęsiui residuum annorum meorum. Ih suôhta daz noh ze
leibo uuas . suohta follunga mînero tágo . ze diû . daz ih a-
brahę gelîcho irsterben muôsi. *Dixi non uidebo dominum deum* 11
in terra uiuentium. Iâ lêidor chad ih . ih ne-sol Got kesêhen .
ih ne-gesiêho în . in lébendero lande. *Non aspiciam hominem*
ultra et habitatorem quietis. Furder ne-gesiêho ih uuirdigen
ménniscen . unde der geselidot si in‿râuuon. Ih ne-chúmo dá- P611
ra . dâr Got unde guôte sint. *Generatio mea ablata est a me . et* 12
conuoluta est quasi tabernaculum pastorum. Mir ist kenó-

---

10 CANTICVM *bis* REGIS. *rot* 12(r) er[1]: r *auf Ras.* dâcta: *Ligatur* ct *sehr in die Breite gezogen,* a[2] *auf Ras.* 23 quietis: *unter* ietis *Ras.* 24(r) geselidot: e[2] *aus* a *(?) rad. und verb.* *Punkt fehlt* 8

*R*542
men min gebúrt . dannan christus chomen solta . unde dana fer-
zorn samo so hirto gezélt . diu in êinero stête lango ne-stânt . S1060
uuanda siu umbe uueîda ieo furder unde furder gerúcchet
uuerdent. Vuile dû lésen . quieuit generatio mea . so chit iz
cessauit generatio mea. *Pręcisa est uelut a texente uita mea.*
Mîn lîb ist âba gescrôten . samo so uuéppe fône uuébenten.
Dum adhuc ordirer succidit me. Vnz ih noh lebennes pedîge .
hiû mih Got nîder. *De mane usque ad uesperam finies me.* Chad
ih dara zuo. Fone morgene unz ze naht pîto ih kenîste . áber
dû endôst mih. *Sperabam usque mane . quasi leo . sic contriuit* *13*
omnia ossa mea. Dannan aber unz ze mórgene bêit ih îro .
beît ih kenîste. Vuieo do? Also leo fermúlita suht álliû mî-
niu bêin. *De mane usque ad uesperam finies me . °sicut pullus hy-* *14*
.i.In-gemisco
rundinis sic clamabo . meditabor ut columba. So tuôst dû . chad
ih. Fone morgene unz ze âbende éndôst du mih . trîbest mih
ze tode . áber ih scrîio umbe genîst also suáleuuun iúngi . un-
de sûfton dar umbe also tuba. *Attenuati sunt oculi mei suspi-*
cientes in excelso. Mîniu oûgen sint fersueînet . ûf ze Góte
chaphendo . umbe sîna helfa. *Domine uim patior.* Ih chad oûh.
Nôt lîdo ih truhten . ioh uber mîne sculde. *Responde pro me.* S1061
Vbe ih ouh scúldîg sî . dero sculde antuurte fure mih . uuán-
da iz an dir stât . nals an mir. NON EST ENIM CVRREN-
TIS AVT VOLENTIS . SED MISERENTIS DEI. Vuó-
la ne-sprah ih dô siêcher . ih sol mih is páz pedenchen nû ge-
nesener. *Quid dicam?* Vuaz mag ih chéden uuider mîne- P612 *15*
.s.quod uoluit
mo sképhen? *Aut quid respondebit mihi cum ipse fecerit?*

---

5 uita *!* *Punkt fehlt* 1^1 7^2 11^2 14^3 22^1

R543

Alde uuaz antuuurtet er des . ube ih mih chlágon . so er há-
bet ketân so uuiêo er uuolta? Ne-sol man daz kedúltigo trá-
gen . daz er beneîmet ze tuonne? *Recogitabo tibi omnes an-*
nos meos in amaritudine animę meę. In âmere zálon ih dir
alliu mîniu iâr. Annos regni mei beatos . so ih do uuânda . áh-
ton ih nû fóre dir únnuziû . ze doh-einemo troste mînes âme-
res . souuiêo epicurus châde . RECORDATIONEM PRETERI-
TORVM BONORVM PRĘSENTIA MALA MITIGARE. *Domine si sic* 16
uiuitur . et in talibus uita spiritus mei . corripies me et uiuificabis
me . ecce in pace amaritudo mea amarissima. Truhten úbe 17
daz menniscon lében sólih ist . ih meîno an demo zeuuîfele
lîbes unde tôdes . unde úbe min lib so getân ist . under diên
zeuuîscen uuaz mag ih danne chéden? Âne du irréfsêst mih S1062
mit súhte . unde chícchêst mih mit kenîste . unde reht ist iêo
daz. Aber sih dû Got daz in frîdo mîn bîtterî diu meîsta
uuas . uuanda dô begónda ih náhen ze tôde . do sie álle be-
gondon sîzzen in fríde. Vuanne uuas daz? Do angelus domini
sluôg de exercitu sénnacherib centum octoginta quinque mi-
lia. Dô begonda ánderên uuola sin . mir uuê sîn. *Tu autem eru-*
isti animam meam ut non periret . proiecisti post tergum tuum omnia
peccata mea. Áber dû lôstost mîna sêla . daz si ferlorn ne-uuúr-
de . uuurfe hinder dih alle mina sunda . uuoltost mir fore ou-
gon uuésen dina genâda . nals mîne súnda. *Quia non infernus* 18
confitebitur tibi . neque mors laudabit te . non expectabunt
qui descendunt in lacum ueritatem tuam. Vuanda hella unde P613
tôd ne-lobônt dih . unde diê in hellegruôba fárent . diê ne-bî- S1063

7(r) epicurus: e *auf Ras.* 7/8(r) PRETERI/TORVM: *zwischen* T *und* O *Ras.* (T *aus* O *rad. und verb.?*) 12(r) úbe *auf Ras.* 15(r) sih: h *aus langem* s *rad. und verb.* frîdo: o *aus* e *rad. und verb.* 22(r) uuurfe: e *auf Rad.* *mine Dih: h *aus* r *verb.* 22/23 ougon: o[2] *aus* e *rad. und verb.*

R544
tent ze‿sêhenne . diê uuârheit dînes iudicii . nube dîna genâda.
Also diû genâda CHRISTI nu gescêhen ist . daz er dára fuôr . unde
scúldige lôsta. *Viuens uiuens ipse confitebitur tibi . sicut et* 19
ego hodie. Nube sús fêret îz. Lébender lôbot dîh . also ih hiûto
lêbo . unde dih lóbo. *Pater filiis notam faciet ueritatem tuam.* Fáter
chundet sînen súnen dîna uuarheît. Vuanda so ist kescrîben.
INTERROGA PATRES TVOS ET ANNVNTIABVNT
TIBI . SENIORES TVOS ET DICENT TIBI. *Domine saluum* 20
me fac . et psalmos nostros cantabimus cunctis diebus uitę nostrę
in domo domini. Kehált mih truhten . unde unsih alle an dîh
keloubente . unde so sîngen uuir dir . in dinemo templo
E alle tâge únseres lîbes. CANTICVM ANNĘ. S1064
XVLTAVIT COR MEVM IN DOMINO . ET EXAL- 1
tatum est cornu meum in deo meo. Mîn herza
fréuta sih an trúhtene . chit sancta ęcclesia . uuanda
er mir lango únbirigero die uuamba indân
hábet . unde min geuuált ist hôh irbúret an îmo. Daz ih regi-
na bîn . unde ih uuîto uuálto . daz ist fone îmo. *Dilatatum est*
os meum super inimicos meos. Mîn munt ist uuîto indân . úber
mîne fienda . uuanda sermo dei úngebunden ist ioh în angu-
stiis pressurarum . ioh selbên dien prędonibus alligatis . sicut pau-
lus alligatus non tácuit. *Quia lętata sum in salutari tuo.* Vuan-
da ih an CHRISTO dînemo háltâre gefróuuet pin. Ziú ne-sól? *Non* 2
est sanctus ut est dominus.et non est fortis sicut deus noster.neque enim est alius P614
extra te. Samo hêiliger unde sámo starcher ne-ist . so trûhten S1065
Got únser . noh ánderer ne-ist âne dih heîliger unde stárcher .

---

1 *dîa 11(r) *nach* keloubente *Ras.* 12(r) únseres: ser *auf Ras.* CANTICVM ANNĘ. rot 16 *dia 17 *hôho *(so Y)* 18/19 dilatatum os / os: o^{2} *aus* e *verb.* *Punkt fehlt* 1^{3} 6^{2} 11^{1} 15^{1} 26^{2} *Punkt steht nach* 16 lango

R545

uuanda oûh du andere geheîlegon . unde starche getuôn maht.
Nolite multiplicare loqui . sublimia gloriantes. Ir iûh kuôlli- 3
chonten iudei . lâzent iûuueriû mánigen hôhchôse sîn . sámo
sô iûh múge lex iustificare sîne gratia. *Recedant uetera de ore*
uestro . quia deus scientiarum dominus. Altiû gechôse fîrrên sih fóne iû-
uuermo munde . fermîdent inaniloquia . daz chît . nolite glo-
riari in lege . uuanda Got ist hêrro dero uuîzzentheîto . er îst
arbiter iûuuerro gedáncho. *Et ipsi preparabuntur cogita-*
tiones. Vnde imo uuerdent siê irbarot. Er uuêiz siê báz dan-
ne îr selben. Vuésent tiêmuôtig . quoniam qui se putat aliquid S1066
esse dum nihil sit . ipse se seducit. *Arcus fortium superatus* 4
est . et infirmi accincti sunt robore. Déro stárchon bógo ist
keuueîchet . déro . die sih peuuândon uirtutis fone în selben .
unde uueîche . sint uuorden starche . die fóne herzen chédent .
MISERERE MEI DOMINE QVONIAM INFIRMVS SVM. *Repleti* 5
prius panibus minorati sunt. Israhelitę iú êr irfúlte diuinis
eloquiis uuurden gemînnerot an îro fernumiste . uuanda
sie án dero lege terrena fernâmen. ET ESVRIENTES TRAN-
SIERVNT TERRAM . unde húngerge gentes úberfuoren diê
erda . uuanda sie ad fidem chómene in eloquiis dei cęlestia sma-
hton nals terrena. Vbe uuîr lésen . repleti prius . pro panibus
se locauerunt . et famelici saturati sunt . sô chît iz. Êr sáte iu-
dei . uuurden so brôtelos . daz sie sih fersazton dar umbe .
uuanda sie sih chêrton in alienum intellectum carnalem . nals
spiritalem . aber hungergo gentes uuurden gesátot réhte- S1067 P615
ro fernúmeste. *Quia sterilis peperit septem . et multa in filiis*

---

4 *sine 'ohne' 14(r) uuorden: den *auf Ras.* 17(r) uuurden: ur *auf Ras.* 19 *dia 23(r) uuurden: uur *auf Ras.* *Punkt fehlt* 6^2 13^3 14^3 24

R546

infirmata est. Vuanda gentilitas kebár sîbene . an diên uuîrt
fernómen perfectio ęcclesię . aber fîlo chindo hábentiû synago-
ga uuard siêh . uuanda mit iro ist infirmitas litterę . nals uir-
tus spiritus. *Dominus mortificat et uiuificat.* Trúhten tôdet diê chint 6
hábentun . unde chîcchet dîa chîndelôsun. *Deducit ad infe-*
ros et reducit. Er leîtet ze hello unde fone hello. Christum lêitet
.s. eum qui pro nobis pauper factvs est. s. nos. s. illum.
er dára . unde dána. *Dominus pauperem facit et dîtat . humiliat* 7
s. nos
et sublimat. Der fáter hêrro tuôt sînen sún armen . unde rî-
chet únsih . nîderet în . unde irhôhet únsih. *Suscitans de pul-* 8
uere egenum . et de stercore erigens pauperem. Ín dúrftigen
fone erdo chîcchender . so spuôtigo daz er ne-gesâhe corru- S1068
ptionem . sicut illud . NON DABIS SANCTVM TVVM VIDERE COR-
RVPTIONEM . unde în armen ûf rihtender fone mîste . fó-
ne iudeis die in sluôgen . die mit rehte mist heîzent . uuan-
da sie in terrenis cogitationibus et carnis uoluptatibus lêbe-
ton. Also ouh Paulus iro uuerch heîzet stercora . dâr er chît.
QVĘ MIHI FVERVNT LVCRA . HĘC PROPTER CHRISTVM DAM-
NA ESSE DIXI . NEC SOLVM DETRIMENTA . VERVM
ETIAM STERCORA EXISTIMAVI ESSE. *Vt sedeat cum*
principibus . et solium glorię teneat. Daz er sîzze mit diên hêri-
sten . diên er zuo chad . SEDEBITIS SVPER SEDES DV-
ODECIM . unde er den hîmeliscen stuol behâbe. *Domini enim sunt*
cardines terrę . et posuit super eos orbem. Truhtenes sint diê ské-
derstefta déro erdo . an diên stalta er dîsa uuérlt. Sîn sint
quatuor clymata mundi . an diên er sazta orbem sanctę ęcclesię .
daz sîn lob úber ál sî. *Pedes sanctorum suorum obseruabit.* Sînero hêi- P616 9

---

4 *dia 5 chîndelôsun: *Akut sehr dünn* 7 pauperē̄m 9(r) nîde-ret în . unde] unde nîderet în . unde: d *aus (langem)* si *rad. und verb.* 16 uuerch: *über* c *kleiner Punkt* 19(r) Vt: t *aus* e *rad. und verb.* 23(r) super eos orbem *auf Ras., Zkfl. von* diên, *Z. 24, teilweise mitrad.* 23/24(r) skéderstefta: rs *auf Ras.*

ligon fuôze behaltet ér . daz sie ûnrehten uueg ne-gânt. *Et im-* S1069
pii in tenebris conticescent. Vnde iudei uuerdent kesueîget
in îro ignorantia . so euangelium begînnet skéllen. *Quia non*
in fortitudine sua roboratur uir. Vuanda fidelis populus ne-
uuirt kestérchet fone sînero chréfte . nube fone Gotes chre-
fte. *Dominum formidabunt aduersarii eius . et super ipsos in cęlis* 10
tonabit. Truhtenen furhtent in iudicio sîne uuîdersachen .
unde er donerot danne uber sie . ITE MALEDICTI IN IGNEM
ĘTERNVM. Dominus iudicabit fines terrę. Terrę sint ménniscen .
sô îro ende chóment . so irteîlet în druhten fáter. *Et dabit*
imperium regi suo . et sublimabit cornu christi sui. Vnde gîbet
er cheîsertuom sînemo chúninge christo . unde irhôhet sînen
geuualt. CANTICVM MOYSI. S1070

CANTEMVS DOMINO . GLORIOSĘ ENIM MA- 1
gnificatus est . equum et ascensorem proiecit in ma-
re. Sîngen truhtene . chit moyses . uuanda er
guôllicho getuômet ist . ros unde reîtman
uuarf er în daz mâre. Diabolum cum suis pompis uicit in
baptismate. *Fortitudo mea et laus mea dominus . et factus est mihi* 2
in salutem. Truhten ist mîn starchi unde min lob . unde er
ist mir uuorden in heîli. Sin starchi ne-lâzet în fállen . pediû
ne-fállent . diê sih ze imo hábent. *Iste deus meus et glorificabo*
eum . deus patris mei et exaltabo eum. Dîser ist mîn Got . iêo der
eîno in ueteri et nouo testamento. Nals so heretici uuol- P617
ton . die ánderen sageton uuésen auctorem ueteris . ánderen
noui. *Dominus quasi uir pugnator omnipotens nomen eius .* 3

---

2 conticescent: c^1 *aus Ansatz von langem s verb.* 13 CANTICVM MOYSI. *rot* 14/15 MA/gnificatus: *vor A Ras.* 16 moyses: e *aus* i *verb.* 24(r) eîno: in *aus* m *rad. und verb.* *Punkt fehlt* 7^2 9^3 14 16^2

R548

currus pharaonis et exercitum eius proiecit in mare. Truhten 4 S1071
ist also uuîgman . almahtig ist sîn námo . also dâr âna skî-
net . daz er pharaonis rêitâ unde sin hére uuarf in den mé-
re. So soûfet er oûh diabolum in abyssum gehennę. *Electi prin-*
cipes eius submersi sunt in mari rubro. Sîne iruuélten fúr-
sten uuurden besoûfet in dero rôten mére. Principalia ui-
tia in minimis subruuntur a domino. *Abyssi operuerunt eos .* 5
descenderunt in profundum quasi lapis. Tiêfiû uuazzer pe-
dahton siê . sie fuôren ze_grúnde also steîn. Duritia pecca-
ti soufta sie in gehennam . uuanda sie lapides uiui ne-uuâ-
ren. *Dextera tua domine magnificata est in fortitudine . dexte-* 6
ra tua domine percussit inimicum . et in multitudine glorię tuę de- 7
posuisti aduersarios meos. Dîn zeseuua herro ist ketuômet
in îro stárchi . dîn zéseuua sluôg den fîent . unde in dero
mánigi dinero glorię intsáztost du mîne fîenda. CHRISTVS ist dîn
dextera . mit imo intsáztost du inimicum libertatis nostrę. *Mi-*
sisti iram tuam quę deuorauit eos sicut stipula<m>. Dû liêzze ûz S1072
dina âbolgi . diû ferslant sie so samfto . so den halm fiûr fér-
slindet. *Et in spiritu furoris tui congregatę sunt aquę.* Vnde in de- 8
mo âtume dînes zornes lîuffen diu uuazzer ze-sámine diû
be-fóre in-dân uuaren. *Stetit unda fluens . congregatę sunt abys-*
si in medio mari. Gágen diên guoten stuonden siu in-dâniu .
so die ubelen under zeuuîsken châmen . do betâten siu sih.
Dixit inimicus . persequar . et comprehendam . diuidam spolia . implebitur 9
anima mea . euaginabo gladium meum . interficiet eos manus mea. P618
Sus chad pharao. Ih faro în nâh . unde gefáho siê . mit irzóge-

---

18(r) âbolgi: abol *auf Ras.*   21 unda: a *aus* e *rad. und verb.*   23 so: *do *(? so Y)*   26 în: *Akut sehr dünn*   *Punkt fehlt* 7^{2} 22^{2}

*R*549

nemo suérte slâho ih siê . so têilo ih den roûb . unde gesáton
mih sin. *Flauit spiritus tuus et operuit eos mare . submersi sunt quasi plum-* 10
bum in aquis uehementibus. Aber dîn âtum bliês . unde dan-
nan bedáhta sie daz mare . sie sunchen also blî ! in michelen
uuázzeren. *Quis similis tui in fortibus domine? quis similis tui?* Vuér 11
ist dîr gelîh ! under starchen druhten? uuer ist dir gelih? *Ma-*
gnificus in sanctitate . terribilis atque laudabilis . et faciens mirabi-
lia. Mîcheltâtiger in heîligi . prútelîcher iudicando . lóbelîcher S1073
dimittendo . uuunder tuônder. *Extendisti manum tuam . et de-* 12
uorauit eos terra. Du rahtost dîna hant . skeîndost dîna chraft .
unde dannan beuuárf sie daz sant. An dînen genâdon leît-
tost dû dô dînen liût ad terram promissionis. Aber nû leitest du
redemptos ad cęlestem ierusalem. *Et portasti eum in fortitudine* 13b
tua . ad habitaculum sanctum tuum. Vnde âne sîne arbeite fuôr-
tost du in dara . dâ er ze êrest ke-sâhe tabernaculum . dára
nah templum . also du nu leitest sanctos in paradysum et in cę-
lum. *Ascenderunt populi et irati sunt.* Do fuôren gágen în liû- 14
te . under uuegen gesézzene . unde bulgen sih iro férte. *Do-*
lores optinuerunt habitatores philistim. Philistim leîdezton S1074
iz. *Tunc conturbati sunt principes edom.* Do uuúrden leide- 15
ge die hêresten idumei. *Robustos moab optinuit tremor.*
Diê starchesten moabitas cham ána rîdo. *Obriguerunt omnes*
habitatores chanaan. Fore forhton irstábeton álle ánaside-
linga chanaan. *Irruat super eos formido . et pauor in magni-* 16
tudine brachii tui. So fáre iz. Forhta unde hérzeslagod ána P619
fálloe diê . die réhtên dero hîmelferte ne-únnîn. Daz uuerde

10 *nach* terra. *hat Vulg.:* Dux fuisti in misericordia tua populo quem redemisti (*v. 13a*); *fehlt hier, aber auch in* W^2 *und Y*   16(r) nah *auf Ras., danach Ras. von* p *oder* h   *Punkt fehlt* 8^2 *Punkt steht nach* 26 rêhtên

R550

an dero micheli dinero créfte. *Fiant inmobiles quasi lapis . do-*
nec transeat populus tuus domine . donec pertranseat populus tuus iste quem
possedisti. V́nuuégig uuerden sie also der steîn . unz dîser dîn
liût fare . unde fúrfáre . den du besâze. Vnz fideles folle-chómen
ad requiem . die diabolus unde sîne lîde îlent îrren. *Introdu-* 17
ces eos et plantabis eos in monte hereditatis tuę . firmissimo
habitaculo tuo quod operatus es domine. Dû leîtest sie dara în . îro fi-
endo undanches unde flânzost siê dâr ûfen syon monte . der
din erbe ist . daz ist diû ûf-uuértiga ierusalem. Dar flanzost S1075
dû siê an dînero fîlo fêstun séldo. Vuélichiû ist diû? *Sanctu-*
arium domine quod firmauerunt manus tuę. Daz uuiêhûs truhten
assumptę carnis . daz menniscon hende ne-uuúrchton . nube
Gotes. An demo flânzost dû siê. *Dominus regnabit in ęternum et* 18
ultra. Got rîchesot in êuua . ioh hîna baz. Daz ist per excessum
gesprochen . i . hyperbolicę. Kenuôgez uuirt ferror gespro-
chen . danne sin fernúmest si. Also daz. Got der ál uuêiz . unde
eîn uueîz úbere. *Ingressus est enim pharao cum curribus et e-* 19
quitibus suis in mare . et reduxit super eos dominus aquas maris. Pha-
rao mit allen diên sînen fuôr în daz mare . unde dar leitta
uuidere truhten . diû mêreuuazzer uber siê. *Filii autem israhel am-*
bulauerunt per siccum in medio eius. Áber israhelis sûne durh
kiêngen ûz in druccheni. Vuanda der ęgyptius ist unde er
pharaoni folget . daz chit diabolo . der uuirt pesoûfet flu-
ctibus uitiorum. Der aber christo folget . démo sint aquę mu- P620 S1076
ri dextra leuaque . der gât per siccum in media uia . unz er uz
chumet . unde er ymnum uictorię singet.

3(r) 5 *dîa *(?)* 12(r) uuúrchton: c *auf Ras.* 13 du^ *aus* diê *rad. und verb.*

vor 12-15 *mit Verweisungszeichen über* in, *Z. 12, auf dem Rand:* Nori/cus quidam / interpretatvs / est. Iêmer / ûnt êlôr.; - *Vgl. S. 122,20 und die Einl. in Bd 8, S. XLII, Fn. 71*

R551

CANTICVM ABACVG PRO IGNORATIONIBVS.
DOMINE AVDIVI AVDITIONEM TVAM ET TIMVI. 1
Ze CHRISTO sprichet der propheta. Ih kehorta in spiritu
uuaz du beneimet hábest pro humano genere ze
lîdenne . unde des irchám ih mih. *Domine opus tuum in medio an-*
norum uiuifica illud. Daz selba dîn tiûra uuerch irfulle sô îs
zît sî. *In medio annorum notam facies.* Dîna uuarheit ke-skeînest 2 S1077
dû . so plenitudo temporum chumet. *Cum iratus fueris misericordiȩ*
recordaberis. So du dih sundonten irbîlgest . sô genadest dû
âber riûuuonten. *Deus ab austro ueniet . et sanctus de monte pharan.* 3
Got chumet fone sunde . chumet fone dero halbun montis syna .
der bi démo eînote ist . daz pharan heîzet. Parentes CHRISTI brin-
gent în ze ierusalem fone bethleem . diû ze súnde ist . also oûh
pharân. *Operuit cȩlos gloria eius . et laudis eius plena est terra.* Hime-
la bedahta sin guollichi . unde erda ist fol sînes lóbes. Also iz chît.
GLORIA IN EXCELSIS DEO ET IN TERRA PAX HOMINIBVS. S1078
Splendor eius ut lux erit . cornua in manu eius. Sîn skîmo ist al- 4
so liêht . daz chit . fama eius credentes illuminabit. Horn in sî-
nero hende . daz sint signa et trophea crucis. *Ibi abscondita est* 5
fortitudo eius. Dar in cruce barg er sîna starchi . uuanda er siê
ne-ougta diên . die-dar châden . DESCENDAT NVNC DE P621
CRVCE ET CREDIMVS EI. *Ante faciem eius ibit mors . et egre-*
dietur diabolus ante pedes eius. In deserto begágenet imo tem-
ptator baptizato . dara chumet er fure sîne fuôzze. *Stetit et* 6
mensus est terram . aspexit et dissoluit gentes . et contriti sunt mon-
tes sȩculi. Aber CHRISTVS stuont . unde irchôs uniuersitatem terrȩ . er S1079

18(r) daz *auf Ras.* 20 *sîa *Punkt fehlt* 24[1]

R552

âna sah die gentes . unde ze-légeta siê . uuanda ér indránda
iro ungelouba . unde ubermuote uuurden gediêmuotet ad
pęnitentiam. *Incuruati sunt colles mundi . ab itineribus ęter-*
nitatis eius. Fone diên ferten sînero euuigheite neîgton sih
púrlîche . die fóre sînero aduentu inflexibiles uuaren. *Pro ini-* 7
quitate uidi tentoria ęthyopie . turbabuntur pelles . i . taber-
nacula *terrę madian.* Vmbe unreht sah ih uuerden tento-
ria demonum . die templa dei uuesen solton . umbe unreht
uuerdent in iudicio getruôbet tabernacula madian . daz
sint peccatores. *Numquid in fluminibus iratus es domine? aut in* 8
fluminibus furor tuus? uel in mari indignatio tua? Sol in âhôn
diê ze tále fliêzzent . unde in mari . dara sie in fliêzzent . dîn S1080
zorn sin? Nals in primo . nube in secundo aduentu uuirt daz.
Danne uuerdent úberteîlet sęculares . déro sîn ad inferiora
râmet. *Qui ascendes super equos tuos . et quadrigę tuę saluatio.*
Dû dîniu ros rîtest . uuanda dîne euuangelistę diê du rihtest .
dih fuôrent after uuerlte . unde dîne reita sint diên hêili
die an dih keloûbent. *Suscitans suscitabis arcum tuum.* Din 9
iudicium inzúndest dû . mit demo dû úbelên skeîndest dîn
zórn. *Iuramenta tribubus quę locutus es.* Vuérest daz dû
ze-uuélif chúmberon gehiêzze . daz chit allen fidelibus . uuan-
da du în gîbest uitam ęternam. *Fluuios scindes terrę.* Pre- 10 P622
dicatores teilest du dero erdo . du sendest sie âfter lande.
Viderunt te aquę et doluerunt montes. Fone diu geeîscoton
dih populi . die dih êr ne-uuissôn . unde chlageton sih potentes
i.chârondo
daz sie lúgendo uuurdîn beati. *Gurges aquarum transiit.* Gen- S1081

---

2 gediêmuotet *!* 7 Vmbe] Vnde 8 *diû *Punkt fehlt* 2 13[1]

tium persecutio ze-giêng . unde uuard pax. *Dedit abyssus uocem*
suam . altitudo manus suas leuauit. Diû tiêfi dero herzon lûta
confessionem . diu selba tiêfi huob iro hende ze lôbe. *Sol et lu-* 11
na steterunt in habitaculo suo . in luce sagittarum tuarum. CHRISTVS
unde sîn ęcclesia stuônden do in îro stéte . dô CHRISTVS kesaz ad dex-
teram patris . unde er iro santa spiritum sanctum . án dero óffeni
dinero uuorto diu do êrest fernomen uuúrden. *Ibunt in splen-*
dore fulgurantes hastę tuę. So fárent skînbâro blecchezzen-
de dîniu spér. Daz sint aber iacula uerborum dei . in tenebris au-
dita . unde in lumine prolata. *In fremitu conculcabis terram . in fu-* 12
rore obstupefacies gentes. Irdiske liûte tréttost du in grîscra- S1082
mode . alle diête brútest du in heizmuôte. Vuanne? So du rî-
chest iniuriam populi tui. *Egressus es in salutem populi tui . in salu-* 13
tem cum christo tuo. Du fáter fuôre ûz an CHRISTO ze heîli dînes
liûtes . sáment dinemo geuuiêhten châme du în ze hêili.
Also iz chit. DEVS ENIM ERAT IN CHRISTO MVNDVM RECONCI-
LIANS SIBI. Vuaz tâte du do du châme? *Percussisti caput*
de domo impii. Sluôge antichristum . nâme daz hoûbet dána
fone des ubelen hûs . fone dero uuerlte . diû úbel ist. Also iz
chit . TOTVS MVNDVS IN MALIGNO POSITVS EST. *De-*
nudasti fundamentum usque ad collum. Ín slâhendo irbaro-
tôst du sîna grunt-festi . unz an dén hals. Alle ubele die sîn
festi uuâren . geóffenótóst du unz an die uuîrsisten . an diên S1083 P623
daz houbet stuônt. *Maledixisti sceptris eius.* Regnis eius fluô- 14
chotost dû. *Capiti bellatorum eius . uenientibus ut turbo ad*
dispergendum me. Fluôchotost demo aba irslágenen hoûbete

---

19 ubelen: *über erstem Strich des* u *Art Punkt (Ansatz einer Oberlänge)* 20(r) TOTIVS: I *rad.* 22(r) grunt: runt *auf Ras.* *Punkt fehlt* 12[1]

R554

sînero uuîgmanno . fluôchotost dien in túrbilis uuîs chó-
menten bellatoribus . mih dînen liût ze stôrenne. *Exultatio*
eorum sicut eius qui deuorat pauperem in abscondito. Íro fré-
uui ist also des . der sih freuuet . daz er tougeno ferslinden
muôz den armen. Danne ferslindet în der úbelo . danne er
în îro gelîchen tuôt. *Viam fecisti in mari equis tuis . in luto* *15*
aquarum multarum. Dînên prȩdicatoribus ke-tâte dû uueg
in nationibus . in hóreuue manegero uuazzero . daz chit in
turbatis cordibus gentium. *Audiui et conturbatus est uen-* S1084 *16*
ter meus . i . animus meus. Comminationes tuas kehôrta ih .
déro uuard ketruobet min muôt. *A uoce contremuerunt*
labia mea. Fóne iro stimmo irbîbenoton mîne lefsa . so ántsâ-
zig sint siê. *Ingrediatur putredo in ossibus meis . et subter me*
scateat. Nieht ein tremor . nube ioh fûli chóme in mîniu beîn .
unde si uuerde ze uuurmen in mir . sô iôbe gescáh. *Vt requi-*
escam in die tribulationis . et ut ascendam ad populum accinctum
nostrum. In diên uuorten daz ih râuuee in die tribulationis . un-
de ih fâre ze unsermo liûte . ze guotero férte gegúrtemo.
Ficus enim non florebit . et non erit germen in uineis. Vuan- *17*
da der figpôum ne-bluôt . noh uuîn ne-uuirt in uuînegar- S1085
ton. So CHRISTVS chûmet so ne-bîret suozen uuuôchar synago-
ga . diû ficus unde uinea domini uuas. *Mentietur opus oliuȩ . et*
arua non afferent cibum. Imo liûget danne daz uuerch des
óleboûmes . unde diu gelende ne-bérent erdeuuûocher. Daz
sie do gehiezzen do sie châden . OMNIA QVȨ PRECEPIT P624
DOMINVS FACIEMVS . daz irliûgent siê. Dulcedinem fidei alde bo-

---

4(r) der: *r aus langem s rad. und verb.* 12/13 ántsâzig: *Akut sehr dünn* 21 Sô chûmet XP̄C: XP̄C *durch Zeichen nach* Sô *verwiesen* *Punkt fehlt* 10[4] 14[2] 14[3]

R555

ni operis ne-ougent siê. *Abscidetur de ouili pecus et non erit*
armentum in presepibus. Smález feho uuirt ke-nomen fóne
stîgo . rint ne-stât ze chrîpho. Presepia cęlestium scripturarum
sint mit în . aber cęlestem intellectum ne-hábent sie an în. *Ego* *18*
autem in domino gaudebo . et exultabo in deo iesu meo. Aber ih men- S1086
do in domini protectione . nals in mea iustitia . unde freuuo mih in
saluatore meo . non in me ipso. *Dominus deus fortitudo mea . et po-* *19*
net pedes meos quasi ceruorum. Got ist min starchi . er gîbet
mir snélli dero hirzo . ze uber scrîcchenne pericula delictorum.
Et super excelsa mea deducet me. Vnde uber mîna hôhi lêi-
tet er mih. Mundanam sublimitatem tuôt er mih uber fá-
ren contemplatione cęlestium. *Victori in psalmis canentem.*
Imo uictori sîngenten . imo dánchonten. NOMII.
A *VDITE CĘLI QVĘ LO-* CANTICVM DEVTERO- *1* S1087
quor. Ke-hôrent himela diu ih spricho ze iudeis.
Audiat terra uerba oris mei. Vuort mines mun-
.i.den himel
des kehore diu erda . uuanda ioh iûh maxi-
unde die erda
ma elementa bechomen mag . daz ih in sagen sol. *Concrescat* *2*
in pluuiam doctrina mea . fluat ut ros eloquium meum. Ze
régene uuerde mîn lêra . also tou fliêzze mîn gechôse. Régen
unde tou berehaftont die erda . miniu uuort pézzereien
die iudeos. *Quasi ymber super herbam et quasi stillę super*
gramina. Also túgîn siû in iro sînne . so régen-tróphen an P625
gráse. *Quia nomen domini inuocabo.* Vuanda ih Gotes uuort sa- *3*
go. *Date magnificentiam deo nostro.* Tûoment Got. °*Dei perfecta sunt opera.* S1088 *4*
Sô îr baldo mugent . uuanda sîniu uuerch dúrnohte sint.

---

9 herzo scrîcchenne: i *aus Ansatz von* c *verb.* 13/14 CANTICVM DEVTERONOMII. *rot* 15 spricho *!* 21 *dia 26(r) baldo: b *aus sofort nach* ir *gesetztem* b *rad. und verb.*

R556

Et omnes uię eius iudicia. Vnde alle sîne uuéga sint urteilda .
ratio discretionis skînet an în. *Deus fidelis . et absque ulla ini-
quitate iustus et rectus.* Got ist ketriûuue . unde âne ún-êbe-
ni . rehter unde grehter. *Peccauerunt ei non filii eius in* 5
sordibus. Sîne uuîhselinga unsûberton sih in idolatria. *Ge-
neratio praua atque peruersa.* Âuuikkiû slahta unde lézziû.
Heccine reddis domino . populę stulte et in-sipiens? Lônost dû Góte sô . 6
tumber liût unde uuîzzeloser? *Numquid non ipse est pater
tuus qui possedit te . et fecit et creauit te?* Ne-ist der dîn fáter
der dih uuórhta . unde scuôf . unde besaz fure erbe? *Memen-* 7
to dierum antiquorum . cogita generationes singulas. Irhû- S1089
ge dero alton tago . denche an iêogelîche gebúrte abrahę .
isaac . iacob . uuieo er dih do be îro zîteN . an în iruue-
leta. *Interroga patrem tuum . et adnuntiabit tibi . maiores
tuos . et dicent tibi . °quando diuidebat altissimus gentes .* 8
quando separabat filios adam. Frâge dînen fater unde
dine forderen . sie ságent dir . uuanne Got gentes skiêd . do
er îu ante diluuium sunderota filios adam . unde er ne-
uuolta filios dei fone sed chómene sih míscelon ze filiis ho-
minum . die fone cain châmen. Dannan maht du uuizzen
uuelih freisa dir ist . daz du fone abraham chómener . ze
gentibus dih míscêst. *Constituit terminos populorum iuxta nu-
merum filiorum israhel.* Er gesazta diê marcha déro sâligon
liûto nah dero mánigi dero angelorum . daz electorum sô ma- S1090
nige fone erdo ze himele chómen . so dar ze leîbo uuard P626
angelorum do demones fiêlen. Ziu ne-îlest dû dara sid du da-

3/4 ûn êbeni: e[1] *aus* i *verb.* 11/12 Irgû/ge 13(r) zîteN . *auf Ras.* 16(r) separabat: *langes* s *aus* f *rad. und verb.* fater: fa *aus Ansatz von* fr *rad. und verb.* 24(r; r *auf dem Rand noch sichtbar)* liûto: *danach* n *rad.* 25 chómen: *dritter Strich des* m *auf Ras.*

R557

ra geládo[s]t pist? Gentes diê idolatrę sint . ne-chóment dára.
Pars autem domini populus eius . iacob funiculus hereditatis eius. 9
Aber sîn liût ist sîn teil . iacob ist seîl sînes erbes. Secundum
electionem ist er sîn têil. *Inuenit eum in terra deserta . in lo-* 10
co horroris et uastę solitudinis. Er fant în . in uuuôstemo lan-
de . in griûsigemo eînote . unde ûmmez‿uuîtemo . daz în ara-
bia ist . umbe montem sina. *Circumduxit eum et docuit.* Er
uuîsta in ûmbe dén langen uueg deserti . unde zôh în dâr.
Et custodiuit quasi pupillam oculi sui. Vnde huôtta sin . also
sines oûgen. *Sicut aquila prouocans ad uolandum pullos suos* 11 S1091
et super eos uolitans. Also der áro lûcchet uzer neste sîne
iúngen . so er sie flûcchen uuîle . unde obe în flógezet . sô
lêrta er in chómen a uitiis ad uirtutem. *Expandit alas su-*
as . et assumpsit eum . atque portauit in humeris suis. Er sprêi-
ta sîne féttacha . unde nam în ûffen sih . unde fuôrta în ûf-
fen sinen skérten also der áro tuot irlégenen iungon. So
uuâr imo gebrast . dâr <h>alf er imo. *Dominus solus dux eius fuit . et* 12
non erat cum eo deus alienus. Er êino uuas sîn hérezogo . noh
fremede GOT ne-uuas mit îmo . er teta in geloûben . daz án-
der GOT ne-ist. *Constituit eum super excelsam terram . ut come-* 13
deret fructus agrorum. Er gesazta în án hôhez lant . daz er
den erdeuuuocher núzze. Hôhez fone diû . uuanda man fó-
ne ęgypto dara ze berge féret. *Vt sugeret mel de petra ole-*
umque de saxo durissimo. Daz er hónang suge ûzzer steîne . S1092
óle uzzer steîne hértesten. Daz chit affluentiam ze habenne
omnium bonorum. Aber mysticę daz er fone CHRISTO der petra P627

19(r) fremede: e[3] *aus* o *rad. und verb.* 23 dero 25(r) steîne *!*
hértesten. *auf Ras.* *Punkt fehlt* 17[1] 18[2] *Punkt steht nach* 25
habenne

R558
ist . lîrneti euuangelium ante passionem . unde er post passi-
onem inphiênge spiritum sanctum. *Butyrum de armento.* Lêra fone 14
apostolis et prophetis. *Et lac de ouibus.* Manunga fone simplicibvs.
Cum adipe agnorum et arietum filiorum basan. Sament diên exem-
plis magistrorum et subditorum. *Et hyrcos cum medulla tritici . et*
sanguinem uuę biberent meracissimum . i . purissimum. Vnde
er bildoti pęnitentes . so er âzze . unde trunche corpus et
sanguinem domini. *Incrassatus est dilectus . et recalcitrauit.* Mit dé- 15
mo guote âllemo uuard er ge-méstet . unde do spórnota
er. *Incrassatus . inpinguatus . dilatatus.* Daz teta er gemáster .
gesmîreter . gebreîtter. *Dereliquit deum factorem suum . et reces-*
sit a deo salutari suo. Sînen sképhen der in hálten solta . den
ferliêz er . des keloubta er sih. *Prouocauerunt eum in diis a-* 16
lienis . et in abhominationibus ad iracundiam concitauerunt. S1093
An fremeden Goten bálgton siê în . unde in leidsaminon gram-
don sie în. *Immolauerunt demoniis et non deo . diis quos igno-* 17
rabant. Diêfelen opheroton sie nals Gote . dien . diê în chúnt
ne-uuaren . uuanda sie uuârin in leîde . ube sie in chunt uua-
rîn. *Noui recentesque uenerunt . quos non coluerunt patres eorum.* Andere
unde andere châmen . die iro forderen ne-ûobton. *Deum qui* 18
te genuit . i . formauit *dereliquisti . et oblitus es domini creato-*
ris tui. Der dih scûof unde bildota den ferliêze dû . des ir-
gâze dû. *Vidit dominus et ad iracundiam concitatvs est . quia prouoca-* 19
uerunt eum filii sui et filię. Daz sah Got . des palg er sih . uuan-
da în die balgton diê er ze sunen unde ze tohteron iruué-
leta. [o]*Et ait.* Vnde do chad er. *Abscondam faciem meam ab eis . et* P628 20

9(r) spórnota: a *aus* o *rad. und verb.*

considerabo nouissima eorum. Ih pirgo mîn anasiûne fóre în . daz R559
chit . lâzo sie hélfolos . unde gesiêho mir îro ende. *Generatio*
enim peruersa est . et infideles filii. Sie sint úbel geburt . chústo-
lôse súne. *Ipsi me prouocauerunt in eo qui non erat deus . et irritauerunt* 21
in uanitatibus suis. Siê grámdon mih in úppecheîte . unde in
unrehtemo Gote. *Et ego prouocabo eos in eo qui non est populus . et*
in gente stulta irritabo illos. Ih zéno ouh sie mit démo . der
noh liût ne-ist . mit tumbemo diête grémo ih sie. Fúre sie ní-
mo ih gentes ze mir . die noh koûcha sint . unde also nieht
fóre mir. Daz tuon ih aber în ze bréstî. *IGNIS SVC-* S1094 22
census est in furore meo . et ardebit usque ad inferni nouissima.
Fiûr ist inzúndet in mînero heizmuôti . iz prennet unz an
hello bódem. Min uindicta beginnet impiis hiêr ana uué-
sen . unde so fólle-gât sie în in êuua. Des ist exemplum in an-
tiocho . et herode. *Deuorabitque terram cum germine suo . et*
montium fundamenta conburet. Iz slîndet diê erda mit
iro chîmen . unde brennet die grúntfesti dero bergo. Pecca- P629
tores tîligot iz mit iro uuérchen . unde úbermuôte intsez-
zet iz iro gedáncho. *Congregabo super eos mala . et sagit-* 23
tas meas conplebo in eis. Pęnas kehûfon ih uber sie . unde
uindictę geniêton ih mih an în. *Consumentur fame . et de-* S1095 24
uorabunt eos aues morsu amarissimo. Húngeres irstérbent
siê . dára nah zánont sie fógela mit eîuermo bîzze. Nû ir-
sterbent ouh liûte . fore demo hungere uerbi dei . unde za-
nont sie dęmones. *Dentes bestiarum inmittam in eos . cum*
furore trahentium super terram . atque serpentium. Ih frúmo

---

2 *hélfelos *oder* *hélfo los 3(r) filii: ii *auf Ras.* 3/4 *chûste-lôse 10 *nach* bréstî *Schmuckfigur nur vorgeritzt; dieses Muster entspricht einer ähnlichen, gleichfalls bloß vorgeritzten Figur vor Z. 1-3 des Gedichtes auf dem Rand (s. unten)* IGNIS: I[1] *nicht eingetr.* 15 *nach* &[2] *Ras.* 16 *dia 19/20 sagit/tas: *nach* t[1] *Ras.* 21 mih *!* *Punkt steht nach* 19 iz

auf dem ganzen rechten Rand steht mit Verweisfigur auf bréstî, *Z. 10 (s. oben im 1. Apparat) folgendes Gedicht in leoninischen Hexametern:*
Dictamen diei / scolaris cuiusdam / DEBITVM. / Ignis succensus do/minique furore / repens/vs. I/nci/pit hic / multis iam nunc / in morte sepultis. / Debitvs a dignis / tamen hic ex/tinguitur / ignis. / S/i spes / atque fides / faueaNT quae / maior et his est. / Succensum . nullvs / tollit . seu flu/mine / mol/lit. / F/lebitur / et sero / tandem sub / uindice vero .; / Missvs in exter/num numquam re/meabit / auer/num. / Q/ui flam/mas lacri/mis privs has non / tinxerit imis. Quam / ueniat uindex / scelerum . se/uervs et /in/dex. / I/n ua/num plan/get tuba quan/do nouissima clan/get. Fletibus inste/mvs dominoque do/mvs uigi/lem/vs. / TEMPVS / NESCIMVS / VIGILES / SVPER / OMNIA SIMVS. - *Vgl. die Einl. in Bd 8, S. XLIII und Fn. 73*

R560
sie ána zéne dero tiêro . ioh dero uuurmo . uuuôtigo siê
obe erdo zánontero. Des tiefeles seuitiam lazo ih sie ána . diu
sie muôhet in irdiscen kîredon. *Foris uastabit eos gladius* 25
et intus pauor. Suert hérrota sie úze . forhta dâr înne. SámeNT
ûz-uuertigen fîenden . muohta sie iro inuuertiga conscien-
tia. *Iuuenem simul ac uirginem . lactantem cum homine sene*. Iun-
gen mán unde iung uuîb . sugenten sament demo alten hér-
rota daz suert. *Et dixi . ubinam sunt?* Vnde dara nah chad ih. 26
Daz chit . andere teta ih chéden. Vuâr sint iudei . sid siê hêi-
me ne-sint? *Cessare faciam ex hominibus memoriam eorum*. Ih tîli-
gon iro geuuaht fone menniscon. Ih ûzon siê déro com-
munionis sanctorum. *Sed propter iram inimicorum distuli . ne forte superbi-* 27
rent hostes eorum. Ih frista iz aber . umbe îro fiendo grémezi .
daz sie ne-úber-muôtesotin. *Et dicerent . manus nostra excelsa .*
et non dominus fecit hęc omnia. Vnde sie ne-châdin . unser hóho
geuualt téta iz al . nî Got. So frîstet er noh uindictam pec- S1096
catorum . unde bîtet pęnitentię . niêo sih dęmones an în uicto-
rię ne-ruômen. *Gens absque consilio est et sine prudentia . °utinam* 28 P630 29
saperent et intellegerent . ac nouissima prouiderent. Sîe sint
râtelos . unde unfruôt tiêt . uuolti Got hábetin siê uuîzze .
unde fernúmest . unde beuuárotin siê diu iúngesten . diu
hîna fure chumftig sint. *Quomodo persequebatur unus mille . et* 30
duo fugarent decem milia. Vnde sie ouh daz pedâhtin . uuiêo
iro fiendo eîner dûsent . unde zeuuêne zên dûsent iágon
mahtin. Vuannan mahtin sie daz? alde ziú uuas . daz sie daz
kemahton? *Nonne ideo quia deus suus uendidit eos . et dominus con-*

5/6 conscientiā 7 iung: g *auf schadhafter Stelle im Pgm.* 16 *nî
26f. *Schleife eines ? nach* eos *und* illos *schwarz vorgezeichnet*

R561
clusit illos? Ne-uuas daz fone diû . daz sie îro Got ferchoûfet . un-
de betân habeta in iro fiendo handen? *Non enim est dominus noster* 31
ut deus eorum. Vnser Got ne-ist so îro Got. Vnser ist uerax et
iustus . diabolus den sie âhtont Got . der ist falsus . unde inuti-
lis. *Et inimici nostri sunt iudices* . i . approbatores. Ioh selben unsere
fienda . die pagani sint . iehent einen rihtare uuesen allero
uuerlte. *De uinea sodomorum uinum eorum . et de suburbanis* 32
gomorrę. Iro uuîn ist chomen fone demo uuînegarten sodo-
morum . unde fone diên búrghorinon gomorrę. Vuaz sint purg-
hôrina âne diê stete . die ze‿burg tiênont? Sodomitę unde S1097
gomorrei cherton dona dei in abusum . daz chit in malum
usum . so tâten ouh iudei. Ze úbele nals ze guôte . uuanton
sie beneficia dei. *Vua eorum . uua fellis . et botrus amarissimus.*
Iro bére ist also galla . iro drûbo fîlo bître. Vinea domini domvs
israhel . uuard pechêret in amaritudinem. Fone diu uuaren
sie eînmuôtige ze sinemo tôde . unde búten imo in cruce
pendenti acetum felle mixtum. *Fel draconum uinum eorum .* 33
et uenenum aspidum insanabile. Iro uuîn ist cálla draconum .
unde ungenistig eîter aspidum. Also fol ist iro conscientia P631
malitię . so dracones unde aspides sint ueneni. *Nonne hęc* 34
condita sunt apud me? et signata in thesauris meis? Ne-sint dî-
siu álliu gehálten sament mir . ne-gehugo ih iro uuola? *Me-* 35
a est ultio . et ego retribuam eis in tempore . ut labatur pes eorum.
Mih kât der gerih âna . ih lônon în sô îs zit uuirdet . ube sie
sih uuandon stan . ih ketuôn daz în sliphe der fuôz. *Iuxta*
est dies perditionis . et adesse festinant tempora. Der tag unde

---

1 Got *fehlt* 5(r) unsere: se *auf Ras.* 10 diê[1]: *Ansatz zum Querstrich beim* d 11(r) cherton: c *aus Ansatz von* g *rad. und verb.* 17 draco num: *dazwischen Loch im Pgm.* 25(r) ketuôn: tuon *auf Ras.*, t *aus Schaft einer Oberlänge* (l ?) *rad. und verb., Oberlänge selbst durch kleinen Strich darüber getilgt* *Punkt fehlt* 17[2]

R562
die zîte iro ferlorni sint pî . unde ilent chomen. *Iudicabit* 36
dominus populum suum . et in seruis suis miserebitur. Got skeidet á-
ber sinen liut fone úbelen . unde skeînet aber genada an S1098
sinen scálchen. *Videbit* . i . uideri faciet . *quod infirmata sit ma-*
nus. Er geouget daz malorum opera iêo uuaren infirma.
Et clausi quoque defecerunt. Vnde uuieo chraftelos sie uuâ-
ren . dô sie in iro fiendo geuualt châmen. *Residuique con-*
sumpti sunt. Vnde ze reliquiis chomene ioh fersuéndet
uuurden. *Et dicent . ubi sunt dii in quibus habebant fiduciam?* 37
Vnde alle nationes chédent . so sie iro consumptionem gesé-
hent . uuar sint iro Gota nu dien sie getrûeton? *De quorum* 38
uictimis comedebant adipes . et bibebant uinum libaminum.
Dero óphertriskinga sie âzen . unde ópheruuîn trunchen.
Surgant et opitulentur uobis . et in necessitate uos protegant. Nû
ist zît . nu standen ûf . unde helfen iû . unde skirmên iûh
in nôte. *Videte quod ego sim solus . et non sit alius deus preter* 39
me. Chunnênt dar ana . daz ih eino Got pin . unde an-
derer ne-ist âne mih. *Ego occidam et ego uiuere faciam . percu-*
tiam et ego sanabo . et non est qui de manu mea posset eru-
ere. Ih kibo tod unde lîb . ih slaho unde heîlo . niêoman ne- P632
ist der iêht muge zucchen fone mînero hende. *Leuabo* 40
ad cęlum manum meam et dicam uiuo ego in ęternum. Ih héuo
hôh mîna hant . daz chit . ih skeîno mîna potentiam . unde
tuon iû chunt . daz ih iêmer lébo. *Si acuero ut fulgur gla-* 41
dium meum . et arripuerit iudicium manus mea . reddam
ultionem hostibus meis . et his qui oderunt me retribuam.

---

9 fiduciā. 13 ópheruuîn ! 16(r) preter: *über* p *ein* (p)rę-*Strich rad.* 17 Chun nênt: *dazwischen Loch im Pgm.* 19 *possit
20 niêóman 25(r) mea . reddam: (a . r) *auf Ras.*, r *aus langem* s *rad. und verb.* *Punkt steht nach* 1 zîte

R563

Peginno ih uuezzen min suert . daz plicche gelîh ist . unde
beginno ih keuualtigo dîngon . sô lônon ih peccatoribus S1099
die mîne fienda sint . unde rîcho mih an în. *Inebriabo sa-* *42*
gittas meas in sanguine . et gladius meus deuorabit carnes.
Dâr geniêton ih pluôtes mîne strâla . dâr slindet fleîsg mîn
suert . uuanda iz carnales suéndet. *De cruore occisorum . et de*
captiuitate nudati inimicorum capitis. Dâr gibo ih în séti dé-
ro irslágenon bluôtes . unde éllendungo unde bescornes
houbetis mînero fiendo. So râchen sih uictores an iro ho-
stibus slâhendo . unde in ellende fuôrendo . unde bescorne
ferchôufendo . daz hiêz sub corona uendere. Âber spiritali-
ter. Sin uindicta gat uber antichristum der caput malorum ist.
Laudate gentes populum eius . quia sanguinem seruorum . i . martyrum *43*
suorum ulciscetur. Lóbont tiête sine heîligen . die umbe în irslá-
gen sint . uuanda er rîchet siê. *Et uindictam retribuet in*
hostes eorum . et propitius erit terrę populi sui. Er giltet iro fienden
persecutoribus unde hereticis . aber sinero ęcclesię uuîset
er hóld. ORATIO DOMINICA. P663 S1100

PATER NOSTER QVI ES IN CĘLIS. Fater unser *9*
dû in himele bist. O homo . skêine an guoten uuerchen
daz du sin sun sîst . so heîzest du în mit rehte fâter.
Hábe fraternam caritatem . diu tuot dih uuesen sînen sún.
Sanctificetur nomen tuum. Dîn namo uuerde geheîligot.
Vuer sol in gehêiligon? Ne-îst ér heilig? Vuir biten âber daz
er in ûnseren herzon geheiligot uuerde . so daz uuir in
colendo gehêiligoen. *Adueniat regnum tuum.* Dîn rîche *10*

---

3 mih: h *aus* n *verb.* 7 nudati: i *aus Ansatz von* a *verb.* 18 ORATIO DOMINICA. *rot* 20(r) guoten: g *auf Ras.* 23(r) geheîligot: ligo *auf Ras.*

R564

chome . daz êuuiga . dára alle guote zuo dingent . daz uuir
dih kesêhen súlen . unde angelis keliche uuordene . lîb âne
tôd háben súlen. *Fiat uoluntas tua sicut in cęlo et in terra.*
Dîn uuillo gescéhe in‿erdo fone menniscon . also in‿himele fo-
ne angelis. *Panem nostrum cottidianum da nobis hodie.* Vnser 11
tágelicha brôt . kib uns hiûto. Kib uns dina lêra . déro ún-
ser sêla gelabot uuerde . uuanda dero bedarf si tageliches .
also der lichamo bedárf prôtes. *Et dimitte nobis debita* 12
nostra . sicut et nos dimittimus debitoribus nostris. Vnde únse-
re sculde belâz uns . also ouh uuir belazen unseren scul-
digen. Dîsa gedîngun ferneme mánnelîh . unde si gáro ze
fergebenne daz lûzzela . also er uuelle daz imo fergeben
uuerde daz mîchela. *Et ne nos inducas in temptationem.* 13
Vnde in‿chorunga ne-leîtest dû únsih. Daz chit . ne-lâzest ún-
ser gechórot uuerden . nah unseren sundon. Den du ne-
scîrmest . den uuirfet temptatio nîder . der uuirt ze huôhe S1101
sînen fienden. *Sed libera nos a malo.* Nube lôse unsih fóne
ubele . lôse unsih fone des tiêfeles chorungo . unde fone sî-
nemo geuuálte. Sîben béta churze sint dise . an in uuirt P634
doh funden al daz . des uns turft ist. SYMBOLVM
APOSTOLORVM. **D**az gręci chedent symbolum un-
de latini collationem . daz cheden uuir geuuérf . uuanda
iz apostoli gesámenoton . unde ze-sámene geuuúrfen . daz iz
zeichen si christianę fidei . also ouh in prelio symbolum hêi-
zet daz zeichen . daz an scîlten alde an gêinoten uuorten
ist . dannan iegeliche iro socios irchénnent.

7(r) uuerde: e[1] *auf Ras.* 12(r) fergebenne: fe *aus Ansatz von* g *rad. und verb.* 13 temptationēm: m-*Strich rad., aber noch teilweise sichtbar* 20/21 SYMBOLVM APOSTOLORVM. *rot* *Punkt fehlt* 12

R565

CREDO IN DEVM PATREM OMNIPOTENTEM . 1
creatorem cęli et terrę. Ih keloubo an Got álmáhti-
gen fáter . sképhen himeles unde érdo. *Et in Iesum* 2
Christum filium eius unicum dominum nostrum. Vnde an sînen sún . den
geuuiêhten háltare . eînigen unseren hêrren. *Qui conceptus* 3
est de spiritu sancto . natus ex MARIA *uirgine.* Der fone démo heî-
ligen geîste inphangen uuard . fone MARIA dero mágede
geborn uuard. *Passus sub pontio pilato.* Ke-nôthaftot uuard 4
pî pontio pilato. Ziu chit iz pontio unde pilato? ane daz
er zeuuêne námen habeta nâh rômiskemo sîte . alde iz ist S1102
nomen patrię . daz er fone ponto hêizet pontius. *Crucifixvs .*
mortuus . et sepultus. Vnde bî imo an crucem gestáfter irstárb .
unde begráben uuard. *Descendit ad inferna . °tercia die re-* 5
surrexit a mortuis. Ze hello fuôr . an demo drîtten tâge fó-
ne tôde irstuônt. *Ascendit ad cęlos . sedet ad dexteram dei pa-* 6
tris omnipotentis. Ze hîmele fuôr . dâr sizzet ze Gotes zéseuuun
des almáhtigen fáter. Vuaz ist diû zeseuua? Âne ęterna
uita. Humana fone dero ér fuôr . uuas imo diu uuînstra. P635
Inde uenturus iudicare uiuos et mortuos. Dannan chumfti- 7
ger ze irtêillenne . die er danne findet lebente alde tôte.
Credo in spiritum sanctum. Geloubo an den hêiligen Geîst 8
der fone patre et filio chumet . unde sament in eîn Gót ist.
Sanctam ęcclesiam catholicam . i . uniuersalem congregationem 9
christianorum. Keloubo heîliga dîa állichun sámenunga
diû christianitas heîzet. Diû fone diu állîch heîzet . uuanda
sî álliû sament ein geloubet . unde eines iiêhet . unde dâr

7(r) inphangen: a *aus* e *rad. und verb.* 10 er zeuuêne: er zeu *auf Ras.* 12 *gestâhter 22 eîn: ei *aus Kapitälchen* G *und Ansatz von* o *verb.* 24(r) sámenunga: *langes* s *auf Ras., davor Ras. (von* ge *?),* *Zkfl. von* heîzet, *Z. 25, teilweise mitrad.* *Punkt fehlt* 1 *Punkt steht nach* 23 congregationem

*R*566

ana úngeskêiden ist. *Sanctorum communionem.* Geloubo ze
hábenne dero hêiligon gemeînsami. *Remissionem peccatorum.* 10
Ablâz sundon. *Carnis resurrectionem.* Geloubo des flêiskes 11
ursténdida. *Vitam ęternam.* Geloubo êuuîgen lîb. *AMEN.* 12
Daz tuon ih keuuâro. YMNVS ZACHARIAE. S1103

BENEDICTVS DOMINVS DEVS ISRAHEL . QVIA VI- *68*
sitauit et fecit redemptionem plebis suę. Kelôbot
sî truhten Got israhelis . uuanda er sînes folches
uuîsota . unde în lôsta. Daz noh do futurum uuas .
daz saget propheticus spiritus in pręterito. *Et erexit cornu sa-* *69*
lutis nobis in domo dauid pueri sui. Vnde gelôbot sî ér daz
er uns ûf rihta daz horn dero heîli . in dauidis hûs sînes chîn-
des. Horn búret sih in hôhi . so têta regnum CHRISTI. *Sicut locu-* *70*
tus est per os sanctorum qui a sęculo sunt prophetarum eius. Also P636
er gehiez mit demo munde sinero heiligon uuîzegon die
fone anagenne uuâren. *Salutem ex inimicis nostris . et de ma-* *71*
nu omnium qui oderunt nos. Heili rihta er ûf . die gehiêz
er daz si unsih lôse fone fienden . unde fone âllen diê ún-
sih hazzent. *Ad faciendam misericordiam cum patribus nostris.* Ge- *72*
nada ze skeînenne únseren forderon . daz uuerendo . daz
er in gehiêz. *Et memorari testamenti sui sancti.* °*Iusiurandum* *73*
quod iurauit ad abraham patrem nostrum daturum se nobis. Vnde
ze irhúgenne sinero heiligun benêimedo . unde uns ze ge-
leistenne den eîd den er abrahe suuôr unsermo fáter . um-
be incarnationem CHRISTI. *Vt sine timore de manu inimicorum nostrorum* *74*
liberati seruiamus illi . in sanctitate et iustitia coram ipso *75* S1104

---

2 gemeînsami: i[1] *teilweise auf Tintenfleck* 5 YMNVS ZACHARIAE. *rot* 17(r) *dîa gehiêz *auf Ras., Akzente von* diê ún/, *Z. 18, teilweise mitrad.* 22 daturum: m *auf Ras.* 26 ipso om: om *braun durchgestr.*

R567

omnibus diebus nostris. Daz uuir irlôste fone fiendo
handen . ane forhtun imo diênoen alle tága fore imo . in‿rehte
unde in‿hêiligi. *Et tu puer propheta altissimi uocaberis . prei-* 76
bis enim ante faciem domini parare uias eius. Vnde dû chint IO-
HANNES du uuirdest kehêizen des hohesten uuîzego . du
tuôst die fúreuart . imo ze rechenonne sîne uuéga. *Ad dan-* 77
dam scientiam salutis plebi eius . in remissionem peccatorum eorum.
Sinemo liûte ze gebenne heilesama uuizzentheit . diu in brînge
ze‿ántlâze dero sundon. *Per uiscera misericordię dei nostri . in quibus* 78
uisitauit nos oriens ex alto. Fone în-nahtigen genâdon ún-
seres Gótes . an diên unser fone hîmele uuîsota der ôsten . des
táges úrruns. Vuara zuo uuisota? *Illuminare his qui in te-* 79
nebris et in umbra mortis sedent. Diên ze tágenne die in‿fin-
stri sîzzent . unde in tôdes scatue . daz chit in infidelitate. *Ad* P637
dirigendos pedes nostros in uiam pacis. Ze rihtenne unsere fuô-
ze an den uuég frides . uuanda opera fidei leîtent ze fride.

CANTICVM SANCTĘ MARIAE. S1105
MAGNIFICAT ANIMA MEA DOMINVM. °*ET EX-* 46 47
ultauit spiritus meus in deo salutari meo. Mîn sêla
lóbot GOT. Vnde min muôt froûta sih an mîne-
mo haltare. Ih ne-mag uz-uuert ke-oûgen daz ih înuuert ha-
bo. Mîna mendi begrîfent chûmo alle chrefte mînero sêlo.
Officia linguę ne-genuogent ze sagenne . uuaz ih fréuui hábo
înne. *Quia respexit humilitatem ancillę suę.* Vuanda er irsah . 48
daz chit ke-uuerdlîcheta die nideri sinero diûuue. Er ne-fer-
sah mîna smâhi . nube er uuolta uuîdertuôn an mînero diê-

1(r) nostris: *Ligatur* st *in die Breite gezogen,* s *auf Ras.* 2 diênoen: d *auf Tintenfleck* 6(r) *dîa rechenonne: e^2 *aus* o, o *aus* e *rad. und verb.* 7(r) eorum. *auf Ras., Akut von* bringe, *Z. 8, fast ganz mitrad.* 12 úrruns: r^1 *aus* n *rad. und verb.* 15 dirigendos: *langes* s *aus* f *(?) rad. und verb.* 16 uuég *!* 17 CANTICVM *bis* MARIAE. *rot* 25 *dîa *Punkt fehlt* 3^2 24^3

R568
muôti . die alten tâte dero ubermuôtun euę. *Ecce enim ex hoc*
beatam me dicent omnes generationes. Sîno . ânauuert chédent
mih sâliga . daz chit heizent mih diê sâligun . alle gebúrte.
Den namen gebent mir . al diê noh chumftig sint. *Quia fecit mi-* 49
hi magna qui potens est . et sanctum nomen eius. Vuanda mir
geliez michel ding der mahtig ist . unde des námo hêilig ist.
Ane mîne uuîrde . skeinda er mir sunderlicha genâda. *Et misericordia* 50
eius a progenie in progenies timentibus eum. Vnde sin genada
ne-ist mir êinun gelâzen . nube allen . diê în fúrhtent . fone S1106
chunne ze chunne. *Fecit potentiam in brachio suo . dispersit su-* 51
perbos mente cordis sui. Máhtigo téta er mit sinemo arme .
uuanda er ze-treîb hôhfertige in iro herzon. *Deposuit po-* P638 52
tentes de sede et exaltauit humiles. Mahtige irualta ér . nîde-
re irhôhta ér. *Esurientes repleuit bonis . et diuites dimisit in-* 53
anes. Guôtes kesatota er húngerge . die rîchen liêz ér lâre.
Suscepit israhel puerum suum . recordatus misericordię suę. Sîn chîNT 54
israhelen inphiêng er . sînero genâdo irhúgende. So chad
osee propheta . QVIA PVER ISRAHEL . ET DILEXI EVM.
Humilitas ketuôt in uuesen Gote liêbez chint. *Sicut locutvs* 55
est ad patres nostros . abraham et semini eius in sęcula. Also er spráh
ze únseren fórderon . also er gehiêz abrahę . unde sînemo sâ-
men . fone demo er chad . IN SEMINE TVO BENEDICENTVR
OMNES GENTES. Vuiê lango sol daz uuésen? In sęcula. In alle uuérl-
te . hier unde in êuuon. FIDES SANCTI ATHANA- S1107
QVICVMQVE VVLT SII EPISCOPI. 1
saluus esse . ante omnia opus est . ut teneat catho-

---

1 tâte *!* 3 *dîa 4 *alle 24(r) FIDES: *nach* I *Ras.* 24/25 FIDES *bis* EPISCOPI. *rot* *Punkt fehlt* 9^1 22^2

R569

licam fidem. Souuér gehalten uuîle sîn . demo ist durft fóre
allen dîngen . daz er habe die gemeinun geloûba. *Quam nisi* 2
quisque integram inuiolatamque seruauerit . absque dubio in ęter-
num peribit. Souuer sîa ne-habet ó-langa unde úniruuárta !
der uuirt ze êuuon ferlorn. *Fides autem catholica hęc est . ut u-* 3
num deum in trinitate . et trinitatem in unitate ueneremur. Neque 4
confundentes personas . neque substantiam separantes. Daz ist diû
âllîcha geloûba . daz uuir eînen Gót êreen an trinitate . un- P639
de trinitatem an unitate . noh personas mîskente . noh substantiam
scêidente. Vngescêideniu substantia ouget uns eînen Got. Trî
gescêidene personę . ougent uns trî gágennémmeda dero tri-
nitatis. Vuaz sint gagennemmeda . âne daz latine sint rela-
tiones? Ein relatio ist patris ad filium . ánderiû ist filii ad pa-
trem . diu dritta ist spiritus sancti ad patrem et filium. Dero iêgelich habet S1108
sina personam. Also iz hara nâh chit. *Alia est enim persona pa-* 5
tris . alia filii . alia est spiritus sancti. Ein persona ist patris . ánderiû fi-
lii . diu drîtta spiritus sancti. Personę ne-uuerdent niêht so fernomen
an Gote . so an creaturis. In creaturis sint tres personę . tres sub-
stantię . aber in deo sint tres personę . ein substantia. Micha-
hel Gabrihel Raphahel . alde ouh abraham isaac iacob ! sint
tres personę unde tres substantię . aber pater . filius . spiritus sanctus . ne-
sint tres substantię . nube drî geoûgeda dero relationum
die an Gote fernomen uuerdent. Aber unsemfte ist ze diûten-
ne personam . uuanda der namo férrenan genómen ist. Do ue-
teres iû in skéna ze spîle sâzen . do uuas uuîlon iro delecta-
tio ze fernemenne luctuosa carmina diu tragedię hêizent.

---

2 *dia 5 Der *(D ausgerückt)* 6(r) in unitate *auf Ras.* 8(r) âllîcha: c *aus* h *rad. und verb.* 10(r) Vngescêideniu: i[1] *auf Ras.* 14(r) *nach* iêgelich *Ras.* 22(r) geoûgeda] geoûgededa: e[3] *aus* a *rad. und verb. (vgl. 570,25)*

*R*570

An diên uuurden geántrôt fletus miserorum . nah demo únder-
skeîte sexus et ętatis . daz man fictis uocibus ke-tâte represen-
tationem priami . alde hectoris . alde eccubę . alde andromachę .
alde ételiches fone des mísseburi diû fabula ságeta. Vuanda
diê ántrunga histriones tâten ora contorquendo . daz chit
flannendo . unde daz iro spectatoribus únzimig tuôhta .
dannan begondon sie iro ánasiûne ferlégen cauatis lignis . S1109
diu latini nû laruas heîzent. Ûzer diên scullen sâr durh
diê hóli . lûtreisteren stimma . unde fone diû hiêz man siû
a personando personas. Dâr fiêng ana der námo personarum P640
diê greci prosopas heîzent . fone bedécchenne daz analiûte.
Dára nâh uuúrden geheizen personę singuli homines . unde iê-
geliche rationabiles creaturę . die sih an iro proprietate fone
ánderen skeîdent . also in skena mit mísselichi dero stim-
mon sexus unde etas kesceîden uuard. Fone diu heîzent
ouh in grammatica tres personę . ego . tu . ille . uuanda mit în
alle representationes unde discretiones rationabilium uuer-
dent. Dára râmet oûh daz uuir lésen in euangelio . NON ENIM
RECIPIS PERSONAM HOMINVM . daz uuir diûten múgen .
dû ne-nîmest uuára dero mánskeite. Also ist chomen unde
feruuállot propter similitudinem der namo personarum . ze démo
underscеîte sanctę trinitatis. Aber uns ist ze dénchenne uuaz
er bezeîchenne . nals uuannan er gespróchen si . unde ze
chédenne úbe iz muôza ist . tres personas . tres representa-
tiones . trî geoûgeda. Vues? dero relationum . also iz fóre
geságet ist. *Sed patris et filii et spiritus sancti una est diuinitas . e-* 6

---

9 *dia 11(r) prosopas: p^1 *aus* p [= pro] *rad.* 20 *mánnes heite *(?)*
Punkt fehlt 2^1 6^2 11^2 19^2

R571

qualis gloria . coęterna maiestas. Aber eîn Góteheît ist des
fater . unde des sunes . unde des heiligen Geîstes . kelîh kuôlli-
chi . êben-êuuig mágenchraft. *Qualis pater talis filius talis spiritus* 7
sanctus. Sólih der fater ist sinero máhte sinero chréfte sînero Gó-
teheite . solih ist der sun . sólih ist der hêiligo Geîst. *Increatus* 8
pater increatus filius increatus spiritus sanctus. Vngescáffen ist der S1110
fater . úngescaffen ist der sun . ungescaffen der hêiligo Geist.
Inmensus pater . inmensus filius . inmensus et spiritus sanctus. Vnmâzig 9
ist der fater . unmâzig der sún . unmâzig der hêiligo Geîst.
Inmézzen unde begrîfen ne-mág în ne-hêin sîn . uuanda er
presens unde totus ist in állen stéten. *Ęternus pater . ęternus* 10 P641
filius . ęternus et spiritus sanctus. Êuuîg der fáter . êuuîg der sun . êuuîg
der heîligo Geîst . daz chit . sine inicio . et sine fine. *Et tamen* 11
non tres ęterni . sed unus ęternus. Vnde doh niêht trî êuui-
ge . nube eîner êuuiger. *Sicut non tres increati nec tres in-* 12
mensi . sed unus increatus . et unus inmensus. Also ouh ne-sint
trî ungescáffene . noh trî unmâzige . nube eîner ungescáffe-
ner . unde eîner unmâziger. *Similiter omnipotens pater . om-* 13
nipotens filius . omnipotens spiritus sanctus. So samo ist almahtig der
fater . almahtig der sún . almahtig der heiligo Geîst. Mahti
er ubelo tuôn . alde irsterben . alde ge-éndot uuerden . alde
betrógen uuerden . daz zúge ze únmáhten. *Et tamen non* 14
tres omnipotentes . sed unus omnipotens. Vnde doh niêht trî alma-
htige . nube eîner almáhtiger. *Ita deus pater . deus filius . deus et spiritus* S1111 15
sanctus. Also ist der fater Got . ist der sun Got . ist der heiligo Geîst
Got. *Et tamen non tres dii . sed unus est deus.* Vnde doh ne-sint 16

7(r) 8(r) Vnmâzig: maz *auf Ras., Zkfl. von* Geîst, *Z. 9, teilweise mitrad.* 17/18 ungescáffe/ner: *nach* e[2] *runder Wachsfleck auf Pgm.* 23(r) niêht: nieh *auf Ras.* *Punkt fehlt* 24[1]

R572
siê drî Góta . nube eîn Got. *Ita dominus pater . dominus filius . dominus et spiritus* 17
sanctus. Also ist der fâter herro . ist der sun hêrro . ist der heîligo
Geîst hêrro. *Et tamen non tres domini . sed unus est dominus.* Vnde 18
doh ne-sint sie drî hêrren . nube êin hêrro. *Quia sicut sin-* 19
gillatim unamquamque personam deum et dominum confiteri . christia-
na ueritate conpellimur . ita tres deos aut dominos dicere
catholica religione prohibemur. Vuanda also uuir iéhen suln
iêogelicha personam sunderiga Got uuesen unde herren . so ne-
muôzen uuir chéden drî Góta . alde dri herren . nah uuâr-
heite . unde nâh rehtero geloûbo. *Pater a nullo est factus* 20
nec creatus nec genitus. Der fâter ne-ist ketâner . noh kescáf- P642 S1112
fener . noh kebórner. *Filius a patre solo est non factus nec cre-* 21
atus sed genitus. Der sún ist fone einemo demo fater nals
ketâner . noh kescâffener . nube gebórner. *Spiritus sanctus a patre et fi-* 22
lio non factus . nec creatus nec genitus sed procedens. Der heî-
ligo Geîst îst fóne démo fater . unde fóne demo súne . nals ke-
tâner . noh kescâffener . noh keborner . nube chómener. *Vnus* 23
ergo pater non tres patres . unus filius non tres filii . unus
spiritus sanctus non tres spiritus sancti. Vnde ist eîn fater nals drî fátera . eîn
sun nals drî súne . eîn hêilig keist nals dri heîlige Geîsta. *Et in* 24
hac trinitate nihil prius aut posterius . nihil maius aut minus.
Vnde an dirro trinitate ne-îst ne-heîn daz fórderôra . ne-hêin
daz hînderôra . ne-hêin daz mêra . ne-heîn daz mînnera. *Sed*
tote tres personę coęternę sibi sunt et coequales. Núbe alle drî
personę sintében-êuuig . unde ébenmâze. *Ita ut per omnia sicut* S1113 25
iam supra dictum est . et trinitas in unitate . et unitas in trinita-

---

5/6 xp̄iana: *Querstrich durch Unterlänge des* p *rad. (vgl.* V^2*)*   8 *sunderigo

R573

te ueneranda sit. So daz in alle uuîs . so ouh fore geságet ist . ze
êrenne sî drîsgheit in e<i>nigheîte . unde êinighêit in drîsghêite.
Qui uult ergo saluus esse . ita de trinitate sentiat. Der gehalten 26
uuelle sîn . der ferneme iz so fone trinitate. *Sed necessarium* 27
est ad ęternam salutem . ut incarnationem quoque domini nostri iesu
CHRISTI fideliter credat. Sô ist áber durft ze déro êuuigun sâldo
daz er ouh keloube mit triûuon diê ménneskehêit unse-
res hêrren . des keuuiêhten haltâris. *Est ergo fides recta ut* 28
credamus et confiteamur . quia dominus noster IESVS CHRISTVS dei filius . deus
et homo est. Daz ist rêhtiû triûuua . daz uuir geloûben un-
de iêhen daz ûnser hêrro der geuuiêhto haltâre Gótes sun . S1114
Got unde mennisco ist. *Deus est ex substantia patris ante sę-* 29 P643
cula genitus . et homo est ex substantia matris in sęcula na-
tus. Er ist Got . êr uuerlte gebórner . fone des fater uuîste . un-
de ist mennisco hiêr in uuerlte gebórner . fone dero mûoter
uuîste. *Perfectus deus perfectus homo . ex anima rationali et hu-* 30
mana carne subsistens. Dúrnohte Got . durnohte ménnisco
fone rédehaftero mannes sêlo unde mannes fleîske bestân-
der. Diû zuêi machont ménnisken. Vuaz ist ânderes ménni-
sco . ane rationabilis anima in carne? Diu sint an CHRISTO . bediû
ist er uuâre ménnisco. *Ęqualis patri secundum diuinitatem . minor* 31
patre secundum humanitatem. Des fater genôz after Góteheite . sîn
ûngenoz âfter mánheîte. *Qui licet deus sit et homo . non duo* 32
tamen sed unus est CHRISTVS. Vnde doh er Got si . unde ménnisco .
umbe daz ne-sint zeuuêne CHRISTI nube êiner. *Vnus autem non* 33
conuersione diuinitatis in carnem . sed assumptione humani- S1115

3(r) gehalten: h *aus Ansatz von* g *(?) rad. und verb.* 7 *dîa ménneskehêit: k *aus Ansatz von* h *verb.* 10(r) rêhtiû: reht *auf Ras., über* h *früherer Zkfl. noch sichtbar* 20(r) 26(r) diuinitatis: ita *aus* ati *rad. und verb.* *Punkt fehlt* 11 21[2] 24[3]

R574
tatis in deum. Eîner ist er . nals daz diû Gótehêit sih uuéhselô-
ti in mánhêit . nube daz diu Gótehêit an sîh nam diâ mán-
hêit. Vngeuuéhselote stânt peîde naturę Gótes ioh mán-
nes . îro ne-uuéderiu ne-uuard ze ánderro. *Vnus omnino* 34
non confusione substantię . sed unitate personę. Eîner ist er .
nals fóne mîskelungo déro uuîste . nube fone uuordeni
eînero personę. An zuêin naturis ungeuuehseloten . unde ún-
gemiskeloten ist ein persona. *Nam sicut anima rationalis et* 35
caro unus est homo . ita deus et homo unus est christus. Vuanda
also redehaftiû sêla unde fleîsg eîn mennisco ist . so ist Got
unde mennisco êin CHRISTVS. *Qui passus est pro salute nostra . descen-* 36 S1116
dit ad inferos . resurrexit a mortuis. Der umbe unsera hêi-
li not leît . unde ze héllo fuôr . unde fóne tôten irstuônt.
Ascendit ad cęlos . sedet ad dexteram dei patris omnipoten- P644
tis. Ze hîmele fuôr . dâr sîzzet ze zeseuuun sînes fater des
almahtigen Gótes. *Inde uenturus iudicare uiuos et mor-* 37
tuos. Dannan chúmftiger ze irteîllenne lébende unde tô-
te. *Ad cuius aduentum omnes homines resurgere habent* 38
cum corporibus suis. Ze dês chúmfte suln âlle ménniscen
irstân mit iro lîchamon. Allero menniscon sela suln dan-
ne iruuinden ad corpora . unde mit în chomen ad iudici-
um. *Et reddituri sunt de factis propriis rationem*. Vnde suln
dâ réda irgében iro tâto. *Et qui bona egerunt ibunt in ui-* 39
tam ęternam . qui uero mala in ignem ęternum. Vnde diê
uuola tâten fárent ze êuuigemo lîbe . die úbelo tâten ze S1117
êuuîgemo fiûre. *HAEC EST FIDES CATHOLICA* 40

---

3 *nach* naturę *Ansatz zum Punkt* 15 sîzzet: i *auf Tintenfleck* 20 sela: s *auf Ras.* 25 úbelo: o *aus* e *verb.* *Punkt fehlt* 11^2 12^1 *Punkt steht nach* 2 Gótehêit

QVAM NISI QVISQVE FIDELITER AC FIRMITER CREDIDERIT . SALVVS ESSE NON POTERIT.

Diz ist diu gemeîna gelouba . souuér dîe fâsto unde getriû-uuelicho ne-hábet . der ne-mag kehalten uuerden.

NOTKER . TEVTONICVS . DOMINO . FINITVR . AMICVS . GAVDEAT . ILLE . LOCIS . IN PARADYSIACIS.

SCIENDVM EST . QVOD ANTIQVVM PSAL-teriu<m> instrumentum dechachordum utique erat . in hac ui-delicet deltę literę figura multipliciter mistica. Sed post-quam illud symphoniaci quidem et ludicratores ut quidam ait ad suum opvs traxerant formam utique eivs et figuram . commoditati suę habilem fecerant et plures chordas annectentes . et nomine barbarico ROT-TAM appellantes mysticam illam trinitatis formam trans-mutando.

---

3 *dîa 4 der: d *aus Ansatz von* t *verb.* *Punkt fehlt* 3 *fast die ganze untere Hälfte des Blattes ausgeschnitten*

7-14 *von derselben Hand, aber in etwas kleinerer, einer Urkundenschrift ähnlicher Form geschr.* 7 SCIENDVM: S *bloß vorgeritzt* 9 figura: a *aus* e *rad. und verb.* mistica: *zwischen* i *und Ligatur* st *Punkt auf Zeilenhöhe* 10 ad suum *auf dem rechten Rand nachgetr.* 11 *verlängerte Zeile* *Punkt fehlt* 14 *Zum Text vgl.* C 11: *Psalterium est,* ut Hieronymus ait, *in modum* Δ *deltae litterae formati ligni sonora concauitas, obesum uentrem in superioribus habens, ubi chordarum fila religata disciplinabiliter plectro percussa, suauissimam dicuntur reddere cantilenam. Anschließend gibt* C *einige Deutungen. Vgl. auch* Isidor, *Et.* III, 22, 7, Ps 91,4 *und* 143,9 *sowie Notker, oben* 296,3-6. *Zum ganzen Komplex s. Hugo Steger,* Philologia musica. Sprachzeichen, Bild und Sache im literarisch-musikalischen Leben des Mittelalters: Lire, Harfe, Rotte und Fidel *(München* 1971), *passim, auch die Abbildungen am Schluß, bes. den Anhang,* "Die Rotte", *S.* 91-135.

REGISTER DER ZITIERTEN BIBELSTELLEN UND EINIGER WEITEREN ZITATE

Vorbemerkung: Wie in der Einleitung zu Bd 8, S. XLI, versprochen wurde, sollen vor allem die lat. Bibelzitate in Notkers Psalter in einem besonderen Register erfaßt werden. Notker zitiert oft lateinisch aus der Bibel; er folgt dabei entweder seinen Quellen (vgl. den *Notker latinus*) oder arbeitet selbständig. Der Schreiber der Hs. *R* hat solche Zitate fast immer in Kapitälchen wiedergegeben.

Erstens ist es gewiß nicht unwichtig zu sehen, wie oft Notker aus der Bibel zitiert; die Zusammenstellung gibt deutlich an, wie die Zitate sich über die einzelnen Bibelbücher verteilen. Zweitens aber erscheinen solche lat. Bibelzitate und -anspielungen sehr oft vom Glossator in *R* verdeutscht. Die Zusammenstellung erlaubt weitere Aufschlüsse über "den" Glossator. So läßt sich bei mehrfacher Übersetzung ein und derselben Stelle leicht eine gewisse Einheitlichkeit (oder deren Fehlen) aufweisen. Auch wäre es von Wert zu sehen, inwiefern bei den zerstreuten Zitaten aus dem Psalter selbst der Glossator Notkers eigene Übersetzungen übernimmt oder aber andere benutzt; im letzteren Falle stellt sich die Frage, ob er aus dem Eigenen schöpft oder vielleicht andere Verdeutschungen heranzieht (die mögliche Benutzung anderer Übersetzungen gilt prinzipiell auch für die Verdeutschungen anderer Bibelstellen durch den Glossator).

Es gelten folgende Richtlinien:

- Ich habe alle Bibelstellen verzeichnet, sofern sie als Zitate gelten können, d. h. größeren Umfanges sind.
- Bei Zitaten von Einzelausdrücken oder kleineren Wortgruppen sowie bei Anspielungen habe ich im allgemeinen die Stellen nur dann aufgeführt, wenn der Glossator sie verdeutscht (die sonstigen Fälle sind ja sowieso in meinem *Notker latinus*, der alle Bibelzitate und -anspielungen zu erfassen sucht, angegeben oder zumindest identifiziert).
- Um Raum zu sparen, habe ich bei Zitaten, die sich auf mehr als eine Zeile erstrecken, nur die Anfangszeile (nach Seite und Zeile der neuen Psalterausgabe) angegeben.
- Lat. Zitate und Anspielungen, die vom Glossator in *R* übersetzt wurden, habe ich mit einem +, die nicht übersetzten Stellen mit einem - versehen.
- Sofern in den St. Pauler Bruchstücken (*X*) Biblisches deutsch glossiert wird, habe ich solche Stellen, mit einem + versehen, gleichfalls verzeichnet.
- Die Aufführung erfolgt nach der Reihenfolge der Bücher in der modernen Vulgata-Ausgabe (z. B. Paris, 1922, Rom, 1956 oder Stuttgart, 1969, [2]1975), deren Kapitel- und Verszählung übernommen wird. Das bedeutet nicht, daß die Zitate auch textlich mit der Vulgata übereinstimmen würden; das schwierige Problem der verschiedenen Bibelversionen, aus denen Notker geschöpft haben kann, soll später untersucht werden.
- Falls ein Zitat oder ein Ausdruck in der Bibel öfter belegt ist, wird in der Regel nur auf das erste Vorkommen verwiesen; daher erscheint etwa unter den Synoptikern Matthäus so reichlich vertreten und vielleicht überbelichtet.

Psalmi (= Ps), Fortsetzung

Psalmi (= Ps), Fortsetzung

Lucas (= Luc.), Fortsetzung

Iohannes (= Ioh.)

Iohannes (= Ioh.), Fortsetzung

Actus Apostolorum (= Act.)

Actus Apostolorum (= Act.), Fortsetzung

Epistola ad Romanos (= Rom.)

Epistola ad Romanos (= Rom.), Fortsetzung

Epistola ad Corinthios I (= I Cor.)

REGISTER ZUR WORTSCHATZFORSCHUNG ÜBER NOTKERS PSALTER UND DEN GLOSSATOR

Vorbemerkung: In der Einleitung zu Bd 8, S. XXXII, wurde ein besonderes Register zur Wortforschung über Notkers Psalter angekündigt. Um den Zugang zum Material zu erleichtern, habe ich erstens ein integriertes Literaturverzeichnis zur bisherigen Wortschatzforschung auf diesem Gebiet zusammengestellt (Arbeiten, die schon im Literaturverzeichnis in Bd 8, S. IX-XIII, erfaßt wurden, habe ich nicht wiederholt). Zweitens habe ich ein alphabetisches Verzeichnis der einschlägigen Wörter und Begriffe eingerichtet, wobei zu jedem Stichwort (Lemma) möglichst genaue Hinweise auf die Forschungsarbeiten des Literaturverzeichnisses gegeben werden. Wenn der Wortschatz des Glossators ausschließlich oder auch besonders im Mittelpunkt steht, habe ich das mittels (Gl.) zum Ausdruck gebracht; *hapax legomena* werden vorne mit einem Sternchen (*) angegeben. Ich habe nicht gezögert, öfters lateinische Stichworte anzusetzen; ist doch die Arbeit Notkers sehr oft, die des Glossators fast immer eine Wiedergabe lateinischen Wort- und Gedankengutes. Die Hinweise auf die Forschungsliteratur sind umgekehrt chronologisch angeordnet, so daß die jüngeren Arbeiten zuerst aufgeführt werden; weitere Untersuchungen dürften so erleichtert, die leider oft zu Tage tretenden Diskontinuitäten innerhalb der Forschung bequemer überbrückt werden können.
Ich hätte das Netz der Verweisungen gerne noch dichter und feiner gemacht, aber das hätte sehr viel mehr Zeit gekostet, zumal einige Arbeiten, die mir für eine neuerliche Durchsicht nicht zur Verfügung standen, von sehr ferne hätten kommen müssen. Auch wird von Stefan Sonderegger und seinen Mitarbeitern in Zürich dankenswerterweise eine vollständige Bibliographie zu Notker vorbereitet - vgl. Sondereggers Einleitung zur Neuausgabe von Luginbühls Wortschatzstudien, 1970, S. 4*, Fn. 2. Und es wird doch wohl nötig sein, nachdem die Neuausgabe von Notkers Werken zu Ende geführt worden ist, zumindest den *Notker-Wortschatz* von Sehrt/Legner zu modernisieren, wobei dann alle Arbeiten zum gesamten Notker-Wortschatz eingearbeitet zu werden verdienten (s. dazu Werner Schröders Besprechung von Sehrts *Notker-Glossar*, bes. S. 255ff.).
Es darf hier dankbar darauf hingewiesen werden, daß in dem neuen *Althochdeutschen Glossenwörterbuch* von Starck/Wells der gesamte Wortschatz des Glossators von Notkers Psalter eingearbeitet und besonders gekennzeichnet worden ist. Die Trennung der beiden Lexika sollte daher keine Probleme mehr bieten. Sonst wird man bei Wortstudien weiterhin die umfassenden Wörterbücher und Spezialverzeichnisse heranziehen müssen: das *Althochdeutsche Wörterbuch* von Karg-Gasterstädt/Frings, soweit es fertig ist, Schützeichel, Sehrts *Notker-Glossar* (mit Neeses Berichtigungen und Ergänzungen, 228-36), den *Notker-Wortschatz* von Sehrt/Legner (mit Sehrts Nachträgen und Berichtigungen im *Notker-Glossar*, 333-43, vgl. auch Wolfrum/Ulbricht, 239-41), Raven für das schwache Zeitwort, in beschränktem Umfange auch Dolch und Lindahl; für Notker und den Glossator als "Übersetzer" aus dem Lateinischen vor allem Kleiber und Köbler (für Notker allein können die Wortlisten bei Steiner nützlich sein, vgl. auch hier Dolch). Wie immer können Wortregister in Sprachgeschichten (z. B. Eggers, Wolf) weiterhelfen, auch solche zu Zeitschriften wie Jellissen zu PBB, Bd 1-100 (vgl. auch den Abschnitt 'Lexik' in Schieb/von Jan zu PBB [H], Bd 76-100). Als allgemeine Übersichten zur Wortforschung im Althochdeutschen (einschließlich Notker) bleiben Betz 1974 und Weisweiler/Betz informativ.

Ich habe es nicht für nötig gehalten, die gelegentlichen Hinweise auf ältere Literatur, die sich bei Sehrt/Legner und bei Sehrt finden und die sich meistens auf grammatische Ausnahmefälle beziehen, hier zu wiederholen. Es ist weit besser, solches im weitesten Rahmen nachzuholen, sobald die Neuausgabe von Notkers Werken ganz vorliegt; erst dann wird man vor allem die noch immer sehr wertvollen, aber auch stark detaillierten Forschungen Johann Kelles angemessen modernisieren können.

I. Integriertes Literaturverzeichnis zur Wortschatzforschung

N.B.: Einige Arbeiten, die schon in Bd 8, S. IX-XIII erfaßt wurden, sind hier nicht wiederholt worden.

van Ackeren — Wilhelm van Ackeren: Die althochdeutschen Bezeichnungen der Septem peccata criminalia und ihrer filiae. Diss. Greifswald. Dortmund 1904

ASAW — Abhandlungen der Sächsischen Akademie der Wissenschaften zu Leipzig, philol.-hist. Klasse

Augst — Gerhard Augst: Zur Entwicklung eines Metaphernfeldes. Die bildlichen Bezeichnungen für 'cervellum, cranium, caput' in altdeutscher Zeit. In: Fs. K. Bischoff 1975, 40-70

Aumann 1939a — Erich Aumann: *Tugend* und *Laster* im Althochdeutschen. PBB 63 (1939) 143-61

Aumann 1939b — Ders.: Die Wortwahl der ahd. Sprachdenkmäler bei der Übersetzung von *salus*. Ebda 443-51

Baesecke — Georg Baesecke: Die deutschen Worte der germanischen Gesetze. Ebda 59 (1935) 1-101; Verzeichnis besprochener Worte: 99-101

Becker — Gertraud Becker: Geist und Seele im Altsächsischen und Althochdeutschen. Der Sinnbereich des Seelischen und die Wörter *gêst-geist* und *seola-sêla* in den Denkmälern bis zum 11. Jahrhundert. Heidelberg 1964

Belkin — Johanna S. Belkin: Welt als Raumbegriff im Althochdeutschen und Frühmittelhochdeutschen. ZfdS 24 (1968) 16-59

Betz — Werner Betz: Deutsch und Lateinisch. Die Lehnbildungen der althochdeutschen Benediktinerregel. Bonn 1949, Nachdruck 1965; Verzeichnis der behandelten ahd. Wörter: 218-26

Betz 1957 — Ders.: Die frühdeutschen Spiritus-Übersetzungen und die Anfänge des Wortes "Geist". Liturgie und Mönchtum 20 (1957) 48-56

Betz 1974 — Ders.: Lehnwörter und Lehnprägungen im Vor- und Frühdeutschen. In: DW, Bd I, ^{3}1974, 135-63

Blum — Siegfried Blum: Die Wortsippen *belgan*, *zorn*, *grimman* und *uuuot* im Ahd. PBB (H) 82 (1960) 161-95

Blum 1977 — Ders.: Probleme der Valenz bei althochdeutschen Verben. In: Grosse/Blum/Götz 17-51

de Boor — Helmut de Boor: Zum althochdeutschen Wortschatz auf dem Gebiet der Weissagung. PBB 67 (1945) 65-110

Borck	Karl-Heinz Borck: Zur Bedeutung der Wörter *holz*, *wald*, *forst* und *witu* im Althochdeutschen. In: Fs. Trier 1954, 456-76
Burger	Harald Burger: Zeit und Ewigkeit. Studien zum Wortschatz der geistlichen Texte des Alt- und Frühmittelhochdeutschen. Berlin, New York 1972
Carr	Charles T. Carr: Nominal Compounds in Germanic. London 1939; Index, Old High German: 481-6
Coleman 1964	Evelyn Scherabon Coleman: Die Lehnbildungen in Notkers Übersetzungen. In: Fs. Starck 1964, 106-29
Coleman 1965	Dies.: Zur Bestimmung und Klassifikation der Wortentlehnungen im Althochdeutschen. ZfdS 21 (1965) 69-83
Combridge	Rosemary Combridge: *Aequitas* and *iustitia* in Mediaeval German Psalters. In: Fs. Norman 1965, 31-8
de Cubber	W. de Cubber: Schöpfer, schaffen, Geschöpf und Schöpfung im Frühdeutschen. I, II. Studia Germanica Gandensia 20 (1979) 137-52, 21 (1980/81) 271-94; Anhang (Belege): 291-4
Dolch	Alfred Karl Dolch: Notker-Studien, Teil I und II: Lateinisch-althochdeutsches und Althochdeutsch-lateinisches Wörterverzeichnis zu Notkers Boethius, De Consolatione Philosophiae, Buch I. Borna-Leipzig o.J. [1951]
Donath	Christa Donath: *gedeihen* im Althochdeutschen. PBB (H) 84 (1962) 445-453; Verzeichnis der Belege: 452f.
DW	Deutsche Wortgeschichte. Hg. v. Friedrich Maurer und Heinz Rupp. Bd I, Berlin, New York ^{3}1974
Egert	Eugene Egert: The Holy Spirit in German Literature until the End of the Twelfth Century. Den Haag, Paris 1973
Eggers	Hans Eggers: Deutsche Sprachgeschichte. I. Das Althochdeutsche. Reinbek bei Hamburg 1963; lat. Wortregister: 288-91; ahd. Wortregister: 291-7
Eggers 1964	Ders.: Althochdeutsch *iungiro*, altsächsisch *iungro*, *iungaro*. In: Fs. Starck 1964, 62-81
Eggers 1970	Ders. (Hg.): Der Volksname Deutsch. Darmstadt 1970; Register: 405-8
Ehrismann	G[ustav] Ehrismann: Die Wörter für 'Herr' im Althochdeutschen. ZfdWf 7 (1905/6) 173-202
Franz	Wilhelm Franz: Die lateinisch-romanischen Elemente im Althochdeutschen. Straßburg, London 1883
Freudenthal	Karl Fredrik Freudenthal: Arnulfingisch-karolingische Rechtswörter. Eine Studie in (!) der juristischen Terminologie der ältesten germanischen Dialekte. Göteborg 1949
Freudenthal 1959	Ders.: Gloria, temptatio, conversio. Studien zur ältesten deutschen Kirchensprache. Ebda 1959

Frings	Theodor Frings: Syntax der Kleinwörter. 1. Das unflektierte *al*. PBB 67 (1944) 404-19
Frings/Müller	Ders. / Gertraud Müller: Keusch. In: Fs. Helm 1951, 109-35
Fs. K. Bischoff 1975	Festschrift für Karl Bischoff ... Hg. v. Günter Bellmann (u.a.). Köln, Wien 1975
Fs. Helm 1951	Erbe der Vergangenheit. ... Festgabe für Karl Helm ... Hg. v. Ludwig Wolff. Tübingen 1951
Fs. Norman 1965	Mediaeval German Studies Presented to Frederick Norman, ... London 1965
Fs. Streitberg 1924	Stand und Aufgaben der Sprachwissenschaft, Festschrift für Wilhelm Streitberg. Heidelberg 1924
Fs. Trier 1954	Festschrift für Jost Trier ... Hg. v. Benno von Wiese und Karl Heinz Borck. Meisenheim/Glan 1954
Giuffrida	Robert T. Giuffrida: Die nur in den Glossen erscheinenden Adjektive in Notkers Psalter. Annali, Istituto Universitario Orientale, Sezione linguistica (Neapel) 2 (1960) 107-12
Giuffrida 1972	Ders.: Das Adjektiv in den Werken Notkers. Berlin 1972
Götz 1957a	Heinrich Götz: Leitwörter des Minnesangs. Berlin 1957 (ASAW, Bd 49, 1); Beleg-Index: 181-9
Götz 1957b	Ders.: Zuversicht. PBB (H) 79, Sonderband (1957) 322-9
Götz 1959	Ders.: Gebaren. Ebda (H) 81 (1959) 191-203
Götz 1960	Ders.: Von sehr altem 'neuen Wortgut' bei mhd. Dichtern. Ebda (H) 82 (1960) 196-225
Götz 1979	Ders.: Vorüberlegungen zu einem lateinisch-althochdeutschen Wörterbuch. Philologus 123 (1979) 164-70
Green	D[ennis] H. Green: The Carolingian Lord. Semantic Studies on Four Old High German Words: Balder, Frô, Truhtin, Hêrro. Cambridge 1965
Grosse/Blum/Götz	Rudolf Grosse /Siegfried Blum /Heinrich Götz: Beiträge zur Bedeutungserschließung im althochdeutschen Wortschatz. Berlin 1977 (= SSAW, Philol.-hist. Klasse, Bd 118, 1)
Grundmann	Herbert Grundmann: Jubel. In: Fs. Trier 1954, 477-511
Hempel	Wolfgang Hempel: Übermuot diu alte. Der Superbia-Gedanke und seine Rolle in der deutschen Literatur des Mittelalters. Bonn 1970
Henke	Ingeborg Henke: Die Verbalkomposita mit *vol-*, *volle-* und *vollen-* im Frühmittelhochdeutschen. PBB (H) 79, Sonderband (1957), 461-88; I. Verbalkomposita mit *vol-* im Ahd.: 464-8
Herold	Günter Herold: Der Volkbegriff im Sprachschatz des Althochdeutschen und Altniederdeutschen. Ein Beitrag zur Wesenserkundung germanischer Volksauffassung. Diss. München. Halle 1940
Hinderling	Robert Hinderling: "Erfüllen" und die Frage des gotischen Spracheinflusses im Althochdeutschen. ZfdS 27 (1971) 1-30

Jellissen — Heinrich Jellissen (Bearb.): Wortregister zu PBB 1-100. In: Beiträge zur Geschichte der Deutschen Sprache und Literatur, Verzeichnisse und Register zu den Bänden 1-100. Tübingen 1979; Wortregister: 217-38; es handelt sich um PBB (H) 1-76 und PBB (T) 77-100 - für PBB (H) 76-100 vgl. unten unter Schieb/von Jan

Karg-Gasterstädt 1937 — Elisabeth Karg-Gasterstädt: Der althochdeutsche Sprachschatz und die Leges Barbarorum. PBB 61 (1937) 263-71

Karg-Gasterstädt 1939 — Dies.: Aufgaben der althochdeutschen Wortforschung. Ebda 63 (1939) 122-43

Karg-Gasterstädt 1942a — Dies.: Ahd. *bilidi*. Ebda 66 (1942) 291-308

Karg-Gasterstädt 1942b — Dies.: Ahd. *thiu* und *thiorna*. Ebda 308-26

Karg-Gasterstädt 1945 — Dies.: *got* und *abgot*. Ebda 67 (1945) 420-33

Karg-Gasterstädt 1948 — Dies.: *Ehre* und *Ruhm* im Althochdeutschen. Ebda 70 (1948) 308-31

Karg-Gasterstädt 1958 — Dies.: Althochdeutsch *thing* - neuhochdeutsch *Ding*. Die Geschichte eines Wortes. Berlin 1958 (= Berichte über die Verhandlungen der SAW, 104,2)

Karg-Gasterstädt/Frings — Althochdeutsches Wörterbuch. Auf Grund der von Elias Steinmeyer hinterlassenen Sammlungen im Auftrag der Sächsischen Akademie der Wissenschaften zu Leipzig bearb. und hg. v. Elisabeth Karg-Gasterstädt und Theodor Frings. Bd I (A-B). Berlin 1968

Kettler — Wilfried Kettler: Das Jüngste Gericht. Philologische Studien zu den Eschatologie-Vorstellungen in den alt- und frühmittelhochdeutschen Denkmälern. Berlin, New York 1977; Stellenverzeichnis: 451-71

Kirchert — Klaus Kirchert: Der Windberger Psalter. Bd I: Untersuchung; Bd II: Textausgabe. Zürich, München 1979

Kleiber — Pauline Kleiber: Lateinisch-althochdeutsches Glossar zum Psalter Notkers III. Freiburg i. Br. 1962 (Rota-Druck)

Klein — Dietlinde Klein: Der caritas-minna-Begriff im Psalmenkommentar Notkers des Deutschen. Eine Wortuntersuchung als Versuch einer Darstellung von Notkers Sprache. Diss. Freiburg i. Br. 1963 (Rota-Druck)

Kochs — Theodor Kochs: Zum Wort *Gottheit*, insbesondere zu ahd. und frühmhd. *got(e)heit*. PBB (H) 82, Sonderband (1961) 199-215

Köbler — Verzeichnis der normalisierten Übersetzungsgleichungen der Werke Notkers von St. Gallen. Göttingen, Zürich 1971

Köbler 1972 — Ders.: Ewart. Ein Beitrag zur Lehre vom altgermanischen Priesteramt. Zeitschrift für Rechtsgeschichte, Kanonistische Abteilung 58 (1972) 306-19

Kusch — Horst Kusch: *minna* im Althochdeutschen. PBB 72 (1950) 265-97

Le Sage	D. E. Le Sage: 'Maiestas' and Related Aspects of 'gloria' in Otfrid, Notker, and the Old High German *Isidor*. Modern Language Review 67 (1972) 340-63
Lindahl	Nils Lindahl: Vollständiges Glossar zu Notkers Boethius, De Consolatione Philosophiae, Buch I. Diss. Uppsala 1916
Lindqvist	Axel Lindqvist: Studien über Wortbildung und Wortwahl im Althochdeutschen mit besonderer Rücksicht auf die Nomina actionis. PBB 60 (1936) 1-132
Lloyd 1961a	Albert L. Lloyd: The Verbs of the Meaning-Class "Do or Make" in the Old High German of Notker Labeo. The Germanic Review 36 (1961) 245-56
Lötscher	Andreas Lötscher: Semantische Strukturen im Bereich der alt- und mittelhochdeutschen Schallwörter. Berlin, New York 1973
Luginbühl	Emil Luginbühl: Studien zu Notkers Übersetzungskunst. Mit einem Anhang: Die Altdeutsche Kirchensprache. Einleitung von Stefan Sonderegger. Berlin 1970 (Nachdrucke, Diss. Zürich, Weida 1933 und Programm, St. Gallen 1936); Wortregister: I. Lateinisch: 124-7; II. Althochdeutsch: 128-36
Masser	Achim Masser: Die Bezeichnungen für das christliche Gotteshaus in der deutschen Sprache des Mittelalters. Berlin 1966; Wortverzeichnis: 178-81
Maurer	Friedrich Maurer: Leid. Studien zur Bedeutungs- und Problemgeschichte, besonders in den großen Epen der staufischen Zeit. Bern, München 1951
Müller	Gertraud Müller, Die ahd. Partikelkomposita. PBB 70 (1948) 332-50
Müller 1952	Dies.: Zu Friedrich Maurer, Leid S. 255 Anm. 179a und S. 280f. Ebda 74 (1952) 309-16
Müller 1950	Dies.: Syntax der Kleinwörter. 2. Das flektierte *al*. Ebda 72 (1950) 420-52
Müller 1960	Dies.: Ahd. *opharôn - offrôn - offarôn*. Ebda (H) 82 (1960) 152-60
Munske	Horst Haider Munske: Der germanische Rechtswortschatz im Bereich der Missetaten. Philologische und sprachgeographische Untersuchungen. I. Die Terminologie der älteren westgermanischen Rechtsquellen. Berlin, New York 1973; Rechtswortregister, Althochdeutsch: 323-5
Must	Gustav Must: The Origin of the German Word *Ehre* 'honor'. PMLA 76 (1961) Heft 4,1, 326-9
Neese	Bernd-Michael Neese: Untersuchungen zum Wortschatz des Glossators von Notkers Psalmenkommentar. Diss. Marburg/Lahn 1966 (Rota-Druck)
Ochs 1911/2	Ernst Ochs: 'Rauch, Weihrauch' bei Notker. ZfdWf 13 (1911/2) 328f.

Ochs 1915 — Ders.: Ahd. *anterôn*. PBB 40 (1915) 467-72

Ochs 1920 — Ders.: Gottesfürchtig, andächtig, fromm im Althochdeutschen. Ebda 44 (1920) 315-21

Öhmann — Emil Öhmann: Zur Geschichte der Adjektivabstrakta auf *-ida*, *-î* und *-heit* im Deutschen. Helsinki 1921

Oksaar — Els Oksaar: Semantische Studien im Sinnbereich der Schnelligkeit. Plötzlich, schnell und ihre Synonymik im Deutsch der Gegenwart und des Früh-, Hoch- und Spätmittelalters. Stockholm 1958; Frühmittelhochdeutsch: 275-344

Ostberg 1959 — Kurt Ostberg: Interpretations and Translations of *Animal/Animans* in the Writings of Notker Labeo. PBB(T) 81 (1959) 16-42

Palander — Hugo Palander: Die althochdeutschen Tiernamen. I. Die Namen der Säugetiere. Darmstadt 1899

von Polenz — Peter von Polenz: Das Wort 'Reich' als unpolitische Raumbezeichnung. ZfdPh 76 (1957) 80-94

Raven — Frithjof Raven: Die schwachen Verben des Althochdeutschen. 2 Bde. Gießen 1963, 1967

Reps — Ingeborg Maria Reps: Zu den altdeutschen Lichtbezeichnungen. PBB 72 (1950) 236-64

Richter — Gerlinde Richter: Zur Bedeutungsgeschichte der althochdeutschen *missa*-Bildungen. Mit 3 Tabellen (8 Blätter) im Anhang. PBB (H) 85 (1963) 313-34

Ris — Roland Ris: Das Adjektiv *reich* im mittelalterlichen Deutsch. Geschichte - semantische Struktur - Stilistik. Berlin, New York 1971; Wörterverzeichnis ... Ahd.: 373-5

Rooth — Erik Rooth: Die Übertragung von lat. *opportunitas* und *opportunus* in einigen altdeutschen Psalterien. Niederdeutsche Mitteilungen 29 (1973) 13-29

Rosengren — Inger Rosengren: Inhalt und Struktur. *Milti* und seine Sinnverwandten im Althochdeutschen. Lund 1968

Rücker — Helmut Rücker: *Mâze* und ihre Wortfamilie in der deutschen Literatur bis um 1200. Göppingen 1975

Ruprecht — Dietrich Ruprecht: Tristitia. Wortschatz und Vorstellung in den althochdeutschen Sprachdenkmälern. Göttingen 1959

SAW — Sächsische Akademie der Wissenschaften zu Leipzig, philol.-hist. Klasse

Schieb — Gabriele Schieb: *Samen, samt, ensamen, ensamt, zesamene*. Ein Ausschnitt aus dem Bereiche 'zusammen' und seiner Bezeichnungen. PBB (H) 82, Sonderband (1961) 217-34

Schieb/von Jan — Gabriele Schieb/Anna-Maria von Jan (Bearb.): Beiträge zur Geschichte der deutschen Sprache und Literatur (Halle), Register zu Bd. 76-100 (1955-1979) (Halle 1979); Lexik: 27-32

Schneidewind — Gisela Schneidewind: Ahd. *arbeit, arbeiten* im Tribulatiobereich.

Schneidewind 1959 — Dies.: Die Wortsippe 'Arbeit' und ihre Bedeutungskreise in den ahd. Sprachdenkmälern. Ebda (H) 81 (1959) 174-87

Schnerrer — Rosemarie Schnerrer: Altdeutsche Bezeichnungen für das Jüngste Gericht. Ebda (H) 85 (1963) 248-312

Schröbler — Ingeborg Schröbler: Bemerkungen zu Bedeutung und Funktion von *after, ana, ânu, ander, aba*. PBB 66 (1942) 278-91

Schröbler 1948/50 — Dies.: Bemerkungen zur ahd. Syntax und Wortbedeutung. ZfdA 82 (1948/50) 240-51

Schröbler 1953 — Dies.: Notker III von St. Gallen als Übersetzer und Kommentator von Boethius' De consolatione Philosophiae. Tübingen 1953

Schröder — Werner Schröder: Bespr. von Sehrt, Notker-Glossar (1962), PBB (T) 85 (1963) 253-63

Schützeichel — Rudolf Schützeichel: Althochdeutsches Wörterbuch. Tübingen 1969; [2]1974; [3]1981

Schulz — Hans-Dietrich Schulz: Althochdeutsch *sprâhha*. Wirk. Wort 8 (1957/8) 7-13

Schulz 1963 — Ders.: Ahd. *sprehhan* in den Glossen. PBB (H) 85 (1963) 132-72

Schulze — W[ilhelm] S[chulze]: Lesefrüchte 34: Notker [Ps 118,28: *mih slâphota*]. ZfvS 58 (1931) 128

Schwarz — Hans Schwarz: Ahd. *liod* und sein sprachliches Feld. PBB 75 (1953) 321-65

Schwarz 1954 — Ders.: Lied und Licht. In: Fs. Trier 1954, 434-55

Sehrt — Edward H. Sehrt: Notker-Glossar. Ein Althochdeutsch - Lateinisch - Neuhochdeutsches Wörterbuch zu Notkers des Deutschen Schriften. Tübingen 1962

Sehrt/Legner — Notker-Wortschatz Das gesamte Material zusammengetragen von Edward H. Sehrt und Taylor Starck. Bearb. und hg. v. Edward H. Sehrt und Wolfram K. Legner. Halle 1955

de Smet — Gilbert de Smet: Geschiedenis en geografie van het werkwoord lijden (pati). Handelingen [Bd] VI der Zuidnederlandse Maatschappij voor Taal- en Letterkunde en Geschiedenis (Oudenaarde/Belgien 1952) 76-107

de Smet 1953 — Ders.: Die altdeutschen Bezeichnungen des Leidens Christi. PBB 75 (1953) 273-96

de Smet 1954 — Ders.: *dulden*. Die Geschichte einer süddeutschen Neubildung. Leuvense Bijdragen 44 (1954) 1-20; 47-64

de Smet 1954/5 — Ders.: Die Ausdrücke für "leiden" im Altdeutschen. Ihre Verbreitung und Geschichte. Wirk. Wort 5 (1954/5) 69-79

de Smet 1961 — Ders.: *Auferstehen* und *Auferstehung* im Altdeutschen. PBB (H) 82, Sonderband (1961) 175-98

de Smet 1972 — Ders.: Die Wortwahl der althochdeutschen Denkmäler für lateinisch *sacramentum*. PBB (T) 94, Sonderband (1972) 72-87

de Smet 1973	Ders.: *Remissio peccatorum*. Vergeben und Sündenvergebung im Altdeutschen. PBB (T) 95, Sonderband (1973) 1-22
de Smet 1975	Ders.: *Anathema* und *abominatio* im Altdeutschen. In: Gedenkschrift für Jost Trier. Hg. v. Hartmut Beckers und Hans Schwarz. Köln 1975, 229-42
SSAW	Sitzungsberichte der Sächsischen Akademie der Wissenschaften zu Leipzig, Philol.-hist. Klasse
Starck/Wells	Althochdeutsches Glossenwörterbuch (mit Stellennachweis zu sämtlichen gedruckten althochdeutschen und verwandten Glossen). Zusammengetragen, bearb. und hg. v. Taylor Starck und J[ohn] C. Wells. Heidelberg, Lief. 1-7, 1972-82 (*-a* bis *sloz*)
Steiner	Maria Petronia Steiner: Gleichheit und Abweichungen im Wortschatz der althochdeutschen Bibelglossen und der zusammenhängenden Bibeltexte. Diss. München, Speyer 1939; Nachdruck, Hildesheim, New York 1976
Suolahti	Hugo Suolahti: Die deutschen Vogelnamen. Eine wortgeschichtliche Untersuchung. Straßburg 1909
Tax	Petrus W. Tax: Notkers Erklärung des Athanasianischen Glaubensbekenntnisses und seine angebliche Schrift *De sancta trinitate*. In: Fs. Sehrt 1968, 219-28
Trier	Jost Trier: Der deutsche Wortschatz im Sinnbezirk des Verstandes. Die Geschichte eines sprachlichen Feldes. I: Von den Anfängen bis zum Beginn des 13. Jahrhunderts. Heidelberg 1931
Trier 1939	Ders.: Giebel. ZfdA 76 (1939) 13-44
Trier 1949	Ders.: Heide. In: Archiv für Literatur und Volksdichtung. ... hg. v. John Meier (u.a.). Lahr/Baden 1949, 63-106
Voetz	Lothar Voetz: Komposita auf *-man* im Althochdeutschen, Altsächsischen und Altniederfränkischen. Heidelberg 1977; Register der lateinischen Wörter: 422-5; Register der Wörter des Althochdeutschen, ...: 425-30
Waag	Anatol Waag: Die Bezeichnungen der Geistlichen im Althochdeutschen und Altniederdeutschen. Teuthonista 8 (1931/2) 1-54
Wahmann	Paul Wahmann: Gnade. Der althochdeutsche Wortschatz im Bereich der Gnade, Gunst und Liebe. Berlin 1937
Walch	Doris Walch: *Caritas*. Zur Rezeption des *mandatum novum* in altdeutschen Texten. Göppingen 1973
Weisemann	Ewald Weisemann: Form und Verbreitung des Compositionsvokals in Nominalcompositen bei Notker. Diss. Erlangen, Nürnberg 1911
Weiss	Emil Weiss: Tun: Machen. Bezeichnungen für die kausative und die periphrastische Funktion im Deutschen bis um 1400. Stockholm 1956
Weisweiler	Josef Weisweiler: Bedeutungsgeschichte, Linguistik und Philologie. Geschichte des ahd. Wortes *euua*. In: Fs. Streitberg 1924, 419-62
Weisweiler 1930	Ders.: Buße. Bedeutungsgeschichtliche Beiträge zur Kultur- und Geistesgeschichte. Halle 1930

Weisweiler/Betz	Ders./ Werner Betz: Deutsche Frühzeit. In: DW, Bd I, [3]1974, 55-133
Wells	John C. Wells: Meanings of Mediaeval Latin *propositum* as Reflected in Old High German. MLN 67 (1952) 73-9
Wells 1964	Ders.: The Origin of the German Suffix *-heit*. In: Fs. Starck 1964, 51-5
Wells 1968	Ders.: The *-heit* Compounds and Derivatives in Notker's Works. In: Fs. Sehrt 1968, 229-40
Wesche	Heinrich Wesche: Das Heidentum in der althochdeutschen Sprache. Teil 1: Die Kultstätte. Diss. Göttingen 1929. Göttingen 1932
Wesche 1937	Ders.: Beiträge zu einer Geschichte des deutschen Heidentums. PBB 61 (1937) 1-116; Verzeichnis der besprochenen Worte: 114-6
Wesche 1940	Ders.: Der althochdeutsche Wortschatz im Gebiete des Zaubers und der Weissagung. Halle 1940; Nachdruck, Walluf bei Wiesbaden 1974; Wortweiser (zu allen 3 Arbeiten): 107-10
Wiens	Gerhard Lebrecht Wiens: Die frühchristlichen Gottesbezeichnungen im Germanisch-Altdeutschen. Berlin 1935
Wiercinski	Dorothea Wiercinski: Minne. Herkunft und Anwendungsschichten eines Wortes. Köln 1964
Wiesner	Joachim Wiesner: Das Wort *heit* im Umkreis althochdeutscher *persona*-Übersetzungen. Ein Beitrag zur Lehngut-Theorie. PBB (H) 90 (1968) 3-68
Wiesner 1969	Ders.: Der *Person*-Begriff als sprachwissenschaftliches Problem. Voraussetzungen, Methoden, Forschungsziele. ZfdS 25 (1969) 48-64
Wiesner 1970	Ders.: Lateinisch *persona* (= "*larva*") - althochdeutsch *skema*: Zum lateinisch-althochdeutschen Sprachausgleich im Sinnbezirk "Gesichtsbedeckung" - "Maske" - "Theaterperson". PBB (H) 92 (1970) 330-9
Wiesner 1971	Ders.: Notkers Interpretation des *persona*-Begriffes. Ein Beitrag zur Entstehung des Person-Verständnisses in der deutschen Sprache. ZfdPh 90 (1971) 16-35
Wisniewski	Roswitha Wisniewski: Demut und Dienst in einigen deutschen Texten des 8. bis 11. Jahrhunderts. In: Fs. de Boor 1971, 55-66
Wissmann	Wilhelm Wissmann: Die altnordischen und westgermanischen Nomina postverbalia. Heidelberg 1975; IV. Die althochdeutschen und altsächsischen Postverbalia: 78-113
Wolf	Norbert Richard Wolf: Geschichte der deutschen Sprache. Bd 1: Althochdeutsch - Mittelhochdeutsch. Heidelberg 1981; ahd. Wortschatz: 103-59; lat. Wortregister: 261; ahd. Wortregister: 262f.
Wolfrum	Gerhard Wolfrum: Wortgeschichte und syntaktische Studien zu ahd. *also*. PBB (H) 80 (1958) 33-110
Wolfrum 1960	Ders.: Syntaktische Studien zu ahd. *bî thiu*. Ebda (H) 82 (1960) 226-41

Wolfrum 1970 — Ders.: Studien zu ahd. *bî* und zur Problemgeschichte der Präpositionen. Ebda (H) 92 (1970) 237-324

Wolfrum/Ulbricht — Ders. / Elfriede Ulbricht: Syntaktische Studien zu ahd. *avur*. Ebda (H) 81 (1959) 215-41; 82 (1960) 241 (Berichtigung)

ZfdS — Zeitschrift für deutsche Sprache

ZfdWf — Zeitschrift für deutsche Wortforschung

ZfvS — Zeitschrift für vergleichende Sprachforschung

II. Verzeichnis von althochdeutschen, lateinischen und neuhochdeutschen Wörtern und Begriffen mit Hinweisen auf die einschlägige Forschungsliteratur in I

Gl. = betrifft ausschließlich oder hauptsächlich den Glossator.

* vor einem Wort = *hapax legomenon*, zumindest im Althochdeutschen.

Als modernes Längezeichen wird der Zirkumflex benutzt.

aba: Schröbler 291

aba-chêren (Gl.): Neese 163; 232

aber (Adverb): Wolfrum/Ulbricht 216-27; 236-41

aber (Konjunktion): Wolfrum/Ulbricht 227-36; 236-41

abgot (s. auch *got*): Neese (Gl.) 105-7; 229; Karg-Gasterstädt 1945, 421-8; Wesche 1937, 82-5

**abgot-dienest* (Gl.): Neese 107f.

**abgot-rîche* (Gl.): Neese 108

abominare, abominatio, abominabilis: de Smet 1975, 235f.; 237f.

accusare, accusatio: Freudenthal 127-83, bes. 136

Adam: Neese (Gl.) 139f.

Adjektive: Giuffrida 1972; Giuffrida (Gl.)

aequitas: Combridge

aeternus, aeternitas, in aeternum: Luginbühl 22-5

after: Schröbler 278-83

Ägypten: Neese (Gl.) 176f.

al: Müller/Frings; Frings

**al-brand-opher*, **al-uerbrenn-opher:* Neese (Gl.) 111f.; 229

**allelîchheit*, **allelîchi*: Neese (Gl.) 52, Fn 23

allophili: Neese (Gl.) 167-9

also: Wolfrum

amare, amor: s. *caritas, minna, minnôn*

ambaht: Wesche 1937, 31-5

ambahtare: Voetz 52f.

(i)âmer, (i)âmerôn: Ruprecht 38-40

ana: Schröbler 283f.; 287-91

ana-betôn, ana-betâre: Wesche 1937, 36f.

ana-lehen (Gl.): Neese 223

**ana-seho* (Gl.): Neese 148f.; 229

**ana-scouuo* (Gl.): Neese 151; 229

anathema, anathematizare: de Smet 1975 (Gl.), 231; 235

"andächtig": *anadâhte, indâhtigi, gedâhtig, gedeht, gotedeht, gotedêhte* (Gl.), *gotedahti* (Gl.), *gedahti* (Gl.): Ochs 1920

ander: Schröbler 285-7

angelus, archangelus: Neese (Gl.) 89-91

angest: Ruprecht 47

animal: Ostberg 28-33

anterôn: Ochs 1915

antfrista (Gl.), *antfristo* (Gl.): Wissmann 90f.; Neese 159

(ge-)antheizzan: Wesche 1937, 52-4

ânu: Schröbler 285

anxietas: Ruprecht 42-62

apostolus, apostolatus: Neese (Gl.) 60f.

arbeit, arbeiten: Götz 1957a; Schneidewind, bes. 444-8; 451-60; vgl. dies. 1959

"Arbeit": Schneidewind 1959; vgl. auch unter *arbeit*

arguere: Schöndorf 157-9

"auferstehen, Auferstehung": Neese (Gl.) 103f.; de Smet 1961

Babylon: Neese (Gl.) 177-9

fiur-ouen (Gl.): Neese 208f.
**fleisg-brât* (Gl.): Neese 205f.
folgenko (Gl.): Neese 200f.
folgunga (Gl.): Neese 130
folk: Herold 117f.; 136 (Gl.)
vol(le)- (Verbalkomposita): Henke 467f.
**fore-bild* (Gl.): Neese 37f.; 230
fore-sago: Neese (Gl.) 65; 230; de Boor 65-83; Wesche 1940, 100f.
fore-uuizen: Wesche 1940, 95-100
fore-zeichen (Gl.): Neese 32-6; 230; vgl. Wesche 1940, 84-6
**fore-zeiga* (Gl.): Wissmann 106; Neese 36f.; 230
forhta: Ruprecht 48-52
forsca: Wissmann 94f.
forst: Borck 468f.
**fram-reccho* (Gl.): Neese 146f.; 230
**fressa* (Gl.): Wissmann 92; Neese 209f.; 230
freuui: Ruprecht 25-31; 35f.
**frido-man* (Gl.): Voetz 107-10; Neese 170f.; 230
**frido-uuarta* (Gl.): Neese 183f.; 230
frisking: Wesche 1937, 59-62
frist: Burger 199-201
**frôsprangôd* (Gl.): Neese 157
-frouua: Morciniec 278-81
**frouuelunga* (Gl.): Neese 157
**fure-uuahst* (Gl.): Neese 108f., Fn. 191
fure-uuarna (Gl.): Wissmann 106; Neese 76, Fn. 94
furor: Schöndorf 167-70
**furst-boto* (Gl.): Neese 89; 231
**furst-chundare* (Gl.): Neese 90; 231
furst-tuom (Gl.): Neese 89, Fn. 137
galgo (Gl.): Neese 101f.
galster, galsterâre: Wesche 1940, 13; 26; 40-5
-gang: Morciniec 288f.
**ganzlidi* (Gl.): Neese 109 und Fn. 194
-garto: Neese (Gl.: *uuunno-, zart-, zier-)* 91-4; 236; Morciniec 287
**gebel-chint* (Gl.): Neese 141f.; 231; vgl. Augst 43; Trier 1939, bes. 35-8
**gebrittelôn* (Gl.): Neese 221, Fn. 32
"gedeihen": Donath
gedang: Wissmann 60
gedinge, gedingen, gedingôn: Götz 1957a, 156-62
**gedrungeni* (Gl.): Neese 206, Fn. 11
gegihtigôt (Gl.): Neese 207f.; Wesche 1940, 61-3
gehaltnissa (Gl.): Aumann 1939b
**geheiz-lant* (Gl.): Neese 186; 231
ge(h)los: Wissmann 102
ge-iiht: Freudenthal 33; 40; Luginbühl 36f.; 70 und Fn
**ge-iihtare* (Gl.): Neese 99-101; 231
geisila (Gl.): Neese 221
geist (s. auch *spiritus*): Egert 54-61; Becker 138-44; Betz 1957, 51f.
geistlich (Gl.): Neese 27
**geistscrift* (Gl.): Neese 29; 231
geiz (Gl.): Neese 213
geladeta (Gl.): Neese 56f.
gelirn (Gl.): Wissmann 100
gella, **gellun-burg* (Gl.): Neese 171-3
gelouba 'religio, fides': Luginbühl 60f.
**geloub-irra*, **geloub-irrare*, **geloub-irre*, **geloub-irro*: Neese (Gl.) 124f.
**geloubo-uuerrare* (Gl.): Neese 125f.; 231
gelustîg: Götz 1960, 221f.
Genesis (Buch): Neese (Gl.) 71f.
genist (Gl.): Aumann 1939b, 446
genôtzogita (Gl.): Neese 59f.
germenôn, germenôd: Wesche 1940, 24-7
"Geschöpf": de Cubber 283-90
**gespreiti* (Gl.): Neese 164; 231
(ge-)stungen, gestungede: Ruprecht 110-4
Geth: Neese (Gl.) 179f.
gezogena (Gl.): Neese 57
gibilla: Augst 43; vgl. Trier 1939, bes. 35-8
"Glaube" (*'fides, religio'*): Neese (Gl.) 79-81; Luginbühl 60f.
gloria: Le Sage 354-7; Schöndorf 170-2; Freudenthal 1959, 14-80
"Gnade" (s. auch *misericordia, caritas*): Wahmann

orbis terrae: Schöndorf 234f.; Luginbühl 76-9; vgl. Belkin 30f.
ordinare, ordinatio: Luginbühl 96
**orgensang* (Gl.): Neese 74
**ortstein* (Gl.): Neese 109, Fn. 195
ôtuuala: Ris 103; 117
pacificus: Voetz 107f.
paganus: Trier 1949, 100-3
paradisus: Neese (Gl.) 91-5
Partikelkomposita (*aba-*, *ana-*, usw.): Müller
Passion Christi (*passio, martyrium*): Neese (Gl.) 97-101
pati, passio: de Smet 1953, 273-86; vgl. de Smet 1954/5; 1954
patriarcha: Neese (Gl.) 63f.
peccator: Neese (Gl.) 176
persona: Wiesner 1971; 1970; 1969; Wiesner, bes. 35f.; 57-60; von den neuen Funden zum *persona*-Begriff in Tax 1968 (wiederholt im *Notker latinus*, Bd 10A, 1975, S. 742-7) hat Wiesner keine Kenntnis genommen.
Pharisäer, *phariseus*: Voetz 261f.; Neese (Gl.) 164-7
Philister: Neese (Gl.) 167-9
philosophus: Neese (Gl.) 127f.
pîna: Schneidewind 444-8
poenitentia interior: Ruprecht 103-10; vgl. Weisweiler 1930
praepositus: Neese (Gl.) 64
**prâht-maged 'virgo'*: Steiner 333 (zu Ps 44,15); aber *prâht* ist Partizip von *bringen* und hat mit "Pracht, prächtig" nichts zu tun.
prediga (Gl.): Neese 76f.; 233; vgl. Wissmann 92
predigâre (Gl.): Neese 77; 233
probest (Gl.): Neese 64
profanus, profanare: Luginbühl 48f.
propheta: Neese (Gl.) 64-6
propositum: Wells 77-9
psalmus, psallere, psalterium: Neese (Gl.) 74f.; Luginbühl 52-6; 166f.
psalterium (als Musikinstrument; s. auch *rotta*): Schluß von *R*, oben und S. 575, 2. Apparat zu 7-14
publicanus: Neese (Gl.) 174-6
pupilla oculi: Schöndorf 187
pusillanimitas: Ruprecht 62-70
rânen (Gl.): Neese 217f.
reht: Combridge; Freudenthal 64; 97, Fn. 2
**reht-folgare*, **reht-folgig*: Neese (Gl.) 51-5; 233f.
rehthaft (Gl.): Neese 29, Fn. 7
**reht-skeidig* (Gl.): Neese 128; 234
Rechtswörter: Munske; Freudenthal; Karg-Gasterstädt 1937; Baesecke
regnum caelorum, regnum dei: Neese (Gl.) 88
reitman: Voetz 212
religio: Neese (Gl.) 79-81
remissio peccatorum: de Smet 1973
rîche 'Reich': Ris; von Polenz; Herold 131f.; 140 (Gl.)
rîche 'reich': Ris
(ge)rîchen: Ris 120f.
**rîcholf* (Gl.): Ris 81f.
rîchtuom: Ris 96f.
rihten, rihtare, gerihte: Freudenthal 64; 97f.
(h)riuuua, (h)riuuuan, (h)riuuuên (Gl.), *(h)riuuuôn*: Ruprecht 103-10; Götz 1957a, 106-13; Weisweiler 1930, 189-240
rômare, **rômcheiser*, **rômchuning*, *rômliut*: Neese (Gl.) 169f.
rotta: Steger 1971, 38f.; 41f.; 88; bes. 91-135; 88 (Gl.); 109 (Gl.); 110-2 (Gl.); 127-31 (Gl.); Luginbühl 56, Fn. 1
rouh, rugh: Ochs 1911/2
"Ruhm" (s. auch "Ehre" und *êra*): Karg-Gasterstädt 1948, bes. 322-31
**rukke-sturz* (Gl.): Neese 121f.; 234; vgl. Sonderegger 1970, 123
runza (Gl.): Neese 203

ruogen (Gl.): Neese 222f.; Freudenthal 136; 150-4; 169-73; 192f.
(h)ruom: Karg-Gasterstädt 1948, 322-6
sacer, sacrare: Luginbühl 47f.
sacerdos, sacerdotium: Neese (Gl.) 66-8
sacramentum: de Smet 1972; Neese (Gl.) 82-5; Luginbühl 49f.; 168
sacrificium: Neese (Gl.) 85-7; Luginbühl 50
a saeculo, in saeculum saeculi: Burger, bes. 209-18; Schöndorf 235f.; Luginbühl 25-8; 163-5
saeculum: Luginbühl 76
sagôn 'testificari': Freudenthal 34; 40; 48; 53
sâlîg, sâlîgheit, sâl(i)da: Götz 1957a, 12-20; 22-6; 29-31; 33-5; Aumann 1939b, 445
Salomo: Neese (Gl.) 170f.
salus: Aumann 1939b
salutaris hostia: Neese (Gl.) 84f.
salvator: Schöndorf 188f.; vgl. 237; 239
salvum facere: Schöndorf 189-92
samanunga, gesamanunga: Herold 130; 139f. (Gl.)
Samariter: Neese (Gl.) 171-3
sament: Schieb 220
sanctus, sanctitas, sanctificium, sanctificatio: Neese (Gl.) 86f.; Luginbühl 47f.
sang (und Zusammensetzungen): Schwarz 330-9
scandalum: Neese (Gl.) 126f.
"schaffen" *'creare':* de Cubber 271-83
Schallwörter: Lötscher 26-71; 158-78
"Schnelligkeit": Oksaar 275-344
"Schöpfer": de Cubber 140-52
"Schöpfung": de Cubber 290
scisma, scismaticus: Neese (Gl.) 128-30
secta: Neese (Gl.) 130f.
**seit-scal, seit-spil*: Neese (Gl.) 75
sêla: Becker 130-7
**sêl(a)-lôsunga* (Gl.): Neese 85, Fn. 129
**selb-folga* (Gl.): Neese 130f.; 234; vgl. Wissmann 73
semfte: Rosengren 22-9
senef (Gl.): Neese 218
servus: Schöndorf 192f.
sêuuên: Götz 1960, 216f.
sin: Becker 120-30; vgl. Trier
singen (und sagen): Wesche 1940, 51-5
Sion: Neese (Gl.) 194-7
sippa: Herold 130
**sîr-lant* (Gl.): Neese 188; 234
Sisara: Neese (Gl.) 173f.
**sito-uangare* (Gl.): Neese 129f.; 234; vgl. aber auch Isidor, *Et.* VII,3,5: Schisma ab scissura animorum vocata. Eodem enim cultu, eodem ritu credit ut ceteri; solo congregationis delectatur discidio.
**scal-sang* (Gl.): Neese 75
**scant-burg* (Gl.): Neese 177f.; 234
**scant-uuerra* (Gl.): Neese 126f.
**scart-lidi* (Gl.): Neese 109f.
scateuuen: Götz 1960, 223f.
**skeit* (Gl.): Neese 128f.
**skeit-iudo* (Gl.): Voetz 261f.; Neese 165f.; 234
**skeit-machare* (Gl.): Neese 128; 234
scerm, scirm: Wissmann 109f.
skerôn (Gl.): Neese 201f.
scouuâre (Gl.): Neese 151
scranc (Gl.): Neese 153f.; vgl. Wissmann 78f.
**scrift-gebot* (Gl.): Neese 70f.
scrod: Wissmann 97
slahta: Herold 130; 139 (Gl.)
slâphôn: Schulze
sleht: Rosengren 67-71
sluzel (Gl.): Neese 209
snita (Gl.): Neese 83, Fn. 119
Soba(l): Neese (Gl.) 188f.
sorga, sorgên: Götz 1957a, 93-7
spenda: Wissmann 92
spes, sperare, supersperare: Luginbühl 63-6
spîchare (Gl.): Neese 211

spiritalis, spiritaliter: Neese (Gl.) 27-9
spiritus: s. *geist*
spiritus/littera: Neese (Gl.) 29-32
spiritus principalis: Kirchert I, 236f.
sprâhha: Schulz
sprangare (Gl.): Neese 155; 234
stal: Wiesner 1971; Schröbler 1948/50, 250
stille: Rosengren 72-4
**stillemuoti* (Gl.): Neese 156, Fn. 50
strô (Gl.): Neese 218f.
stunta: Burger 202
"Sündenvergebung": de Smet 1973
**suht-neri* (Gl.): Neese 62, Fn. 48
**sundare* (Gl.): Neese 176; 234
**sunder-guot, *sunder-lebo, *sunderman*: Neese (Gl.) 166; 235; vgl. Voetz 261f.
**sunthaft* (Gl.): Neese 176
suono-tag (Gl.) (s. auch "Jüngstes Gericht"): Freudenthal 64
suozi, suozlich: Rosengren 75-84
**suoz-stang-berg* (Gl.): Neese 192f.; 235
superbia: Hempel 82-4
susceptor: Schöndorf 193f.
synagoga: Neese (Gl.) 55-60; vgl. Sonderegger 1970, 118
Syrien: Neese (Gl.) 187f.
tag: Burger 219-26
-tât: Morciniec 277f.
-teil: Morciniec 278-82
temperare, temperantia, temperatio, temperamentum, temperies (s. auch *mâze*): Luginbühl 96-9
templum: Schöndorf 194f.; Luginbühl 51f.
temptatio: Freudenthal 1959, 81-112
tentare: Schöndorf 195f.
terra viventium: Neese (Gl.) 94-97
testamentum: Neese (Gl.) 68-71; Luginbühl 33-5; vgl. aber auch den *Notker latinus* zu 74, 26, Bd 8A, S. 77f. (neues Quellenmaterial aus Isidor, *Et.*)
testis, testimonium, testari, testificari: Freudenthal 27-53, bes. 33f.; Luginbühl 35-8
Tiernamen: Palander; vgl. Neese (Gl.) 212-6
**tieuel-slahta* (Gl.): Neese 115
titulus: Neese (Gl.) 34-6
tiuri (Adj.): Götz 1957a, 52-6
tiurî, tiurida: Götz 1957a, 56-8
*tôdelih, *tôdên, *tôtheit, tôdigi*: Neese (Gl.) 121, Fn. 220
touf (nur in *Y*): Wissmann 79
**tougenheit* (Gl.): Neese 82
tribulare, tribulatio: Schneidewind, bes. 444-51
tristitia: Ruprecht 17-42
tristitia utilis: Ruprecht 101-26
trôst, trôsten: Götz 1957a, 146-55
*troum-skeidare, *troum-skeit*: Neese (Gl.) 158; 235; vgl. de Boor 95; 98f.; Wesche 1940, 72-4
truhtin: Green 57-401; 537-40; Ehrismann 182-5
truobe (Adj.), *truobi, (ge)truoben, getruobeda*: Ruprecht 18-25
**truobmuotig* (Gl.): Neese 156, Fn. 50
trûrên, trûreg, trûregi, trûregheit: Ruprecht 31-6
"Tugend": Aumann 1939a
tulde, tulden: Wesche 1937, 94-7
tun/machen: Lloyd 1961a; Weiss, bes. 55-7; 67
tunicha (Gl.): Neese 204; vgl. Wissmann 93
*tuomen, *tuomheit, tuomlih*: Freudenthal 1959, 77; vgl. Luginbühl 30f. (zu *tuomheit*)
turs (Gl.): Neese 115f.
typus (Exegese): Neese (Gl.) 32-4
uberhuorare (Gl.): Neese 204, Fn. 8
uberlaga: Wissmann 106
ubermuot, ubermuotig: Neese (Gl.) 156, Fn. 50
ubermuotî: Hempel 82-4
*uberscrecchare, *ubersprangôn, *ubersprlngo*: Neese (Gl.) 156f.
uberteilen, uberteilda: Freudenthal 64; 75, Fn. 2
**ûf-lang* (Gl.): Neese 187f.; 235
**ûf-scouuo-lîb* (Gl.): Neese 151f.
ûfstân, ûferstân: de Smet 1961

NACHTRÄGE UND BERICHTIGUNGEN ZU DEN BÄNDEN 8A, 9A, 10A, 8 UND 9

Bd. 8A:

S. 73 zu 71,9, Z. 2, lies: matutino

S. 90f. zu 85,26, ergänze am Ende: Zum Bibelzitat vgl. I Cor. 10,4.

S. 129 zu 117,1, ergänze am Ende: Zu *fortiter ... finem* vgl. Sap. 8,1.

S. 133 zu 121,1, Z. 2, lies: Matth. 25,41

S. 140 zu 127,3, ergänze am Ende: Zum Bibelzitat vgl. Gen. 27,34.

S. 163 zu 145,24, letzte Z., lies: Ps 83,5 (statt Matth. 5,8)

S. 191 zu 166,10, ergänze am Ende: Zu *oues ab hedis* vgl. Matth. 25,32.

Bd 9A:

S. 298 zu 234,24, letzte Z., lies: Matth. 11,25

S. 301 zu 237,11, Z. 2, sowie S. 304 zu 239,14, letzte Z., lies: Luc. 23,34

S. 342 zu 268,4, Z. 1, lies: Luc. 1,51f.

S. 352 zu 275,1, Z. 1, lies: *o r* -

Bd 10A:

S. 503, Z. 1, lies: I Cor. 13,12

S. 524 zu 407,3, Z. 9, lies: Matth. 21,19

S. 661 zu 504,11, Z. 2, lies: Ps 103,24

S. 685 zu 522,3, ergänze am Ende: Zum Bibelzitat vgl. Matth. 25,34.

S. 746, Z. 5, lies: 570,18

Bd 8:

S. XVI, Fn. 4a: Das neue Münchener Fragment, Cgm 5248,10, habe ich als *F* bezeichnet, da es aus Cgm 434, der früher der Fuggerschen Bibliothek gehörte, herausgelöst wurde - vgl. Karin Schneider, S. 251f. Ich habe *F* im Sommer 1981 in München kollationiert und studiert, konnte auch eine ausgezeichnete Photographie, die mir von der Photostelle der Bayerischen Staatsbibliothek mit gewohnter Hilfsbereitschaft zur Verfügung gestellt wurde, benutzen. *F* wird im Einlegeheft zu diesem Bd, S. 259a-261a, abgedruckt.

Ergänzung zu K. Schneiders Beschreibung: *F* bildet das obere Zweidrittel eines Blattes. Die Schrift ist eine spätkarolingische Minuskel, der Text ist 12. Jh., ungefähr so alt wie *X*, und nach K. Schneider, S. 251, bairisch; das sprachliche Material ist aber so spärlich, daß auch oberfränkisch oder alemannisch in Betracht kommt. Anhaltspunkte für eine Einordnung in die vorhandenen Psalterhandschriften und -fragmente gibt es nicht.

Das jetzige Format: ca. 20 cm breit x 15,5 cm hoch; Schreibraum ca. 13 cm x 13,5 cm. Der Außenrand ist ca. 5 cm breit, der Innenrand ca. 1,5 cm, der obere Rand ca. 2 cm. Pro jetzige Seite gibt es 18 Zeilen, ursprünglich gab es schätzungsweise 25 Zeilen pro Seite; pro Zeile gibt es ca. 50 Buchstaben. Großbuchstaben am Zeilenanfang sind nicht ausgerückt.

Rubrizierung: *Titulus* auf 1^r, Z. 6, 3 Zeilen hohes D am Anfang von 1^r, Z. 7, 8 Zeilen hohes V am Anfang von 1^r, Z. 11-13, und einige Strichelungen (Betupfungen) bei Großbuchstaben.

Interpunktion: Punkt unten auf der Zeile in der Mitte; keine Akzentuierung.

Das Fragment ist ziemlich schmutzig und fettig; es hat mehrere kleinere und größere Löcher (mit Textverlust) und einen alten, zugenähten Riß (ohne Textverlust) sowie einige Risse oder Schnitte, die wohl meistens von dem Messer eines Buchbinders stammen. Auf 1^r steht senkrecht vor Z. 12-14 in einfacher gotischer Textualis das Wort: cholrůr (?).

S. XXXII, Fn. 41, Z. 2, lies: *abominabilis* (statt *abominiabilis*)

S. XXXIX, Z. 17f., lies: In den meisten Fällen entspricht dieses Zeichen einem modernen Komma; es gibt aber auch einige Fälle, in denen ...

S. XLV, Z. 25f., lies: (V^1, 1^r, Z. 26) - Es ist S. 393a,25 im Einlegeheft zu Bd 10.

S. 9,3: DER: D sollte eine 3 Zeilen hohe, kursive Initiale sein (es ist rot in der Hs., s. das Faksimile).

S. 29,1, lies: speculatio

S. 41,14, lies: hêiligen (wie im 1. Apparat)

S. 64,2, lies: Hiêr (Zirkumflex über *e*)

S. 64,5f.: Der Psalmtext sollte in kursiven Kapitälchen sein (wie S. 64,1).

S. 82,13, lies: dei.

S. 96,1: Ergänze dazu im Apparat: *ze mîr chêrtist. (*?; vgl.* Y, *aber auch den* Notker latinus *z. St.*)

S. 108,19, lies: chît (Zirkumflex)

S. 124,16, lies: an diû (Zirkumflex)

S. 152,17, lies: IN ORE

S. 171,4, lies: DOMINVS

S. 53a,23 (im Einlegeheft zu Bd 8), lies: komen

Bd 9:

S. 185,13, lies: *meę*

S. 194,20, r. Rand, lies: S368

S. 198,12, lies: ne-lâzet

S. 204,26, lies: one spiritus

S. 206,17: Der Psalmtext sollte in kursiven Kapitälchen sein (wie S. 206,15).

S. 207,10, r. Rand, lies: S396

S. 210,20, uber-sprîngo: Glosse nicht kursiv.

S. 222, 1. Apparat, Z. 2: 15/16 ṕ/spera: ergänze *pro*-Schleife durch Unterlänge von *p̸*.

S. 229,11, lies: PA-

S. 231,1, lies: Dînero (Zirkumflex)

S. 231,2, lies: chû-

S. 232,21, lies: VOBIS

S. 233,6, lies: *Regna terræ*

S. 233,16, lies: gemíchel<l>îchot

S. 233,25, r. Rand, lies: P263

S. 243,9, lies: gân . dô

S. 251,10, lies: *calumniatorem*. (statt *calumniatiorem*.)

S. 252, 1. Apparat, Z. 1, lies: 3 (r;

S. 261,21, r. Rand, lies: S510

S. 263,13, lies: uuórten

S. 268,26: . I . AD DIRIGENTES. sollte in Kapitälchen sein (wie S. 269,21f.)

S. 268, 1. Apparat, letzte Z., lies: DIRIGENTES

S. 277,21, lies: danne

S. 282,13, r. Rand, lies: S548 *47*

S. 284,4, lies: fidelium

S. 293,17, lies: princeps

S. 294,16, lies: perfectionem

S. 300,10, lies: er áber

S. 306,25: Gehört die Glosse in den Text?

S. 354,6, lies: percipit

S. 368,9, lies: ciuitate

Herausgeber und Verlag möchten der Stiftsbibliothek in St. Gallen auch an dieser Stelle freundlich für die Erlaubnis danken, dreimal zwei Faksimiles aus *R* (die Seiten 9/10, 180/181, 368/369) jeweils am Anfang der 3 Textbände des Psalters abdrucken zu dürfen.

Herr Carsten Seltrecht, diplomierter Photograph in St. Gallen, hat die Photographien angefertigt.

Es hat sich leider ergeben, daß einige Seiten in Bd 8 in mehreren Exemplaren etwas zu blaß zum Abdruck gekommen sind. Der Verlag hat sich aber großzügigerweise sogleich bereit erklärt, diese Seiten (21, 28, 29, 32, 64) hier anschließend nochmals abzudrucken, und zwar so, daß sie leicht herausgeschnitten und an entsprechender Stelle eingelegt oder eingeklebt werden können.

Es ist mir ein Bedürfnis, am Ende dieses 6. Bandes von Notkers Psalter dem Verlag und vor allem Herrn Produktionsleiter Wolfgang Reiner aufrichtig für die Sorgfalt zu danken, die er meinem öfters komplizierten Manuskript hat angedeihen lassen, wie auch für die Offenheit, mit der er auf meine Vorschläge und Wünsche eingegangen ist.

ualde uelociter. Pechêren sih ad penitentiam . unde scámeen R21
sih sâr filo slîemo . êr sîn zórn chóme. *PRO VERBIS* 1 S22
CHVSI FILII GEMINI.
*D*ô ABSALON uuider sînemo fáter uuas . dô hiêz der fáter
stillo sînen friûnt chusi . sáment demo súne sîn . in diên uuór-
ten . daz er imo ze‿uuizzen<n>e tâte so uuélen frêisigen rât er
kelîhnisso
dâr fernâme. Ze déro similitudine sang DAVID disen psal-
mum . fóne démo súne . den sîn fáter toûgeno under mitte
iudeos sánta . daz er ménnischôn freîsa eruuánti.
DOMINE DEVS MEVS IN TE VOX PROPHETAE. 2
sperаui . saluum me fac ex omnibus persequenti-
bus me . et libera me. An dih trúhten gedingta ih P17
iêo . halt mih . daz chît . nére mih fóne mînen fienden . unde
keîstlicho
lôse mih. Lôse mih fóne ABSALONE . álde spiritaliter fóne
nidir-rise.
diabolo. *Nequando rapiat ut leo animam meam . dum non* 3 S23
est qui redimat . neque qui saluum faciat. Niêo er mîna sêla
ne-erzucche also leo . sô der neist der mih lôse . alde halte . daz
chît . so dû mir ne-hélfêst. Úbe dû ne-hilfest . sô gemág er mir.
Domine deus meus si feci istud . si est iniquitas in manibus meis . °si 4 5
reddidi retribuentibus mihi mala . decidam merito ab in-
imicis meis inanis. Trûhten got mîn . ube ih diz téta . ûbe
diz unreht ist in mînen hánden . daz ih mir leîd umbe liêb
tuôntên sauli unde absaloni . dára áfter lônota . sô uállo ih
mit rehte . daz chît . sô uuirdo ih mit rehte eruéllet fóne mî-
nen fienden . lâre déro guôti. *Persequatur inimicus ani-* 6
mam meam . et comprehendat eam. Sô iágeie diabolus
mîna sêla . unde gefâhe sîa. *Et conculcet in terra uitam meam.*

---

2 P R O: *zwischen* P *und* R *Punkt auf Zeilenhöhe* 6 daz: z *aus* r *verb.*
10 VOX PROPHETAE˙; *rot* 12 *(kleines, rotes* r *auf dem Rand)* gedingta: gt *auf Ras.*
17 erzucche: h *aus* e *rad. und verb.* 20/21 in/inimicis

R28

nem . *et ciuitates destruxisti.* Des tiêueles suért fersuînen in én-
de . unde sine bûrge ! zerstôrtost du. Vuele sint diê burge? ane
ungelôuba unde ubeli. *Periit memoria eorum cum sonitu.*
uuîder-sprâcho
Do zegiêng dero ûbelon geuuaht . mit demo scâlle contradi-
ctionis. Siê uuûrden guôt unde stille. *Et dominus in ęternum per-* 8 S36
tiête
manet. Vnde ziû chrâdemdon gentes uuider trûhtene . iâ
ist er iêmer. *Parauit in iudicio tronum suum.* Ér rîhta sînen
stuôl iô dô âna . ûnz man hiêr ûber în dingota. Vuaz mag
tougena sûnes
toûgenora sîn? Ne-sint daz occulta filii? *Et ipse iudicabit or-* 9
bem terrę in ęquitate. Vnde der daz sô toûgeno máchot .
ter selbo irtêilet ûber diê uuerlt in‿êbini. In déro êbini . daz
er ne-heînen mêr ne-hîndert sînero frêhte dânne ânderen.
Iudicabit populos in iustitia. Ér irtêilet ûber diê liûte âfter
rehte. Daz er scûldige ne-máchot ze‿ûnscûldigen . noh ûnscûl-
dige ze‿schûldigen . so diê mennischen tuônt . diê diû
herzen nesêhent. Mannolichen leîdot dâr . alde fersprîchet
dâr sîn conscientia. *Et factus est dominus refugium pauperum.* 10
Vnde truhten ist zû-flûht déro ârmon . diê gerno hiêr arm
sint . daz siê hîna sîn rîche. *Adiutor in oportunitatibus in* S37
tribulatione. Hélfare in‿uâlgo an déro nôte . unde an‿dero ar[b]-
bêite. *Et sperent in te omnes qui nouerunt nomen tuum.* Vn- 11
de an dih kedingent alle . diê dînen nâmen uuizzen. Din na-
mo ist . est . ana-uuist. Ter est . i . ana-uuist pechênnet . der bechen- P25
net dih . unde gedînget an dih . unde ist îmo unuuerd daz uuéhsal-
lîcha. *Quoniam non derelinquis querentes te domine.* Mit rehte uuanda dû ne-
ferlâzest truhten diê dih suôchent. *Psallite domino qui habitat* 12

8 *vgl. Wiener Hs. (Y):* io doh 14 *(kleines* r *auf dem Rand)* ûnscûl: ûns *auf Ras., davor Ras.* 15 *nach* dige *altes Loch im Pgm.* 17 dominus est: *durch Zeichen umgestellt* 23 est[2] . .i. *übergeschr., vielleicht zu Unrecht* 24, 25, 26 *(bis* Psallite *einschließlich) auf Ras.; einige ursprüngliche Akzente noch sichtbar*

R29

uuarta
in syon. Salmo-sangont démo . der in syon bûet. Târ speculation
ist . dâr bûet er. Vuar ist si? Ane dar sine hêiligen sint . diê fóne
uuarto ze anasihte
speculatione uuellen chómen ze uisione . daz chît fóne uuarto
kedingi
ze ánasihte. Er gelônot în dero uuarto . idest spei mît tero anasihte.
predigara
Adnuntiate inter gentes mirabilia eius. Chundent prędicatores
tiêtin
siniû uunder gentibus . sô sálmosangont ir uuóla. *Quoniam requirens* 13
sanguinem eorum memoratus est. Vnde ne-furhtent ten dôd .
uuanda er forderot kehúhtigo . sînero martyrum sláhta. *Non* S38
est oblitus orationem pauperum. Er ne-fergizet déro armôn
gebétes . sô sûme-lîche uuânent . uuánda er ne-gâhot. *Miserere* 14
mei domine . uide humilitatem meam ! de inimicis meis. Gnâde
mir truhten . chiûs fóne mînen fienden mîna diêmuôti. Siê há-
bent mih kediêmuôtet . gagen des siê úbermûote sint. Daz sprî-
in dêro marterero stal.
chet der propheta in persona martyrum. *Qui exaltas me de por-* 15
tis mortis . ut adnuntiem omnes laudationes tuas in portis filię
syon. Du mih hôho irhéuest fóne diên porton des tôdes . so alle
fir-leitara.s.portę mortis
seductores sint . du gnâde mir . daz ih chúnde dîn lob. in diên por-
kotis priûte
ton déro ęcclesię . so diê alle sint . diê ze góte lêitent . unde siê dih
stimmo
sáment mir lóboen. *Exultabo in salutari tuo.* Nah téro uoce 16
des armin uuizzego ze gôte
pauperis . chit der propheta ad deum. An dînemo haltare freuuo ih P26
mih. An CHRISTO trôste ih mih mînero arbêito. *Infixę sunt gentes*
in interitu quem fecerunt. Gentes tâten dod tînen martyri-
bus . in demo stecchent siê selben. Martyres irlîten horscho mor- S39
ahtara tode selo
tem corporis . persecutores ligent in morte animę. *In laqueo isto*
quem absconderunt comprehensus est pes eorum. In disemo stricche den
siê búrgen . gehâfteta in îro fuôz. Sie uuolton andere besuîchen .

---

4 anâsihte 12 fônen: n^2 *durch kleinen Strich darüber und darunter getilgt*

non mouebor . a generatione in generationem sine malo. Er dâh- R32
ta sús . âne arg-liste ne-uuirdo ih mâre . fóne chúnne ze chúnne.
zoubir-liste
Alde ze êuuighêite ne-mag ih chómen . magicę artes ne-tûen iz.
Also symon ze himele fliêgen uuolta . mit diên sélben listen. *Cuius* 28(7)
maledictione os plenum est . et amaritudine . et dolo. Des munt
kot-scelto
foller ist ubelo sprêchennis uuanda er blasphemus ist . unde eîueri .
crimhêit in gotis scalcha
uuanda er crudelia gebiûtet . in seruos dei. *Sub lingua eius labor* S44
et dolor. Vnder sînero zungun . liget lêid unde arbêit. An‿dero
zungun oûget er guôt . sô er sih ságet cót sîn . dâr úndere birget P29
er dîa ubeli . diû labor unde dolor ist. *Sedet in insidiis cum di-* 29(8)
uitibus in ocultis. Diê er rîche getân habet . mit tiên sizzet er tôu-
geno in‿uâron. *Vt interficiat innocentem.* Daz er únscádelen
erslâhe. Er sláhet unscadelen . so er în‿scadelen getuôt. *Oculi eius* 30(9)
in pauperem respiciunt. Sîniu oûgen uuartent án‿den ármen.
arm in muôte.i.toûm<u>ote
Démo fâret er . der pauper ist spiritu. *Insidiatur in oculto. sicut leo in*
cubili suo. Also tougeno fâret er . sô der leuuo in sînero luôgo. S45
Er ist péidiu ióh starch . ióh listîg ze‿besuîchenne. *Insidiatur ut ra-*
piat pauperem . rapere pauperem dum attrahit eum. Er uâret
dáz er den ármen er-zúcche . er îlet in góte zúcchen . sô er in zé
îmo zîhet . unde in an sih hêizet uuénden gótes êra. *In laqueo su-* 31(10)
o humiliabit eum. An sînemo strîcche ge-nîderet er in. Vuanda
mit sînen zêichenen . machot er în‿uersîhtigen. *Inclinabitur et*
cadet cum dominatus fuerit pauperum. Sô er daz allez ketuôt .
unde er ármero sô uérro geuuáltet . dára nâh . sîget er unde stúr-
zet. *Dixit enim in corde suo oblitus est deus . auertet faciem suam* 32(11)
ne uideat in finem. Er sol dánne geé<i>scon . daz er dâhta . got há-

---

2 âne 14 uuartent] uuanda 17 b *vor* zebesuîchenne *rad.* *Punkt fehlt* 25²

R64
PRO SVSCEPTIONE MATVTINA PSALMVS DAVID. 1 P66

Hiêr singet der propheta passionem domini . umbe den ántfang déro
urstendi marte-
uôhtun . daz chit umbe dia resurrectionem . ze déro diû pas- S105
ro anaburt
sio râmet . an déro er anderest ûnsera naturam infieng . iû
unuuartelicha
incorruptibilem uuórtena. *DERELIQVISTI?*
D*EVS DEVS MEVS . RESPICE IN ME . QVARE ME* 2
Sús haret CHRISTVS in cruce ze sînemo fáter. Gót .
Gót mîner . sih án mih. Ziu ferliêze du mih?
Sámo so er châde. Vuóltist du mir fóre sin .
mênniscen halb
so ne-lîte ih sus-lîh. Diû chlága ist secundum homi-
deus mevs deus mevs
nem. Vuaz ist diz . ane daz er chat ebraice? HEL . I . HEL . I .
utquid dereliquisti me?
LAMA . SABACTAN I. *Longe a salute mea . uerba delictorum*
meorum. Férro sint fóne mînero hêili . missetâtigiû uuórt.
Án dero mînero uuorten . sint míssetâte nals an minen. An în
bin ih súndig. *Deus meus clamabo per diem . nec exaudies.* Got mîner . 3 S106
ih háren dir be tâge . daz ne-gehôrest du. So uuîo ih der
stoûf tôdis
tag si . du ne-gehôrest mih . umbe calicem mortis . Dû ne-irlazest
mih . ih ne-trinche in. *Et nocte . et non ad insipientiam.* Noh
an dien mînen gehôrest du mih nahtes . daz chit in îro nôten .
unde daz ist în ze hêili . nals ze únuuîzzen. Paulus pîtet dih
couhlicho kelust lîchamin
insipienter umbe stimulum carnis . den ne-gehôrest du . umbe
hêilida
sîna salutem. *Tu autem in sancto habitas laus israhel.* Áber dû bûest 4
in dinemo heiligen sûne . lob israhelis . doh du sîna béta ne-
gehôrest. *In te sperauerunt patres nostri . sperauerunt . et liberasti eos.* 5
Únsere fórderen dîngton an dih . unde du lôstost sîe . also du P67
fone louuuon gruobo
tâte filios israhel de egypto . unde danihelem de lacu leonum . un-

21 denne: de *aus* ta *rad. und verb.;* den *und* ne *durch akutartigen Strich getrennt* 22(r) Áber: *über* e *Ras.*

5 unuuartelicha: e *übergeschr.*

INHALT DER BÄNDE 8, 9, 10

FRAGMENTE

(Vgl. Bd. 8, S. XVI, Korrekturnote 4a, sowie Bd. 9, Fußnote zur Inhaltsangabe auf S. [V].)

Paralleldruck zu den Seiten

259-261, 324-326, 381-387, 392-395, 443-445, 448-450, 473-475,

478-480, 479-485, 501-504, 507-518, 543-557, 563-564, 568-575

F

// Po::: 1^r

Für eine Beschreibung dieses neu aufgefundenen Fragments (vgl. die Einl. in Bd. 8 dieser Neuausgabe, S. XVI, Fn. 4a, Korrekturnote) s. die Nachträge und Berichtigungen am Schluß dieses 3. Psalterbandes. Seite 1^r ist so stark abgerieben, daß fast nichts mehr erkennbar ist. Abgesehen von dem, was unten wiedergegeben wurde (vor allem Rubriziertes), sind gelegentlich noch einige Schäfte und Oberlängen sichtbar; auch rote Reste des titulus auf S. 260a, Z. 6, sind noch zu sehen.

F

V̸

s fili

h

/D:s:r

VT Q st: :: f:n:m

storem M̸

p:s::disti ab ::

/

-

// an 1v

---

2 V̸: nur rote Betupfung (Strichelung) erhalten 16 M̸: nur obere Hälfte und roter Tupfen erhalten 19 unterer Teil der letzten Zeile abgeschnitten, nur noch einige Oberlängen zu sehen

F

hei:ig :aren. In in sacra-/
me:::s F
E: / glor:a:: Un: wie sih guol::ch
ende. / D:z :egeg::ͤ rehte d sih gu ten
christum i:slagen / :aben. I: s m::atis tu: Z st
/ azimorum . do oͮh christus irslagen wart. ₱
:u:: signa sua si na. / Sazten da ir uanen :::mer: ir uanen
d:z si da wærin n mo/nimen::m ::c:orię. Et non cognouerunt.
Und ni wessen. Waz? / Daz iz uindicta dei r gloria. Sicut
in egres:um desuper. / Sine da::en sam: : enez urloͮb
uon himele nub an / i: fortitudinem. Øu:s: in silua lignorum
securibus exciderunt / ianuas eius in idipsum . i . conspiranter et con-
s:::ter. Si hiv/wen mit :::muͤte di tuͤr: mit aksen ::s
/ holze unduͤrl:che nider s:eht di b:ͮ:e. In bro
et frac/::ri: d:::cerunt eam. M:t p:rte: :nd mit st::hele n
si / s::. Ɨncenderunt ig:: sanctua::um ::um. Pranden d:n w /
N e ach p::luerunt taber/na-
cul: nomin:s tui. Pewullen d:z g:zelt dins nam::· daz /

---

2 F: *nur Oberschleife erhalten; sonst nur einige Oberlängen erkennbar* 4 :egeg::ͤ: *hochgestelltes* e *Rest der Ligatur* de *(auch in* desuper, *Z. 10)* 6 ₱: *nur roter Schaft erhalten* 7 si na: *dazwischen Loch im Pgm.* 8 n: *davor senkrechter Riß im Pgm.* 9 Und: *danach Anfang eines alten aber zugenähten senkrechten Risses, der bis unten weitergeht* 9,10 dei r und : enez: *dazwischen großes Loch im Pgm.* 10 *vor* desuper *Loch im Pgm.* 13,14 *vor* di *und* nider *Loch im Pgm.* 14 unduͤrl:che: d *nicht ganz sicher* 15 d:::cerunt: *nur Oberlänge des* d *erhalten* 16 w: *nur vordere Hälfte sichtbar* 17 ach: *von* a *und* h *nur Schäfte erkennbar* p::luerunt: *nur Unterlänge des* p *zu sehen* 19 *von der letzten Zeile sind nur einige Oberlängen und die rote Strichelung des* D *von* Dixerunt *erkennbar* *Punkt fehlt (oder nicht sichtbar)* 5[1] 15 16[1] 16[2]

E

tér ge-gûollich:t :vi:: :: ::: :::::go: râte Streifen a^{r}

An dir se<l>bemo bist tu mahtig . Streifen b^{r}

fone ren. Tu dominaris

Eine Autopsie dieser Fragmente war leider nicht möglich. Als ich Herrn Professor Eis im Sommer 1981 besuchen wollte, war er zu krank, um mich zu empfangen. Die Photographien, die ich benutzen konnte, sind sehr gut; sie wurden im Vetus Latina-Institut in Beuron angefertigt.

11 *in Glossenschrift auf dem unteren Rand nachgetragen, und zwar mit Akzenten* 25 An dir: *nur teilweise erkennbar* mahtig: *über* h *Schleife eines* g *erhalten*

E

potestatis maris. S st tero

mahte des meres. Ub

1 *nur oberer Teil der Ligatur* st *erhalten* 1-2 tero *bis* Ub: *der untere Teil steht auf Streifen a*[r] *oben* *nur oberer Teil des Schaftes des* b *von* Ub *erhalten*

iut . ter d:a uuunna — Streifen b^V

uueiz . ter daz — h tero zueio

ureuuen sol. Domine in ::

uuizen . die gant truht — Streifen a^V

12 *der obere Teil von* uuizen *bis* truht *steht auf Streifen* b^V *unten*
truht: u *übergeschr.*

/ irrafsungo. Et a 1[r]

uoce / de-

ro stîmmo dînes tóneris tînero dróuuun . a

/

bitis. Ascendunt m / in lo-

cum quem fundasti eis. Unde so bu h prędd / la-

Da L verschollen ist und mir nur eine Teilphotographie zur Verfügung stand, muß ich mich weithin auf Zwierzinas Kommentar verlassen.

21-22 irrafsungo *bis* uoce: *nur unterer Teil erhalten* 23 *stîmmo 26 p̄d: *Strich kaum sichtbar*

L

zent sih nider pop::: :nz‿án dîa stat t:nero / ue-
ste tâte . quia non inclinabitur . in seculum s:culi.
/ eis . qu: non transgredientur . neq<ue> reuertent:r ope
Marcha saztost tû in fide<m> . catholicam . d:a sîe / noh
furder ne-iruuindent ze decchenne dîa /
sunda ze niuuo:ne . unde aber ungel::big z /
Qui emittis fontes in conuallibus. Tû dîe brúnn
/tubelen . dû dien d:emuoten gibest sc:en:iam doc
/ montium pertransibunt aquę. In mitti d::: b:rgo ri
/ uuaz::. Dero apostolorum lêra ist kemeine. :az
m / comune. Potabunt omnes bestię silulę. Fone
dîu / gentes. Exspectabunt onagri in siti ::a.
Iud / un: elias chome unde enoch. Super
ea uolucr / de medio pętrarum dabunt uocem.
Obe :::: :izzent / episcoporum animę . flegent
iro . ûzer stei::n spre / sîe habent fône prophętis
et apostolis . nals fo:e plat / sîe. Rigans montes de su-
perioribus suis. Abe: dû bi / fone hîmele. Al-
so éne iz habent fone apostolis . so hâbent / fone dir
uuánda du sîe uúllest spiritu sancto. / tuorum satiabitur
terra . fone dînero uuércho dîeh / sât tîu erda. Daz
ist tîu erda diu sih satot tero lêr / regenost fone hime-
le. Producens foenum iumen::s. Heu:e béren //

---

11 *Strich über* comune *nicht, über* om̄s *kaum sichtbar* 19 fone[1] *übergeschr.*

/ 1[V]

diu seti cor/
in urô. Ut exhilaret faciem in oleo . id est in nitore. /
ne gehúgilichôe in glizemen. Daz
ân / ih gratia dei . éinuuéder curationum al-
de lingua/ e etelichis charismatis. Uuanda
iz chît. Uni/ spiritus ad
utilitatem. Et panis cor hominis confirmet . /
ero sêlo lába . sîn herza sterche. Saturabuntur lig/
d est panis uini et olei . uuerdent sát plebes po-
pu/ ige. Et cędri libani. Sô uuerdent oûh po-
ten/ eren sint also dîe cędri dîe ûfen libano
uuahsent / en sint. Sint tîe iz alle?
Quas plantauit. Echert / so der salua-
tor chît. Omnis plantatio quam non /
us eradicabitur. Illic passeres nidifica-
bunt. / smáliu ge-uúgele. Sie stiftent monaste-
ria ân / inne sî . sanctorum fratrum communio.
Fulice domvs / marina auis . aldé stág-
nensis . unde nistet in pę/ de. Dârána uuer-
dent fluctus collisi . also ôuh‿an / iudei fracti
uuúrten. Der ist îro herezogo . sîe sint / ent
sih cędri . unde tuônt sie in molestias . alde /

---

5 *nur unterer Teil erhalten* 6 ûro 19 us: *nur zweiter Strich des* u *erhalten* 22-24 *zwischen* Fulice *und* domvs, nistet *und* in, ôu *und* han *(!) Loch im Pgm.* 22 marina: *vordere Hälfte des* m *abgeschnitten* 25 herezogo: o[1] *aus Ansatz von* u *oder* e *verb.*

L

bet sie daz tannân . dáz ist naufragium cedrorum . /

anda domvs fulicę ist îro dux. Andériu editio

chît. / eorum. Herodius ist maior omnium

uolatilium . der uber/ unde izet în . unde be-

zeichénet potentes fortis/ h uuîlon dûont renun-

tiationem sęculi . unde hû/ ele. Daz pilde lucchêt ouh

tara andere dîe / nt . uuanda in‿iro‿zimberon lî-

chet. Montes excelsi cer//

/ tempore huius mo 2r

si suuinet und uuahset also luna . / si uberuuîndet aber dîa unstátigi sô tempus zegât. Sol cognouit occasum / suum. ::::::s sol ::sticię . irchánda sinen tôd. Vuaz ist taz? Er uuólta in . er lîche/ta imo . er léid in gérno. Posuisti tenebras. Sament temo dôde sáztost / tû got fînstri sînen discipulis . uuanda sîe dô iro spem uerluren . dîa / sie ân îmo habeton. Et facta est nox. Unde diu nâht uuard‿tô . fone / dero christus ze petro châd. Hac nocte expetiuit te satanas . ut cribraret / te sicut triticum. Ne-skein daz tó ér sîn ze drin mâlen uerlóu-genda? / In ipsa pertransibunt omnes bestię silulę. In dero nâht farent ûz in‿iro uue/ida alliu uuald-tîer . alliu

---

1 tañnan 2 *Ánderiu 4 unde[1]: *nur zweiter Strich des* u *erhalten* 15-16 tempore *bis* luna: *nur unterer Teil erhalten* 20 *tôde 21 *ân îmi 22 *chád 23 criberaret: e[1] *zu* r *verb.*, r[2] *durch Punkt getilgt* 26 *nâht; *vgl.* R *Punkt fehlt* 18[3] 21[3]

dęmonia . daz siu petro unde anderen fide/libu: :areen. Catuli leonum rugientes ut rapiant. Uuélfer leuuon zî/hent sih uz mit ruôde . ziu? âne daz siu iêht irzucchen. Et querant a deo / ęscam sibi. Unde siu fone gote guuunnen uûora âne des kelâz in niêht / uuerden ne-mág. Ortus est sol et congregati sunt . et in cubilibus suis collocabuntur. / Dara nâh irrán diu súnna . irstûont christus . tô samenoton sih tiu selben uuald/tîer . unde zugen sih in iro lucher . in corda infidelium. Uuanda dô / christus irstûont . tô uuurten sie uluhtîg . unde dô rûmdon sie fidelibvs. / Exibit homo ad opus suum . et ad operationem suam usque ad uesperam. Dannan / anauuert fone demo morgene . gât man-nolih ze sînemo uuerche . / des in ęcclesia durft ist . unz ze âbende. Daz ist finis sęculi . dâr gât / uuer-ches ende. Quam magnificata sunt opera tua domine. Hêrro uater uuîo / michel-lih tîniu uuerch sint . anderiu ne-sint in gelîh. Omnia in sapientia / fecisti. Ân christo scúofe dû alliu ding. Impleta est terra possessione tua. / Tiu erda ist tés fól . daz tu besizzest. Sî ist fol christianorum . dîe sint tîn / possessio. Hoc mare magnum et spaciosum manibus. Tiz mére ist míchel / unde uuîthende. Illic reptilia quorum non est numerus. Also dâr ana //

/ uuirt . taz sie under in‿mitten genesent . unde ad 2v

---

4 kêlaz   15 *Ấn Punkt fehlt 17[1]   26f. uuirt *bis* folle: *nur unterer Teil erhalten*

portum salutis folle-/choment . uuanda christus iro gubernator ist. Draco iste quem formasti / / ten du ::‿huohe hab:st ke-ma::::. Uu:mo bu: / sanctis . et angelis sanctis. Uuîo animabus sanctis? Vuanda sie :::tt::: sin / h::bet . taz chît . ana genne sin:ro temptationum u . Uuîo / angelis sanctis? Âne mit temo iteuuize daz er un:u::tes :one / gloria chomen ist ad miseriam . unde uone angelo di::ol:: :uorten / ist . fône diu . ist sęculum zâlig . uuanda der dar O:::: / a te exspectant . ut des illis ęscam in tempore oportu::: :ll:: bi:::: / siu dîn . daz tu siu âzest . sô is zît sî. Ioh reptili: :oh ::::::ia / pusilla et magna . ioh selber der draco . ioh possess:: ::: qua re/plesti terram. Uuaz ist ęsca draconis? Terra. Ama::: ter:: ::: si: / ęsca . fône diu chît iz. Quę ·sursum sunt sapi-te . non quę s:::: :e::am. / Der sursum den-chet . ter ist aurum . den ne-gibet ::: got z: / :zenne fúre erda. Dante te illis colligent. So d: :n gi:::: . / sô nement sie. Iro potestas ne-gîbet in ęscam . nube t: te / manum tuam . omni-a implebuntur bonitate. Sô du christum der d:: :::us ist / ke-offenost . sô uuírdet tîn possessio iruull:: alles kûotes. / Auer-tente autem te faciem turbabuntur. Aber dir uone in sehentem: / uuerdent sîe getrûobet in iro temptationibus . tie sie danne l:-dent. / Ziu? Daz sîe gelirneen . daz tû in uore uuare . dô sie unge-t:uobet / uuaren. Auferes spiritum eorum et deficient . et in pulue-rem su:: :::er:entur. / Ze dero uuîs nimest tû in iro spiritum . daz ist iro . / unde geloubent sie sih iro . unde iruuin-

---

6 sanctis. 8 *Fône 11 zît] chît *(statt cît?)* 14 *fône 18 *gîbet 19 christum *fehlt* 19-20 *vor* keoffenost *ein Wort gleichen Umfangs rad.* 23 uuare: ua *auf Ras.* *Punkt fehlt (oder nicht sichtbar)* 17[2] 26[1]

L

dent ze d::: ::::nche . / daz sie puluis sint. Emitte spiritum tuum .

et creabuntur . : ::nouabis //

V^1

// Edidit terra eorum ranas . in pęnetralibus regum ipso- 1r
rum. Iro erda uuárf ûz tîe urôsca . / ioh in‿dero chuningo bêtte-
chameron. Dixit et uenit cynomia . et ciniphes / in omnibus fini-
bus eorum. Dô gebôt er oûh unde châmen sâr dîe húnt/fliegun .
unde mucca châmen in allero endegelih. Posuit pluuias eorum

---

25 fleigun

gran/dinem. Iro régena machota er ze hágele. Ignem conburentem in terra ipsorum. Prennen/tez plich-fîur máchota er in iro lânde. Et percussit uineas eorum et ficulneas eorum . / et contriuit lignum finium eorum. Unde daz uuéter s[c]lûogh uuînegarten . unde /fîgh-pouma . unde uermuleta boumeliche dâr in lânde. Dixit et uenit lo/custa . et brucus cuius non erat numervs. Sô gebôt er aber . unde dô cham / máto-scregh . châm sîn sún chéuer . des ende ne-uuâs. Et comedit omne / fȩnum terrȩ eorum . et comedit omnem fructum terrȩ eorum. Unde urâz héuue unde / allen erdu uuôcher. Vuér uraz . ioh locusta ioh brucus. Et percussit omne / primogenitum in terra eorum . primicias omnis laboris eorum. Dô slûoc er daz êrist / porna dâr in‿lande . slûogh tîe urúmegifte . daz chît . tîe frûoges/ten állero îro árbêito. Iro altesten chint . unde dîu êrest uuortenen iun/giu des uéhes . mit arbéite gezógeniu lagen sament thôt. Et eduxit eos in / argento et auro. Er leita sîe uz keladene mit colde unde mit silbere. Daz / hîez er sîe intlîhen . náls daz er unreht kebîete . nube daz sîn gebot . / unreht uuesen ne-mag. Et non erat in tribubus eorum infirmus. Sî-echer / ne-uuas under in. Cot uuolta sîe úngeirret uuârin ze îro uerte. / Lȩtata est ȩgyptus in profectione eorum . quia incubuit timor eorum super / eos. Egyptus fréuta sih iro uérte nâh tiu sie pharaonis tôd ke-éiscoton . / uuanda in îro uórhta ana lágh. Sîe uórhton daz sîe iruun-dîn / unde die reliquias tîle-gotin. Expandit nubem in protectionem eorum. / Sô sie uaren begondon . so deneta er daz uuólchen uber sîe tages . fore / dero hizzo. Et ignem ut luceret eis per noctem. Unde nahtes fiur daz iz in / lîehti. Petierunt et

---

4 sclûogh: *Zkfl. aus Akut verb.* 8 c̄medit[1] 10 *uraz? ioh[1]: o *durch Wurmfraß fast ganz verschwunden* 12 slûoc] sclûo urum̃egifte: *auch als* urûmegiste *zu lesen* 13 frûoges/ten: ûoges/ten *andere Hand und wohl auf Ras.* 15 thôt: *unter* hõ *kleines Loch durch Wurmfraß* 17 nlâs 19 unĝe irret

et uenit coturnix. Sîe bâten uleiskis . tô cham in / coturnix . taz ist
flêisg. Et pane cęli . id est manna saturauit eos. Vnde / mit himelbrô-
te gesáteta er sîe. Daz pezeichenda christum uone hime/le chomenen.
Disrupit pętram et fluxerunt aquę. Den stein spîelt er . / dannan ûz
runnen uuazer. Abierunt in sicco flumina. Sîe durh fûo/ren ior-
danem in‿truccheni. Quoniam memor fuit uerbi sancti sui . quod habuit ad //
abraham puerum suum. Daz têta er allez . uuanda er irhugeta sî- 1[V]
nes ke/heizes tén er abrahę teta . sinemo trûte. Et eduxit populum
suum in ex/ultatione . et electos suos in lęticia. Unde leita er ûz
sinen liut / in sprun-gezinne. Sô ist aber daz selba . unde sîne iruué-
liten in ure/uui. Et dedit illis regiones gentium . et labores populorum
possiderunt. / Dô gab er in lantskefte dîeto. Sô ist aber daz sel-
ba. An-derro liûto / arbeite besâzen sîe. Vt custodiant iustifi-
cationes eivs . et legem eius requi/rant. Daz sîe rehtes huôten . unde
sîna éa begángen . uuanda mit tîu / summum bonum guun-
nen uuîrt nals mit possessione regionum. /
Alleluia ist ouh hiér uuanda also gotes cnâda skéin in‿e-
lectis suis . fóne / dîen der êrero psalmus sagêta . sô ne-gebrást
iro ouh in‿amaricantibus / fone dîen nú gesungen sol uuérden. *A L L E L V I A .*

Confitemini domino quoniam bonus. Iehent trúh-
tene iuuerro súndon . / unde ne-uer-chunnint in
gnâdon uuanda er gûot ist. Quoniam in / sęculum mi-
sericordia eivs. Vuánda in uuerlte ist sîn gnâda . in uuerlte /
ist locus pęnitentię . náh tero uuerlte ende chumet iudicium. /
Quis loquetur potentias domini? auditas faciat omnes laudes eivs. Uuer /
ist ter gotes mahte gesahe . dîe un-sageliche sînt? Vnde uuer

---

19 uuerden: n *durch Wurmfraß fast ganz verschwunden* ALLELVIA. *gehört nach* regionum., Z. 15, *wo am Ende der Zeile zu wenig Platz war* 20/21 truhtene 21 chunnint: n[3] *übergeschr.* 23 uuerlte[1]: r *übergeschr.* 24 pęnitentię: *unter* ten *kleines Loch durch Wurmfraß* *Punkt fehlt* 1[2] 2[2] 4[2] 7[1] 10[1] 10[2] 13[2] 23[2]

ist / sô héilig taz er siu alliu tûe . sô er siu gehôret? Uuelîu sin tîu lób? / Âne opera mandatorum eius . tîu mit rehte héizent laudes eius . uuanda / er gôt án în laudandus ist . qui operatur ea in nobis. Beati qui custodi/unt iudicium et faciunt iusticiam in omni tempore. Sâ-lige dîe ge/rihtes huôtent . unde réht tûont in‿allen‿ziten. Daz sint tîe / anderen rihtent . unde selbe réhto lébent. Memento nostri domine / in beneplacito populi tui. Ir-huge un-ser truhten ân dero lîebsami / dînes liûtes. Sament tîen laz un-sih uuésen . ze dîen dir lêibo sî . / quia non in omnibus bene-placi-tum tibi est. Uisita nos in salutari tuo. / Uuîso unser an christo dîne-mo háltare. Sô er chôme unde nouus / populus uuérde . sô zele un-sîh ueterem populum zû nouo. Ad uiden/dum in bonitate electorum tuorum. Ze sehenne an dero gûoti dînero / iruuéleton. Daz uuir in ében gûote uuórtene iro mendi sament / in séhen. Ad lętan-dum in lęticia gentis tuę. Vnsih ze ure-uuenne //

5 reht 6 rehto 7 lébent: *Akut sehr dünn* 8 *án 11 haltare 12 nouo: o[1] *aus* u *verb.* 13 iruúeleton.: *Punkt sehr dünn* 14 in ebén uuortene sehén *Punkt fehlt* 10[1]

// géreta in‿ge- 1r
lúste hábent dîniu uuérchr / zîten. Sîa lústa gelúste.
Sî gesáhe gér / réhtero uuércho. Réhtes kiredo uuás
si / gelústîg . úbe gelúst unde gîreda eîn sîn
léid îst . uuánda dér ungelústig îst . unde / sîne únge-
luste . bedîu gelústet în gelúste / gelúste . lústet tîa

---

22 uuérchr: *von* r² *nur Schaft teilweise erhalten* 24 sîn: *von* n *nur oberes Drittel erhalten* 26 gelúst& lúst&

v3

sêla. Áber réhtes kel / oúh îro gelúst . sînt peide in déro
sêlo . u /
/ kûot sînt tîe gelúste beide . souuîo conc /
dúrh sih fernómeniu gûot nesî . sô á /net . târ
paulus chît. Concupiscenti / lex
diceret . non concupisces. Sô aber daz /
uues con scentia si sî . sô mág sî in bon / uuerden .
also dar . Concupiscentia sap /
ad regnum. Uuúnder ist chît augustinus /
g / g re?
Sîd kelust téro ér g / nemág âne în imo . unde sî dâr
neist . / dánne sîn gér dés . táz tîr neist? Nû se
/ uuîo gûot táz sî . dés ér gérot . unde lâz / déro
gîredo. Increpasti superbos. Úberm / unsere uórde-
ren irráfstost tú. Uuâr án /
/ dii. Máhta got zuiue-
lon uuar adam uu // ubi es? Uuár bîst 1v
tu chád ér . sîd tu an‿démo / émo îh tîh kescûof?
Târ neuuóltost / ist tu dánne nû âne in miseria?
Ne-îst / do gespróchen? unde neist úns tîu incre/
aria uuórteniu in‿únseren mánigfálten / uó-
ne dîu sô stárch sînt unde sô mánig/ a sie úbelo ne-
tâten per infirmitatem aut / úbe per superbiam. Maledicti
qui declina / g
/ óh tára úbere sîh tána chérent fóne /
Aúfer a me opprobrium et contemptum . quia /

---

3 tîe: *wegen Loch im Pg. nur obere Hälfte des* e *erhalten* conc: cc *sichtbar,* (o)n-*Strich abgeschnitten* 4 /n& 7 uues *bis* bon: *nur oberer Teil erhalten, Punkt vor* sô *wohl abgeschnitten* 8-9 uuerden *bis* sap: *nur unterer Teil erhalten* 10 *zweimal nur Schleife des* g *erhalten* 11 keluste: *wegen Loch im Pg.* k *undeutlich;* e^2 *rad.* 15 án: *von* n *nur erster Strich erhalten* 16-17 got *bis* adam: *Akzente und* m-*Strich von* adā *abgeschnitten* 17 uu: *von* u^2 *nur erster Strich erhalten* ubi: *von* u *nur zweiter Strich erhalten* es: *Fragezeichen fehlt; abgeschnitten?* bîst: *Akut fast ganz abgeschnitten* 20 do: *von* d *nur Oberlänge, von* o *nur rechter Teil erhalten* 22 a sie: *auch* a *fast ganz abgeschnitten* 24 *nur Schleife des* g *erhalten* 25 óh: o *halb abgeschnitten* 26 *Punkt kaum sichtbar* *Punkt fehlt* 7[1]

idest martyria tua exquisiui. Nîm / sancta ęcclesia
îteuuiz unde únuuîrdeda . / ^niu urchúnde uórdero-
ta. Nû ist / Nu neist niomanne obprobrium noh con-/
´z ér an christum iîhet . unde án sînemo úr/
per zeg / uángen dáz si
îro uîend / ´ ta náls obprobrium unde
contemptum uúrh/ saluti eorum consulendo. Etenim se-
derunt prin/ rsum me loquebantur? Sélben die héro-
sten / chósoton uuîder mîr . dîngoton úber /
îu uuás tîu persecutio stárch . uuánda /
/ xercebat in iusti-
ficationibus tuis. Áber //

2-3: ^niu *bis* ist: *nur obere Hälfte erhalten* 3 Nu *bis* noh: *nur untere Hälfte erhalten* 5 *unterer Teil von* per (p) *und* zeg *erhalten* 11 xercebat: ur-*Haken wohl abgeschnitten*

v^{3}

// iob zéh . 2^{r}

to ér chád. Numquid gratis iób colit deum? Auerte /

V^{3}

oculos meos ne uideant uanitatem. Chêre dána mîniu óugen . / daz sîu úppighéit neséhen. Uuér mág tés úbere uuérden / ér neséhe uanitatem . sîd tíu álliu sînt uanitas . tíu hîer sub / sole sint . tíu sól úberskînet . náh salomonis uuórten? / Ueritas unde uanitas . sînt eín ánderer uuíderuuártig. / eritate nestûonden uuír . in uanitate uîelen uuír . / nitas pîn uuír. Zíu? Uuánda uuír corruptioni unde /

/ tánne dér nû chît. Auerte oculos meos ne uideant uani/tatem? Âne dáz ér ís úberuuínt ketûe . unde ér áber chóme / in libertatem filiorum dei . dâr ér uanitatem negeséhe. Nóh tánne / íst táz tar ána ze‿uernémenne . dáz ér bítet nío ér án /

humanam laudem neuórdrôe / noh pecuniam . noh neheinen irdisken dang . taz al uani/tas íst . uuánda díe dáz tûont . fóne díen chád tér salua/

/uifica me. An‿dînemo uuége chícche míh. Huius mundi / cupiditas ist uanitas . áber christus ist ueritas unde uia . án / îmo tûo míh lében. Statue seruo tuo eloquium tuum in ti/more tuo. Stâte dînemo scálche dîn gechôse . an‿dînero / uórhtun. Dáz chît . hilf mír dáz ze‿tûonne . dáz tu ge/sprichest. Tîen dû gíbest spiritum timoris tui . díe sînt târ / /

seruitutis . nube adoptionis. Amputa obprobrium meum // quod suspicatus sum. Nîm mír ába mînen íteuuiz . tés íh / andere ánauuânota . dáz íh sie mînes lóteres nezîhe. / Uuánda tûon íh uuóla úmbe fauorem . dáz íst mîn obprobrium . / unde mîn peccatum. Zîhe íh óuh tés ándere . dáz ist áber / peccatum. Dánnan chît sanctum euan- 2^{v}

---

10 ér[1] *mit Punkt übergeschr.* 12 humanam *bis* neuórdrôe: *nur obere Hälfte erhalten* 12-13 noh *bis* uani: *nur unterer Teil erhalten* 24 nezîhe..[3] 25 obprobriu: m-*Strich abgeschnitten* *Punkt fehlt* 19[3]

gelium. Nolite iudicare / ne iudicemini. Mánnolî-chen leidot . álde intságet sîn con/scientia. Uuile îoman târ úbe-re tûon iudicia . díu sîn / temeraria. Fóne díu chît hára náh . iu-dicia tua suaui / /uia nesînt tíu temeraria sînt . táz chît tíu urámscréc-che / sînt. Ecce concupiui mandata tua . in tua iustitia . uiuifica / me. Sîh nú dîniu gebót uuólta îh . îro géreta îh . an͜dîne/mo náls án͜mînemo réhte chícche mîh. Án mír ist táz / mîh tôden mág tánnan îh leb d´z iustitia . an imo lose mih. /

Et ueniat super me misericordia tua domine. unde dîn gnâd / mandata / geuuéren múge. Uuélichiu ist tíu gnâda? Salutare / tuum. Christus tîn háltare . tér dîn misericordia unde iustitia . / unde ueritas ist . tér uuérde incarnatus. So ist tîn / misericordia chómen úber mîh. Secundum eloquium tuum . daz chît / secundum promissionem tuam . álso du abrahę gehîeze. Et respon/de-bo exprobrantibus mihi uerbum. Unde so ántuuúrto îh. /

/zenten . dien daz scandalum ist alde stulticia . daz er //

---

2 intság& Uuile: *über* U *kleiner Riß im Pgm., kein Akut* 3 temeraria: *über* i *kleiner Riß im Pgm., kein Akut* 8-9 mîh[2] *bis* d´z: *nur oberer Teil erhalten* 11 Et: *obere Schleife und Teil der unteren Schleife der roten, 5-6 Zeilen hohen Initiale* E *erhalten* 12 Unde *bis* gnâd: *nur oberer Teil erhalten* 13 mandata: *nur unterer Teil erhalten* 18 exprobrantibus: *über* b[1] *kleines Loch im Pgm.* 19-20 zenten *bis* er: *Oberlängen teilweise sowie Akzente abgeschnitten* *Punkt fehlt* 17[1]

// sie dés réhtes îomer lébent. 3r

Et intellectum d / Unde gîb mîr fernumest . unde

sô lébo i /némen uuîo dáz nîeht neîst táz per-

seque / mîr genémen múgen . unde uuîo îh tánn

/

Clamaui in toto corde

exaudi me domin / tuas requiram. Íh

rûofta án állemo / tér . dér ánadâh-

te ist ze‿sînemo gebéte /

/zîg . náls máni-

gen. Úbe îz tóh eînen îo s / dáz îst únchunt. Tér

hîer sprîchet . dér ii / kehôre mîh trúhten . uuánda mî-

nes ruo /nest îst. Tîne réhtunga sûocho îh . tri

---

20 *nur* dn̄ *erhalten* 26 ruo: *nur vordere Hälfte des* o *erhalten*

v^3

/ nâls échert ze‿uuizenne. Clamaui ad /
et custodiam mandata tua. Ih háreta ze‿dî / unde dánne behûoto îh tîniu gebót. Sal / mîr . dánnan tuôn
îh táz îh uuéiz ze‿tu /maturitate . id est aoria gre-
ce et clama / únzite . unde háreta ze‿dîr . in‿mitta
n /num tempus châme . stûont îh ûf ze gebéte
/ heîzet inmaturitas . unde îst eîn uuórt

/:lbo sin . uuanda inma-
turitas ist signifi / id est non oportuni temporis .
taz oûh uulgo he // media nox ist et in- 3^v
tempesta . quando non est / i sed quiescendi. Dîsiu
réda mág uernómen / numquemque fidelium . dér dáz
tîccho tûot . táz / rûoh. Oûh mág keheîzen uuér-
den inmatu/ pro
/ ér gehéizen hábeta. Fóne dîu chît hára /
o supersperaui . ze‿dînemo gehéize fersáh /
/ háreta îh . úbe mîh tînero chúmfte ne-/
/
Mîniu óugen fúre fûoren dîa ûohtun . / cheton sia
ze‿dîr. Uuélichiu ist tîu ûohta? / gónda tágen .
dîe in umbra mortis sâzen . / don séhen in car-
ne . ze uuîu téta îh / r eloquia tua. Dáz îh tîne
gehéiza in / . sáment állen dîe sîe chúnton in
lege et / meam audi secundum misericordiam tuam domine . secundum iu-/
ifica me. Mîna stîmma trúhten gehôre / nah dînen

---

11 he: *nur untere Hälfte erhalten* 14 ti cho: *dazwischen Lücke im Pgm.,* c^1 *und Akz. nur teilweise erhalten* 15 pro: *nur Unterlänge von* p *erhalten* 16 diu: *wegen Loch im Pgm. nur zweiter Strich des* u *erhalten* 18 chúmfte: *wegen Loch im Pg.* h *fast ganz verloren* 22 umbra: *wegen Loch im Pgm.* b *fast ganz verloren* 23 tîne: *wegen Loch im Pgm.* n *fast ganz verloren* 25 tuā: *nur* t *und* m*-Strich deutlich*

V^3

on . dáz tú mír ablâz kébêst in tempore / ro
úrteildo . îh méino secundum iudicium / men tuum . ir-
chîcche mîh ad uitam. Appropinqua/ s me iniquitati .
a lege autem tua[m] longe /
/ /
reget . nieht nahor neist. Aber uóne / uer-
reton sîe . iniustitię uuâren sî bî . iustitię //

6 reget *bis* Aber: *Akzente abgeschnitten* 6-7 uerreton: *von* uerr *nur unterer Teil erhalten*

V^3

//spúrneda. Úbe sîa óuh tér neuernîmet tér 4^r sîa mînnot . / ér áhtot sîa îo-dóh háben tóugena unde héiliga bezéic/heneda . unde sô êret ér sîa . unde uuîzet îmo sélbemo dîa /

únuernúmest. Áber iudeis uuás scandalum dáz mán sîe / intellegere s / spiritalia. Oúh îst îz sô ze‿uernémenne. Dîe gótes êa mîn/nont . dîen netáront prospera . nóh aduersa. Expectabam salu/tare tuum domine . et ma ta tua di- lexi. Dînes háltares christi / g / dei et proximi . uuánda dér sîn in‿geméitun bîtet . tér dîu / nemînnot. Nú bîtent sîn dîe sîu mînnont . ut cum christus ap/paruerit uita eorum . tunc et ipsi appareant cum illo in gloria. / Cu- stodiuit anima mea testimonia tua . et dilexit ea ue/hementer. Tîne geiîhte behûota mîn sêla . unde mînnota / sîu hîrlicho. Táz ché- dent martyres . uuánda úbe sie dei / mandata nebehuôttin . ane caritatem netóhti în marty/rium. Seruaui mandata tua et testimo- nia tua . quia omnes / uię meę in conspectu tuo. Tîniu gebót kehîelt îh . unde dî/ne geiîhte . uuánda alle mîne uuéga sînt in dînero ge-/ sîhte. Uuánda dú îro uuára tûost . unde mît cnâdigen / óugon sie sîhest . tánnan behábo îh mîna rîhti án în. /

/

/

A / dîr ist náhe ze dîr trúhten . nâh tîu îz chît. Prope est / dominus his qui tri- bulato sunt corde. Nâh tînemo gehéize // gîb mîr uernúmest. 4[v]

Uuélicher ist táz? Intellectum tibi / dabo et instruam te.

Intret postulatio mea in conspectu / tuo . secundum eloquium tuum eripe me. Mîn gebét chóme fúre / dîh . nâh tînemo gehéize lôse mîh. Táz ist ánderest táz / / uuîrt sîn rât . uuánda dúrh sîh neuérnémendo . uuîrt / sîn unrât.

---

2 intellegere: *nur unterster Teil erhalten* s: *nur Unterlänge des langen* s *erhalten* 4 ma ta: *dazwischen Lücke im Pgm.,* nda *verloren* 5 g: *nur Schleife erhalten* 14 alle: *unter Leim kein Akut über* a *sichtbar*
17 *unterer Ansatz der roten, 5-6 Zeilen hohen Initiale* A *erhalten*
20 his qui tri: (is qui t) *durch Leimeinwirkung kaum leserlich*
24 geb&́ *Punkt fehlt* 11[2]

// Min gebet kome vur dih . nah dîme geheize loͤse mih. Daz 2r
ist anderest / daz selbe. Wol bîtet der alse bîtet. Vernvnft enpfa- P VIII
hende wîrt sîn rat . / wan dvrh sih nîht vernemende . wîrt sîn vnrat.

---

25 *bitet *(zweimal)* Vernunft: *Ligatur* st *zu* ft *rad.*

Eructabunt labia mea ymnu<m>. cum docueris me / iustificationes tuas. Mîne léfsa sp échent lóbesáng . / g / sînt docibiles dei . dáz sie nîeht éin gehúgendo núbe / tûendo ôten gótes réhtunga. Pronuntiabit lin/gua mea eloquium tuum . quia omnia mandata tua ęqui/tas. Mîn zúnga ságet tîn gechôse . lêret tîniu gebot . / uuánda sîu álliu sînt réht. Fóne dîu uuîle îh uuérden / minister uerbi . uuánda dâr ána ęquitas ist. Ih uuéiz / áber uuóla . dáz mîr uréisa begágenen súln a contradicen/tibus et persequentibus. Uuáz uuîrt mîn dánne? Fiat manus / tua ut saluet me. So chóme dîn hélfa dáz si mîh hálte . / unde îh in anima uerlóren neuuérde. Quoniam mandata / tua elegi. Uuánda îh tîniu gebót iruuéleta . sô dáz îh / mît îro amore úberuuînde timorem. Concupiui saluta/ / /zúnga . quia lex testimonium perhibet christo. Uiuet anima / mea et laudabit te . et iudicia tua adiuuabunt me. Án //

1 docueris: u *durch Leimeinwirkung unsichtbar* 2 sp échent: *dazwischen Lücke im Pgm.,* r *verloren,* p *zum großen Teil* g: *nur Schleife erhalten* 4 ôten: *davor wohl* behu *durch Leimeinwirkung unsichtbar geworden* lingua: l *aus* u *verb.* 6 gebot: *Akut über* o *nicht mehr sichtbar* 9 mîn: *zweiter Strich des* n *kaum sichtbar* *Punkt fehlt* 9 (*nach* persequentib;)

X

Eructabunt / labia mea ymnum cum docueris me iustificationes / tuas.

Mine lefsen sprechent lobesanc . so dv mih lerest dine rehtvnge. / Got
gelirnige gote
leret die . die da sint docibiles dei . daz sie niht ein gehvgende .
aber / gotes reht tvͤnde . behvͤtin gotes rehtvnge. Pronuntiabit / lingua mea
eloquium tuum quia omnia mandata / tua equitas. Min zvnge saget
din gekoͤse . leret diniv gebot . wan / siv alliv sint reht. Von
dienar des wortes.bredigar. reht
div wil ih werden minister uerbi . wan dar an / equitas
von wider /
ist. Ih weiz aber daz wol daz mir vreise begagenen sol a con-
sprechinten . vnde ahtenten
tra=/dicentibus et persequentibus. Waz wirt min danne? Fiat manus /
tua ut saluet me quoniam mandata tua elegi. Alse / kome din helfe daz
sie mih behalte . vnde ih an der sele niht verlorn werde . / wan
minne
ih diniv gebot irwelte . alse daz ih mit ir amore vberwunde /
die vorhte
timorem. Concupiui salutare tuum domine et lex tua / meditatio mea
est. Kristen dinen behaltær wolte ih . sin / gerote ih . vnde din ê ist
min hvgede . wan div git christo vrkivnde . / Uiuet
anima mea et laudabit te et iudicia / tua adiuuabunt me. An
ime lebet min sele . vnde lobet dih . / vnde dine vrteilde helfent
Komint / gesegenote
mir . mit den die gehoͤren svln. Venite / benedicti
mines vater.
patris mei. Erraui sicut ouis quę periit / quere seruum tuum quia
mandata tua non sum / oblitus. Ih gienc irre alse verlorn schâf .
svͦche mih . svͦche dinen schalc . / wan ih diner ge-
botte niht vergaz. Die dv svͦhtost . die fvnde dv . noh / svͦche die
dv vindest vnde gehaltest.

Einen ivden in sine wis witzigen vragete man wa P IX
salmen der sprozen
von cantica / graduum alse genamot wârin. Der antwur-
te alsvs. Do dauid / willen hate daz templum gote zimberon .

---

3 ein: i *fast ganz verwischt* 7 an: *von anderer Hand nachgetr.*
23 *Rest der Zeile durch rotes Bandmuster ausgefüllt*

18 gesegenote: e[1] *fast ganz verwischt*

X

do ebenoter den berc des tempils . // vnde schvͦf în alnah div so er den 2v
tempil bildon wolte. Ønde begrvͦb în alse / daz vf dem
berge eîn bergeli wart . dar :ffe wolter daz templum
zim=/beron. Øffen deme bergelîne worhter der fîvnf‿
gradvs driestvnt vmbe / vnde vmbe daz die werch-
lîvte vnde all: :ivte deste gemachlicher v̂f vnde / nîder gan maht::. Øn-
de wan er wande daz er daz werch volle-vrumen /
solti . so liebsangoter sa dem selbem werche . ih meîne
fîvnfzehen / grâten
den quîndecîm / gradibus mît alse manigeme salmen . vnde
salmen :î:ige vnde widerredigi
scheînde sa an dem ersten cantico / daz er inuidos et contradi-
herre
ctores vmbe daz selbe werch habete. Øa von sprach er. / Ðomine
lose mine sele von vnrehten lefson vnde von vnkvstiger
libera animam meam a labîjs iniquis et a lîngua
zvngvn . vnde anderiv. vnz her / der ivde so vil vnze der rinde halb .
dolosa . et cetera. Usque huc / iudeus quantum ad corticem .
wænich niht ist er ze versmahende.
spernendus non credo.
gelovbigen daz marc erfvnden‿hant
Ube aber uuir von fidelibus die medullam expresserant
îegediht svͤzers / dînges gesmecket habîn . vnde so vil des
an vns wesen mac . her vur brîngen / wellen . den willen
nît
nemme nîemen hohvart . wan er scheînet niht in/uidiam
hohverte mite-rîtvn.
superbię pedissequam.

---

2 begrvͦb: o *von Tintenfleck verdeckt* 3 dar :ffe: *auch* r *und* f[1] *halb verwischt* 5 driestvnt: iest *halb verwischt* 6 *von* all: *nur oberer Teil sichtbar* gemachlicher] gemachlich *(wohl er-Haken vergessen)* 11 sprach: *danach wohl Ras.* 12 a lingua: *obere Hälfte von* a l *verwischt* 13 dolosa: o[2] *aus* a *verb.* 14 *Rest der Zeile durch rotes Bandmuster ausgefüllt* 17 Øen 19 superbię: ę *halb verwischt*

10 *wohl* *nîdige 12 lose mine: l, e, i, n *halb verwischt* 13 anderiv: *er-Haken kaum sichtbar*

X

Wie ab alliv kristenheit die

:fter der leitere / der gvͦtæte . an ir liden
salme
ze himele stiget . vnde in iegelicheme cantico livte . / daz ist wunne-

sam ze kiesenne. S:e sprichet aller erst . sih hie nidenan /
bventen in vinstri
mit habitantibus cedar . die sa wendent daz sie niht stige. P X
zen boton
Dar nah kit / si daz sie ir ovgen ad apostolos vf heve . vnde si

an ir zweltere gradvm stepfen / wellé . die der bvrc fvnde-

ment sint . in die si ze ivngest volle-stigen wil . / vnde dan-
vrowende singen.
ne dar in komeniv exultans cantare. Ecce nunc benedicite.
sprozzen in svftender stimme
Dar nah stepfet / sie an den dritten gradum. In uoce suspirantis
ze der obervn.
ad supernam ierusalem . dar sie / wissagen vnde boten troston ze volle-
g an den dingen div mir gesaget sint
komenne . vnde kit. Lętatus sum in his / quę dicta sunt mihi .
in daz gotis varin wir.
in domum domini ibimus . daz sie geleistet habin . alse sie
sprozzen der dvrnahton zal
ir / gehiezen. An dem vierden gradv . der numerus perfectorum
weinecliche
ist . so hebet ecclesia / ir ovgen flebiliter ze got selbem droͤwen-

tem . daz sie div ovgen ab ime / niht neme ê er ir
die marterære
gnâde sende. An dem fivnften sprozzen . so nimet si / martyres
ordenvnge der gelovbig /
in hant . vnde stepfet alse vaste daz si ioh andere ordines fi-
sterki
deliu / mit robore hôher vnde hoher setzet . vnze hin an

den zehenden der ir selber / svnder-sprozze wirt. Der seh-

ste sprozze ist der bihtære. Der sibinde // sprozze . der die in zit ri- 3[r]
Ioh was er iezϑ verteilet
wont. Da: entet iudas. Iam enim iudicatus erat. Der /

ahtode ist sante Marivn mit anderen mageden vnde witewon. Der nivnde /
ge-êhafton
ist coniugatorum. Der zehende ist ęcclesię . vnde aller der

die vervarn sint. An disem / sprozzen s:menot sie sich ir vien- P XI
gar:on
de vndankes in die schivr mit ir mani/pulis.

---

1 Wie *(usw.) folgt unmittelbar auf 481a,19* pedissequam. ab: *Oberlänge des* b *und wohl auch* er-*Haken abgerieben* die *halb verwischt* 2 der[1]: er-*Haken kaum sichtbar* 4 nidenan: n[2] *kaum sichtbar* 5 sie: ie *halb verwischt* 6 vnde: v *kaum sichtbar* 10 dritten: t[2] *halb verwischt* suspirantis: *nur erster Strich des* u *erhalten* 21 sprozze[1]: z[1] *aus* h *verb.* 3[r] *ist oft stark abgerieben* 22 entet: t[2] *fast ganz verwischt* 23 Marivn: *etwas verwischt, rot durchstrichen* 25 s:menot: *nur dritter Strich des* m *sichtbar* 26 schivr: hiv *fast ganz verwischt, darüber Riß im Pgm.* *Punkt fehlt* 12[3] *Punkt steht nach* 10 stepfet, 23 ahtode

10 svftender: er *fast ganz abgerieben* 12 g: *nur Schleife erkennbar* digen 13 *hus gotis *oder* *gotis hus 26 gar:on: *halb verwischt*

X

tiefen sivndere
A̸lse daz die profundi peccatores danne ge-
enpfanclic: / zit
sehent . die vil nah tempus / acceptabile verlorn haton . so be-
bvschelliv ze ver-
ginnet sie ir selber furhten[t] . daz sie nîht / fasciculi werdîn ad com-
brennenne daz ist an‿der einlîft:n / :::nde
burendum . vnde stepfent danne spâte . id est în vnde/ a . an

den einliften sprozzen. D̸e profundis . vnde werdent dan-
vb::vlvaziger gnade sprozze
ne mît / superhabundanti gratia erloͤset. D̸er zwelfte gradus . der
der kinde vnde vnschvld:: /
ist infantum et inno/centum . die darf nîht samenon sancta ecclesia. M̸ater gratia

sovget sie an ir arme. / A̸n dem drîcehenden sprozzen . so gar-
der erstvn stole.daz ist beste gewant
went sih die volle-komenen hîrte / vnde herte mît stola prîma
mît dem brivtegovme Ih sah
mît der sie cum sponso brvten svln . alsez kît. / Uidi
ierusalem gezierte alse eîne brv̊t geîn ir man.
ierusalem ornatam tamquam sponsam uîro suo.

A̸n dem vierzehenden / so hebent sie

. E̸cce quam bonum . vnde epf t in / himil-
wan got gebot hie segen.
riche . vnde sprechent. Q̸uoniam illic mandauit dominus bened /henden sprozzen

canticum singent sie vf des brvtstv̊les ho / alsus.
gote lob.
E̸cce nunc benedicite. A̸lleluia. A̸men . alse
an‿dem bv̊che zorftili
in apocalipsi ist. Bene / et claritas
vnde wissheit
et sapientia. M̸it dem troste sprichet nv ze ivngest ęccles
bventen în‿der vînstri ivnge::en
/ noh habitantibus cedar. S̸îd iv an den :xtre- P XII
gewalticliche în nahten
mis svs gnadecliche / mvge. C̸onfidenter in nocti-
vf hebent iw:re hende în‿der heilikeite vnde lobon: /
bus extollite omnes manus uestras . in sancta et / Daz noctibus

disses ivngesten salmen gehillet dem cedar des ersten. /

---

1 A̸lse *(usw.) folgt unmittelbar auf 482a, 26* manipulis. 3 fasciculi: s *übergeschr.* 4-5 an den: *fast ganz verwischt* 7 *infantium et innocentium scā· 14-21 *großer Leimfleck auf dem rechten Rand bedeckt 8-12 Buchstaben (Spatien) am Ende der Zeilen* 18 sprichet: pr *und* h *fast ganz verwischt* 21 des: de *kaum leserlich*

1 teifen 3 bvschelliv: v[1] *sieht wie* r *aus* 6 vb::vlvaziger: v[1], l, z *kaum sichtbar* sprozze: o *aus* v *verb.*, z[1] *kaum sichtbar* 10 dem *kaum leserlich*

X

A Canticum ana=/bathmon . id est graduum.

Ad te cum tribularer cla=/maui et ex/audisti me. te dir herre vnde dv er=/hortost mih do ih in arbeiten was.

Domine / erue animam meam a labijs iniustis / et a lingua subdola. Herre loͤse mih von vnrehten vnde von / vnkivstigen worten. Alse der wort sint die mih ilent beswichen . / vnde wenden daz ih niht stige de uiciis ad uir- tutes. War wiltv . sprechent sie . // dv wilt ze verre . verrer dan- (3v) ne dv mvgist. Quid dabitur tibi / et quid adponetur tibi ad lin- guam dolosam? Do sprach / ih ze mir selbem. Waz wirt gelazen dir . vnde war wirt dir gêine / gestellet . daz kit . waz wirt dir ze‿stellenne gein so beswichlichen / worten? Sagitte potentis acutę cum carbonibus / desolatorijs . i . uastantibus. Daz tvͦnt wasse strâla des mahtigen . / daz sint gotes wort . div set- ze dar geine mit stoͤrenten zanderon . daz / kit mit der ebenbilde . die ê kvͤle waren . vnde sie aber sih selben zvn- ton . / ir rede ze‿stoͤrenne . vnde ir irreden. So tvͤnde stigestv per gradus (mit sprozzon) alse ovh / sie tâten. Heu mihi quia incolatus meus longinquus / factus est? Á mih . kistv danne . warvmbe ist min ellende / alse lanc worden? Wan dih sa belangen hin beginnet . so dv ze‿tvgende / gestigest . vnde dir dér anderer vnreht gestat we- gen . da von dvnket dih / sa din sêr lip ellende vnde karlich. In- habitaui cum taberna/culis . i . cum habitantibus . cedar. Ih sit- (P XIII) ze mit den bventen in cedar / da ismahelis gesaͤze ist .

---

3 Ad *(usw.) beginnt die auf 483a, 22* ersten. / *folgende Zeile; der* titulus *füllt die rechte Hälfte von Z. 1 und 2 aus* A: *12 Zeilen hohe, kunstvolle rote Initiale mit grünem Schmuck* 4 me *halb verwischt* 12 dolosam. 13 daz kit: *über* (z kit) *Riß im Pgm.* 14 gein: ei *durch Wurmfraß beschädigt* 24-25 Inhabitaui: *von* ui *nur oberer Teil erhalten* *Punkt fehlt (oder nicht sichtbar)* 4 10^2 21^1 *Punkt steht nach* 12 gelazen

wir<f> vz
der vzer gotes riche sol verstozen werden. Alsez / kit. Eice
die dirnvn vnde ir svn . wan ez wir<t> niht der dirnvn
ancillam et filium eius . non enim erit heres filius
svn mit der vrivn svne.
ancille cum filio / libere. Sîne herberge sînt cedar . daz
vinstrina.
kit tenebre. In den sitzent sivndige / mît den ih hie
bve. Multum peregrinata est anima mea. / Mîn sele ist hie vil
ellende. Sî bedrîvzet der ismahelis herbergon. Cum / his qui
oderunt pacem eram pacificus. Vride hielt ih mît den / die în haz-
zent. Daz sint die mit den ih in cedar sitze . den ih îr v-
beli vert<r>age / daz vnder vns doh fride si. Cum loquerer illis de-
bellabant / me gratis. Undurftes rvngen ::e wider mîr . so ih sie
grvͦzte . wan / ih mine vrvme niht uorderote do ih sie grvͦzte .
aber îr sælde die în christo / sint . wan sie vride hazzent .
der ist
da von mahton sie neheînen gewaht / gehõren christi qui est
vnser vride
pax nostra. *Canticum graduum.* /

Leuaui oculos meos ad montes un-
de ue=/niet auxilium michi. Ich sah vf an die berge .
daz //

---

1 Alsez: ez *kaum sichtbar* 7 hielt: e *mit Häkchen übergeschr.* 9 doh *und* si *stark verwischt* 10 rvngen: *schwer erkennbar* 11 niht *bis* ih: *kaum sichtbar* 12 wan: *davor Wort (2-3 Buchstaben) nicht mehr entzifferbar* 15 L: *12 Zeilen hohe, kunstvolle rote Initiale mit grünem Schmuck* *Punkt fehlt* 2 8[2] 11[2]

14 vride: *kaum leserlich*

Laudate nomen domini . lóbont tes hêrren namen . laudate serui dominum . lóbont ir scálcha îuueren hêrren. Ír bîrnt imo îs scúldig . qui statis in domo domini . in atriis domus domini nostri. Ir stânten in sînemo hûs . unde in frîdthouen . ir súlent in lóbôn . uuánda ir êr uuârent lîgende . unde nû bîrnt ûf ir-rihte. Laudate dominum quoniam bonus dominus . lóbont in uuánda er gûot ist . unde imo ne-heîn gûot kelîh ne-ist. Psallite nomini eius quoniam suauis est. Sálmo-sangont îmo . uuanda er sûoze ist. Er ist panis angelorum . so ist er ouh hominum . also iz chit . panem angelorum manducauit homo . panis angelorum uuas uerbum in principio . panis hominum uuard uerbum caro factum. UUanda sie béide sîn lêbent . pediu ist er béidero brôt . unde béiden sûoze. Kesáh sie gót tîe réhto gechórônt . uuîo sûoze er îst. Quoniam Iacob elegit sibi dominus . Israel in possessionem sibi. UUánda trúhten eruuél[t]eta Iacob . unde Israelem îmo sélbemo ze‿besîzzenne. Ándere gentes pefálch er angelis . Israelem nám er in sîn sélbes

---

13 atrijs   23-24 Jacob *(J auch* 25 *und* 24-26 *in den* Israel-*Formen)*
26 sêlbes: s^2 *verb.*

flîht. Quoniam ego cognoui quia magnus est dominus . et deus noster præ omnibus diis. UUanda îh hábo bechénnet . taz er máhtîg hêrro ist . unde gót fóre állên góten. Ándere góte ne-sînt . âne dîe er sô námôt per gratiam . dîe ne-múgen nîeht inében / îmo sîn . omnia quaecumque uoluit dominus fecit in caelo et in terra . in mari et in omnibus abyssis. Unser trúhten téta alliu dîu er uuolta in hîmile unde in érdo unde in állên uuázeren âne nôt. Suscitans nubes ab extremis terræ . diu uuolchen récchende fone énde dero érdo. So iz héiter ist . unde man îro minnest uuânet . so stîgent siu alles káhes ûf. Fulgura in pluuiam fecit . ten blîg pechêret er in régen . also ofto geskîhet . taz plîg fóre gât . unde régen nâh cât. Qui educit uentos de thesauris suis . ter den uuînt ûz fûoret fóne sinémo triseuue . uuir ne-uuizen uuélichemo . noh uuánnân. Qui percussit primogenita Aegypti ab homine usque ad pecus . ter in egypto slûog tiu êristpornen . ána fahendo ze‿demo ménnisken . unde sô gândo unz ze‿demo féhe. Inmisit signa et prodigia in medio tui Egypte . in pharaone et in omnibus seruis eius. Er frúmeta dára in dîna mittî zéichen unde uuúnder egypte . an den chúning únde an álle sîne man. Qui percussit gentes multas . et occidit reges fortes . Seon regem Amorreorum et Og regem Basan . et omnia regna Chanaan . ter ouh after dés tána fárentên sînen liuten manige d<iete> / slûog . unde iro chúninga slûog . álso er téta ánder-halb Iordanis . álliu dîu rîche Chanaan. Et dedit terram eorum hereditatem Israhel seruo suo. Unde er gáb îro lánt sô er iz irrûmda . sînemo scalche Israhel. Domine nomen tuum in sęculo .

---

2 dijs   4 inêben *fehlt (vor Zeilenschluß überschlagen?)*   6 dîu   13 *sînemo   23 d<iete>: iete *durch Loch im Papier verlorengegangen*   24 Jordanis   25 Jsrahel   lânt: t *verb.*   26 Jsrahel   *Punkt fehlt* 1^2 17^2

trúhten dîn námo uuérêt iômer. Domine memoriale tuum in generatione et generatione . tîn gehúgeda uuérêt in chúnne unde in chúnne . uuanda nu gehúgest tu fideles ze guúnnenne . unde noh uuanne gehúgest tu coronam ze gébenne. Quia iudicabit dominus plebem suam. Uuanda truhten erteilet uber sînen liut . uuéliche er súle illuminare . alde cæcare . also er chád. In iudicium ueni in hunc mundum . ut qui non uident uideant . et qui uident cæci fiant. Et in seruis suis aduocabitur. Unde în sînen scalchin uuirt er geládôt . uuanda genuôge compuncti îro dánches chóment . unde bîtent tero tóufi . unde bétônt în. Idola gentium argentum et aurum . opera manuum hominum . os habent . et non loquentur . oculos habent et non uidebunt . aures habent . et non audient . neque enim est spiritus in ore ipsorum. Cot ist ter diz allez iû teta . unde noh tuot. UUaz sind aber idola gentium? uuaz sint iro gota? Gold unde silber . menniscon hánt-uuerch. Sie habent munt . unde ne-sprechent . habent óugen unde ne-geséhent . hábent ôren unde ne-gehôrent . noh âtem ne-îst in iro munde. Similes illis fiant qui faciunt ea . et omnes qui confidunt in eis . kelîh uuérdên în . dîe siu uuúrchent . unde álle dîe sih ze în ferséhent . taz sint tîe . dîe nîeht ne-hábent oculos fidei . noh aures audiendi. Domus Israhel benedicite domino. Ir uuâren Israhelitæ lóbont in. Domus Aaron benedicite domino. Ir prępositi lóbont in. Domus Leui benedicite domino. Ir ministri lóbônt in. Qui timetis dominum benedicite domino. Ir-dir gót fúrhtent . chédent álle sament sús. Benedictus dominus ex Sion . qui habitat in Hierusalem. Kelóbôt sî fone Sion . der-dir bûet in Hierusalem . tîe sînero chumfte bîtent . unde dara

---

11 Jdola 14 Cot: C *verb.* 18 ne´ist 20 tîe: t *verb.* nîeht: t *verb.* 21 Jsrahel Jsrahelitæ 22 Jr *(zweimal)* 24 Jr

S

gágent uuártênt . tie lóbônt in ex Sion . daz chit . fone uuár-
to.

1 gágent: e *verb.*

// fure ęterna. Pe diu 1r

sint tiz g / Adhereat lingua mea faucibus meis . nisi tui meminero. Stúm uuerde / ih . úbe ih tîn ne-gehúge hierusalem. Si non proposuero hierusalem . in princi/pio iocunditatis meę. Unde úbe ih ne-sézze hierusalem . ze‿fórderost / mînero uuúnno. Târ ist tiu fórderosta uuúnna . dâr man gótes / sélbes kebrûchen mûoz. Fone dîu sprîchet er ze góte uuîder ál/len fîenden dero búrg. Memento domine filiorum edom . id est esau in / die hierusalem. Erhúge gót in iudicio . des âhtaris chîndo. Irrîh / tih an dîen in die iudicii . dîe christianis fîent sînt . álso esau sîne/mo bruôder uuás. Táz ist óuh prophetia . náls maledictio. Qui di/cunt exinanite exinanite . usque . s . perueniamus ad fundamentum / in ea. Tiê fone dero ęcclesia chédent . táz man fóne dero cisterna / chît . ersképfent sia . únz án den bódem. Íro bódem . únde iro fun/damentum ist christus . ten iro niôman ge-némen ne-mág. Taz uuól/ton siê tûon . dô sîe martyres irslûogen. Filia babilonis misera . id est / caro . uel carnales . beatus qui retribuet tibi retributionem tuam / quam retribuisti nobis. Uuénega tóhter babilonis . ke-sah in gót / ter dîr lônot nah temo lône . sô dû úns lônotôst. Úbe únsih caro / álde carnales scúndent ze âchusten . tîe uuir uuólton chêren ad / uir-

---

6-7 fure *bis* g: *nur unterer Teil erhalten* 8 ih[2] *übergeschr.* 24-25: ke sah in *und* Úbe únsih *durch Leimeinwirkung teilweise undeutlich*

W^1

tutes . únde uuider uns sînt . uuider dîen súln uuír uuésen uuá/chendo únde fástendo . únz uuír sîe úber uuinden . álso sîe ún/sih úber uuínden uuólton. Beatus qui tenebit et allidet paruulos / tuos ad petram. Sâligo der dîniu chînt nímet únde siu chnístet an / den stéin. Babilonis chînt sînt kelúste únz sîe nîuue sînt . tîe / súln uuír in christo ferchnísten . êr sie álteren uuerden. / *IPSI DAVID.*

Confitebor tibi domine in toto corde meo. Ih iiho dir trúhten . chît ęcclesia . in‿állemo mîne-mo hérzen. / Lób tûon ih tir manu forti. Quoniam au-disti uerba oris mei. / Uuanda dû gehôrtost tîu uuórt mînes múndes. Tû gehôrtóst / mih in démo gebéte prophetarum . unde iustorum . dîe dînero incar//

/ 1^v

g hus . in demo ih tih ueiz . in incarna /

tih. Alde in angelis tuis fore dîen ih síngo. Super misericordia tu-a et uerita/te tua. Fóne dînero gnâdo an dero dû únsih lôstost . únde dînero / uuârheite . an dero dû geléistôst taz tu gehîe-ze. Quoniam magnificasti / super omne nomen sanctum tuum. Uuán-da dû ge-míchellichôt hábest tînen / námen . úber ál daz tir geuuáhtlîches ist in angelis et hominibus. / In quacumque die in-uocauero te . uelociter exaudi me. So uuéles tages / ih t:h á-nahárêe . an demo gehôre mih spûotigo . uuanda ih tempo-/ralia ne-bîto . núbe ęterna. Multiplicabis in anima mea uir-tutem. / Mániga túged kehûfost tû in mînero sêlo. Sô ih

---

7 *wegen Platzmangel am Ende der Zeile nach* uuerden. *steht* IPSI DAVID. *in der nächsten Zeile nach* meo. 16 *nur unterster Teil erhalten* 17 tih: *durch Leimeinwirkung unterer Teil des* t *verloren* 22 In: *nur untere Hälfte des* I *erhalten* *Punkt fehlt* 9^1 9^2

nôteg uuírdo . sô / stérchest tu mîh. Confiteantur tibi domine omnes reges terrę . quia audi/erunt omnia uerba oris tui. Álle uuérlt-chúninga iéhen dir trûh/ten . unde dánchoen dír . uuánda sie ge-éiscôt hábent álliu díu / uuórt tînes múndes . tíu fóre échert iudęi ge-éiscoton. Et cantent / in uiis domini . quoniam magna gloria domini. Vnde dáz síngen sie in mînes trûh/tenes uuégen . daz sîn gûolli-chi míchel ist. Übe sîe dîemûote sínt . / sô síngent sie an sînen uué-gen. Quoniam excelsus dominus . et humilia respicit . / et alta a longe cognoscit. Uuanda gót ist sélbo hôh . únde ze‿nideren / síhet er . hôhiu bechénnet ér férrenân. Tero dîemuôti tuot er uuára . / dîa übermûoti fersîhet er. Si ambulauero in medio tribula-tionis / uiuificabis me . id est lętificabis me. Übe ih cân in mítten árbeiten . / daz chît übe ih pechénno daz ih hîer bín in con-ualle lacrimarum . / unde in peregrinatione . sô gefréuuist tu mih nâh tísemo lîbe. Et / super iram inimicorum meorum extendisti manum tuam . et saluum me fecit / dextera tua. Über dáz zórn mî-nero fíendo ráhtost tu dîna hánt . / tu skéindost ín daz tîn ánt-sazigora zórn . unde gehîelt mîh tîn zéseuua . / daz ist ęterna uita. Domine retribues propter me domine . misericordia tua in sęculum . / et opera ma-nuum tuarum ne despicias. Tu trûhten lônost fúre mîh mî/nen fíenden . álde dû gíltest tributum fúre mîh . du gíbest ten staterem . / trûhten dîn gnâda ist êuuig . unde dîn uuérgh ne-ferséhêst tu. Sîh // an dîn uuérg . náls an daz mîn. *TVR.* / 2a[r]

SECVNDVM AVGVSTINVM . CHRISTVS AD PATREM :E SE IPSO LOQV:-/

Domine probasti me

et cognouisti me. Hêrro mîn du besûohtost mih /

---

1 stérchest: *Oberlänge des* h *unsichtbar* 2 audierunt: nt *nur halb sichtbar* 9 ist *mit Häkchen übergeschr.* 10 Tero: o *nachgetr.* 12 lętificabis 13 ib pechénno: p *aus* b *rad. und verb.* 22 trûhten: *durch Leimeinwirkung* t *unsichtbar,* h *und* n *größtenteils unsichtbar* unde: un *durch Leimeinwirkung fast unsichtbar* uuérgh: h *übergeschr.* 23 uuérg .: g . *durch kleine Löcher (Wurmfraß) beschädigt* 24 SE: E *fast unsichtbar* besûohtost: b *aus* u *verb. Punkt fehlt* 23[4]

W[1]

in passione . unde bechándost mîh. Taz chît . tâte daz mih ándere / bechénnent.' Tu cognouisti sessionem meam . et resurrectionem meam. Tû be/chándost mîn nîdersîzzen in tôde . unde mîn ûfstan nâh tôde. / *AVT EX PERSONA SVI CORPORIS LOQVITVR.* / **T**u bechándost mîna nîderi in poenitentia . dô ih in‿éllende uuas . únde / mîna ûf-irrîhteda . dô ih chám . unde áblâz quán. Intellexisti cogitatio/nes meas de longinquo. Du bechándost mîne gedáncha férrenân . dô / ih idolorum culturam begónda léidezin. Semitam meam et limitem meum in/

/ g meas p<rę>uidi- 2b[r]

st a:/le mîna uuéga in dîen ih îrrôta fóre uuîssost tu.

Du / mir sîe ze gânne . úbe ih hîna ne-máhti . daz ih iruuúnde ze / non est dolus in lingua mea. Uuánda nû neîst trúgehéit in mine: / uuórten. Ecce domine tu cognouisti omnia nouissima et antiqua. Du uue/ist mîniu iúngesten dîng . to ih tôdig uuard . unde diu álten dîng . / tô ih súndôn gestuônt. Tu finxisti me et posuisti super me manum tuam. / T cáffotost mih tô ih súndota ze árbeiten . in dîen ih fóre uuás . / nde légetost mih ána dîna hánt . uuánda dô drúhtost mih. / rifica:a est scientia tua :x me. Fone mînen scúlden ist mir ún-/derlih unde úmsemfte uuórten dîn bechénneda. Inualuit . non pote/ro ad illam Sî ist mir ze‿stárh . ih ne-mág îro zû . aber dû / máht mih iro ge-nâhen. Quo ibo a spiritu tuo? Uuára mág ih fore dîne//

---

1 chît .: *rechter Strich des* t *und Punkt nicht mehr sichtbar* 4 LO *kaum noch sichtbar* 7-8 nes *bis* dô *stark verwischt* 12 *nur unterer Teil erhalten* 13 *uuîssost 18 dîng .: *Punkt kaum sichtbar* gestuônt: n *übergeschr.* 20 fóre: *danach schadhafte Stelle im Pgm.* nde: *nur zweiter Strich des* n *erhalten* 21-22 rifica:a: *nur Schleife des* r *und Schaft von* a[2] *erhalten* 24 Sî: *danach schadhafte Stelle im Pgm.* *Punkt fehlt* 6[2] 17[2]

//bitabo in 2a^v

extrema maris . id est sęculi. Ube ih mîne féttacha . daz chît / a-
morem dei et proximi . ze mir nîmo in grîhti . ûnde ih púuuo . daz /
chît râmen mît gedîngi ze énde dîrro uuérlte . so dies iudicii /
ist . uuánda dâr ist énde dîsses uuérltmeres . ze déro uuis in-drîn-/
no ih tînero âbolgi. Etenim illuc manus tua deducet me . et
te/nebit me dextera tua. Tára ze demo énde brînget mih tîn /
hánt . unde dîn zéseuua hábet mih . taz ih in den mére ne-stúr-/
ze . êr îh in úber flîege. Et dixi . fortasse tenebrę
conculcabunt / me. Unde chád ih fórhtendo . ôdeuuâno fînste-
rina tréttont / mih . unde îrrênt mih. Uuáz sînt tîe fînstri . âne
dîser lîb? Et / nox illuminatio in delitiis meis. Unde bedîu ist
mîn náht . taz /

/nebrabuntur a te. 2b^v

/stri . núbe fone démo der sîne súnda bîrget . unde îro ne-
iîhet. / Ter zuîualtot tie fînstri. Et nox tanquam dies illumina-
bitur. / Unde réhtemo man uuîrt tiu náht samo‿lîehte sô der
tág . taz / chît aduersitas netarôt imo nîeht mêr dánne prosperi-
tas. Sicut / tenebrę eius . ita et lumen eius. Imo gânt prospera unde
aduersa/ gelîcho. Quia tu possedisti renes meos domine. Uuanda dû

---

7 fèttacha: ch *durch kleine Löcher (Wurmfraß) beschädigt (vgl.* 509a, *Z.* 23*)*
13 hábet: a *aus* e *verb.* 17 bedîu: d *aus* b *verb.* *Punkt fehlt* 7^3 16^3
(wegen senkrechtem Riß im Pgm.?)

W[1]

hâbest / pesézen mîne láncha . dû nehéngest mîr ún-chiuske
geluste. / Suscepisti me ex utero matris meę. Tu hâbest mîh ke-
nómen / mînero mûoter uuómbo. Taz ist tiu zâliga ba-
bylonia . der / chînt ierusalem cęlestem nemînnônt. Confitebor
tibi domine quoniam / terribiliter magnificatus es. Ih iiho dîr trûhten
daz tu égebâr / uns uuúnderlîh uuórten bîst. Mira opera
tua deus . et anima mea /

// in- 3a[r]
terioribus terrę . id est in carne. Unde / tîe-
fi des lîchamen . doh îro dîu stárchi g / *ITEM EX*
PERSO Inperfectum meum uiderunt / ocu-
li tui. Mînen úndurnohten petrum g
/ Er gehîez taz er geléisten ne-máhta . dóh
/ chît . et respexit dominus petrum. Et in libro
tu /de an dînemo bûoche uuérdent sie
áll / unde inperfecti. Per diem errabunt. An
ch / uuanda sie în échert hominem uuâ-
nent /zent în in passione. Et nemo in eis.
Und / hábet sîh ze îmo. Nóh tér dâr chád.
Te /

---

1 pesézen: *danach schadhafte Stelle im Pgm. (vgl.* 510a, *Z.* 20*)* 2 gelu-ste: *nur erster Strich des* u *und oberer Teil des Bogens der Ligatur* st *erhalten* 5 trûhten: *unter und nach* ten *schadhafte Stelle im Pgm. (vgl.* 510a, *Z.* 24*)* 6 uns: un *von Leimfleck größtenteils verdeckt* 16 PERSO: *von* O *nur linke Hälfte erhalten* 22 *linke Hälfte des* x *von* xp̄o *erhalten*

/ hárto geféstenot. Et numera- 3b[r]
bo eos . et super har / Unde zéllo ih sie .
unde ist îro mêr dánne me / uuírdet tero
nâh mînero passione . déro fo / Exurrexi
et adhuc tecum sum. Ih pín irstánde /
pín ih fáter sáment tír. Noh ne-bîn ih în chu
/ Si occideris deus peccatores . uiri sanguinum dec

/ ces in cogitatione . acci-
pient in uanitate c / gót sláhest . táz chit
pléndest tîe súndig / iro fólgâra in‿úp-
pighéite . uuánda du ch /tôn gedánche .
skéident îuuih mánslékk / táz sih cûo-
te skéiden fóne úbelen in îro / ke-
mínne sîn . fóne diu ist tero irslágeno /

// uuanda mír iro únreht ándo uuás fu- 3a[v]
re dih? / os. In dúrnohtemo háze

16-17 kemînne *bis* irslâgeno: *nur obere Hälfte erhalten, daher wohl Punkt nach* sîn *mit abgeschnitten* 25-26 fure: *über* u *kleines Loch, kein Akut* 26 dúrnohtemo: mo *aus* nt *verb.* *Punkt fehlt* 17
Die vordere Hälfte von 3a[v] *und* 3b[v] *ist stark abgerieben, so daß mehrere Buchstaben kaum noch sichtbar sind.*

W^{1}

házeta ih siê. Daz chît / uánda ih îro ú-
beli házeta . nâls sie selben. Inimi/ sînt
mir fiênt . uuand: ih îro únreht házeta. /
r meum. Pesûoche dû mih cot . ûbe ih táz kescúl/
keiden fóne mîr . únde uuîzist tú min hér-
za . / ne-uuéllen. Scrutare me et cogno-
sce semitas / iquitatis in me est. Scrodo
mih unde bechén/ ih ube in mir un-
reht fád sî. Et deduc me in / hte mih ze
demo euuigen uuége christo . an / t ne-
îst. *IN FINEM IPSI DAVID.* /
homine malo id est /

/ únréhtemo man lôse 3b^{v}
mih . t fone îmo / de. Qui cogitauerunt
iniustitias in corde . tota / ella. Also dîe
unrehte sînt . tîe unrehtes ten/ unde
állen den dág uuéllen féhten . únde éte/
m brîngen . alde seditionem máchôn. Acuerunt /
entes. Sîe hábent îro zúnga geuuézzet álso /
sámo fréisig . sámoso uuúrme. Ve-
nenum aspi/ o lêfsen ist ferbór-
gen . daz zâligosta êit/ u p ato-
ris . idest diaboli . ab hominibus / ote min

---

9 hte: *zwischen* h *und* t *kleiner Tintenfleck auf Zeilenhöhe* 12 *nur oberer Teil erhalten* 22 geuuézzet: ge *mit Punkt übergeschr.*

truhten . fóre des tîefeles hánden . lô/ men-
nis:on. Qui cogitauerunt supplantare gres/
besc en . dîe mih îrren uuéllen réh/

/ mîn gót pîst 4r
tu. Taz nemugen âber sîe n p /
da îro úbermuôti skéidet sîe fóne góte. Exaudi
/ meę. Chád ih óuh . kehôre trúhten mîna dígi. Domin
/ meę. Tu trúhten chád ih . píst chraft mîne-
ro héili / dîe chréfte dero héili. Obumbrasti super
caput meum / daz chît in temptatione
bescátetost tû mîn hóube / neirlâge . ál-
so diê irlîgent . dero hízza dû ne-c / me domine
a desiderio meo peccatori. Fóre nîete ne
/ten demo tîefele. Ter nîet ist tíu hízza . dia gótes
/ únsih úberuuúndene peccatori ne-geántuúrte.
Cog / me ne derelinquas me . ne forte ex-
altentur . idest ne / Úbele rîeten míh ána .

---

3 *nur obere Hälfte erhalten* 14 p: *Unterlänge nicht mehr sichtbar* 16 *nur* Dn̄ *erhalten* 18 Obum̄brasti 24 ne: *mit Punkt übergeschr.* *Punkt fehlt* 24 26[2]

W^{1}

du neferlâzest mîh . nîo sî d /den. Ca-
put circuitus eorum. Id est caput eorum circui
/ hóubet ter ist úmbegáng . tér ne-berîhtet sih nîo
/bor labiorum ipsorum . id est mendacium operiet
eos. / skîrmet siê. Tu skîrmest mîh . siê skîr-
met îro lûg /dont siê sîh îro súndôn . der
ist úmsémftero ze / uuârheit. Cadent
super eos carbones ignis. Cluônte /lont sîe .
uuánda sîe geséhent tie zûndên . dîe fo /
Sîe geséhent tâz în érnest uuîrt ze uuóla-tâten. D
/fest tu siê nîder. Dáz siê diên irbúnnen . daz
féll / subsistent. Uuênegheit keskîhet
în . fóre déro ne / réhte gestânt . uuánda einer
dero réhton chá / in tribu-
lationibus. Uir linguosus non dirigetur super ter
/ neguuúnnet niômer gréhti óbe érdo .
uuánda iz / non effugies
peccatum. Tér gezúngeler îst . ter ist tîc
/ mîchel úngrehti. Uirum iniustum . mala capient in int
/ gefâhent uuêuuun ze‿ferlórnissedo .
den guôten m / náls âber ze flóreni.
Cognoui quia faciet dominus iud /

/ emúgen. Tîr uuîzen siê is 4^{V}

---

6 lûg: *nur vorderer Teil des* g *erhalten* 10 D: *nur vordere Hälfte erhalten* 14 châ: a aus i *(*u *?)* verb. 21 m: *nur die beiden ersten Striche erhalten* 22 iud: *Schaft des* d *abgeschnitten* *Punkt fehlt* 15 *(nach* tribulationib;*)*

táng. Habitabunt re/ . Créhte bûent sáment
tînemo ánalutte . álso iz / erit similes
ei erimus . quoniam uidebimus eum sicuti est. /
IN FINEM IPSI DAVID.
d te . exaudi me. /
ter propheta . ze dir háreta ih . kehôre mih. /
deprecationis meę dum clamauero ad
te. Tuô óuh / ero dígi . sô ih hárêe
ze dír. Sô du tâte in pręterito . / Gehôre mih îo.
Dirigatur oratio mea sicut in/ tuo. Mîn
gebét récche sih ûf . álso róuh fóre dír. / dír
mîn gebét. Eleuatio manuum mearum sacrifi/
héui mînero hándo . sî dír âbent-ópfer. Mînero /
. rûochest tu ze mînemo énde. Pone domine custo-/
ium circumstantię labiis meis. Sézze hûo-
ta mîne/ ten . unde úmbe mîne léfsa stélle
túre. Lêre / mînero uuórto. Non decli-
nes cor meum in uer/ xcusandas excusatio-
nes in peccatis. Ne-chêre mîn / ligiu uuórt .
ze ántseido dero súndon. Lêre / nem quę
liberat a morte. Cum hominibus operantibus /
electis eorum non communicabo. Sáment únrehten /
iruuéleten ne-hábo ih keméinsami. Táz sint . /
dôn fersâgent. Corripiet me iustus in
misericordia . / . oleum autem peccatoris non inpin-
guet caput meum. / mih unde irréfset

---

4 *wegen Platzmangel am Ende von Z.* 3 *nach* est. *steht* IN *bis* DAVID. *in der nächsten Zeile nach* exaudi me. *und füllt diese Zeile aus* 20 nem: *nur zweiter Strich des* n *erhalten*

W[1]

mih cnâdiglicho . des súndi/ mîn hóubet.
Sîn ólê . daz ist sîn lób . unde sîn / uôtemo man
ze flîhenne ist. Quoniam adhuc ora/ acitis eorum .
s . peccatorum. Uuánda bît nóh . in / mîn ge-
bét. Nóh uuírt . taz în lichet ze ché/ o-
bis debita nostra . sicut et nos dimittimus debito-
ri/ sunt iuncti petrę iudices eorum. Íro rîhtâ-
ra sînt //

---

1 cnâdiglicho: g *mit Punkt übergeschr.* 2 uôtemo: *nur zweiter Strich des* u *erhalten*

// sennazerib centum octoginta quinque milia. Do begonda / uuê sîn. Tu autem eruisti animam meam ut non periret . proiecisti post ter / mea. Aber dû lôstost mîna sêla daz si ferlórn neuuú / álle mînæ súnda . uuóltost mir fóre óugon uuése / súnda. Quia non infernus confitebitur tibi . neque mors laudabi /scendunt in lacum ueritatem tuam. Uuánda hélla unde tôd / in héllegrûoba fárent . tîe nebî-

---

20 t̄ *fast ganz erhalten* 21 neuuú: *von* u^{3} *nur erster Strich erhalten* 22 *mîne; *wahrscheinlich wurde* a *zu* e *verb.* 26 tôd: *Schaft des* d *abgeschnitten* *Punkt fehlt* 26

tent ze‿séhenne dîa uu / dîna gnâda. Álso dîu gnâda christi nû geskéhen ist taz er / lôsta. Uiuens uiuens ipse confitebitur tibi . sicut et ego hodie. Nu / lóbot tih . álso ih hîuto lébo . unde dih lóbo. Pater filiis not / chúndet sînen súnen dîna uuârheit. Uuánda sô ist kes / et adnuntiabunt tibi . seniores tuos et dicent tibi. Domine salu / cantabimus cunctis diebus uitę nostrę in domo domini. Kehált mi / an dih kelóubente . unde sô sîngen uuír dír in dînemo temp /

Exultauit cor meum in domino . et exaltatum est cornu meum / Mîn hérza fréuta sih an trúhtene . chît sancta ecclesia . u / unbirigero dia uuámba indan hábet . unde mîn geuuál / ih regina bîn . unde ih uuîto uuálto . daz ist fóne îmo. D /cos meos. Mîn múnt ist uuîto indân . úber mîne fîen /bunden ist . ióh in angustiis pressurarum . ioh sélbên pręcon / in salutari tuo. Uuanda ih an christo dînemo háltare ge /

est sanctus ut est dominus . et non est fortis sicut deus noster . neque enim est alius preter t / stárcher neîst . sô trúhten gót únser . noh ánderer n / starcher .

---

1 uu: *von* u² *nur erster Strich erhalten* 4 Nu: *zweiter Strich des* u *(auch Akz.?) abgeschnitten* 15 u: *nur erster Strich erhalten* 16 indan: *über* a *Ras., über* n² *kleines Loch im Pgm.* 18 D: *nur Schaft erhalten* 21 pręcon: *von* n *nur erster Strich erhalten* *Punkt fehlt* 15¹

W2

uuánda oúh tú ándere gehéiligon unde
/ multiplicare loqui . sublimia gloriantes. Ír iúuih cûoll
/ueriu mánigen hôhchôse sîn . sámo-
so iúuih múge le /cedant uetera de ore
uestro . quia deus scientiarum dominus. Alti
/mo múnde . fermîdent inaniloquia . daz chît . nolite gl
/ ist hêrro déro uuîzentheîte . er ist
arbiter iúuero g / cogita-
tiones. Unde îmo uuérdent sie irbárot . er u
/ Uuésent tîemuotig . quoniam qui se putat aliquid
esse dum nihil fortium superatvs
est . et infirmi accincti sunt robore. Tero sta
// utis fone în selben . 1v
unde uueîche sînt uuórten starche . /
miserere mei domine quoniam infirmus sum. Repleti
prius panibus / iruúlte diuinis
eloquiis . uuúrten gemînnorot an îro /
án dero lege terrena fernâmen. Et esurientes tran-
sierunt/ tes uber fûoren dia
érda . uuanda sie ad fidem chómene . /
n náls terrena. Ube uuîr lésen . repleti prius pro panibus
se / ti sunt . sô chît iz . êr sâte iu-
dei . uuúrten sô brôtelos . taz / e .
uuanda sie sîh chêrton in alienum intellectum . car/
húngerge gentes . uuúrten gesátot réhte-
ro fer/ erit septem . et multa in filiis

---

9 u: *nur erster Strich erhalten* 10 aliqd (i über q): *übergeschr.* i *(o ?) verwischt* 12 sta: *Schaft des* a *(auch Akz.?) abgeschnitten* 23 uuǒrten (uuúrten *aus* uuórten *verb.*) 25 húngerge: *Akut sehr schwach*

W^2

infirmata est. Uuánda / e . an‿dîen uuîrt
fernómen perfectio ecclesię . áber fi/
árd sîeh synagoga . uuánda mit îro ist infirmitas /
ominus mortificat et uiuificat. Trúhten tôdet tia /
chícchet tîa chíndelôsun. Deducit ad infe-
ros et re/ unde fóne héllo . christum léitet
er dára unde dana. / at . humiliat .
et sublimat. Ter fáter hêrro tûot sî /
ˆchet únsih . nîderet în . unde irhôhet unsih. Susci/
et de stercore erigens pauperem. In‿dúrftigen
fóne / ôtigo daz er negesâhe corru-
ptionem . unde în ármen /
ste . fó-
ne iudeis . tîe în sluôgen . dîe mit réhte mîst /
renis cogitationibus et carnis uoluptatibus lébe-
ton. / ´ ch héizet stercora . dâr er chît .
quę mihi fuerunt /
esse dixi . nec solum detrimenta . uerum
etiam stercora / um
principibus et solium glorię teneat. Taz‿er sizze mit tîen /
. sedebitis super sedes du-
odecim . unde er den hímelisken /
dines terrę . et posuit super eos orbem. Trúhtenes sint tîe /
an dîen stálta er dísa uuérlt. Sîn sint
quatuor climata / orbem sancte ecclesię
daz sîn lób uber ál sî. Pedes sanctorum suorum ob/

1 e: *nur rechte Hälfte erhalten* 4 n̄s *erhalten* 10 &: *nur rechter Teil erhalten* 12 sicut *bis* CORRVPTIONEM *aus R ist in* W^2 *entweder durch homoioteleuton weggefallen oder in R (vom Glossator? Ekkehard IV.?) ergänzt worden* 13 ste: *rechte Hälfte der Ligatur* st *erhalten* 20 principib; *(vielleicht fehlt Punkt)* 24 an: *nur rechte Hälfte des* a *erhalten* 25 orbem: *linke Hälfte des* o *abgeschnitten* *Punkt fehlt* 7^1 16^1

n fûoze beháltet er daz sie unréhten uuég negânt. Et /

. Unde iudei uuérdent kesuéiget

in͜îro ignorantia / len. Quia non

in fortitudine sua roborabitur uir. Uuánda /

´rchet fóne sînero chréfte . nube fóne gotes chré-

fte. //

/ so irteilet in druhten fater. Et dabit 2r

imperium regi su / christi sui. Unde gîbet

ér geuuált sînemo chúninge ch

/

Cantemus domino . gloriose enim ma-

gnificatvs est . equum et ascens / proiecit in ma-

re. Singen trúhtene . chît moyses . uuanda e

/ ist . rós unde réitman

uuárf er în daz mare. Diabolum cum /

baptismate. Fortitudo mea et laus mea dominus . et factvs est mih

/ ist mîn stárchi unde mîn lób . unde er

ist mir uuór / nelâzet în uallen . pedîu

neuállent tîe sih ze͜îmo h´ /

eum . deus patris mei et exaltabo eum. Tîser ist mîn gót . îo d

/mento. Náls sô heretici uuól-

ton . die ánderen ságeto /deren

noui. Dominus quasi uir pugnator omnipotens nomen

---

1 n: *erster Strich abgeschnitten* 10-11 so *bis* su: *Oberlängen teilweise und Akzente abgeschnitten* 12 chúninge x 15 ascens: ce *kaum sichtbar* 19 mih: *nur Schaft des* h *erhalten* 21 uuór: *von* r *nur Teil links oben erhalten* 26 nom̄: *von* m *nur Teil links oben erhalten* *Punkt fehlt* 4 6 14 15 16[2]

/ eius proiecit in mare. Trûhten
ist âlso uuîgman / skî-
net . taz‿er pharaonis réita . und
/ er óuh diabolum in abyssum gehenn
/ Sîne iruuéliten fúr-
sten uuúr / ui-
tia . in minimis subruuntur
/ quasi lapis. Tiêfiu uuázer b
/ pecca-
ti soúfta sia in geh
/ tua domine magnificata est in
/tudine glorię tuę de-
p
/ îro stárchi . dîn zes
/tsaztost tû mîne
/ libertatis nostrę. Mi-
sis
/ diu ferslánt sie
/tę sunt aquę. Unde i
/ dîu
befóre inda
/ Gágen dîen gûo
/ chắmen . dô bet
/ implebitur
an //

---

10 suŏ́fta; ŏ *halb verwischt* 11 domine] d̄ 14 zes: *Schleife des langen s abgeschnitten* 16-17 misis: *Schleife des langen* s² *abgeschnitten* 22 guô: *von* ô *nur linke Hälfte erhalten* 24-25 implebitur an *fast ganz verwischt*

W²

/ also bli in michelen 2ᵛ
uuazeren. Quis similis tui in fortibus / r
ist tîr gelîh under stárchen drúhten? uuér ist tîr /
itate . terribilis atque laudabilis . et faciens mirabi-
lia. Míchel/ útelîcher iudicando . lóbelîcher
dimittendo . uuúnder / manum tuam . et de-
uorauit eos terra. Dû ráchtost tîna hánt . /
unde dánnan beuuárf sié daz sánt. An‿dînen gnâdon /
ad terram promissionis. Áber nû léitest tu
redemptos ad cęlestem / fortitudine
tua . ad habitaculum sanctum tuum. Unde âne sine /
dâr er ze‿êrest gesáhe tabernaculum . dára
nâh templum . / sum.
Ascenderunt populi et irati sunt. Dô fûoren gágen în liu-
te / lgen sih îro uérte. Do-
lores optinuerunt habitato/
c conturbati sunt principes edom. Dô uuúrten léi/
optinuit tremor.
Dîe stárchesten /
tatores chanaan. Fóre fórhton ir/
per eos formido . et pauor in ma/
´rzeslagod ána
ualloe sîe . die /

---

4 also: *nur Schaft des* a *erhalten* 4-5 also *bis* fortibus: *Oberlängen teilweise und Akzente abgeschnitten* 8 útelîcher: *erster Strich des* u *abgeschnitten* 9 manum: *nur dritter Strich des* m[1] *erhalten* 13 fortitudine: nur *Schleife des* f *erhalten* 18 lgen: *untere Hälfte von* lg *abgeschnitten* 25 ´rzeslagod: *untere Hälfte des* r *abgeschnitten*

W²

n dero mîcheli dînero /

lus tuus domine . donec pertran/

e âlso der stéin . únz /

deles follechómen /

s eos et plantabis eos /

tus es domine. Dû leîtest /

sion monte . der /

e an‿dînero fîlo ue/

. Daz uuîhus trúh/

e

gótes. An‿demo /

êuua . ióh hîna báz. /

or gespró-

chen /

uuéiz úbere. //

/helis sune durh- 3r

kiengen uz in druccheni . uuanda der egyptius ist . unde er /

pharaoni fólget . taz chît diabolo . der uuîrt pesóufet flu-

ctibus uitiorum. Der aber / christo fólget . témo sint aquę mu-

ri dextera leuaque . ter gât per siccum in media uia . unz / er ûz

chúmet . unde‿er ymnum uictorię sînget.

2, 7 domine] d̄ 17 uuéiz: *erster Strich des* u[1] *abgeschnitten* 21-22 helis *bis* er: *Oberlängen teilweise und Akzente abgeschnitten* 26 undeer: e[2] *aus Ansatz von* r *verb.*

CANTICUM ABBACUC PRO IGNORATI/ONIBUS.

DOMINE Audiui auditionem tuam et timui. Ze‿christo sprîcchet ter propheta . / ih kehôrta in spiritu uuáz tu péneimet hábest pro humano genere ze‿lîdenne . unde / dés irchám ih mih. Domine opus tuum . in medio annorum uiuifica illud. Daz sélba tîn tiúra / uuérch . irfúlle sô is zît sî. In medio annorum notam facies. Tîna uuârheit geskéinist tu / so plenitudo temporum chúmet. Cum iratvs fueris misericordię recordaberis. So du dih súndon/ten irbîlgest . so gnâdest tu âber riúuonten. Deus ab austro ueniet . et sanctus de monte pha/ran. Cót chúmet fone súnde . chúmet fone dero hálbun montis syna . der bî‿demo / eînote ist . taz pharan héizet. Parentes christi bringent în ze hierusalem fone bethlehem / dîu <ze> súnde ist . álso oúh pharan. Operuit cęlos gloria eius . et laudis eius plena est terra. Himela / bedáhta sîn guôllichi . unde érda ist fól sînes lóbes. Also iz chît . gloria in excelsis deo . et / in terra pax hominibus. Splendor eius ut lux erit . cornua in manu eius. Sîn skîmo ist also lîeht . taz / chît . fama eius credentes illuminabit . hórn in sînero hénde . taz sint signa et trophea crucis. / Ibi abscondita est fortitudo eius. Dâr in cruce bárg er sîna stárchi . uuánda er sîa ne-ougta / dîen <die> daz châden . descendat nunc de cruce et credimus ei. Ante faciem eius ibit mors . et egre-/dietur diabolus ante pedes eius. In deserto begágenet îmo temp::tor . dara chúmet <er> fure sîne / fûoze. Stetit et mensus est terram . aspexit et dissoluit gentes . ontes sęculi. Aber christus stûont / unde irchôs uniuersitatem terrę . er

---

1 ONIBUS. *steht in der nächsten Zeile nach* propheta .   2 DÑĪ; ÑĪ *stehen innerhalb der Initiale* D   3 *sprîchet   4 *benéimet   11 chûm&[1]
18 lîeht..   24 p::tor: *nur oberer Teil des* p *erhalten*   chûm&
fôuze   25 *das Fehlende ist ganz abgerieben, auch das meiste des* o *von*
ontes   *Punkt fehlt* 16[2] *(nach* hominib;*)* 17[1]

W^2

ána sah tîe gentes . u ta sie . uuánda er in/dránda îro úngelóuba . unde úbermûote uuúrte muotet ad penitentiam. / Incuruati sunt colles mundi ab itineribus ętenitatis eius. Fóne dîen uérten sînero êuuigheite néig/ton sîh púrlîche . dîe fore sînero aduentu inflexibiles uuâren. Pro iniquitate uidi tento/ria ęthiopię . turbabuntur pelles . i . tabernacula terrę madian. Umbe únreht sáh ih / uuérden tentoria demonum . dîe templa dei uuésen sólton . umbe únreht uuérdent / in iudicio getrûobet tabernacula madian . daz sint peccatores. Numquid in fluminibus / iratvs es domine? Aut in fluminibus furor tuus . uel in mari indignatio tua? Sol in áhôn dîe / ze‿tâle flîezent . unde in mari dara sîe in‿flîezent tîn zórn sîn? náls in primo . nube //

/ uuerlte . unde dine reita sint tien heili 3^v die an dih geloubent. Suscitans susci/tabis arcum tuum. Dîn iudicium inzúndest tu . mit témo dû úbelên skéinist tîn zórn. / Iuramenta tribubus quę locutvs es. Uuérest táz tu zuélif chúmberon gehiêze . daz / chît állen fidelibus . uuánda dû în gîbest uitam ęternam. Fluuios scindes terrę. Prędicatores / téilest tû dero érdo . dû séndest sîe áfter lánde. Uiderunt te aquę et doluerunt mon/tes. Fóne dîu geéiscotôn tîh populi . tîe dîh êr neuuíssôn . unde chlágoton sîh poten/tes . táz sîe lîugendo uuurtîn beati. Gurges aquarum transiit. Gen-

---

1, 2 *Das Fehlende ist ganz abgerieben* 1 er̄ 10 *vielleicht bloß* aut *(a etwas größer als normal)* 17-18 uuerlte *bis* susci: *Oberlängen teilweise und Akzente abgeschnitten* 23 tû dero] nîdero 25 chlâgoton: *Akut über* hl *Punkt fehlt* 21^2 *(nach* fidelib;*)*

tium persecutio ze/gîeng . unde uuárd pax. Dedit abyssus uocem suam . altitudo manus suas leuabit. / Diú tîefi dero hérzôn lûtta confessionem . diu sélba tiêfi hûob îro hénde ze‿lóbe. Sol et luna ste/terunt in habitaculo suo . in luce sagittarum tuarum. Christus unde sîn ecclesia stûonden do in îro stéte . / do christus kesáz ad dexteram patris . unde er îro sánta spiritum sanctum . an dero óffeni dînero uuór/to diu dô êrest fernómen uuúrten. Ibunt in splendore fulgorantes hastę tuę. So / uárent skînbâro . bléchezende dîniu spér. Daz sint âber iacula uerborum dei . in / tenebris audita . unde in lumine prolata. In fremitu conculcabis terram . in furore ob/stupefacies gentes. Írdiske liute tréttost tû in‿grîscramode . álle dîete brûtest / tu in‿héizmûoti. Uuanne? So du rîchest iniuriam populi tui. Egressus es in salutem populi tui . / in salutem cum christo tuo. Du fáter fûore ûz án‿christo . ze‿héili dînes liûtes . sáment tînemo / geuuîehten châme du în ze héili. Álso iz chît. Deus enim erat in christo mundum reconcilians / sibi. Uuaz tâte du dô du châme? Percussisti caput de domo impii. Slûoge antichristum . / nâme daz hóubet tána fóne des úbelen hûs . fóne déro uuérlte diu ubel ist . álso / iz chît . totus mundus in maligno est positvs. Denudasti fundamentum usque ad collum. Ín / slahendo irbárotôst tu sîna grúnt-festi únz án‿den háls. Alle úbele die sîn uesti / uuâren . geoffenotost tu únz án die uuírsisten . an dîen daz hóubet stûont. Male/dixisti sceptris eius. Regnis eius flûochotost tu. Capiti bellatorum eius . uenientibus ut turbo / ad dispergendum me. Flûochotôst temo ába irslágenen hóubete

---

2 *leuauit 5 stûondo do 12 héizmôti 25 Capita *Punkt fehlt* 2^1 18^2 25^2

W^2

sînero uuîgmanno / flûochotost tîen in‿túrbales uuîs chómenten bellatoribus mîh tînen liut ze‿stôrenne. / Exultatio eorum sicut eius qui deuora[n]t pauperem in abscondito. Íro fréuui ist álso dés ter / sih fréuuet taz er tóugeno ferslînden ten ármen. Tanne ferslîndet în / der úbelo . tánne ér în <îmo> gelîchen tûot. Uiam fecisti in mari equis tuis . in luto aquarvm // multarum. Dînen prędicatoribus ketâte du uuég 4^r in nationibus . in‿hóreuue manege/ro uuázero . daz chît . in turbatis cordibus gentium. Audiui et conturbatvs est uenter / meus . id est animus meus. Comminationes tuas kehôrta ih . tero uuárd ketrûobet mîn / mûot. A uoce contremuerunt labia mea. Fone îro stîmmo irbîbenoton mîne léfsa / so antsâzig sint sie. Ingrediatur putredo in ossibus meis . et subter me scateat. Nîeht / éin tremor . nube ioh fûli chóme in mîniu béin . unde sî uuérde ze‿uuúrmen / in mír . sô iob gescáh. Ut requiescam in die tribulationis . et ut ascendam ad populum accinc/tum nostrum. In‿dîen uuórten daz ih râuuee in die tribulationis . unde ih fáre ze / únsermo liute . ze‿gûotero uérte gegúrtemo. Ficus enim non florebit . et non erit ger/men in uineis. Uuanda der fîgpoum neblûot . noh uuîn neuuirt in uuîne/garton. So christus chúmet . so ne-bîret suôzen uuûochar synagoga . dîu ficus unde / uinea domini uuás. Mentietur opus oliuę . et arua non afferent cibum. Imo liuget tán/ne daz uuérch tes óleboumes . únde diu gelénde nebérent érduuûocher. / Dáz sie dô gehîezen dô sie châden . omnia quę pręcepit dominus faciemus . daz irliugent / sie. Dulcedinem fidei alde bo-

---

8 manege: *Akz. wohl abgeschnitten (nach* nationib;) 24^2 15 *iobe *(?)* *Punkt fehlt* 2 8^1

ni operis neóugent sie. Abscidetur de ouili pecus . / et non erit armentum in pręsepibus. Smález fého uuirt kenómen fone stîgo . rînt ne/stât ze‿chrîpfo. Pręsepia cęlestium scripturarum sînt mit in . aber celestem in/tellectum nehábent sie an în. Ego autem in domino gaudebo . et exultabo in deo iesu meo. Aber / ih méndo in domini protectione . náls in mea iustitia . unde fréuuo mih in saluato/re meo . non in me ipso. Dominus deus fortitudo mea . et ponet pedes meos quasi ceruorum. / Cót ist mîn stárchi . er gîbet mir snélli dero hîrzo ze‿úber scrîcchenne pe/ricula delictorum. Et super excelsa mea deducet me. Unde úber mîna hôhi léitet / er mîh . mundanam sublimitatem tûot er mih úber uáren contemplatione cę/lestium. Uictori in psalmis canentem. Ímo uictori sîngenten . imo dánchonten. /

CANTICUM DEUTERONOMII.

Audite cęli quę loquor. Kehôrent / hîmela dîu ih sprîcho ze‿iudeis. Audiat terra uerba oris mei. Uuórt mînes / múndes kehôre dîu érda . uuanda íóh îuuih maxima elementa bechómen mág . / taz ih în ságen sól. Concrescat in pluuiam doctrina mea . fluat ut ros eloquium mevm. / Ze‿régene uuérde mîn lêra . álso tóu flîeze mîn gechôse. Regen unde toú / bérehaftônt tîe erda . mîniu uuórt pezeroên die iudeos. Quasi ymber super / herbam . et quasi stillę super gramina. Álso túgîn siu în îro sînne . so régen-trópfen an / gráse. Quia nomen domini inuocabo. Uuánda ih gôtes uuórt ságo. Date magni//ficentiam deo nostro. Tuoment cot. Dei perfecta sunt opera. 4v
Só ir‿baldo múgent . uuánda sîniu / uuérch túrnohte sint.

---

13 DEUTERONOMII: 18 ságen: g *aus* e *(?) rad. und verb.*, e *auf Ras. von* g 21 *tia 25 ficentiam *bis* cot: *Oberlängen teilweise, auch Querstrich des* T, *Nasalstriche über* a *und* do *und wohl auch Zkfl. über* uo *sowie Akut über* o *von* cot *abgeschnitten* s̄ (= sunt): *Strich über langem* s *fast ganz abgeschnitten* 26 túrnohte: n *aus* h *rad. und verb.* *Punkt fehlt* 2 *(nach* pręsepib;*)* 19²

W^{2}

Et omnes uię eius iudicia. Unde álle sîne uuéga sint úr/teilda . ratio discretionis skînet án în. Deus fidelis et absque ulla iniquitate iustvs et rectvs. / Cót ist ketríuue . unde an únebeni réhter unde gerêhter. Peccauerunt ei non filii eius / in sordibus. Sîne uuíhselinga únsuberton síh in idolatria. Generatio praua . atque peruersa. / Âuuikkiu sláhta unde lézziu. Heccine reddis domino . popule stulte et insipiens? Lônost‿tu / gôte sô túmber líut . unde uuízzéloser. Numquid non ipse est pater tuus qui possedit te et fecit / et creauit te? Neíst tér dîn fáter ter dih uuórchta . unde kescûof . unde besáz fúre / érbe? Memento dierum antiquorum . cogita generationes singulas. Irhúge dero álton tágo . dénche / án îogeliche gebúrte . abrahę . isaac . iacob . uuîo er díh tô be‿îro zîten an în iruuélita. / Interroga patrem tuum et adnuntiabit tibi . maiores tuos et dicent tibi . quando diuide/bat altissimus gentes . quando separabat filios adam. Frâge dînen uáter unde dine fórde/ren . sie ságent tír uuánne gót gentes skîed . tô er îu ante diluuium súnderota filios adam / unde er neuuólta filios dei fone séd chómene . sih mískelon ze filiis hominum die fóne cain / chámen. Dánnan máht tu uuízen uuélih fréisa dír ist . taz tu fone abraham chómener / ze‿gentibus tih mískêst. Constituit terminos populorum . iuxta numerum filiorum israhel. Er gesázta / dia márcha dero sâligon líuto . nâh téro manigi dero angelorum . daz electorum sô mánige fone / érdo ze‿hímele chómen . so dâr ze‿léibo uuárd angelorum . dô demones fíelen. Ziu neílest / tu dára . sîd tu dá-

---

2 skîn&   8 *uuizzelôser?   12 denĉhe   16 dînen: n^{2} *mit Punkt über-*
geschr.   *Punkt fehlt* 5^{1} *(nach* sordib;*)*

ra gelâdot pîst? gentes tîe idolatrę sînt . nechômment tára. Pars autem / domini populus eius . iacob funiculus hereditatis eius. Aber sîn liût ist sîn téil . iacob ist séil sînes / érbes. Secundum electionem îst ér sîn téil. Inuenit eum in terra deserta . in loco horroris et uastę / solitudinis. Er uánt în . in‿uuûostemo lánde . in‿grîusigemo eînote . unde únmez / uuîtemo . dáz in‿arabia ist . umbe montem syna. Circumduxit eum et docuit. Er uuîsta în úmbe / den lángen uuég deserti . unde zôh în dâr. Et custodiuit quasi pupillam oculi sui. Unde hûot/ta sîn . also sînes óugen. Sicut aquila prouocans ad uolandum pullos suos . et super eos uolitans. Álso / der áro lúcchet ûzer néste sîne iúngen sô er sie flúkken uuîle . unde obe în flóge/zet . sô lêrta ér în chómen a uitiis ad uirtutem. Expandit alas suas et assumpsit eum . atque / portauit in humeris suis. Er spréitta sîne uéttacha . unde nám în ûfen sih . unde fûor/ta in ûfen sînen skérten . álso der áro tuôt erlégenen iúngôn. So uuâr îmo gebrást . / târ hálf er îmo. Dominus solus dux eius fuit . et non erat cum eo deus alienus. Er éino uuás sîn here/zogo . nóh frémede gót neuuás mit îmo . er téta în gelóuben daz ánder gót neist. / Constituit eum super excelsam terram . ut comederet fructus agrorum. Er gesázta in án //

---

3 *sîn *Punkt fehlt* 17^{1} 20^{1}

PATER NOSTER QVI ES IN CĘLIS. F̸ater unser 45r du / der in himele bist. Ø homo skine an guoten werchen . / daz du sin sun sîst . so heizzistu in mit rechte uater. / H̸abe fraternam caritatem . diu tuot dich wesen sinen sun. S̸ancti/ficetur nomen tuum. D̸in namo werde‿geheiligot. W̸er sol in / geheiligon? N̸e-ist er heilig? W̸ir bitten aber daz er in / unseren herzon geheiligot werde . so daz uvir in colendo / geheiligoen. A̸dueniat regnum tuum. D̸in riche

---

24 heilig.

T

chome daz / euvige . dara alle guote zuo dingen . da wir
dich gesehen / suln . unde angelis geliche wordene . lib ane
tot haben / suln. F̸iat uoluntas tua sicut in cęlo et in terra.
D̸in wille / geskehe in erdo uone mennesken . also in himele vo-
ne an/gelis. P̸anem nostrum cottidianum da nobis hodie. V̸nser
tagelich / brôt kib uns hiuto . gib uns dine lêra . tero un-
ser sela gela/bot werde . wanda dero bedarf si tagelichen .
also der li/chamo bedarf brotes. E̸t dimitte nobis debita
nostra sicut et / nos dimittimus debitoribus nostris. V̸nde unser
sculde belaz uns . / als‿ouch wir belazzen unseren scul-
digen. D̸ise‿gedingun / uerneme mannegelich . unde si garo ze‿
uergebenne daz lu/zzela . also er welle daz imo uergeben
werda daz michele. / E̸t ne nos inducas in temptationem.
V̸nde in chorunge neleitest / tu unsich . daz chit . nelazzest tu un-
ser bechorot werden / nah unseren sunton. D̸en du ne-
beskirmest . den wirfet temp/tatio nider . ter wirt ze‿huohe
sinen fianden. S̸ed libera / nos á malo. N̸ube lose unsich fone
ubele . lose unsich uone / des tivueles chorunge . unde uone si-
a nemo gewalte . daz sie / uns fone dir geskeiden ne-mugin.
b S̸iben beta churze // sint tise . an in wirt 45^{V}
toh funden al daz tes uns turft ist. /

---

13 E̸t: E̸ *etwas ausgerückt (nicht aber* H̸ *von* H̸abe, *563a, 22)*
19b churze=

v²

//   1ʳ

únne ze‿chúnne. Fecit po/   sit su-
perbos mente cordis sui. /   o árme
uuánda ér zetréib /   suit po-
tentes de sede . et ex/   tsázta ér . níde-
re îrhôhta/   diuites dimisit in-
anes. /   die rîchen lîez‿er lâre. /
datus misericordię suę. Sîn /
^nero gnâdo irhúgende. /
israhel . et dilexi eum.
Humilitas /   chînt. Sicut locutus
est ad pa/   in sęcula. Álso ér s<p>rách
ze /   er abrahę unde sînemo /
semine tuo benedicentur /
ˊz uuésen? in sęcula . in‿álle
n. *FIDES ATHANA-*
SII EPISCOPI. /
UUS ESSE . ANTE OMNIA /

---

10 sit: *nur Schleife des langen s erhalten*   11 o: *vordere Hälfte abgeschnitten*   19 *chînt   *Punkt fehlt (oder unsichtbar)* 24 25

licam fidem. Souuér gehálten /

állen díngen . dáz ér hábe / isi

quisque integram inuiolatamque /

num peribit. Souuér sîa ne-/ ta .

dér uuírt ze‿êuuon / hec est ut u-

num deum in trini/ ueneremur. Neque

confundentes / antes. Daz ist tíu

álleicha // gelóuba . daz uuír êin / ún- 1ᵛ

de trinitatem an‿unita / nóh substantiam

skéiden /tia . óuget úns éinen gót.

/ óugent úns . trîo geném

/ sînt genémmeda . âne d

/ éin relatio ist patris ad

/ tíu drítta íst spiritus sancti ad p / hábet

sîna [persona] personam / enim persona pa-

tris . alia fili /patris . ánderiu fi-

lii . tíu /dent nîeht sô uernómen

/aturis sînt tres personę tre

/ tres personę éin substanti

/hel . álde ouh abraham ist

/ únde tres substantię . áber

/ tres substantię núbe drî g /

die án‿góte uernómen uu / ze‿díuten-

ne personam . uuánd /nómen ist. Tô ue<teres>

íu in‿sken / uuílon íro delecta-

tio ze /mina . díu tragedie héizent

---

9 unita: *Schaft des* a *abgeschnitten* 11 genêm: *dritter Strich des* m *abgeschnitten* 13 ad: *nur vorderer Teil des* d *erhalten* 14 p: *nur Schaft erhalten* 18 tre: *nur vorderer Teil des* e *erhalten* 20 ist: *rechter Teil der Ligatur* st *abgeschnitten* 22 g: *nur vordere Hälfte erhalten* 24 uuánd: *Schaft des* d *abgeschnitten, Rest verwischt* 26 héizent: t *durch Wurmfraß beschädigt*

V^2

/ fletus miserorum . nâh témo u

/ taz man fictis uocibus ketâte

/ âlde hectoris . âlde eccube

//

1 u: *durch kleines Loch (Wurmfraß) beschädigt* 2 ketâte: *von* e[2] *nur vordere Hälfte erhalten* *Punkt fehlt* 1 *(nach Ligatur für -orum)*

// filius . deus et spiritus 2[r]

sanctus. Álso îst tér fáter gót . ist tér sún gót . ist / tér héiligo géist gót. Et tamen non tres dii . sed unus est deus. Ýnde / dôh nesînt

---

25 gêist: *oberer Teil durch längliches Loch im Pgm. weggefallen* *Punkt fehlt* 25^2

V^2

sîe drî góta . núbe eîn gót. Ita dominus pater . dominus filivs . / dominus et spiritus sanctus. Álso îst tér fáter hêrro . ist tér sún hêrro . / ist tér heiligo geist hêrro. Et tamen non tres domini . sed unus est dominus. / Vńde dóh nesînt sie drî hêrren . núbe eîn hêrro. Quia / sicut singillatim unamquamque personam deum et dominum confiteri . christiana / ueritate compellimur . ita tres deos aut dominos dicere / catholica religione prohibemur. Vuánda álso uuîr iéhen / sûln îo-gelîcha personam súnderigo gót uuésen únde hêrren . / sô‿nemûozen uuîr chéden drî góta álde drî hêrren . náh / uuârheite . únde nâh réhtero gelóubo. Pater a nullo est factus . / nec creatus . nec genitus. Tér fater ne-îst ketâner . nóh kescáf-/fener . nóh kebórner. Filius a patre solo est non factus nec creatus . / sed genitus. Ter sún îst fóne eînemo démo fáter náls ketâner / nóh kescáffener . núbe kebórner. Spiritus sanctus a patre et filio non factus . / nec creatus nec genitus sed procedens. Ter héiligo geîst ist fóne / démo fáter únde fóne démo súne . náls ketâner . noh kes/cáffener . nóh kebórner . núbe chómener. Vnus ergo / pater . non tres patres . unus filius non tres filii . unus spiritus / sanctus . non tres spiritus sancti. Vńde ist <éin> fáter náls trî fátera . eîn sún / náls trî súne . éin héilig geîst náls trî héilige geîsta. Et / in hac trinitate nihil prius aut posterius . nihil maius / aut minus. Vńde an dîrro trinitate ne-îst nehéin / dáz fórderôra . nehéin dáz hînderôra . nehéin daz mêra . // nehéin daz mînnera. Sed 2^v totę tres personę coęternę sibi sunt / et coęquales. Núbe álle drî personę sînt ében-êuuig únde / ében-mâze. Ita ut per omnia sicut iam supra dictum est . et trinitas / in unitate . et unitas in trinita-

---

6 ueritate: a *durch kleines Loch im Pgm. weggefallen* 11 uater: *zweiter Strich des* u *zu* f *verb.* 18 unus[1]: *davor* unus . *durch Unterstreichung getilgt* 23 néhéin 25 ében êuuig: *oberer Teil von* (n eu) *durch längliches Loch im Pgm. weggefallen* *Punkt fehlt* 1[4] 23[2] *Punkt steht nach* 5 dominum

V^{2}

te ueneranda sit. Sô / dáz in‿álle uuîs . so óúh fóre geságet ist . ze‿êrenne sî drî/sgehéit in‿éinigheite . únde einigheit in‿drisgheite. / Qui uult ergo saluus esse . ita de trinitate sentiat. Tér / gehálten uuélle sîn . dér ferněme iz sô fóne trinitate. / Sed necessarium est ad ęterna<m> salutem . ut incarnationem quoque / domini nostri iesu christi fideliter credat. Sô ist áber dúrft . ze / déro êuuigun sâldo . daz óuh kelóube :ît triuuon dîa / ménniskeit únseres hêrren . dés keuuîehten háltaris. / Est ergo fides recta ut credamus et confiteamur . quia dominus noster / iesus christus . dei filius . deus et homo est. Daz ist réhtiu triuua daz / uuir gelóuben únde iéhen dáz únser hêrro dér geuuîe/hto háltare gótes sún . gót únde ménnisko ist. Deus est ex / substantia patris ante sęcula genitus . et homo est ex substan/tia matris in sęcula natus. Er ist cót êr uuérlte gebórner / fóne dés fater uuíste . unde ist ménnisko hîer in‿uuérlte / gebórner fóne déro mûoter uuíste. Perfectus deus perfectus / homo ex anima rationali et humana carne subsistens. / Túrnohte gót túrnohte ménnisko fóne rédeháftero / mánnes sêlo únde mánnes fléiske bestânder . dîu zuéi mác/hont ménnisken. Vuáz ist ánderes ménnisko . âne ratio/nabilis anima in carne? Dîu sînt an‿christo . bediu ist ér‿uuâre // ménnisko. Aequalis patri secundum diuinitatem . minor 3^{r} patre / secundum human em. Tes fáter gnôz áfter gótheite . sîn úngnôz / áfter mánheite. Qui licet deus sit et homo . non duo tamen sed unus / est christus. Vnde dóh ér gót sî únde ménnisko . úmbe dáz nesînt / zuéne christi núbe einer. Vnus autem non conuersione diuinitatis / in carne<m> . sed assumptione humani-

---

2 drîsgéheit 4 trinitate: ni *durch Wurmfraß beschädigt*, e *verwischt*
7 triuuon: uo *kaum sichtbar* 8 rectā 11 geuuîe/ht: *danach* a *rad.*, o *auf linkem Rand* 20 bediu: *über* i *kleines Loch, Akut nicht (mehr?) sichtbar* 22 human em: *dazwischen längliches Loch im Pgm.* 25 *zuêne
Punkt fehlt 3^1 19^1 20^2 21^2 22^2

v²

tatis in deum. Eíner íst ér . náls / táz tíu gótheit án‿sîh nám día mánheit. V́ngeuuéhselote / stânt peíde naturę gótes íóh mánnes . íro neuuéderiu ne-/uuárd ze ánderro. Vnus omnino non confusione substantię . sed / unitate personę. Eíner íst ér . nâls fóne mískelúngo dero / uuíste . núbe fóne uuórteni eínero personę . án‿zuéin naturis / úngeuuéhseloten unde úngemískeloten ist eín persona. Nam / sicut anima rationalis et caro unus est homo . ita deus et homo / unus est christus. Vuánda álso rédeháftiu sêla únde fléisg eín / ménnisko . so íst cót únde ménnisco eín christus. Qui passus est / p<ro> salute nostra . descendit ad inferos . resurrexit a mortuis. Dér / úmbe únsera héili nôt leíd . únde ze‿héllo fuôr únde fóne / tôten irstûont. Ascendit ad celos . sedet ad dexteram dei patris / omnipotentis. Ze hímele fûor . dâr sízzet ze‿zéseuuun sînes fáter / dés álmáhtigen gótes. Inde uenturus iudicare uiuos et / mortuos. Dánnan chúmftiger ze‿irtéilenne lebende unde / tôte. Ad cuius aduentum omnes homines . resurgere habent / cum corporibus suis. Ze dés chúmfte súlen álle ménnisken / irstân mít íro lîchamon . állero ménniskon sêla súln dánne / iruuínden ad corpora . únde mít ín chómen ad iudicium. // Et redituri sunt de factis propriis rationem. V́nde súl<n> 3ᵛ
dâr réda / gében íro tâte. Et qui bona egerunt ibunt i tam ęterna<m> . qui / uero mala in ignem ęternum. Vnde die uuóla tâten fárent / ze euuigemo lîbe . die úbele tâten ze êuuigemo fîure. / Hęc est fides catholica

---

1-2 *das Fehlende ist durch homoioteleuton weggefallen* 3 stânt peíde: (nt p) *durch Wurmfraß stark beschädigt* 17 irtéilenne: i² aus 1 rad.
21 iruuínden: i¹ *durch kleines Loch (Wurmfraß) fast ganz weggefallen*
22 V́nde: de *stark verwischt* 23 * tâto 23-24 i tam: *dazwischen längliches Loch im Pgm., von t nur rechter Querstrich erhalten* 25 *úbelo
Punkt fehlt 10 12¹ 22¹

quam nisi quisque fideliter [ac] firmiterque /

crediderit . saluus esse non poterit.

Díz ist tíu geméina / gelóuba . souuér die uásto únde getríu-

uelicho ne-hábet . / tér ne-mág kehálten uuérden.

/

1 oder *fideliter ac firmiter 3 die: *Tinte von i oben etwas ausgelaufen, kein Akz.* 4 hâbet: et *verwischt* ne mág: ne *stark verwischt* *Punkt fehlt (oder unsichtbar)* 4[1]

Nach uuérden., *Z. 4, stehen einige Federproben; sie sind auf dem unteren Drittel der Seite sehr zahlreich, und etliche stehen sogar noch auf dem unteren Rand.*

www.ingramcontent.com/pod-product-compliance
Lightning Source LLC
Chambersburg PA
CBHW061956090426
42811CB00006B/954
* 9 7 8 3 4 8 4 2 0 1 9 3 4 *